俄罗斯社会与文化译丛 王加兴 主编

Средства массовой
информации России

俄罗斯大众传媒

Засурский Я. Н.

〔俄〕亚·尼·扎苏尔斯基 主编　张俊翔　贾乐蓉 译

南京大学出版社

当代俄罗斯媒体发展的过程观照(代译序)

从20世纪80年代中期起,以戈尔巴乔夫为总书记的苏共中央开始推行"公开性"、"民主化"政策,这为苏联的传播媒介开了禁。大众媒体由宣传意识形态的工具向提供全面信息并使民众有机会参与社会管理的中介过渡,逐渐涉足苏联政治改革的核心,扮演了旧体制"掘墓者"的角色。苏联解体后,大众传媒在深刻介入国家政治、经济、文化新格局的过程中发生了根本性的变化。当代俄罗斯媒体的构成形态和话语方式如何?其传播理念、生产机制和经营模式是什么?其变化规律和未来趋势怎样?这一系列的问题都亟待考察。由亚·尼·扎苏尔斯基主编的《俄罗斯大众传媒》一书正是对俄罗斯大众传媒的新变进行即时观察和跟踪研究的结果。该书第一版于2005年问世,2006年和2008年分别加印;2011年该书推出增补版,更新了相关数据,添加了新信息。时至今日,《俄罗斯大众传媒》已经是了解和把握当代俄罗斯传媒体制的必读书目。

主编扎苏尔斯基教授曾在1965年至2007年间担任莫斯科大学新闻系主任,是俄罗斯大众传媒教育与研究领域的传奇人物和权威专家。在他的带领下,莫大新闻系汇集了雄厚的师资力量,形成了强大的科研团队,被公认为培养媒体从业者的摇篮和新闻传播研究的重镇。参与本书撰写的该系十余位教授学养丰厚,每人负责的章节均是各自长期关注的领域,确保了材料的翔实、论述的深入和判断的准确。例如,第二章"传媒经济与传媒结构"的著者叶·列·瓦尔塔诺娃现任莫大新闻系主任,多年来专攻传媒经济和传播理论,著述颇丰;而第四章第三节"网络媒体"的著者玛·米·卢金娜则是互联网传播和新媒体技术领域的资深专家。

《俄罗斯大众传媒》一书探析俄罗斯媒体的结构和经济特征，廓清全球化、信息化、市场化背景下媒体与政治、媒体与法律、媒体与受众的关系，爬梳印刷传媒和电子传媒的状况。全书首先追踪俄罗斯大众传媒最近二十余年的变迁轨迹，概述其总体的运行态势，随后转入对新闻自由的法律基础这一原则性问题的讨论，描述传媒领域现行的联邦法律，点评相关的立法活动和司法实践。鉴于大众传媒与政权的关系复杂而敏感，本书就20世纪90年代以来俄罗斯的传媒政治体系展开专论，结合书刊检查制度的兴废、言论自由的推行、行政部门的监管、文化—思想范式的影响等洞察媒体政治化的表现。论及俄罗斯传媒经济时，著者则从媒介产业化、媒介基础设施、媒介营销等方面切入，整合相关信息，探求传媒产业发展的总体特性。在系统描述新时期俄罗斯传媒的特质、功能和流变之后，著者把报纸、期刊、图书、广播、电视、网络媒体、新闻通讯社悉数列为样本，全方位地评析其特征与类型。总而言之，全书结构合理，逻辑性强，论述深入浅出，构成了一个严谨而又独具特色的科学体系。

一、媒体转型的理论探究与媒体生存的实况考察相结合

撰写本书是俄罗斯学界探索苏联解体后传媒发展规律的尝试，其首要任务在于构建大众传媒发展的现实依据与理论逻辑，包括开掘后社会主义国家传媒体制转型的动因等核心论题。近年来，与传媒转型相关的理论研究并不少见，它们基于对社会转型这一复杂现象的跨学科解析，运用经济学、社会学、传播学、文化学等学科的成果，从市场营销、企业管理、文化价值等角度审视传媒业的嬗变。然而，没有哪一种现成的理论能够全面解释俄罗斯传媒在制度变迁的条件下发生的翻天覆地的变化。本书结合日裔美籍政治学家F. 福山、爱沙尼亚社会学家M. 劳里斯京、波兰社会学家P. 什托姆普卡、斯洛文尼亚学者S. 斯皮里乔尔以及美国学者D. 唐宁等人对后社会主义国家的社会形态和传媒状况的思考，吸收各家的思想内涵，搭设可用于研判当代俄罗斯传媒的理论框架。著者认为，传媒转型受到社会内部变革的深刻影响，并与持续变化的社会和经济结构相互作用；与此同时，传媒的转型特征应被纳入全球体系进行思考，随时保持动态更新；而传媒转型模式的确立则是对民族传统和文化特性的现实呼应。"若要描述后社会主义国家传媒体制的实际变化,'向市场和民主迈进'是过于宽泛的概念。当转型期的'共同机制'启动之后,当从前的社会经济制度被破坏、国民经济的私营成分得以确立、共产党在社会政治体系中的主导地位被取消、公民社会的制度被平行地建立起来之后,下一个阶段便已到来。这个阶段,首要因素是国家性质。在后社会主义国家里,诸如文化传统、语言和民族心理、商业文化和伦理等特点对于转型的影响越发明显。几乎所有此类国家都面临形成后社会主义国家认同的问题,这种认同应当不依赖于后社会主义转型的共同机制,而依赖于各国独特的历史文化特点。"

理论的价值在与实践的对接中才能得到充分展现。本书著者立足于对现实的观察,在语境化、具体化的理论指引下选取事实材料,以鲜明的时代意识为先导展开讨论,阐明相关媒体事件的前因后果。比如,在讨论作为公共领域的传媒如何在国家、商业与民众之间寻求平衡的问题时,著者从新时期俄罗斯媒体的自由与责任出发,基于实例,揭示传媒在完善自身产业体系、发展公民社会的过程中发挥的作用和遭遇的困难。具体而言,首先从民主和权力制衡的角度厘清自苏联时期以来出现的工具模式、公司集权模式等五种业态模式,透视传媒在国家意志、商业规律和民众预期这三股力量之间依时而变、顺势而动的现实状态;接下来从经济发展的角度论证媒体企业缺乏经营自由对其实现自身良性循环造成的障碍;最后从业界新风格形成的角度整理现有经验,形成对发展原则的理性认识。在上述分析中,麦克卢汉的"媒介即讯息"理论、哈贝马斯关于民主社会的"公共领域"理论以及现代性、消费文化等理论资源都得到了合理的借鉴与运用。

媒体的实际情况最直接地反映体制变迁的结果。本书对俄罗斯印刷传媒和电子传媒进行分门别类的盘点。著者先从所有制形式、受众、信息的生产与传输、经营管理等方面概观各种媒体样态,而后转入对典型类别的梳理,既整合共性,又突出个性。比如新闻通讯社,作为专业化程度很高的媒体企业,近年来它们在信息服务的范围与内容上变化颇大。本书以新闻通讯社的演变历史为纲,对国家级通讯社、地区级通讯社、经济、社会文化类专业通讯社以及网络通讯社的业务活动与信息产品展开条分缕析,探究它们之间的竞争对自身发展和行业未来的影响。同时,本书把握时代脉搏,参照媒介经营管理理论,关注网络新媒体的出现带来的传媒产业结构调整,探析传统媒体在先进信息技术的支持下如何把握新闻市场趋势,如何与新媒体发生交叉和渗透。

二、在全球化的视野中动态聚焦俄罗斯媒体

本书把俄罗斯媒体置于全球传媒语境中加以观察,避免因为囿于本土而造成视域局限。在著者看来,当代社会,尽管各国各地区的大众传媒表现出多样化的运作方式,但互相之间的共同点远远多于不同点。无论意识形态和社会制度如何,在绝大部分国家和地区,媒体的发展均与全球趋势相契合。基于这一判断,本书特别强调多极世界的大背景。"冷战"结束,两个超级大国的对抗终结,两极世界随之瓦解。20世纪后期,苏联解体和中东欧国家的剧变改变了世界力量的对比,国与国的新型关系得以建立。著者认为,俄罗斯传媒放弃报道国内外新闻事件时教条、极端的"冷战"风格,积极转向多元化、个性化的解读方式,这与其说跟自身转型相关,不如说是为了顺应当代世界信息传播的新现实。

本书辩证地看待全球化造成的趋同性和区域化造成的差异性。俄罗斯传媒与全球媒介语境的融合依赖于互联网技术革新带来的数字化,这让俄罗斯传媒业界意识到必须把自身的产品视为全球信息结构的有机组成部分。然而,正如英国学者特希·兰塔能所言:"全球化并非在真空中推进,而是与民族传媒体制密切相关。"[1]不可否认,各国各地区全球化和网络化进度不同,媒介文化各具特点,区域因素在传媒发展中起着至关重要的作用。数字技术的分割和差别对传媒、国家、市场和公民的相互作用产生机制性的影响。"在这个问题上俄罗斯也不例外,它同样遵从总体的全球化趋势。由于科技和人力资源充足,这一趋势会显得很强劲,但由于经济和结构的状况,有时这个趋势又显得很微弱。"本书不仅分析俄罗斯传媒在全球化与区域化进程中面临的矛盾,而且积极寻求化解矛盾之道。投资方面,俄罗斯传媒以国家资本的运作为主;技术方面,在符合国家信息空间一体化政策的基础上展开全面数字化,重点扶持信息缺乏地区;理念方

---

[1] Терхи Рантанен: Глобальное и национальное. Масс — медиа и коммуникации в посткоммунистической России, М., 2004. С. 25.

面,倡导建立不同民主理念和媒介文化之间的对话机制。

著者在全球化的框架下统揽俄罗斯媒体,自始至终贯穿一种互动的认知方法论,不把其当成静态的研究对象,也不孤立地阐述其存在立场,而是将其与政治、经济、文化、科技等的关联放在持续变动的社会环境下加以透视,视野宽广,视角多维。比如,关注传媒技术的推广。本书指出,世纪之交,俄罗斯传媒发展的突出表现之一便是强化技术的功用,以开放的心态引进、开发传媒技术,而技术进步又在不断革新传播业的面貌。又如,研究传媒市场的运作。俄罗斯媒体令著者感兴趣的不仅是内容,还有其成为占据本国经济一定分量的独立产业的过程。市场在传媒产业中起着主导作用,有鉴于此,市场结构、市场需求、国家利益与商业利益的协调、广告在传媒经济中的作用等都是本书讨论的重点。再如,传媒与权力的关联是审度当代俄罗斯无法回避的热点,本书抽丝剥茧地剖析各派政治力量与大众传媒的分布,并以世纪之交的俄罗斯总统竞选为个案,分析媒体对竞选活动的报道方略,寻求关于总统与媒体的互视互动和互相制约、执政党与反对党的媒体政策等问题的答案。

当代的传媒经济在一定程度上就是数据经济,因此,让数字说话成为本书把握俄罗斯传媒的重要手段。著者结合定性研究与定量分析,对相关数据展开全方位的索查和引涉,借助统计学工具厘定分析对象的属性,探寻其分布和变动规律,避免以偏概全的判断。全书共收入近40个涵盖各类指标的图表,对它们的逐一解读清晰地展示出俄罗斯传媒业的核心变化。以第三章第五节"当代俄罗斯的图书出版"为例,此节共有8个图表,既包括对图书种类和印数的历时观察,又有对出版机构数量及比例的共时呈现,两相结合,客观地勾勒出俄罗斯图书出版业的历史演变与现实情景。值得一提的是,鉴于俄罗斯图书出版业市场关系的形成经历了一个复杂而矛盾的过程,本书尤为细致地就国家的价格调节、居民的消费能力、出版机构的营销策略、图书发行的组织工作等展开了时间跨度超过30年的追踪,在明辨市场关系阶段性变化的基础上管窥其整体走势。

俄罗斯社会历史条件的急剧变化促成了传媒业的质变,这一过程涉及范围广,影响深远,以至于对它进行全景式勾勒和整体解读显得颇为困难。扎苏尔斯基教授带领团队挑战学术前沿,分析新情况,论证新问题,成就了一部集全面性、专业性、创新性于一体的著述。它既是记载世纪之交俄罗斯传媒状况的历史档案，又是立体呈现媒体转型与现实发展复杂历程的鲜活材料。当然，俄罗斯传媒时刻都在求新、求变。比如，2005年开播的"今日俄罗斯"电视台在短短数年间已经跻身世界知名媒体之列；而在2013年年底，俄罗斯总统普京签署命令，撤销俄罗斯新闻社与"俄罗斯之声"广播电台，将其与"今日俄罗斯"电视台重组，成立了"今日俄罗斯"国际新闻通讯社。面对日新月异的媒介生态环境，研究者们还须深入调研，对传媒的未来走向展开合理的预判和科学的指导。

本书第一章和第三章由张俊翔翻译，第二章和第四章由贾乐蓉翻译。需要说明的是，本书包含大量与媒体名称相关的专有名词，在翻译过程中我们尽量采用约定俗成的中文译名，对于未能查找到中文译名的媒体名称以及存在明显偏颇的译名，我们给出了自己的翻译方案，并且添加了必要的注释。

南京大学外国语学院的王加兴教授对本书的翻译给予了热情的支持，南京大学出版社的沈清清、潘琳宁女士为本书的出版付出了大量心血，在此谨表示衷心的感谢。

由于译者水平有限，译文中存在错误和不足在所难免，敬请读者提出批评意见。

张俊翔

2015年初夏于南京仙林

目 录

第一章 当代俄罗斯社会的大众传媒 ·· 1

第 1 节 大众传媒在当代俄罗斯社会中的运作态势(Я. И. 扎苏尔斯基) ·· 3

    1.1.1 新闻自由的发展 ·· 3

    1.1.2 作为公共领域的新闻业:在国家、商业和公民之间寻找平衡 ······ 8

    1.1.3 俄罗斯大众传媒运作的基本态势 ·· 17

    1.1.4 当代俄罗斯大众传媒类型的变化 ·· 34

第 2 节 新闻自由的法律基础(А. Г. 里希特) ··································· 46

    1.2.1 新闻自由的发展状况 ·· 46

    1.2.2 大众传媒领域的现行法律:对联邦法律的简要描述 ···················· 50

    1.2.3 立法机关正在审议的主要法律草案 ·· 54

    1.2.4 权力执行机关的立法活动 ·· 56

    1.2.5 司法实践 ·· 58

第 3 节 大众传媒与政权——20 世纪 90 年代的俄罗斯(И. И. 扎苏尔斯基) ··· 61

    1.3.1 传媒政治体制、重构俄罗斯 ·· 62

    1.3.2 传媒政治体制转归国家,或曰新的政治时期 ······························ 72

    1.3.3 1999 年选举前夕政治力量与大众传媒的分布 ···························· 77

1.3.4　对1999至2000年竞选活动的报道 …………………………… 78
1.3.5　"施季里茨上校"——我们的总统 ……………………………… 84
1.3.6　集合点——伟大的俄罗斯 …………………………………… 95
1.3.7　大都市 …………………………………………………………… 98

第二章　传媒经济与传媒结构 …………………………………………… 105

第1节　后社会主义国家传媒体制的转型期(Е. Л. 瓦尔塔诺娃) …… 107
2.1.1　转型期的特点 …………………………………………………… 107
2.1.2　后转型期的传媒结构 …………………………………………… 113
2.1.3　新的俄罗斯传媒秩序 …………………………………………… 116
2.1.4　全球化条件下的俄罗斯大众传媒 ……………………………… 119

第2节　俄罗斯大众传媒的经济特点(Е. Л. 瓦尔塔诺娃) …………… 123
2.2.1　俄罗斯传媒产业：总体特征 …………………………………… 124
2.2.2　所有制结构 ……………………………………………………… 127
2.2.3　大众传媒的基础设施：新部门的诞生 ………………………… 135

第三章　印刷传媒 …………………………………………………………… 149

第1节　大众传媒的系统特征(М. В. 什孔金) ………………………… 151
3.1.1　大众传媒体制的完整性 ………………………………………… 152
3.1.2　大众传媒体制及其环境 ………………………………………… 155
3.1.3　大众传媒的结构 ………………………………………………… 160
3.1.4　大众传媒的类型 ………………………………………………… 166
3.1.5　大众传媒的受众特点 …………………………………………… 171
3.1.6　信息的特点和类型 ……………………………………………… 175
3.1.7　出版物和节目的目标任务 ……………………………………… 178

第2节　印刷传媒的受众(И. Д. 福米乔娃) …………………………… 181
3.2.1　影响的程度 ……………………………………………………… 181
3.2.2　受众行为的发展趋势 …………………………………………… 182

3.2.3　中央报刊和地方报刊 ·································· 189
　　3.2.4　日常生活的兴趣 ······································ 193
　　3.2.5　对读者的情况了解多少? ······························ 196
第3节　报　　纸(Л.Л.雷斯尼亚斯卡娅) ························ 199
　　3.3.1　全俄报纸 ·· 199
　　3.3.2　地区报纸 ·· 213
第4节　杂　　志(М.И.绍斯塔克) ····························· 229
　　3.4.1　杂志类型的主要指标 ·································· 230
　　3.4.2　杂志的类型 ·· 234
第5节　当代俄罗斯的图书出版(М.И.阿列克谢耶娃) ············· 244
　　3.5.1　图书市场的形成 ······································ 245
　　3.5.2　1997至1999年的俄罗斯图书出版 ······················ 249
　　3.5.3　21世纪初图书出版业的发展状况 ······················· 256

第四章　电子传媒 ·· 265
第1节　俄罗斯电视业的转型(А.Г.卡其卡耶娃) ·················· 267
　　4.1.1　1990至2001年:革命的十年 ··························· 267
　　4.1.2　2002至2003年:政权的现代化、国家官僚制度的强化与电视的产业前景 ··· 273
　　4.1.3　2004至2005年:从"被管理的"到"被审查的"电视政策 ······ 283
第2节　当代广播业的特点(Л.Д.博洛托娃) ······················ 289
　　4.2.1　俄罗斯广播业的结构(从所有制的角度) ················· 289
　　4.2.2　广播市场的发展趋势 ·································· 294
　　4.2.3　广播电台的类型 ······································ 296
　　4.2.4　新趋势 ·· 300
第3节　网络媒体(М.М.卢金娜) ······························· 304
　　4.3.1　俄文网的受众与网络媒体的用户 ························ 304

4.3.2 网络媒体的出现 …………………………………………… 307
4.3.3 网络媒体的系统特征与专门特征 …………………………… 309
4.3.4 俄罗斯网络媒体的分类 ……………………………………… 310
4.3.5 俄罗斯网络媒体的模式 ……………………………………… 314
4.3.6 俄文网传媒市场的发展趋势 ………………………………… 316

第4节 新闻通讯社（Т. И. 弗罗洛娃） ……………………………… 318
4.4.1 通讯社的类型特征 …………………………………………… 319
4.4.2 俄罗斯新闻通讯社的历史 …………………………………… 324
4.4.3 新闻通讯社体系 ……………………………………………… 326

第一章
当代俄罗斯社会的大众传媒

第1节　大众传媒在当代俄罗斯社会中的运作态势

（Я. И. 扎苏尔斯基）

苏联解体以来，后苏联空间的新闻业发生了根本性的变化，《俄罗斯联邦大众传媒法》颁布，大众传媒成了一个重要而庞大的产业——传媒产业。大众传播的面貌发生了变化。除了报刊、广播和电视等人们业已习惯的信息传播渠道，新兴的信息技术也得到了广泛的应用，互联网为传统媒体（报纸、广播、电视）和电子出版物提供了发布平台。

1.1.1　新闻自由的发展

俄罗斯的民主发展在大众传媒领域体现得非常明显。如今，新闻自由的理念已经成为共识。可以说，俄罗斯的民主变革使得人们对新闻自由的理解更加深入。

新闻自由是观点的自由。新闻自由是表达观点的自由，是政治自由，是自由表达思想的可能性。作为一种政治理念，新闻自由已经在俄罗斯人的意识里扎下了根。

同时，新闻自由又是对俄罗斯的记者和大众传媒提出的严峻挑战。事实上，媒体的政治自由并不意味着随时可以自由表达思想和想法。新闻自由的经济特征日趋明显。报纸、杂志、广播和电视想要自由运作，必须依托良好的经济基础。经济领域尚存在妨碍新闻自由发展的困难。

大众传媒遭遇经济困难的前因可以追溯到苏联时期，当时，媒体是高利润行业，不过，出版报纸和杂志的收入都被划归到党、工会、共青团和其他社会组织的账目上，最终进了国库。然而，这些收入并未被用于发展大众传媒的基础设施。民主的俄罗斯落到了没有信息资本的境地，成了一个信息匮乏、经济不受保护的国家。

俄罗斯的经济遭受了严重的困难，这自然也在大众传媒领域有所反映，因此，新闻自由的经济问题并未得到解决。投资缺乏，纸张、运输和印刷的价格昂贵，这让报刊难以盈利。遗憾的是，广告市场的发展也很缓慢。除此以外，还存在主观方面的困难。为了赢得受众，增加销量，报纸不惜降低质量标准，出现了许多旨在制造轰动效应的无聊的甚至是虚假的新闻。总之，新闻自由遭遇的不仅有经济上的考验，还有道德标准的考验。

新闻的政治自由首先意味着不受审查。这一点媒体做到了：新闻审查已被禁止。然而，按照"有自由，没头脑"的原则行事是不明智的，也是危险的。只有与责任密切相连，自由才能得以实现。自由和责任密不可分。况且在俄罗斯的新闻业界，不可靠、不准确和不深入的信息让相当多的受众失去了对报刊的信任。读者的失望加重了报刊行业的危机，使其受信任程度、受关注程度和订阅量下降。定期出版物的发行量锐减。这些问题在民主俄罗斯发展的最初几年就已经显现。

遭遇失败的同时，也有一定的进步。为了看到进步之所在，必须认真回顾俄罗斯新闻业的发展之路。最引人注目的是，在报纸发行量下降的同时，其种类有所增加，尤其是地方报纸的数量显著增加。就连基尔扎奇和谢尔吉耶夫波萨德这样的小城市都有数种报纸。显然，在大众传媒的发展过程中，报纸种类的"井喷"这一独特现象改变了新闻业的状况，扩大了获取信息的可能性。

在俄罗斯，大众传媒的发展不均衡，可以粗略地把这一发展过程分为几个阶段。

最初三年，媒体都忙于从旧的传统和形式当中解脱出来。它们曾经都是党的工具，在苏联体制瓦解和苏联共产党被禁以后，它们不再承受外部的压力。这一时期的标志是：基于多元化原则并且独立于国家的新型新闻业开始形成。

这里可以划分出新闻业的两种模式。第一种是改革模式，它与苏联第一位也是唯一的一位总统 M. C. 戈尔巴乔夫密切相关。在改革过程中，苏联的大众传媒成了批评官僚和行政体制的工具，成了民主化的工具。记者可以自由地思考和写稿。与此同时，党的领导作用得以保留，媒体推动民主化自上而下地实现。这是新闻业的工具模式；它与苏联模式的不同之处在于，在戈尔巴乔夫及其支持者手中，新闻业是民主化的工具，但它仍然处于党和国家强权的管理之下。

1990年6月12日通过了《苏联新闻法》，此后，"八月政变"失败，共产党被禁，共产党的媒体跟其他社会组织的媒体一样，转归记者之手。出现了一种新的新闻业模式：媒体开始把自己视为"第四种权力"。新闻业把自身与国家对立起来；它不懈争取，获得了相对于国家的独立性。

1991至1993年，新闻业经历了自由的"黄金时代"，这个时代的结束却是因为经济方面的原因。对于媒体而言，经济改革是一场十分困难的考验。纸张、印刷和发行的垄断价格使得费用激增，让报刊业没有利润可言，或者所获利润很少。报纸的售价提高，报纸和杂志的发行量减少。报刊业呈现出多元化的水平局面，金字塔式的垂直局面不复存在，这座金字塔的顶端曾是苏共中央的机关报《真理报》，而最底层则是市辖区的报纸。如今，各家报纸都认为自己是最重要的，它们不服从于任何直接的行政命令。

经济上的困难使得报纸、杂志和其他媒体需要吸纳新的投资。国家尝试向传媒业和造纸业提供补助，可这并不足以解决问题。记者们不得不求助于当时出现的实力强大的经济组织——银行和大公司，这导致对大部分报纸和杂志的控制权都转移到了后者的手中。

起初，所有者并未对编辑团队施加太大的压力。转折点出现在1995至1996年，即总统选举前的一段时间。大型媒体联合企业的所有者联合起来支持叶利钦，俄罗斯再次出现了新闻业的集权模式。不过，这一次控制新闻业的已经不是苏共中央的宣传鼓动机关，而是大商人。出现了一种新闻寡头，他们竭力要把自己的候选人 Б. Н. 叶利钦推上总统宝座。

这种公司集权的大众传媒新模式在选举期间运作得颇为有效。选举获胜之后他们便开始分享"成果"。别列佐夫斯基巩固了其在俄罗斯公共电视台的地位，而古辛斯基则获得了从早晨6点至晚上6点在第四频道转播独立电视台节目的权利，他通过这种方式完全占领了该频道。

然而，传媒大亨们的统一战线持续时间并不长。通信投资公司的私有化瓦解了这条战线，并在他们之间掀起了新闻大战。最终形成了两大集团：一个围绕别列佐夫斯基及其拥有的大众传媒，另一个围绕"桥-媒体"控股公司。这样一来，又形成了貌似由两种新闻业模式构成的模式：一方面是公司经营，另一方面则是独立于公司的媒体,后者显然占少数。

1998 至 1999 年新一轮总统选举前夕,这场战争愈演愈烈,寡头们的胃口大增,古辛斯基和别列佐夫斯基甚至想让自己的联合企业以政党的面貌出现,把自己人推上总统职位。

2000 年的总统选举之后,大众传媒的声望继续下降,这一方面与其明显的政治化相关,另一方面则与其商业化相关。普京总统的办公厅提出了加强国有媒体的理念,因此出现了一种新的大众传媒模式——受监督的国有媒体。出版、广播、电视和大众传播部的成立促进了这种模式的出现,它在聚合受国家监督的媒体方面扮演了重要的角色。《俄罗斯报》被转归该部管辖。全俄国家电视广播公司在管理麾下的地方电视广播公司的过程中发挥的作用越来越大。互联网上建立了代表官方立场的"Страна.Ру"①新闻通讯社,与此同时,该通讯社在 7 个联邦区②均设有专门的分支机构。国家级电视台"第一频道"和俄罗斯广播电视台以及第五频道的文化台也仍受国家监督。

这一模式的发展与强化俄罗斯的垂直管理体系的意愿相符。与此同时,一种新的大众传媒模式也在各地发展。各地的报纸、杂志和电视包括两种形式:私有的和由地方政权机关创办的。后者试图利用行政资源把大众传媒变为自己的领地。

与上述高度政治化的模式(改革模式、工具模式、第四权力模式、公司集权模式、公司传媒和自由传媒混合的模式、国家和地方政府模式)并行发展的是商业化的大众传媒模式。后者包括大众化、市井化和低俗化的媒体,其特点是利润相当高。与前面的六种模式相比,后一种是高收益模式。

如此复杂的局面让记者的工作变得非常困难。他们身陷尴尬的处境:一边是国家主义和国家机构的压力,另一边是商业机构的恣意妄为。这导致新闻业

---

① 国家网(俄语)。——译者注

② 2000 年 5 月 13 日,时任俄罗斯总统的普京签署命令,将俄联邦 89 个共和国、边疆区和州等联邦主体按地域原则划分为 7 个联邦区,目的是维护国家统一,强化总统对地方的管理。2010 年 1 月 19 日,时任俄罗斯总统的梅德韦杰夫签署命令,从南部联邦区中划分出北高加索联邦区,至此,俄罗斯的联邦主体被划分为 8 个联邦区。——译者注

和记者的声望进一步下降。

与政治化和商业化进程同时发展的是俄罗斯的传媒产业。报纸、期刊、广播和电视成了俄罗斯经济不可或缺的重要组成部分,来自俄罗斯国内和外国的投资为其带来了新的收入和资金流。

尽管困难重重,但大众传媒仍为市场经济的发展做出了重要的贡献,大众传媒的贡献甚至可能比其他行业更大。广告市场依靠大众传媒得到快速发展,这是俄罗斯新经济最重要的表现之一,也是其引人注目的崭新标志。当然,大众传媒对市场经济的贡献不仅仅限于广告。大众传媒本身已经成了俄罗斯经济在艰难而矛盾的进步过程中的积极而富有影响力的参与者。

从数量这一指标来看,迅猛发展的印刷和电子媒介很快就超过了苏联时期的媒体,创造出了新的就业岗位和大量的新企业——新闻通讯社(其数量超过千家)、传媒辛迪加、为电视台提供各种产品的节目制作公司。

尽管信息资本缺乏,困难重重,但信息市场和广告市场仍然得到了发展,传媒产业已经形成,大型公司得以组建。传媒产业既包括传达信息的各种渠道,也包括保证其内容的行业。大型公司可以粗略地分为三类:基于政治考虑成立的公司、旨在吸引政治资本的公司和纯粹为了追求商业利益的公司。对大众传媒盈利性的分析表明,非政治性的大众传媒成功地实现了盈利、获得了利润,而基于政治考虑成立的公司则无法实现盈利。

信息技术的显著发展也值得一提。在"桥-媒体"控股公司的努力下,由"独立电视台加密电视"公司开发的卫星电视得以发展。互联网已经成了重要的一环,尽管上网条件尚不完备:互联网的接入量不高,不超过500万户,网民最多有1 200万。数百家俄罗斯报纸、广播、电视在互联网上开办了向全球受众开放的网站。

俄罗斯的民主化为新闻自由和传媒自由创造了条件,提供了接触先进信息和传播技术的可能性,推动了细化的信息产业和新型的传媒文化的建立。

俄罗斯通向新闻自由之路极其复杂,但它不可逆转。尽管新闻自由面临政治、经济、文化和专业方面的困难,但是客观地说,自由大众传媒的建设成果十分显著。然而,尽管民主实践和新闻自由已经有十余年了,但是还存在朝着自诩新闻自由的新型国家主义独裁转向、朝着"新闻媒体是宣传工具"这个观念上的怪圈转向的可能性。媒体国家主义与大众传媒的恣意妄为结合在一起,其危险太过明显,因此不难预测。

在俄罗斯,新闻自由受到各种因素的威胁:政府施加的压力、经济效率低下、传媒大亨的责任心缺失,以及不负责的记者的随心所欲等。尽管如此,新兴的民主传统的生命力依然强盛,它能应对上述的困难。新闻自由深深扎根于俄罗斯社会,被俄罗斯民众视为公理。

1.1.2 作为公共领域的新闻业:在国家、商业和公民之间寻找平衡

21世纪的俄罗斯媒体:沿着下行的扶梯往上走

《沿着下行的扶梯往上走》是肖洛姆-阿莱汉姆①的外孙女贝尔·考夫曼②的名作。这个标题在某种意义上反映了21世纪初俄罗斯大众传媒的发展趋势。大众传媒似乎在一定程度上回归了垂直体系——为了解决自身的问题,传媒大亨以及地方和联邦政权机关竭力构建这种体系。乍一看,大众传媒正在沿着新的方向往前进,而实际上这条道路已经被铺设得相当好了。希望这条路不会把它们引到曾经待过的地下去。我们希望,就像莫斯科地铁里的小男孩们能够沿着下行的扶梯往上跑一样,大众传媒能够抵挡与新闻自由相悖的趋势。尽管它们面临的任务非常艰巨,但是完全可以完成。

俄罗斯的公共领域与大众传媒

谈及20世纪的最后十年以及新世纪和新千年的开端,可以从走过的道路当中归纳出主要的方面,尝试对俄罗斯大众传媒正在经历的过程展开思索。

不同流派的哲学家创立了数种关于民主社会的现代理论。大众传媒领域经常用到的是德国著名社会理论家和哲学家尤尔根·哈贝马斯的理论。其实,哈贝马斯讲的是"Öffentlichkeit",翻译成俄语是"社会性、公众性、公开性、社会舆

---

① 出生于乌克兰的犹太文学大师(1859—1916)。——译者注
② 美国作家(1911—)。——译者注

论、开放性"①的意思。哈贝马斯的这个术语在英语和俄语中都被译为"公共领域"。研究者们借助这一理论阐发了关于大众传媒在社会中所扮演角色的现代观点,它对俄罗斯的现实而言很重要,因为俄罗斯社会也正在了解民主。与此相关,有几点值得注意。

第一,哈贝马斯认为,公共领域首先出现在18世纪的英国,咖啡馆是公共领域最初积极表现自己的地方。人们聚集于此,讨论政治问题,以此为基础得出结论,通过这样的方式占据政府、政权机关和公民之间的公共空间,创造出了解、展示和实现公众兴趣——按照哈贝马斯的说法即公共领域——的区域。

第二,如今,公共区域存在于每一个民主国家,对其的接受各有不同。要使它能在今天的条件下顺利地运行,在私有大众传媒存在的同时必须得有公共大众传媒。这里讲的不是在大多数民主国家都存在的国有大众传媒,因为一般来说,民主与国有大众传媒至少在理论上是互不相容的。所以,在发达的公共领域内起到特殊作用的应当是所谓公共的、社会的或者有时也被称作公权的媒体,首先是公共的或者公权的电视和广播。它们在不同的国家发展各不相同,但通常需要部分或者全部地独立于广告商。它们的运营依赖于受众的支付,有时也依靠政府的支持。从这一观点出发审视俄罗斯大众传媒的发展颇有意思。

在俄罗斯,国家在传媒运营领域相当强势。尽管绝大多数电视台和广播电台是私有的,但最强大的电视频道还是属于国有公司。俄罗斯至少有两家国家级电视台——俄罗斯公共电视台和俄罗斯广播电视台,这有别于其他国家。

国有电视台演化为公权媒体原则上是可能的。比如在法国,1958年戴高乐将军当政时,法国电视台是国有的。不过,情形也在逐渐发生变化。现在已经成立了最高视听委员会,该委员会使得属于国家所有的电视台服从于全体公民和整个社会的利益,把它们变成了公权的、社会的、公共的机构。

当然,如果"俄罗斯"电视台能沿着这个方向演变就很好——在这方面已经发生了某些变化。有意思的是,全俄国家电视广播公司领导人 О. Б. 多布罗杰

---

① Большой немецко-русский словарь / Под руководством д-ра филол. наук, проф. О.И. Москальской. М., 1980. Т. 2. С.167.

耶夫在非国有报纸《新报》上撰文表示,如果"俄罗斯"电视台成立公共委员会,这将是一件好事。很难说,把"俄罗斯"电视台变成公权电视台的计划能走多远,但是,为公民社会的民主发展着想,把这家电视台变成公权电视台当然是正确的和必需的。这方面确实面临经济困难,但也存在解决这个问题的可能性。公共领域势必会得到某些实质性的充实:将会出现一个代表社会所有阶层的电视台。诚然,国有电视台就应该代表社会的所有阶层,然而,在俄罗斯,它被认为是总统和政府的。一般而言,这是不正确的:靠纳税人的钱存在的电视频道应该代表普通大众的利益。

在俄罗斯存在一些不以行政官员的愿望为转移的趋势,其中包括建立公共领域。它在俄罗斯的电视业是客观存在的,并有不同程度的表现。M. C. 戈尔巴乔夫本人提出的公开性政策便是在发展作为民主国家重要因素的公共领域的道路上迈出的第一步,也是最重要的一步。

大众传媒与权力

近年来,大众传媒的演变使俄罗斯出现了上面提到过的新闻业模式[①]。

第一种具有奠基意义的苏联模式是工具模式,它有时也被称为集权模式。这一模式的特点在于,大众传媒是执政者、党和政府掌握的工具,执行它们的路线。在一定的条件下,工具模式有助于消灭"托洛茨基两面派"以及其他的"可耻分子",就像1937至1938年时那样。在其他情况下它可以促进改革的发展,比如,在M. C. 戈尔巴乔夫的手里它就可以促成公开性。公开性是俄罗斯大众传媒第一种模式演变的表现。它是为了达成社会的民主化而有所变形的工具模式。

第二种模式是在《苏联新闻法》通过之后形成的,当时出现了创建不充当"工具"的媒体的可能性。1990年8月20日,"莫斯科回声"广播电台成立。建立这个电台的想法是在国立莫斯科罗蒙诺索夫大学新闻系产生的。几乎与此同时,1990年12月21日,《独立报》问世。诞生了俄罗斯传媒的新模式——在自由条件下运作的传媒、认为自己是"第四权力"的传媒。

[①] 参见:Вестн. МГУ. Сер. Журналистика. 2001. No 1. C. 10 - 16.

可惜，这个阶段以及第二种模式存在的时间都不长。第二种模式是自由新闻业的模式，它想要扮演"第四权力"的角色并且坚持自己不受国家控制。经济上的困难使得记者团队不得不寻找资金，因此，报纸出现了新的所有者，他们开始对新闻业施加巨大的影响。问题在于，苏联时期没有信息资本：媒体赚来的大笔资金都被划到了党、共青团和工会的账目上，而并未被用于发展大众传媒，后者一无所获。它们不得不寻找新的主人，这些新主人就是银行和大公司。1995 至 1996 年之前，它们行事非常低调，一直到与总统选举相关的新的政治局面出现。

1996 年的总统选举还形成了一种模式。大众传媒的新主人 Б. 别列佐夫斯基、В. 古辛斯基与 А. 丘拜斯共同商定，应当选举 Б. Н. 叶利钦担任下一届总统。在这种情况之下出现了俄罗斯新闻业的第三种模式——公司集权模式，大型公司开始按照苏联新闻业的原则或者说是按照工具模式的原则行事。不过，新闻业现在不是被掌握在党和政府手里，而是被掌握在富裕的所有者和强大的金融集团手里，它们需要借助媒体让 Б. Н. 叶利钦当上下一届总统。它们获得了成功。此后，新模式在某种意义上占据了上风，后来，围绕通信投资公司产生的冲突导致大众传媒的统一战线被分化，开始了所谓的新闻大战。在这样的条件下产生了新的第四种模式，即公司媒体与*自由*媒体并存的模式。

当然，由于公司的运作各不相同，条件和发展方向都有区别，因此可以把它们分成政治化的公司和商业公司。显然，别列佐夫斯基的大众传媒集团是政治化的，"桥-媒体"控股公司处于中间的位置，它有政治目的，但主要还是为了获取经济和信息利益。还出现了一些基本上只对经济市场有兴趣的公司，它们一直存在至今。例如，《经济报》就是目前仍然运营得相当成功的一家联合企业。这种新模式结合了商业媒体和非商业——可以说是自由的——媒体。

1999 至 2000 年出现了新变化：由于总统选举的缘故，公司集权模式的新闻业得以继续发展。不过，竞选活动结束后则出现了一些新趋势，有人尝试建立新的第五种模式，国家将在其中发挥重要作用。这种模式指的是发展大众传媒中的国家成分。这在某种层面上是向戈尔巴乔夫改革时期的工具模式回归，尽管这个模式还在发展之中，但国有传媒得以巩固成了 2000 年大众传媒领域的重要现象。

这个模式的发展在两个层面上展开:全俄层面和地方层面。在前一个层面上,全俄国家电视广播公司、俄罗斯公共电视台和俄罗斯广播电视台的地位得以巩固,寡头的影响被削弱。大众传媒在一定程度上被"去寡头化"了:寡头本人已经身处国外。第六种模式亦即地方大众传媒应运而生,地方行政部门试图积极地对其施加影响。如此一来,似乎有两个平行的体系都在发展当中:一方面是全俄层面的国有传媒,另一方面是受当地政权影响的地方传媒。

对地方传媒的研究表明,州长和市长的行动相当积极,而地方模式本身还有一个有意思的特点:它区分出了市长的和州长的媒体。当年 H. C. 赫鲁晓夫想要建立两个党——农村党和城市党,如今它们似乎在传媒领域出现了:农村党即州长的媒体,城市党即市长的媒体。它们互相竞争,有时甚至互相敌对,这无疑有助于媒体多元化的发展,不过同时也反映出国家政权机关对大众传媒施加了过度的影响,尽管其中或许体现了不同阶层的人们的利益。

俄罗斯新闻业唯一盈利的模式是商业模式,它的发展势头强劲。各种商业出版物蓬勃涌现,它们数量众多,并且能够带来利润。对各种出版物的经济指标所做的分析表明,它们以及控制它们的联合企业越少被政治化,就越赚钱。

2000 年,受众表现出了对大众传媒政治化的极端厌倦,这是竞选活动以及大众传媒复杂而困难的经济状况带来的后果。广告和投资的不足妨碍了相对独立的新闻业的发展,这种新闻业本应使记者和编辑部从其所有者手中获得自主权。

总统和记者

俄罗斯联邦总统 B. B. 普京接见独立电视台工作人员一事对于理解国家政权机关与记者的关系具有重要意义。《新消息报》主编 И. H. 戈连比奥夫斯基说:"我无法想象美国总统会邀请记者见面,并且跟他们座谈四个小时。"的确,当时《公报》的报道称,美国总统乔治·布什在类似场合说自己很想堵住某些记者的嘴。西方的媒体从业者也难以想象,他们会说,如果没有老板,他们根本就活不下去,他们都很爱他。

对于鲁伯特·默多克这位传媒大亨,其报业王国的员工——甚至包括主编在内——都只有一种感觉:恐惧感。在默多克麾下每位主编的办公室里都有一条与其保持联系的专线,每当有他的电话,主编就快要心肌梗塞了。当然,他基本上不打电话:主编和记者们都明白,为了不让他打电话给自己,应该怎么做才行。不过,他们对默多克根本谈不上爱。

还有另外一种情况:记者享有自主权。在这种情况下,他们都知道所有者想盈利,想让自己的出版物带来收益。如果今天支持保守党人会对自己有利,他们就在文章中支持保守党人;如果明天支持劳动党人会对自己有利,他们就支持劳动党人。但也仅此而已。

В. В. 普京与独立电视台记者的会面既有趣又有益。俄罗斯的新闻业正在发生新的改变。重要的是,记者们开始采取另一种方式与总统交谈,总统的谈话方式也与之前有所不同。就连 М. С. 戈尔巴乔夫这么出色的民主总统在中共中央举行的主编会议上都会让 В. 斯塔尔科夫[①]起立,并对其大放厥词。В. В. 普京总统没有教训人,他与记者们对话,而后者表现得也很独立。

这次会面表明公民社会已经发展到了一定的水平,国家方面和私有者方面所取得的成效有所不同。记者们满怀敬意地与总统交谈,但他们也捍卫自己的观点。这是一场严肃记者与严肃政治家兼国家元首之间的谈话。

尽管在解决法律和经济问题方面并无突破,但作为建立相互理解的主要和必要条件,总统与记者的交流已经得以实现。这并没有发展两者之间的友好关系,国家政权机关和大众传媒之间也不需要友谊。大众传媒的自然状态是充当国家政权机关的反对者,也可以说成是"持反对立场",但"国家政权机关的反对者"这个表述更为准确。记者正是这样的反对者。此次会面的主要成就在于总统承认他们应当是反对者和批评者。另外一个问题是,在这个过程当中,其他方面——首先是道德方面——的准则能在多大程度上被遵守。

经济障碍

给新闻业的发展造成困难的主要原因之一是国家经济生活的无序。虽然见解自由和言论自由是存在的,但当代新闻业还有一个特征在于大众传媒是一种产业,如果它不能正常运作,新闻自由就无法实现。这是一个需要单独讨论的重

[①] 俄罗斯记者(1940—2004),曾任《论据与事实》主编。——译者注

要问题,当然,它首先是一个值得认真研究的问题。

与俄罗斯经济一样,俄罗斯大众传媒所需要的是企业经营的自由。谈及近年的成就,必然会提到新闻自由、言论自由、迁徙自由和经营自由。但眼下俄罗斯面临的最大困难就在于经营自由。没人到俄罗斯投资:西方企业家不相信他们可以在俄罗斯自由运作自己的资本,他们希望寻求保障。应当让其在建立企业时不需向任何人寻求保障,无论他们的企业是生产可口可乐还是出版报纸、经营广播和电视。当然,对于大众传媒需要实施特殊的调节,采取特别的方式,对此没有人表示异议,但经营活动应该是自由的。

俄罗斯新闻业和大众传媒的未来取决于经济改革的成效,取决于俄罗斯经济是否能够真正地成为自由的、市场化的。我们暂时还在大谈"可控民主",其实,受行政手段控制的经济要可怕得多。当然,在 Б. Н. 叶利钦担任总统期间,国家的干预让人反感:由于总统在选举中胜出,独立电视台获得了从早到晚的播出权。国家的干预仍然非常明显,而且它表现在大众传媒的所有层面上——不仅表现在独立电视台这一个层面上,也表现在地方大众传媒的层面上。这种干预在后一个层面上表现得更加蛮横。

俄罗斯新闻业的新风格

还必须强调几个彻底改变俄罗斯新闻业面貌的因素。首先是新闻传播产业的形成,在这个产业中出现了一系列的新部门,比如广告、公共关系、市场营销,它们都在正常地运转。还出现了一种传播新闻产品的途径——大众传媒的电子版本,电视台、广播电台、报纸和杂志都在使用它。现在的电视新闻节目主持人会援引互联网上的细节信息。

电子版的报纸和新闻通讯社成了俄罗斯大众传媒的新成员,新闻通讯社不断扩大其受众,有时甚至想要在新闻的时效性和报道速度上与电视竞争。大众传媒的收入结构、经济状况和管理方法都有变化。尽管旧有习惯仍然存在,但如今的报纸主编考虑更多的不是如何获得州长或者总统的垂青,而是如何找到通向读者和广告客户的心灵与钱包之路。

就这个问题,《车里雅宾斯克工人报》的主编 Б. Н. 基尔申在市场营销研讨会上的发言颇有价值。他谈到了如何提高发行量。报社通过"焦点小组访谈"①和读者调查等途径了解并满足后者的需要,在报纸的新闻和广告政策上把这些因素考虑进去,达到提高发行量和流行度的目的。《车里雅宾斯克工人报》曾经是党报,现在已经成了民主出版物。其主编开始谈论"焦点小组访谈"和读者调查,这反映了其风格上的显著变化。而主编们通常都是最保守的一群人,或许是因为自己从事的工作属于管理性质,所以他们显得保守——他们需要控制年轻人的热情和冲动。这一切都证明新闻业的发展正在经历重要的突破。

从结构、资金、经济状况和外部形态来看,大众传媒领域发生了相当显著的变化,尽管外部形态的变化在我们平常所见的媒体当中表现得比较少。铜版纸杂志大量出版,不过,彩色报刊在俄罗斯的发展非常缓慢,在这个方面我们甚至严重落后于前社会主义阵营的国家。波兰记者曾经说过,社会主义阵营中最热闹的两栋小房子就是苏联的和波兰的,然而,就报纸的质量而言,如今这两个国家的差别很大。在波兰,就连县一级的报纸都是彩色印刷,上面有大量广告,它们都被按照细致的栏目分门别类,提供给读者和顾客。扎科帕内②的地方报纸就是如此。这个度假胜地或许并非典型的例子,但即使是在莫斯科,像它们那样的印刷质量也很少见到。俄罗斯的市辖区报或州报即便是在朝这个方向发展,也很缓慢。当然,目前正在发生的变化是积极的,这一点非常重要。

近年来,俄罗斯大众传媒出现了新的指标和方向:广告、公共关系体系、市场营销、电子传媒都在发展。与之相随的是新闻政策包含的新的传播策略。所有这一切都是俄罗斯新闻业内的现象,十五年前它们还没有出现。诚然,当代新闻业也出现了尖锐的心理问题,各种应激反应涉及俄罗斯的全体公民。这个问题不可一概而论,需要加以严肃而细致的分析。

展望下一个十年

世纪之初,对今后若干年内俄罗斯新闻业将如何发展的问题展开思索是很

---

① 又称小组座谈法,即采用小型座谈会的形式,由受过训练的主持人以一种无结构的自然形式与一个小组的具有代表性的消费者或者客户交谈,从而获得对有关问题的深入了解。——译者注

② 波兰最南部的城市,是该国著名的度假胜地和主要的冬季运动中心。——译者注

有意思的。许多人都在考虑这个问题。最大胆的报纸甚至刊登文章讨论俄罗斯会是什么样。2001年1月23日的《莫斯科共青团员报》发表了А.齐布科①先生的预测——这自然是一篇很严肃的预测，它预言了政治体系的变化。不过，在这篇文章旁边刊发的是维克托·叶罗费耶夫②这位《俄罗斯美女》以及其他畅销书的作者撰写的一篇既顽皮好笑又充满激情的预测。他认为俄罗斯存在两种潮流：一种潮流是热爱生活，希望生活丰富多彩，另一种则恰好相反，充斥着自杀、毒品和酒精。因此，叶罗费耶夫表示，俄罗斯将会分化成两层或者三层，很难预料将会发生什么事情。亚历山大·季诺维也夫③认为俄罗斯和俄罗斯人的生命力过于顽强，但他非常悲观。格奥尔吉·萨塔罗夫④提出了两种脚本。按照第一种脚本，制度不会自我完善，国家扮演的角色越来越重要，它将试图在旧有材料上重构这种制度——用建筑垃圾造新楼。按照第二种脚本，制度将会自我完善，并以民主的方式继续发展。

俄罗斯新闻业的发展共有三个方案。第一个是乐观的方案。成功的经济改革能够打造一个具有社会旨向的文明市场，大众传媒能够获得购买力更强、受教育程度更高的受众的经济支持。这样一来，高质量报纸的发行量将增加，总体上将实现新闻业的非政治化和非犯罪化。公共领域将得到很大的扩充。

第二个是悲观的方案。国家的作用更加重要，它把大众传媒变成宣传工具与公共关系的共生体，同时还掺杂着一些低俗出版物——从占星术到情色甚至色情。公共领域将萎缩。

按照第三个方案，经济的停滞现象将使大众传媒领域的停滞状况持续下去，大众传媒试图在非常残酷的经济环境中寻找完善之路。发行量会下降，高质量出版物的水平也会下降，市井报刊的发行量和影响力则会增大。公共领域将萎缩。

显然，互联网在这三个方案当中都将扮演越来越重要的角色，不过重要程度

---

① 俄罗斯哲学家、政治学家（1941—　）。——译者注
② 俄罗斯作家（1947—　）。——译者注
③ 俄罗斯哲学家、社会学家（1922—2006）。——译者注
④ 俄罗斯政治学家、政治活动家（1947—　）。——译者注

有所不同。尽管其功能在各个方案中的差别相当大,但它将成为公共领域和公民社会发展最重要的因素,也将成为新的收集、保存和传播信息的开放空间。

尽管俄罗斯新闻业的发展面临诸多困难,但最近十五年的经验证明,俄罗斯法律对新闻自由的保护相当牢固。归根结底,大众传媒的未来取决于经济状况和政治意志。21 世纪初,俄罗斯逐渐形成了民主的公民传统。在此基础之上,俄罗斯转向信息社会必须具有一定的经济环境和政治意志。

1.1.3 俄罗斯大众传媒运作的基本态势

通常都把大众传媒结构和主体的变化与转型模式的概念联系在一起。然而,苏联解体之后,大众传媒生存条件的变化不仅在后苏联时代的俄罗斯和中东欧国家有所体现,而且在全球范围内也有所体现。为了理解当代大众传播媒介的发展,必须摒弃俄罗斯以及其他国家那些早已习以为常的思维模式,把变化置于以全球、地区和民族为背景的后社会主义社会之中进行考察,把其与信息传播领域的技术进步、经济和财政因素以及文化市场的发展等紧密联系起来。

从行政命令体系和专制制度向市场经济和民主化的转变首先凸显了这一复杂过程的政治因素,并且为廓清社会关系(包括大众传媒)变化的特点提供了极大的可能性。转型的概念业已形成,在卢布尔雅那大学教授斯拉夫科·什普利哈尔的《社会主义之后的大众传媒·中东欧的理论与实践》(1994)和威斯敏斯特大学教授科林·斯帕克斯的《共产主义、资本主义和媒介》(与安娜·雷丁合著,1998)两部著作中,这一概念得到了充分的呈现。这两本书提出了非常有趣的理论观点,也包含一些关于后社会主义国家信息体系发展趋势的高明见解,不过它们还局限在静止的、很多方面都已过时的"资本主义/共产主义(社会主义)"这个概念的框架之中,没有涉及许多全球的、地区的以及民族的新现实,而这些现实情况正在形成大众传播发展的新语境。

耶希瓦大学(纽约)卡多佐法学院国际法教授门罗·普莱斯的专著《电视、电视传播和转型时期:法律、社会和民族认同》[1]讨论的问题更加具体。该书对大

---

[1] Издание МГУ. 2000. С. 335.

众传媒——主要是俄罗斯和中东欧国家电视业——的法律问题展开研究，它最初在哈佛大学出版，俄语版是增补本。它包括与电视传播民主化发展的法律问题相关的丰富材料。

事实上，近年来信息技术的新发展改变的不仅只是俄罗斯和中东欧国家的传播环境。正是因为电视在传统媒体的运作和新媒体的建立方面起着至关重要的作用，所以这一改变涉及整个国际社会。更重要的是，电视在建立国际关系新体系方面也扮演着关键角色，而国际关系所涉及的领域不仅包括政治，也包括世界和各国的经济与文化。

俄罗斯通过《大众传媒法》已经十五年了，这期间所积累的经验为研究和思考苏联解体之后俄罗斯新闻传播领域的发展进程并得出相应的结论提供了丰富的材料。

重大的、有时甚至是彻底的变化涉及的信息空间不仅是前苏联加盟共和国和前社会主义阵营的国家。变化具有更加宽泛的性质。这个问题的原因和影响因素很多，其中包括国际局势的变化。

多极世界的大众传媒

苏联解体和中东欧国家的民主进程改变了世界范围内的力量对比。一些人认为，两极世界被单极世界所替代，这大概都是美国人和盎格鲁-撒克逊人所持的观点；另一些人则认为，两极世界被多极世界替代，这是俄罗斯人的观点，可能也是中国人的观点，总的来说是欧洲和亚洲的观点。

至少世界已经不是"冷战"时期的两极了，这对大众传媒的现状和内容都产生了影响。对峙性的政论语体不复存在——它是社会主义和资本主义的拥护者之间展开的激烈争辩，不过又出现了新的问题。在国际上，大众传媒的重心发生了改变。在欧洲，东西方的冲突让位于欧洲委员会和欧洲安全与合作组织框架内的对话。在这个框架之内，正在制定欧洲信息多元化的原则和新闻政策的原则：确保能够获得官方信息并且全面接触新的信息传播技术。

欧洲地区没有出现新的意识形态矛盾，自由经济政策和社会旨向的国内政策之争取代了过去资本主义和社会主义之间的对立，并且不断激化。在大众传媒领域，这首先体现在电视业私有因素和公权因素的对比关系上面。总之，欧洲的意识形态纷争让位给了立法领域的对话——尤其是在大众传媒业，这个行业已经开始尝试确定欧洲通行的原则和优先发展方向。从这个角度而言，规范电视节目交换原则的跨境转播公约具有重要意义。

大众传媒的多极性表现在节目组织原则的多样化上面：美国的商业原则、欧洲的公权和商业原则、中国和古巴的国家原则，下文还将谈到全球化的大众传媒。

国际信息领域的对峙风格被打破，这在政治领域开辟了一片真空地带。俄罗斯的某些专家认为，取代反共运动的反俄运动仍在继续。看来，"冷战"思维的某些残余依旧存在。不过，随着苏联的解体，国际舞台上有关俄罗斯与西方关系论战中的意识形态因素已经不复存在。当然，双方在发展伙伴关系的过程中还留有空白点和难点：在俄罗斯方面看来，它们存在于民族主义爱国分子和左派正统分子的讲话当中；在美国方面看来，它们存在于拿不到国家津贴、保不住工作的"苏联学家们"的发言和文章当中。

显然，大众传媒的内容也有变化。通过多元化的新视角观察世界的这种趋势发展还比较缓慢，但它正在不断排挤陈旧的刻板形式、对峙的教条思路以及"冷战"方式。

上述思维的残余体现在对当代世界秩序的不同认识上面。单极世界理论的拥护者从中看到的是美国在这场战争中的胜利、美国及其价值观和模式的绝对领导地位；与此同时，国家和民族的多元发展却可以忽略。多极世界的拥护者在承认美国的威力、力量和举世无双的财富的同时，也看到世界的多样化和包括欧盟、日本、中国、印度以及俄罗斯联邦在内的强大经济体的迅速发展。

多元化的世界拥有多种民主体系和传媒体系的模式与发展理念——美国的、欧洲的、日本的、印度的和南非的，等等。就大众传媒所覆盖的人群而言，占据第一位的是当今世界上人口最多的民主——印度式民主，它在发展民主传媒方面的经验不可轻视。

不同的民主理念和传媒文化之间的对话是必需的，然而，多元化的民主社会框架内的对话尚未出现。或许，这将是欧洲与美国的对话，或者是美国与印度、欧洲与日本的对话。我们可以也应该对这些模式进行认真思考并在这一领域开展深入研究，如果不这么做，那么关于转型和转型时期的观点就会悬于半空，缺乏对转型方向的认真论证，也没法对转型时可以依托的模式进行分析和对比。可以也应该基于现有的民主经验和当前的信息传播环境对这些模式进行建构。至于俄罗斯，由于历史传统的缘故，它更偏向于西方模式及其欧洲方案。

无论秉持的是单极世界还是多极世界的观念，最重要的是两极世界的拥趸已经不复存在，大众传媒也不再是与两极世界相关的对峙风格——属于这种风格的媒体在审视所有事件的时候都只有两种色彩。

"冷战"结束，两个超级大国的对抗作古，随之消失的还有对世界的两色认识。新的伙伴关系艰难地建立起来了。至于大众传媒，拒绝"冷战"风格、拒绝对国际上的事件进行教条的两色解读成了其内容方面新的重要指标，它跟转型时期无关，而与当代世界新的信息传播现实相关。

全球性的传媒语境

综上所述，今天我们在各个国家大众传媒领域见到的共同点显然多于不同点，尽管地区和国家的模式与流派依然存在多样化，甚至有所加强。差异确实存在，而且相当显著，但它们属于另外一个层面——至少还不是意识形态层面。

意识形态层面的差异基本上已经退居世界新闻业的边缘地带，不久前出现的所谓反全球化运动也处于这个地带——至少在最初的时候，它没有自己的媒体，但却在传统媒体和互联网上都被热烈讨论。它亟待进一步分析。反全球化分子在多伦多、华盛顿、达沃斯、哥德堡和热那亚的游行之所以受到关注，暂时还只是因为游行者的大胆举动或者镇压者的煞有介事。所有这一切都让反全球化运动有机会露了脸，不过，这些事情多属抗议或者半自发的性质，因为他们并未形成清晰的理念。

在"冷战"结束、两极世界瓦解的同时，新的全球化趋势不仅在欧洲的新型民主当中，而且在坚持社会主义制度的国家当中均有所表现，这个事实也是影响当前国际局势发展的重要因素。社会主义制度在欧洲瓦解，与此同时，它在亚洲国家继续存在，尽管随着国际社会发展态势的变化，那些国家的制度结构也在发生改变。社会主义阵营并未完全消失。大部分居民依然生活在社会主义世界里——我指的是人口差不多占世界人口四分之一的中华人民共和国。问题不在于此,而在于:在除朝鲜以外的其他社会主义堡垒里,大众传媒领域的变化与全球趋势是一致的。这里所指的首先是放弃对世界的对峙性和两极性认识,以及它们与全球性媒介语境的融合——这一语境吸收了通信、经济和文化的最新成果。它们的公分母是互联网,以及与之相关的大众传媒的趋同化、数字化和全球化,它们都是当代信息传播体系最重要的特质。

信息传播革命

现在还出现了一个重要情况——国际社会的进步与信息传播技术革命的迅猛发展保持一致,后者彻底改变了所有大众传媒的状况。从这个角度来看,一切当然都处于运动之中。互联网这一全球性的信息传播体系在"冷战"结束后出现在世界舞台上,这并非偶然,它构筑了世界性的统一虚拟空间,囊括或者说联合了以前被分割成集团或者阵营的整个世界。把信息社会的理念变为现实的前提条件出现了[1]。

对待大众媒体的惯有方式已不复存在,因为它们被分成了传统的和非传统的,后者的出现就已经意味着此类媒体是对美国、俄罗斯、阿尔巴尼亚、中国等各个国家都很重要的因素。它们把所有这些国家联合起来,而且,它们建立了新的背景、新的信息领域、新的信息传播环境。

这一新的信息传播环境让我们面对现实,重新审视大众传媒。苏联解体前,即使很有技术头脑的苏联年轻人也难以与美国、澳大利亚或者英国的同龄人相提并论。而如今,如果问一问进入莫斯科大学新闻系学习的中学毕业生在其他大洲是否有认识的人,毫无疑问,几乎所有人都有网上的熟人,不少人的朋友遍布世界各个大洲——亚洲、非洲、大洋洲、美洲。传播方式彻底改变了。在这种情况下,传统媒体变革了其结构和运作体系,没有失去自己在快速变化的世界里的地位和意义[2]。

同时,是否能够利用新的信息传播技术成了极其重要的因素。世界被分割

---

[1] 参见:Вартанова Е. Л., Финская модель на рубеже столетий // Информационное общество и СМИ Финляндии в европейской перспективе. М., 1999.

[2] 参见:Засурский Я.Н., Информационное общество и средства массовой информации // Информационное общество, 1999. No 1.

成了信息饱和和信息缺乏两个部分。这种新的分割在各个大洲、各个地区之间展开：北—南、东—西；也在各个国家的各个居民点展开：城市—乡村①。基于数字技术的分割由人们利用新的信息传播技术——互联网、电脑、多媒体——的程度确定，它凸显了向信息社会迈进过程中的矛盾和困难。新的信息传播环境决定了信息社会大众传媒体系的特点。

全球的转型期

互联网和新的信息技术之所以没有成为转型时期理论研究者的分析对象，原因很简单：他们写书的时间比作为世界信息发展现实因素的数字技术和全球互联网受到关注的时间要早。如今，信息传播革命是传统媒体和新媒体发展的决定性因素。因此，如果我们谈论信息传播领域的转型期时并不从经济方面界定这个概念，那么所谓的转型就不局限于后社会主义国家——前苏联和中东欧国家——的地理疆界，它囊括所有国家。原因在于出现了崭新的、万能的、全球性的因素——大众传媒的电子渠道，它们不仅是新闻领域最重要的组成部分，而且还是像美国和俄罗斯（哪怕是在现有状况之下）这样的国家在经济方面的重要组成部分。转型期的这个特点影响着大众传媒的发展。

全球性的结构变化非常重要。它涉及所有国家。新的信息传播领域的发展速度缓慢，这使得某些国家在后社会主义空间中的发展更为复杂——尤其是后叶利钦时代的俄罗斯。

必须注意某些技术因素，它们让我们能把任何一家媒体——无论是全球性的还是地方的——当作全球信息结构的一部分加以审视。如果俄罗斯一家发行量为 8 000 份的小型报纸创立了自己的网站，那么它就已经变成了全球性的大众传媒，因为任何发布在环球信息网上的信息都能在整个地球的虚拟空间之内被获取。目前，在全球的信息空间中，我们已经建立了大量有趣的网络联盟，各式各样的都有：新闻的、专业的、伦理的、文学的、医学的、经济的——尤其是商业

---

① 参见：Вартанова Е. Л.，Коммуникационная политика России: нужен решительный шаг // Вестн. МГУ. 2001. No 1. С. 52; Она же. Конвергенция как неизбежность // От рукописи до Интернета / Под ред. Я. Н. Засурского и Е. Л. Вартановой. М.，2000.

和金融方面。

许多人经常把全球化与美国化等同起来。这是不完全正确的看法。全球化不仅让美国在由它首创的互联网上的信息体系得以发展,而且还让其他地区——比如莫尔多瓦自治共和国、楚瓦什自治共和国或者布里亚特自治共和国——的全球性虚拟王国得以发展。莫尔多瓦的网站不断发展,在国际上拥有了一定的知名度,访问量也不少,这样一来,这个俄罗斯的共和国也产生了全球虚拟空间的认同感。萨阿米人生活在四个国家——俄罗斯、挪威、芬兰和瑞典,他们可以借助互联网交流,拥有全球虚拟空间的认同感。这就是接入了互联网的当代信息结构的发展特点。

跟上面所举的莫尔多瓦的例子一样,在俄罗斯也是如此。俄罗斯的网络普及率相对而言并不高,但俄境内有1000万受众可以浏览网站——包括大众传媒网站,这些人使用互联网的方式跟住在国外的俄罗斯人一样。

全球化是一个十分复杂的过程,它需要研究,它让我们重新审视大众传播媒介的可能性。它不仅是确定当代世界发展节奏的最重要因素,更是确定信息传播潮流和当代大众传媒——既包括传统媒体,也包括新媒体——不断增长的作用的最重要因素。它所指明的是向获取信息的全球新体系转变过程中最重要的时刻。

区域化

不同地区的全球化和网络化速度各不相同(即便在相对比较富裕的欧洲,数字技术的分割和差别同样存在于信息方面比较强大的北部和农业比较重要的南部之间),所以还存在另外一个重要的因素——地区因素。诸如北欧这样比较发达的地区的经验有助于理解信息传播结构发展的崭新可能性及其对大众传媒、国家、市场和公民结构相互作用机制的影响,也有助于看清大众传播的发展前景[1]。

地区化在我们后苏联空间的国家也有所体现。波罗的海三国在信息传播领

---

[1] 参见:Вартанова Е.Л., Северная модель в конце столетия // Печать, ТВ и радио стран Северной Европы между государственным и рыночным регулированием. М., 1997.

域比较发达。正如此前我们已经指出的一样,地区的特点——首先便是成功运用新的信息传播技术的原因——不可能脱离全球体系来研究和理解,因为后者决定向信息社会发展的总体趋向。

同样,试图把后社会主义国家的发展与全球信息传播体系区分和割裂开来的人也犯了严重错误。后社会主义国家进行的就像是双重的改革,双重的重构,双重的进步,社会政治、经济、技术坐标的双重更换:一方面,民主和市场经济在欧洲后社会主义地区发展;另一方面,具有世界性质的全球化、趋同化和数字化进程在信息传播领域正处于如火如荼之势。在这个问题上俄罗斯也不例外,它同样遵从总体的全球化趋势。由于科技和人力资源充足,这个趋势会显得很强,但由于经济和结构的状况,有时这个趋势又显得很弱。

毋庸置疑,全球化是信息领域发展不可忽略的重要因素。同时存在的还有地区和国家特点以及大量的个体特点,正因如此才形成了各种信息传播模式,使得当今世界转向信息时代。

公民社会和公共领域

最终,公民社会及其新结构的出现成了后社会主义国家新的信息传播体系得以发展最为重要的因素。各个国家朝着公民社会发展的速度不同。有的国家速度非常快——比如阿尔巴尼亚、南斯拉夫(通过血战和爆炸),但各国确有不同。

民主的信息传播领域与公民社会的发展联系非常紧密,是其形成和运作的必要条件。这些相互联系的结构在后社会主义空间里达到的程度各有不同——中欧国家在第二次世界大战之前就有一定的传统,它们对公民社会的认识达到了相当高的程度;俄罗斯没有这样的传统,公民社会的形成步履维艰。

大众传媒在公民社会里发挥的作用是一个很重要的问题。如前所述,德国著名哲学家尤尔根·哈贝马斯提出了公共领域理论。它的主要内容之一便是确定大众传媒在公共领域的作用,它们是公民社会的重要组成部分,实现公民、社会和国家的交流。在俄罗斯,迄今为止还有很多人把大众传媒视为政权机关或者寡头手中的工具。这不仅是国家领导层的大错误,也是科学、社会学和哲学界的大错误,因为公民社会的特点之一便是:作为公开性、开放性、公共领域和公民社会的工具——大众传媒具有特殊的作用。

开放社会的问题是发展民主基础的重要方面[1],也是公民社会最重要的工具——广播电视的公权或者公共结构,它使公民能够参与到民主社会必需的公共领域的对话当中。遗憾的是,类似的结构在俄罗斯尚未形成,尽管此事已经谈论了很长时间。

无论如何,巩固大众传媒的自由能为公民社会和公共领域的发展以及政权机关、社会和公民的对话创造条件。

不同国家大众传媒领域民主传统的发展情况不同。在俄罗斯,公共领域的形成是一个复杂的过程,其中,互联网和记者协会的作用尤为重要[2]。国家状况决定公民社会的国家体制的发展速度和规模。

在俄罗斯转入公民社会、迈向法制社会的征途中,新闻业和整个信息传播领域的作用尤为重要,而这些体制的形成是民主社会的基础,在向信息社会过渡的时期,鉴于全球性、地区性和民族因素的影响,形成上述体制的可能性在增加。

全球信息环境和俄罗斯大众传媒

互联网使俄罗斯被纳入了全球信息环境之中。作为国家及其未来发展最为重要的战略任务,信息社会以及新型大众传媒的问题被提上了议事日程。

当代国家的每一位在任领导都把优先讨论信息技术和信息社会的发展问题视为己任。欧盟设有专门的信息社会委员会,制定了新经济革命战略,该战略指出,欧洲只可能在新型的电子经济空间条件下发展。

而对于俄罗斯来说,互联网是信息社会的发展基础和重要组成部分,是未来进军现代顶级国家的关键因素。遗憾的是,俄罗斯目前还居于信息非常匮乏的

---

[1] 参见:Media, Communications and the Open Society. Ed. By Yassen N. Zassoursky and Elena Vartanova. M., 1999. P. 284; Media & Open Sociclies // Cultual, Economic and Policy Founda - tions for Media Openness and Diversity in East and West / Ed. by Jan van Cuilenburg and Richard van der Wurff. Amsterdam, 2000. P. 267.

[2] 参见:Реснянская Л.Л., Фомичева И.Д., Газета для всей России. М., 1999. С. 230; Засурский И. Масс-медиа Второй Республики. М., 1999. С. 272.

国家之列①。尽管它不是最匮乏的,但也绝对不是最富足的。

如今,通信网络可以轻而易举地突破国界,同时也出现了各种虚拟联盟的可能性。这一切形成了一种崭新的现况,它被认为是虚拟的,同时又对现实经济和现实信息领域发挥着重要的影响。

世界上有三种重要的信息交换进程。第一,全球化,即与全世界迅速交换信息。第二,同样借助互联网可以发展小范围的局部体系:如前所述,现代的信息传播网络为小团体(包括按照民族特征划分的团体)创造了介入虚拟空间的条件,它们可以不受国界和空间距离的限制,把各自的代表联合起来。同时,现代的全球网络不仅能够起到联合的作用,而且为私下的沟通和小型网络以及小型团体的创建提供了可能。最后,第三,当前的发展特点是技术至上。在大众传媒领域,这种技术至上的风潮正在转向技术决定论;移动电话技术的发展为接入互联网提供了新路径,可以绕开有线连接。

至于俄罗斯的互联网领域,它首先是连接本国与国际信息和经济空间的环节。这一点特别重要,因为如果缺乏信息领域的基础设施,脱离全球体系,几乎就不可能发展经济。而这一点有时并没有被充分地认识到。尽管诸多事实表明,俄罗斯的互联网对于国家在全球经济和信息空间的存在至关重要。

可以举出很多例子。谈到信息空间,俄罗斯连一家全球性的报纸都没有。它们集中在英国和美国。这些报纸在全世界出版,依托互联网和新技术(英语的普及面很广也是一个重要因素)拥有全球化的传播网络。在俄罗斯,这一全球化信息手段的功能由互联网完成,它扮演着极为重要的角色,把俄罗斯纳入国际信息空间之中。这一点非常重要,因为世界对俄罗斯的了解可以越来越多,而俄罗斯对世界的了解也可以越来越多。此外,互联网在信息领域扮演获得信息的担保人角色。在俄罗斯的大部分州、边疆区和共和国都有地方性的网络服务商。

如今,互联网及其相关的信息机构实际上是在创造和发展全国的信息空间。

---

① 参见:Вартанова Е. Л., Коммуникационная политика России; Засурский Я. Н., Постсоциалистические СМИ в глобальном, региональном и национальном контекстах: К вопросу о переходном периоде // Вестн. МГУ. 2001. No 4.

由于缺乏全俄报纸,并且不是随时都能接收电视(而且它的品质也不总是很高)和广播,这一空间受到了侵蚀。尽管只有相对不多的人可以使用互联网,只有将近2%的俄罗斯人可以利用其资源。即便如此,互联网把全球空间和俄罗斯空间联系起来,把全俄信息空间和地方信息空间联系起来。从这个意义上说,目前互联网在俄罗斯的信息空间中扮演着至关重要的角色——它不是某种局部组织,而是使我们的信息空间连为一体并且能够成型的组织之一,它能保证获取信息、新闻、知识、各种文件和媒体。这是非常重要的一个方面。

信息社会要求出于发展经济和文化的目的使用信息空间。俄罗斯的未来、对这个伟大国家的捍卫都有赖于此。

俄文网

信息社会要求具有高度发达的文化和获得高新技术的可能性。最近十五年,俄罗斯失去了很多东西,但互联网却是为数不多的,或许是最重要、最关键的成果之一,俄罗斯可以为此感到骄傲。互联网是新的虚拟空间,是信息空间、经济空间、金融空间、贸易空间、公共空间;它是获取信息的一种新途径,这种信息一方面是个体性的,另一方面又是大众性的。

谈及信息社会和新兴大众传媒的相互关系,应当注意三个主要问题:

第一,借助现代信息传播技术和互联网进行信息传递的可能性。

第二,"网络化"条件下传统大众媒体活动领域的扩展。

第三,新的大众传媒的创建。

传播和信息技术发展迅猛。互联网创造了一个新的公共空间,它为全球性的交流开辟了各种可能性,这已经明显地从大众传媒的发展上得到了反映,尽管还无法预知俄罗斯以及其他国家的大众传媒最终将会发生怎样的变化。有一点是显而易见的:信息传播的世界处于运动和变化之中。互联网的经济要素变得更加重要,它已经成了占据主要地位的一个方面。

新兴信息传播技术最重要的一点是数字化,即把大众传媒的内容转化为数字形式。具有新的数字维度的文本正在成为各种媒体共有的基础。出现了大众传媒的并合性①。正因如此,新的信息环境对语言领域的影响开始不断增强。与语言的线性结构并列,出现了超文本结构。

传统大众媒体的革新

说到传统的大众媒体,为了能够在各个地区以及世界范围内传播自身,它们都广泛地利用互联网。因此,全世界讲俄语的人现在都可以从所谓的"被放到网上的"联邦报纸和地方报纸获得非常广泛的信息。当然,在新兴信息传播技术迅猛发展的条件下,传统大众媒体(报刊、广播、电视)领域毫无疑问也将发生重大的变化,包括获取它们的途径和传播的方式,可能还包括内容方面。

广播似乎是最平静的。音频材料容易通过互联网传播,要想接收无线信号,只需拥有一台带声卡的电脑。"俄国广播电台"很大程度上已经开始依托互联网进行广播,网络被用作向各国广播电台输送信号的手段,通过这些电台可以进行播报。不过,与此同时,个体网民也可以接收这种信号。顺便一提,在很多国家,人们就是通过这种方式收听"莫斯科回声"广播电台和"银雨"广播电台的。如今,全世界都可以听到互联网上的俄罗斯广播电台。

电视的情况最复杂。网民花在收看电视节目上的时间减少了。电视结构或许将会发生重大的变化。互联网可以提供传统上借助电视接收机观看的体育、音乐和其他节目。有鉴于此,我们认为,专业化的、符合某些观众兴趣的电视节目将会越来越多。新闻节目的前景非常不错。

报刊的地位相当稳固,这首先是因为各种信息在电视或者电脑当中的汇聚并未抵消文本的作用。而且,广播和电视节目在互联网上一般都是以两种格式呈现——影音和文本。文本是各种网络媒体的公分母。网上的材料经常被打印出来阅读。某些电子报纸(譬如 Газета. Py②)便有专供打印的格式。大家都可以使用具有独立性甚至自主性的文本。即便如此,报纸和杂志仍然具有很大的优势,因为发表在那里的信息一般都是由高水平的专家撰写的,所以读者往往能

---

① 参见:Вартанова Е.Л., Конвергенция как неизбежность // От рукописи до Интернета. М., 2000. С. 37 - 55.

② 报纸网(俄文)。——译者注

获得经过条分缕析的知识。

新媒体

全球性网络的出现催生了一种全新的大众传媒——具有一系列特性的电子报纸。它们不停地更新，常常配有精心编排的插画，这类报纸刊登的往往是没有完结的文章。直到事件结束文章才会完结。从这个意义上说，身处电子报纸行业的记者需要不停歇地工作，他们都把文章的最后一句话写成永远可以续写的样子。

超文本式的排版是电子报纸的一个有趣特性，它可以让读者迅速找到不同的材料和引文出处，正因如此，阅读电子报纸会让人觉得内容更透彻、更丰富，可能也更全面。至于电子报纸的其他特性，我想指出它的及时性。就发布材料的速度而言，电子报纸常常不但能抢在印刷传媒的前面，而且也比电视快。

新闻通讯社在互联网上占据重要的位置（比如 Лента. Ру①）。新兴的电子新闻通讯社可以让网民支配各种类型的信息——影音和文本。这同样是新兴大众传媒的巨大优点，它们与传统媒体共存，就为读者传递信息（首先是新闻信息）的速度而言超过后者；就方便性而言，网民在家里就能直接获得信息。然而，就分析性而言，它们往往不及印刷传媒。此外，阅读篇幅较长的文章时人们经常将其打印出来。

一旦有新兴的传媒手段出现，人们通常就会开始谈论那些更早的、在新媒体出现之前已经存在的媒体的衰亡。广播和电视出现过后，大家同样谈论过报纸和书籍的衰亡。当时的推测是，随着时间的推移，人们将不会再看报纸。可是，这样的事情并未发生。互联网甚至使人们回归了阅读（其中包括书籍和报纸）。

迈向信息社会的战略

迈向信息社会的战略当然在很大程度上取决于科学和工业的保障。若尔斯·伊万诺维奇·阿尔费罗夫②和叶夫根尼·帕夫洛维奇·韦利霍夫③等学界

---

① 通稿线路网（俄文）。——译者注
② 俄罗斯物理学家（1930—   ），2000年诺贝尔物理学奖获得者。——译者注
③ 俄罗斯物理学家（1935—   ）。——译者注

泰斗一致认为,要在俄罗斯建立信息社会,优化物质基础的困难过去有,现在仍然存在。与此同时,还有另外一些方面的问题也很有必要讨论。

从某种意义上说,我们已经处于信息社会之中。人们常说,我们的孩子将在全球化的世界里生活,其实他们已经身处其中了。比如,年轻人到新闻系求学,如果询问他们当中有谁可以上网,就可以发现,许多生活在莫斯科的人都能上网。对于"谁在非洲或者大洋洲有熟人"这样的问题,也有人举手作答。原来他们已经通过互联网熟悉了整个世界。全球化正在不断推进。这一进程并非像有时想象的那么可怕。互联网出现以后,有人曾经宣称整个世界都将说英语。可是正如我们所看到的,现如今,英语在网络世界的影响力大大降低了。人们按照自己的归属生活——德国人有自己的域名 de,法国人有 fr,俄罗斯人则有 ru。

互联网的确是全球化的工具,不过并不一定是美国化。有了它,上俄文网的人可以身在莫斯科,可以身在澳大利亚,也可以身在阿根廷。一个全球化的俄罗斯社会出现了,这是值得肯定的,它让俄罗斯人把自己联合成一个虚拟的全球化民族。虚拟民族也在逐步形成。在芬兰、挪威和俄罗斯交界处居住着萨阿米人,他们没有自己的国家,但有网站,通过互联网他们彼此交往,建立了虚拟的民族联合体。在这个意义上,我们当然已经身处信息社会。另当别论的是:并非所有人都能利用信息社会,而在通往信息社会的道路上存在严重的障碍。

在俄罗斯,信息社会的发展受到三个因素的制约。

第一,通信手段的普及。在俄罗斯,通信非常昂贵,而且通信保障也不好。普遍认为很难下调通信价格,需要行政措施的干预。其实移动通信便是一个实例——这个经济领域开放之后,其价格得到了明显的下降。如果违背自然规律的电话通信业之垄断被取消,电话或许会变得更便宜、更普及。对此应该进行深入的思考。全世界都踏上了放开电话通信行业之路,俄罗斯需要关注这条经验。

第二,电脑的普及。俄罗斯总共只有 1 000 万台电脑,其中 200 万台供私人使用。这当然很少。电脑的价格太高。如何使其价格能更便宜一些?组织国产电脑的生产(是否有这个必要尚值得商榷)需要花费大量时间。或许应该直接降低电脑关税?就连发达国家也是如此操作的。比如在意大利,信息社会曾经发展得颇为艰难,于是他们便减少或取消了进口电脑的关税。我们兴许也该这么办？可是，大家现在就需要电脑，尤其是年轻人。随便找一个身为父亲的人问问，他的孩子最想买什么，他立刻就会回答：电脑。孩子们可是我们的未来。如果不为他们提供电脑，我们就不可能迈入信息社会。

第三，互联网的普及。网络也很受限。据说俄罗斯的网民将近 1 000 万。实际上真正使用网络的大约有 450 万，上网地点是在家和工作单位，或者通过所谓的公共场所——网吧、图书馆、邮局——接入。发展后面这种通过公共场所接入网络的形式极为重要和有益。必须解决这些问题，使俄罗斯的信息社会得到发展。如果看一看曾经是苏联加盟共和国的邻居们，就会发现其中一些国家做得相当不错。

信息社会的网络创新

在谈到信息社会的问题时，我们对社会生活方式的改变认识不足。事实上，出现了一种新型的生产和支配关系。作为部委和工厂标志的建筑和场所正在失去意义。远程工作和互联网的发展更广泛地利用了个体资源，使人们行事更机敏、快速。意大利总统钱皮在位时曾经对财政部长说过："我不需要官员都待在部里。让他们在家给我写报告，用电子邮件发给我，我看完了就可以做决定。如果他们干得不漂亮，那我可以把邮件退还回去。"这体现了组织部委工作的另外一种方式——重要的不是墙壁和办公室，而是问题的实质。就行政资源的发展和各种人才的使用而言，这可谓新的灵活性和可能性。它同样适用于生产领域：远程工作使其能够被分散管理。

如今，时间和空间获得了新的特质。借助于新的信息技术，它们都有所超越。意大利总统钱皮说："在意大利，我们不会把南方没有工作的人迁到北方去。我们会向他们提供远程工作。"

这是一种很有意思的方法，我们也可以尝试。而且，我们已经拥有发展信息社会最重要的工具——俄文网。它是我们在互联网上的属地，其中包含海量的信息。发展信息社会首先需要完成的一项工作就是完善俄文网，不断发展和丰富它。时至今日，国境线不在边防军人站岗的地方，而在有信息壁垒的地方。俄罗斯的国境线现在已经存在于俄文网。能接入俄文网的人，实际上就已身处俄罗斯。

新的信息社会赋予人类新的机动性、发挥创意并迅速把想法变成现实的可能性。在这个意义上,新的信息社会预示着分散管理和平行网络组织的发展。当我们反思苏联为何解体的时候,总会举出很多材料和观点,可我们很少考虑到下面这一点:苏联式的集中垂直管理无法融入新时代和新技术。

现在,为了发展信息社会,平行网络组织是必需的。它为每个公民的创意提供可能性。而对于中小企业而言,这是一笔巨大的资源,不仅可以让新的想法迅速产生,而且可以让它们迅速得以实现。信息社会的确是俄罗斯的未来,国家应当帮助其发展,但不是作为所有者,而是作为调控者,作为支持俄罗斯信息化的组织者。

俄罗斯的数字鸿沟:精英化互联网的怪现象

互联网进入俄罗斯的速度缓慢且发展不均衡,这在很多方面令其成了一种精英化的大众传媒,也导致其使用者的构成颇为奇怪。种种原因使互联网在一定程度上成了信息资源匮乏地区的一种精英化传播方式和信息资源比较丰富的地区的一种相对民主的媒体形式。

俄罗斯的互联网服务于普通公民、国家机构、大众传媒和知识精英,它通过不同的方式保证其获得全球信息资源,保持对竞选活动和地方出版物的影响。1999至2000年国家杜马议员和俄罗斯总统选举时,互联网被用于协调各种活动。

互联网向年轻网民提供了开展独立自主的创作和表达非正统观点的机会,这在很大程度上取代了苏联时期的地下出版物。曾经有过这样的事例:某些地区的领导人利用只有少数民众可以使用互联网的现况来强化自己的影响力。

年轻人与年长者在运用数字技术上的分化现象以及不同社会阶层的年轻人在运用数字技术上的分化现象以一种特殊的方式在管理者的层面体现了出来。一些高级官员会让年轻下属发送电子邮件,核实网上信息的内容。接入互联网的可能性是克服数字鸿沟最重要也是最关键的因素。另外一个问题是利用网络资源的能力。俄罗斯的互联网用户大部分都只是收发邮件和浏览娱乐网站,小部分会使用新闻信息资源。这是"第二个数字鸿沟"。可以上网并不够,还要学会利用网络资源。信息匮乏的人不仅指没有接入互联网的人,而且包括不了解其资源、不会使用资源、无法获取信息和新知、无法为了消除自身的信息空白点而访问相关网站的人。

数字鸿沟是俄罗斯变革、复兴甚至生存的最大障碍之一，同时，它也是当代俄罗斯社会矛盾的直观显示器。

俄罗斯数字鸿沟的表现

俄罗斯精英化互联网的基本特征可以归纳为以下十一条：

1. 互联网进入俄罗斯的速度缓慢且发展不均衡，2001年年中时，只有750万即5%的俄罗斯人使用互联网，虽然比年初时增长了7%，但仍是一个很小的数字。

2. 对于"电子资源"丰富的地区（莫斯科、圣彼得堡和纳德姆等）而言，互联网成了自由接触世界的工具。

3. 拥有丰富"电子资源"的人包括高校教授、行政当局、"俄罗斯新贵"以及属于这个圈子的其他年轻人。

4. "电子资源"匮乏的农村地区、小城市和乡村往往只有邮局接通了互联网，在那里，网络一般仅用于发送电子邮件。

5. 对联邦和地方政府而言，互联网被当成控制"电子资源"匮乏地区的工具来使用，尤其是在地方传媒领域。比如，基洛夫州政府曾通过互联网发布本应刊登在地方报纸上的文章，这样一来，他们便把互联网变成了管理地方传媒的工具。

6. 通过在互联网上发表选票统计数据影响各地公众的意见，使选票被投给行政当局支持的候选人，以此操纵国家杜马选举和总统选举。

7. "电子资源"匮乏的俄罗斯人是退休者、农民；新出现的"电子资源"匮乏者还包括各个地方的知识分子、医生和工程师。

8. 年轻人与年长者在运用数字技术上的分化现象以及不同社会阶层的年轻人在运用数字技术上的分化现象甚至在"电子资源"丰富的地区也很典型。对于某些阶层的年轻人而言，这是接触其他国家文化的机会，而对于其他人而言，则是公开传播地下出版物的超级时髦的方式。

9. 最令人吃惊的运用数字技术的分化现象出现在管理精英阶层。一些国家官员在自己的办公室放置了电脑,但却让秘书和工作人员使用这些资源,从而在领导、下属以及外部世界之间建立了一种特殊的两级传播交流系统。

10. 数字鸿沟是俄罗斯生存、变革和复兴必须克服的主要障碍和困难,要克服它必须借助公民的积极参与和主动性,这也是民主制度和市场经济不可或缺的部分。

11. 数字鸿沟是当代俄罗斯社会矛盾最直观的表现之一。

与此同时,互联网在俄罗斯的快速发展也让人看到了加快网络化和信息化进程的希望,它们是俄罗斯在民主和市场经济道路上实现现代化的关键因素。

1.1.4　当代俄罗斯大众传媒类型的变化

最近十五年,俄罗斯大众传媒的类型发生了相当大的变化。这主要是因为受到了两大因素的影响:第一,俄罗斯社会在社会结构上的改变——这一改变相当显著;第二,新技术的运用——它不仅要求俄罗斯的大众传媒在类型上发生变化,而且也要求全世界的大众传媒在类型上发生变化。这是一个复杂的过程。而俄罗斯在苏联时期几乎完全处于大众传媒发展的整体潮流之外,如今它已经被卷入了这个潮流当中,而且也被卷入了自身变革和再变革当中。

从垂直的由党领导的结构到平行的商业结构

垂直的由党领导的大众传媒模式之所以发生变化,是由几个因素决定的。第一,确定苏联报刊主要标准的苏联共产党不复存在,绝大部分党报党刊也随之消失,在这个基础上出现了由记者集体出版的独立报纸。第二,决定报纸、杂志、广播和电视诸多问题的行政命令管理体系瓦解。从《真理报》到市辖区报的垂直报刊结构不复存在。取而代之并逐渐发展起来的是符合当代民主原则的平行结构(独立自治同时又相互作用的新闻机构开始运作)。

曾是中央报纸的《劳动报》《共青团真理报》和《消息报》等均已成了独立出版物,在俄罗斯全境发行,但其发行量与20世纪90年代初相比却减少了很多倍。中央报纸这一类型有所改变,不再具有指令性。此外,如今获得莫斯科出版的报纸的可能性剧减,这对俄罗斯信息空间的完整性具有负面的影响。通过这种方式腾出来的份额被地区和地方出版物占据,它们对俄罗斯和国际问题的关注要少得多。

获得独立的报纸被记者集体掌握的时间不长,很快它们中的大部分就成了银行和集团公司的囊中之物。取代党报党刊的是归属于各个控股公司、银行和集团公司的商业报刊,而这又促成了新型出版物的出现。

新的分类标准和界线:财经报刊与市井报刊

报刊业出现了新的分类,它们在苏联时期并不存在或者说十分模糊:精英报刊——首先是财经报刊,大众报刊——实际上它已经变成了市井报刊。

上述变化并不完全符合国际报刊业所发生的变化。在大部分国家当中,大众或者说市井报刊(至少市井日报)的影响力在减弱。面向受教育程度更高的人群的高质量报纸数量在增加。这里包括几个原因。首先是因为不少阶层的社会地位发生了变化,所谓的白领扮演的角色越来越重要,他们倾向于阅读各方面都更加严肃的报刊。同时,高质量报刊本身也在发生变化,它们不断扩展所涉猎的范围和囊括的问题:在保留传统的艺术栏目的同时开始刊登如何购买艺术作品的文章,这些材料可能会让富有的读者感兴趣。换言之,精英报纸变得更容易阅读了。

至于市井报刊,它们在除英国和德国以外的所有国家都遭遇了边缘化。英国伦敦出版包括《太阳报》在内的几种传统的市井报纸。不过它们的数量在减少,发行量在下降。德国出版发行量很大的市井大众报纸《图片报》,法国几乎没有市井日报。美国的情况也是如此,市井报刊在更早之前就已经过时了,它们被"男性"杂志和"女性"杂志以及大量的娱乐周刊所取代。

同时,以前被认为是专供证券期货从业人员以及该领域的分析专家阅读的报纸的影响力显著增强,比如英国的《金融时报》、德国的《商报》、美国的《华尔街日报》和法国的《回声报》。它们占据着一流高质量报纸的地位——供从事管理工作的精英们阅读。

这个趋势在俄罗斯的出版业也有所体现。目前,俄罗斯正在经历财经报纸的热潮,其中一些报纸的水平已经接近西方出版的精英报刊。《生意人报》是第一家试图占领精英报刊阵地的报纸,不过它没能把财经精英层面的读者团结在自己的周围,而是变成了一家更加大众化的报纸,把对财经问题感兴趣的人也囊括到了读者群中。

　　西方大型财经与出版联合企业——美国的道·琼斯和英国的皮尔森——尝试把融合了两家精英型高质量报纸的合作产品移植到俄罗斯的土壤上。《华尔街日报》和《金融时报》这两家竞争对手联合起来在俄罗斯共同行动,出版《公报》。这说明俄罗斯报刊(首先是报纸)的分类基本上是按照国际惯例在发展,它体现了世界及俄罗斯的变化。这并不意味着俄罗斯报刊被按照西方模式统一了,但也不证明俄罗斯和西方发达国家基本的大众传媒类型结构是完全对立的。况且各种西方模式本身也有所区别。英国、法国、德国和瑞典模式之间差别甚大,它们与美国模式的差别就更明显。俄罗斯模式更接近欧洲模式,它其实也是欧洲模式的一部分。最近十年俄罗斯大众传媒的新闻含量迅速增加,不过,与美国报纸的写实风格不同,俄罗斯新闻业最重要的部分还是对事件的分析和阐释。

　　在俄罗斯报刊及其分类当中,在高质量出版物的数量有所增加的同时也能观察到许多报纸市井化、"低俗化"的趋势,比如,就连《共青团真理报》也是如此。虽然没有完全意义上的市井日报,但存在大量相当低俗的市井周报,比如《都市快报》等。

　　集几种类型特征于一身的报纸占据着特殊的地位,它们既包含严肃的新闻和分析栏目,也有面向广大普通读者的比较世俗的内容,后者使其能服务于各种人群,从而吸引更宽泛的广告客户。属于这类报纸的包括《莫斯科共青团员报》,目前,在莫斯科市和莫斯科州,关注它的读者群体人数最多。

　　广告成了俄罗斯大众传媒业非常重要的影响因素,这催生出一种新型的免费报纸。这种报纸至少可分成两类:纯广告报纸,如《莫斯科特快报》、《中心号外报》;信息和广告报纸,如《地铁报》。

全球化和大众传媒

　　国际分类标准的许多变化都与全球化的影响和新技术的发展相关。后者能够加快讯息向世界各地传输的速度。一方面,出现了全球性的报纸,它们为数不多,只有四家:《华尔街日报》、《金融时报》、《今日美国》和《国际先驱论坛报》。它们都用英语这种在国际贸易交往中使用的语言出版。暂时还没有法语、德语和其他语言的全球性报纸。类似的俄语报纸也没有。

伴随全球化出现的是地方报纸和发行量虽小但颇具影响力的、为居民点和社区开办的报纸快速发展。这样的趋势在俄罗斯也有,面向小众的发行量不大的报纸数量日益增加。

这一趋势在杂志领域表现得更为明显,专门化的杂志数量不断增加。就发行量而言,它们不亚于娱乐杂志或者诸如医学以及流行杂志。而由"天然气工业-媒体"联合企业(《总结》)和"生意人"出版集团(《权力》、《金钱》)推出的当代新闻周刊尽管可以算作直接参与政治进程的出版物,但它们的发行量比起前者则小得多。真正参与政治的读者人数在俄罗斯还相当有限,无法为真正的大众新闻周刊创造基础。

全球化大大改变了广播业的生存之道。无线电数字信号能够融合全球性和地方性的广播,直至社区广播。时下的一个主要趋势是地方广播电台因为信号传输成本的下降以及互联网和通信卫星传输的快捷得以迅猛发展。广播电台的分类也产生了显著的变化。国家级广播公司所占的比例明显减少,而诸如纽约和莫斯科这样的城市的地方短波电台数量则在增加。在俄罗斯,广播电台的区域化以及朝地方广播转向的趋势尚不明显。

俄罗斯的地方广播电台已经在俄罗斯广播市场上崭露头角,目前它们正在努力构建网络——甚至是覆盖全俄的网络。"莫斯科回声"广播电台在莫斯科便是如此,它与其他几家莫斯科的广播公司一样,通过互联网在俄罗斯甚至境外传播。

电视的分类出现了显著的变化。相较于俄罗斯的电视业,这一变化在世界范围内表现得更加明显。首先应当区分无线电视和有线电视。在俄罗斯,有线电视面对的主要是地方观众。在莫斯科,它在市辖区甚至街道这一级播出,包含区里的新闻和街道的新闻两方面的内容,有时也播放城市新闻和电影(很多都不是正版影片)。政府和议会等地方政权机关往往会积极地推广此类电视。

与失去了全国读者群的报刊不同,设在莫斯科的电视频道几乎在各地都能收看,从这个意义而言,它们仍然是全俄信息空间的支柱。因此,俄罗斯电视业主要是由联邦、地区和地方的无线电视构成,也包含地方的有线电视节目。在大多数情况下,面向全国观众、一天之中不断播报事件动态的全俄电视台更能吸引地区观众,不过,莫斯科的电视台较少涉及地方问题,这给地区的电视公司留出了良好的发展空间。

欧洲国家则是另一番景象。法国和英国均既有公权电视,又有私营无线电视。德国几乎所有的无线电视都是公权电视,而有线和卫星电视则多是私营电视。

公权电视阐明政治生活的问题,新闻占据其中很重要的位置,而私营电视的节目则以大众文化、体育为主,当然还有广告。所以,没有办法归纳所有国家统一的无线电视分类。

在俄罗斯,电视的发展道路有所不同:没有公权电视和公共电视,尽管曾经有过被称为"俄罗斯公共电视台"的频道,现在它已经被更名为"第一频道"。不过,其51%属于国有,49%是私人资本。所以,从分类上讲,它属于国有私营频道。

最主要的区别在于,西方国家以及像日本这样的东方国家,除无线电视之外,有线电视和卫星电视也很发达,它们都有自己的新闻和娱乐节目制作体系。在西方,当代的有线和卫星频道的首要任务是提供娱乐节目,它们可以分出播放电影、音乐、政治、体育和新闻的专门频道。有线电视是一种具有特殊要求的专门化电视。针对有线电视网可以采用可视杂志的分类方法。俄罗斯目前还没有完全意义上的发达的有线电视,首先是没有能为有线电视网提供服务的节目制作公司。而且,有线电视网本身的技术暂时也还不发达。从这个意义上来说,电视业的分化和多样化才刚刚开始。

俄罗斯实际上只有一个拥有自主节目的卫星电视系统——独立电视台加密电视,不过,尽管这一系统发展得相当不错,但它主要还是播放国外的节目,由于没有为俄罗斯观众制作专门的节目,它也转播国家级电视台的无线电视节目。

互联网和大众传媒

在俄罗斯,能上网的人还相对较少,不过网络对大众传媒活动的影响已经相当大了。互联网为许多俄罗斯报纸、广播电台和电视频道赢得了更多的受众。可以以弗拉基米尔市的《传闻报》为证。该报的发行量只有8 000份,但它在互联网上提供电子版本。正因如此,该报便成了全俄报纸,从一定的意义上说,它甚至也成了在35个国家都能读到的全球性报纸。互联网的资源是一个开放式的信息空间。互联网让报纸编辑部重新审视自己对待广告的态度。《传闻报》在弗拉基米尔市开了一个商店,出售当地艺术家的画作,它还把这些作品的照片放到其网站上,向网民出售。这个生意进行得相当成功。

所以说,互联网为报纸提供了新的机会,使它们不局限于本地。

在俄罗斯信息空间中扮演重要角色的不仅仅是报纸的电子版本,还包括只在互联网上存在的出版物,比如 Газета.Ру[①],它在俄罗斯和国外拥有广泛的受众。

变化中的分类标准

俄罗斯报刊分类标准的变化从总体上可以归纳为几条原则。党报党刊不复存在,出现了独立的商业报刊、旨在表达观点的报纸、精英报纸、经常被归于"低俗"媒体的市井大众报刊以及电子报纸和互联网上的报纸电子版本。

这些变化与俄罗斯社会结构的改变、行政命令式管理体制的消失、报刊朝平行结构的转向以及新的信息技术的发展密切相关。

目前,报刊业几乎不存在垂直结构,新的分类标准与其平行划分相关。

分类的地域标准——全俄的、中央或国家的、地区的和地方的报刊——当然还在沿用,不过,诸如年轻人的报刊、工会报刊这样的垂直体系就已经不存在了。报刊都在各自的地区运作,与属于同一个控股公司的其他媒体互相作用,但不是政治上的垂直结构,而是经济上的垂直结构。

经济上的困难对当代报刊的分类产生了影响。城市的报刊投递体系瓦解,这几乎致晚报于死地。具有晚报之名的报纸基本上实行零售制,而且在白天出版。在这个方面,《莫斯科共青团员报》与《莫斯科晚报》的类型差别很难区分。《莫斯科共青团员报》实际上是以晚报的形式出售,最迟在晚上七八点还可在地铁站或者其他销售点买到它。

俄罗斯新闻业的分类变化与传媒信息环境的变化同时发生。这里可以指出诸多因素。首先当然是政治因素。俄罗斯迄今仍被分成不同的政治派别,这在

---

① 报纸网(俄文)。——译者注

很大程度上反映在俄罗斯传媒的内容及其新闻政策上面。世界上没有一个地方的传媒像莫斯科的传媒这样政治化和相互对立。地方的情形正在发生巨大变化。外国研究者同样注意到俄罗斯传媒的超级政治化，它处于各个贪赃受贿的经济集团激烈对抗的影响之下，这些集团在政治领域的表现大于在经济领域的表现。这就是所谓的寡头，俄罗斯和莫斯科的不少报纸、杂志和电视都归属于他们。

国家的经济局势是决定信息组织特点的一个重要因素。市场经济在大众传媒领域仍未得到充分的发展。反垄断的法律几乎没有得以执行，也没有所谓的良性竞争。以不同形式存在于报刊发行、印刷和纸张生产等领域的垄断降低了出版可以赢利的严肃报纸的可能性，或者说几乎使其变得不现实了。大部分出版物依靠其所有者提供的额外赞助，因此，相较于与所有者关系的亲疏程度，报纸在信息市场的发行量和流行度显得没那么重要。这种畸形的经济境况无法促进新闻业的发展，不利于其摆脱被经济集团利益所利用的局面。这些经济集团一方面主要是大公司和银行，另一方面则是国家。与此同时，国家作为大众传媒活动的调节人和所有者，在联邦层面发挥作用，而在地方层面，其影响力则通过地方当局——州长和市长等——得以实现。所有这一切都阻碍了传媒发展自身的客观性，而这种客观性是其赢得读者、听众和观众的信任所必需的。

俄罗斯缺乏大众传媒方面的法律法规，这一事实对此也有一定的影响。《大众传媒法》包含许多有趣并且有益的条款，但它没对记者与所有者的关系做出规定。大众传媒的所有权问题仍然没有从其他的经济和政治领域分离出来。对大众传媒使用的是与食品和轻、重工业产品一样的法律。但是新闻产品却与之有着本质上的不同。所有者不能不承担维护社会以及各个阶层利益的责任。俄罗斯的法律非常清楚地界定了记者和主编的权利，但没有确定出版物所有者在大众传媒组织中的地位。

记者在法律上可以免受编辑施加的压力。然而，俄罗斯的法律缺乏界定出版物编辑部和所有者相互关系的规范性文件。与新技术相关的重大问题不断出现。一方面，新技术被积极采用；另一方面，由于许多媒体的经济状况不佳，传媒——尤其是地方传媒——技术进步的速度有所放缓。举个例子：如果说弗拉基米尔市在现代化电脑技术方面能够得到保证,那么在亚拉斯拉夫尔市,即便是对于州一级的报刊而言,电脑在很长一段时间内都很少见,这对编辑部的工作质量产生了影响。只有在经济得到发展或者实行旨在降低电脑产品价格的专门措施的条件下,这些问题才能得以解决。

人才的培养落后于大众传媒数量的快速增加,这影响了俄罗斯新闻业的水平。俄罗斯新闻业的专业水准下降是不争的事实。这是一个复杂的过程。一方面,与苏联时期相比,信息传播的效率、多样性、层次和速度都有大幅提升;另一方面,对上述信息的加工水平却很低。报纸上常常出现修辞错误、语法错误、不应该有的事实错误、对事实的歪曲以及阐述历史、地理和民族问题时的不准确。

俄罗斯报刊的体裁越来越贫乏,这一事实引起了大家的注意。几乎见不到特写和杂文。除了其他的原因之外,这也是因为专业人士数量不足,高素质人才严重缺乏。如今,当报纸进入比较平稳的发展期时,当出现了不仅要继续存在、而且要占领读者的报纸时,记者的职业素质问题显得尤为突出。

受众与地方大众传媒的类型构成

受众对大众传媒类型的影响很大。如果电视和广播还能克服困难,让足够多的俄罗斯人接触得到,那么报纸几乎就已经失去了曾经拥有的对民众的绝对掌控。很大一部分俄罗斯公民不订报纸,也不在报亭购买报纸,只看电视新闻。当然,这并非报纸和杂志发行量减少的唯一原因。受众对它们的信任度下降也有不小的影响。同时,民众较低的购买力也对报纸和杂志发展与广大读者的密切联系形成了阻碍。缺乏与读者的经常性互动让报刊变得更加空洞贫乏,使其在更大程度上变成了某些出版物所有者政治游戏之中的傀儡。

莫斯科的全俄报纸和杂志产品不易被外地居民接受,各地的市场都被地方报刊占据。出现了大众传媒的区域化。诸如圣彼得堡、滨海区、顿河畔罗斯托夫、罗斯托夫州、叶卡捷琳堡和乌拉尔等地的报刊发展迅速。

在地区层面出现了一些非常有趣的结构趋向。大部分情况下,地方报纸似乎可以被分成两类:州报和市报,前者所依托的不是州、边疆区或者共和国的中心城市,而是依托该州的其他城市和乡村。两类报纸的差异通常都很明显。第一,它们的读者不同;第二,它们的工作方式不同。在保持与读者的关系方面,市报更具优势：与州相比，在一个城市的范围之内更容易争取到长期读者。

此外，一些地区存在地方首府的市长与州长对立的现象。在这种情况下，报刊的结构朝着建立两个行政级别的方向发生变化：一方面是由州长参与、州政府支持建立的报纸；另一方面是由市政府参与建立的报纸。这推动了地区报刊的多元化，有时也反映出行政体系的内部矛盾甚至城市居民和农村居民的利益差异。后者同样应当受到关注。市报的数量比州报要多得多。因此，地方报刊的结构差别很大，这取决于该地区城市的规模和农村居民的水平。持续的城市化进程使得更多的读者来自城市，报刊的结构也随之发生改变。

地方广播电台仍在使用没有经过技术革新的有线广播，不过，目前私营广播电台还在活跃地发展。

电视分为两类：从投资角度具有更大发展可能性的私营电视、隶属于地方政府的国有电视。与莫斯科和全俄的电视业相比，地区电视业在维持与观众的联系方面占有优势，但在广告投放和开发自有产业的可能性方面则处于劣势。

区域化让我们似乎看到了大众传媒的两个层面和两种类型。在莫斯科，国家对大众传媒的影响很大，这些差异并没有那么明显，而地区和地方报刊分为独立的、商业的、私营的和国有的等类型，这便形成了一系列显著的特征。

现在，地区报刊发展的重中之重仍与该地的特殊问题相关。区域不同，地理环境各异，问题也就有明显的差别。因此，地方报纸变得越来越多样化。

俄罗斯位于南部欧洲的地区——罗斯托夫州、克拉斯诺达尔边疆区——在很大程度上与车臣局势相关。这让它们不得不把更多的注意力放在民族冲突的问题以及与之相关的国际问题上面。

说到报刊对民众的影响，毫无疑问，在各个地区，信息的主要载体是地方层面的大众传媒：地方电视、地方报纸、地方广播电台。假如地方大众传媒符合为民众提供信息的当代标准，那么这也算正常。

遗憾的是，地方媒体通常局限于当地的问题，对于全俄的问题关注较少，更不用说国际问题了。在这个方面它们不及全俄大众传媒。现有的操作方式不仅加剧了国家的区域化和俄罗斯的信息割裂，而且在很大程度上也限制了地方媒体本身的发展可能。

地区媒体的发展要求对州、共和国、边疆区的报纸以及其他的地区传媒的类别特征进行细化,以便当全俄报刊无法被地方读者阅读时能够保证俄罗斯信息空间的统一。

应该有一类报刊把重心放在边疆区、州和共和国的问题上,同时又积极报道本地区参与解决全俄问题的情况,促进本地读者了解全俄和国际事件及其进程。这类媒体应该取代优先讨论地方问题的地区媒体。

在地区媒体扮演越来越重要的角色并且逐渐在经济上站稳脚跟,有的甚至开始赢利的现实条件下,理应进一步确定其类型所占的地位,以便它们更加客观地为民众报道世界和俄罗斯发生的所有事件。大众传媒现在经历的区域化往往因为种种客观原因无法促进俄罗斯的一体化,并可能成为分割信息空间和俄罗斯这个国家的因素之一。正因如此,对地方报纸类型的细化和完善具有非常重要的意义。

受众与全俄大众传媒的类型特征

全俄大众传媒的发展有两个方向。其中一个与尝试把报纸投递到所有的地区相关,对于许多媒体而言,这是一个典型的发展方向。另外一个方向的代表是两家莫斯科报纸——《共青团真理报》和《莫斯科共青团员报》,它们努力在印刷报纸的城市出版专门的附页。《共青团真理报》在很多地区发行这样的附页,《莫斯科共青团员报》也在进行此类尝试,它已经转为向俄罗斯的不同地区发行各自每周一期的特刊。上述出版物的内容构成是一种新的分类方向——试图把莫斯科对全俄、联邦和国际问题以及国际生活的看法与地区问题结合起来。苏联时期所没有的一种全新方式正在形成。苏联时期,中央报纸仅仅集中报道全苏和国际问题。如今,只有在公民的物质条件得到大幅改善、俄罗斯国内的经济和信息交流变得更加密切的情况下,类似的出版物才能得到发展。

从这个意义上说,全俄大众传媒的发展前景与其对地区利益的顾及程度紧密相关。如果全俄报纸打算在各地发行,就应当在该报设立一个类似于电视报道网络的机制,这样一来,报纸上至少会有一个专门的区域用于刊登地方新闻和问题。

很多国家的报纸就是按照这个原则运作的。德国的《图片报》针对该国的每一个行政区划都有专门的内容安排。在意大利,报纸在某些版面上刊登地方新闻。如果全俄报纸能够拥有必要的信息保障,记者工作的质量较高,那么全俄问题和地方问题的结合便可为其开辟新的可能性。

媒体的前景在很大程度上取决于新技术——首先是互联网——的运用。然而,无论多么积极地运用互联网和卫星来传播信息,大众传媒成功与否还是取决于内容。在很多城市都能通过互联网读到莫斯科的报纸,但是,要使其对于某个城市具有一定的意义,它就应当让该地居民了解本地的问题。只有地方内容和全国内容的结合才可能成为重建全俄信息结构的关键因素。对于作为统一的经济、文化和政治整体的俄罗斯的发展而言,全俄大众传媒必不可少。

电视和广播也是如此。在地区播出的全俄电视频道一定要在其内容当中加入地方新闻。电视不仅传播政治新闻,而且也播报电影、戏剧、科学和体育方面的新闻,力争回答令每一个俄罗斯公民感兴趣的问题。更多的注意力应该集中到地方问题上面,从这个意义上说,全俄电视采取网状结构应该是走出单一诠释事件这个死胡同的合理之路。

谈到俄罗斯媒体发展的方向,首先应该注意建立媒体所有者与记者团队正常关系的必要性。它决定着民众是否会信任媒体。政治化以及对某些人狭隘私利的保护将导致民众对大众传媒的怀疑,会让民众更少地收看、收听和阅读全俄大众传媒。完善大众传媒最正确的道路是继续使其非政治化,并对作为社会机制的大众传媒的作用形成新的理解。这一机制不能只反映所有者和对其言听计从的记者的观点和喜好。

大众传媒的类型与有效性

分类有助于理解报刊在大众传媒体系中的地位,促进它们互动并开展良性竞争,厘清大众传媒在全俄罗斯及各地区或城市的地理、信息、经济和社会空间中的位置。分类能确定媒体的活动特点,以及它与政治结构、经济制度、信息消费者、读者、听众和观众的关系。分类能保证在现有条件下最有效地实现新闻政策,有助于制定与受众交流的方式。

媒体与广告商的互动以及媒体的广告政策占据特殊的地位。对于大众传媒的生命力而言,这是信息利益和由民众购买力决定的受众需求之间达到和谐统一的最重要因素。精心确定的分类标准能确保大众传媒市场的生存力。

与受众的亲近和接触在很大程度上是由分类决定的。报纸可以是市级或者州级的，大众或者精英的，任何情况下，准确地确定报纸类型有助于其保全自身并得到必要的定位。了解分类能有针对性地组建记者团队、制定目标并保证其顺利达成，还能开发出满足该报读者需求的手段、方式和体裁。

大众传媒的类型体系是规定记者团队和媒体领导层工作的法则。它确定报纸、杂志和其他媒体的方向。正确地认识媒体的类型可以避免试图把市辖区报办成《消息报》的想法，也可以避免另外一种极端——把报纸变成搬弄是非之地，后一种情况时有发生。正确地确定媒体类型可以有助于媒体本身更有效、更合理、更经济地运营，也有助于其更全面地关注社会利益。

* * *

20世纪最后十年最重要的成就便是俄罗斯新闻业的政治自由。《大众传媒法》在俄罗斯历史上首次把媒体与国家分离开来，确定了新闻传播活动的独立性以及记者可以不在违背其信念和良知的材料上署名的权利。自由的俄罗斯新闻业走过了复杂而矛盾的道路。不过，事实证明，仅有政治自由是不够的，还需要经济自由。

俄罗斯经济的危机在很大程度上影响了俄罗斯大众传媒的命运：投资缺乏，广告市场活力不足，这让新闻业成了公司、银行和国家的傀儡。为了捍卫新闻自由，记者似乎不得不逆流而行，而只有最能干、最积极和最勇敢的记者才能不顾局势（首先是经济局势）的阻碍，浮出水面。

当代俄罗斯新闻产品的多样性令人慨叹——莫斯科的报纸，即所谓的中央报纸发行量减少，地方和地区报纸的发行量增加。在以前出版两三家州报和一家市报或市辖区报的城市里，如今已有两到十家州报、数家市辖区报和市报。俄罗斯还出现了数千家广告公司、数百家公关公司、数十家新闻通讯社。

新闻业的相关机构也在积极发展：市场营销部门、报刊发行者联合会和分析受众对不同媒体态度的研究中心纷纷成立。

大众传媒成了国家经济重要而值得关注的组成部分，数十亿美元在其中流通，除了职业记者以外，在这一领域从业的还有几十万员工。

经济上的困难让记者在国家、私营机构甚至犯罪团伙等各方的压力面前显得比较脆弱。如今，俄罗斯的新闻业就像一只挣扎着想要逆流而上的丑小鸭，尚且能在自己身上找到力量，说出俄罗斯和世界正在发生的事情的真相。这只丑小鸭或许终将变成美丽的天鹅。不过，就眼下而言，俄罗斯新闻业的经验和教训不仅对俄罗斯有益，而且对世界新闻业都很有益。

第2节　新闻自由的法律基础（А. Г. 里希特）

通晓法律知识及其特点、程序和发展趋势，了解其在新闻业的运用规律，明了自身的权利和义务，上述几点可以让媒体从业者的职业活动变得轻松很多。法律知识可以预防违法行为，后者带来的损失不仅殃及记者、编辑部以及报道的主人公，而且还会影响成千上万的读者和观众。

在俄罗斯，传媒活动的法律基础已经得以建立。记者现在就必须清楚自身的权利，把自己和他人的所作所为置于法律的准绳之下，并且推广法治国家的原则。

1.2.1　新闻自由的发展状况

В. В. 普京不仅表明自己是与俄罗斯前任总统 Б. Н. 叶利钦不同类型的政治家，而且也确实是在另外一种"气候"之中展开工作。这种"气候"本身对其政策有所影响，包括其在调节大众传媒方面的政策。

1999年和2003年的国家杜马选举过后，总统再也没有理由与议会角力、斗争。后者已经成了俄罗斯后苏联时期与克里姆林宫之间对立最少的议会。这就意味着没有必要再借助各种特权向媒体和公众证明，谁是言论自由和新闻自由"最好的朋友"。此前媒体享有的经济上的优惠被两类政权机关一步步地剥夺了。

石油价格上涨减轻了俄罗斯对西方资金的依附。其后果是：对于世界如何看待俄罗斯及其媒体自由的问题，不再像以前那么在意。这一点从针对企图批评克里姆林宫应对冲突和灾祸能力的媒体所采取的限制当中就能得到证实，从总统办公厅对国家级电视台施加的史无前例的压力当中也能得到证实。

克里姆林宫对所谓的寡头的依赖减小。随着第一位总统的离去,在叶利钦的总统办公厅极具影响力的金融和工业部门领导人成了克里姆林宫的打击目标。鲍里斯·别列佐夫斯基和弗拉基米尔·古辛斯基受到总统普京的指摘,后者在公开发言中把前两位称为社会舆论的操纵者和政治危机的秘密煽动者①。其他寡头则在形成国家政治和法律基础的过程中推行更加精明的政策。这表现在:为了推进自身所需的决议和法案,他们会操控杜马议员和政府官员。

如今,政府在管理媒体的过程中扮演着越来越重要的角色。诚然,2004 年 3 月至 5 月对新闻出版部和文化部的改革引发了走马灯式的人事变动,这对在前部长米哈伊尔·列辛领导下形成的有条不紊的监管系统造成了损失,不过,政府在制定运营许可证的发放条例过程中仍然具有显著而积极的作用,同时,它针对不同媒体发出了更多的正式警告。在文化和大众传播部成立半年之内,它就向俄罗斯媒体发出了 18 条正式警告,其速度不输此前的新闻出版部。

同样重要的一个事实是,弗拉基米尔·普京本人没有参与俄罗斯新闻自由的确立。在《俄罗斯联邦宪法》的编制过程中他没有扮演任何角色,作为现有权利的担保人,他感受到的责任更少。尽管总统也表现出了对人权的尊重,但这很少成为其发言的主要题目。

总统和政府仍然乐于借助大众传媒保护和促进自身利益——通常表现为国家利益。可是,应该如何操作? 这个问题仍然悬而未决。自上而下的做法是把拙劣而突兀的施压与在后选举时期利用选举手段进行操控结合在一起。

经济领域仍然拒绝对大众传媒进行总体而全面的扶持。2004 年 8 月通过了《因通过〈俄罗斯联邦主体国家权力立法(代表)和执行机构一般性组织原则〉和〈俄罗斯联邦地方自治的一般性组织原则〉的联邦法律而对俄罗斯联邦的法规

---

① "他们大量盗取钱财,收买媒体,操纵舆论……他们说谎,说谎,还说谎。他们的逻辑很简单。他们培养大量的受众,以向政治领导人展示,我们需要他们……我们应该害怕他们,服从于他们并让他们继续盗取国家财产。这就是他们的真正目的。"——弗拉基米尔·普京这样评论媒体大亨。参见:Экология и права человека (бюллетень ECO-HR), 156. 2000. 2 сент. 也可参见:Moscow Times., 2000. 2 сент.

进行修改并认定俄罗斯联邦的某些法规失效》的联邦法律。该法共两百余页,大部分记者和新闻机构并没有立刻注意到,该法认定《对市辖区报(市报)的经济支持》和《国家扶持俄罗斯联邦的大众传媒和图书出版业》这两个联邦法律失效。相关规定于 2005 年 1 月 1 日生效。

值得注意的是,《对市辖区报(市报)的经济支持》这部联邦法律是 1995 年 11 月 24 日通过的,旨在"保障公民及时、客观地获得信息的宪法权利,为地方自治改革提供信息保障,保障公民积极参与地方自治"。与这一目标相适应,通过联邦预算拨款的方式,对地方报纸进行经济上的扶持,使后者能够壮大物质基础,付清生产和发行报纸(印刷、纸张、联邦邮政服务)的支出。基于这部法律,2000 年,1 950 家报纸获得了 1.5 亿卢布的补助。在 2001 年的预算拨款当中,这笔补助为 2.25 亿卢布,而 2002 年、2003 年和 2004 年每年均为 1.7 亿卢布。如今,随着上述法律的生效,联邦预算将不再支付地方报纸的开支。

至于 1995 年 12 月 1 日通过的联邦法律《对俄罗斯联邦的大众传媒和图书出版的国家支持》(联邦法律 No 191),早在 2002 年时该法的部分条款就已失效,这使大众传媒失去了大部分实行了六年的联邦优惠。如今,这部法律有关限制对保证报纸、杂志和图书出版的企业——包括垄断企业——实行私有化的条款也已被废除。

从 2005 年 1 月 1 日起,为大众传媒提供过附加税优惠税率的《俄罗斯联邦税收法典》停止生效。需要指出的是,所有这些优惠从未向广告媒体和色情媒体提供过。

2004 年 8 月 22 日通过的这部法律在序言中指出,它依照"带有社会旨向的市场经济法治国家的原则"让我们更加接近现实生活。其规定"不会被用于剥夺人和公民的权利及合法利益"。然而,就其实质而言,没有任何依据、未对社会做出任何解释就剥夺给予大众传媒的经济优惠,这意味着国家实际上不再承认大众传媒的特殊地位——即须为其建立专门的最惠经济制度。因此,国家也无权再指望编辑和记者因享受优惠而产生"社会"效益:大众传媒变成了与诸如完全按资本主义竞争原则运营的家具厂一样的市场型企业。现在,对于大众传媒的社会功能——即向社会通报其发展的一切重要事件、对民众进行教育,感兴趣的只有新闻理论研究者。大众传媒只会努力"把商品以更高的价格卖出去",而卖得最好的便是"炒作"材料。

当然,经济上保留了联邦出版与大众传播署的专项资助,保留了向国家广播电视机构和报刊提供补贴与优惠的地区法律。然而,取消由联邦向所有媒体提供的优惠让俄罗斯成了第一个拒绝为大众传媒建立全国性优惠体制的欧洲大国,此外,俄罗斯还是世界上文明国家当中为数不多的没有公共广播电视的国家之一。可见,俄罗斯的政策的确很具"创新精神",不过,这一"创新"与其宣布的对人和公民获取大众信息的权利和合法权益进行保护背道而驰。同时,不得不指出的是,对于在大众传媒领域推进透明的经济关系的艰巨任务,政府仍然没有做好准备。

在思想领域,克里姆林宫依托的学说强调新闻政策的民族(国家)利益。俄罗斯联邦安全委员会2000年6月23日通过了《信息安全学说》,它于同年9月9日由俄罗斯联邦总统 B. 普京签署并生效[①]。尽管该文件囊括了从国家电视市场发展到知识产权等方面的各种问题,但贯穿其中的只有一个思想:必须通过建立法律基础的方式加强政府对信息传播的监督。名义上"发誓"履行新闻自由和禁止报刊检查的原则,实际上该文件却含有与这些基本原则相违背的词语。

按照该学说,俄罗斯公民目前受到来自媒体的一系列威胁,包括利用媒体限制个人自由思想的权利、"宣传基于强权崇拜和与俄罗斯社会认同的价值观相矛盾的价值观的大众文化模式"、滥用媒体。该文件还指出,俄罗斯人受到来自国外的巨大威胁,包括外国机构、国际恐怖组织以及其他犯罪组织和团体旨在破坏俄罗斯联邦信息领域利益的行为、弱化国家对公共生活的影响力、减少其从经济上保护公民和社会在信息领域的合法权益的可能性以及"增强社会生活的精神、经济和政治领域对外国新闻机构的依赖性"。尽管这一学说并不具有法律效力,但它表现出了克里姆林宫对信息领域国家政策可能出现的进步的某些担忧。

在政治领域,克里姆林宫竭力"削弱"媒体所有者当中最顽固对手的实力,两三年间就把国内最有影响力的私营"桥-媒体"控股集团基本消灭了。2000年,

---

[①] 参见:Российская газета. 2000. 29 сент.

新闻出版部突然决定对此前一直由莫斯科"电视中心"公司拥有的许可证进行公开竞标,这导致与克里姆林宫敌对的大众传媒缓和了自身的批评力度。对具有影响力的人物提起巨额诉讼使流亡国外的寡头 Б. 别列佐夫斯基拥有的最后一家日报《生意人报》一次又一次地遭受打击。

1.2.2 大众传媒领域的现行法律:对联邦法律的简要描述

《俄罗斯联邦宪法》确定了俄罗斯联邦批准的国际条约对于国家法律的优先权[①]。俄罗斯于 1996 年成为欧洲委员会成员国并且批准了《欧洲人权公约》。这就意味着,欧洲委员会的法律开始对调节俄罗斯大众传媒产生影响。欧洲人权法庭的决议——包括《公约》第 10 条关于保护权利和基本自由的条款(《表达意见的自由》)——都在俄罗斯法庭(从宪法法庭到区级法庭)的裁决中得以体现。任何国家加入欧洲委员会都意味着,除去其他责任以外还得把欧洲人权法庭(斯特拉斯堡市)的判例适用于本国法律之中。欧洲人权法庭在五十年间曾经多次说明,究竟应该如何审理针对保护名誉和尊严的起诉。

俄罗斯的司法裁决与斯特拉斯堡的要求不相符所带来的威胁起初似乎并无大碍,直至 2002 年欧洲人权法庭就针对俄罗斯的第一宗申诉采取了支持的态度。此事鼓舞了很多人,按照递交申诉的数量而言,俄罗斯人迅速占据了第一位。目前,已经有数十人在欧洲法庭上取得了对俄罗斯的胜诉,国家预算支付给他们的补偿超过了 100 万欧元。俄罗斯的司法体系面临如何避免再挨耳光的问题。

1991 年 12 月 27 日由俄罗斯议会通过、1992 年 2 月 8 日生效的《大众传媒法》规定禁止报刊检查(第 3 条)。其中包含关于新闻自由的基本条款——新闻自由被视为寻找、获取、生产和传播大众新闻的活动,关于创建、占有、使用和支配大众传媒的可能性的基本条款,以及关于制造、购买和销售生产及传播媒介产品所需的技术装备的可能性的基本条款。除此之外,法律允许私营大众传媒存在,禁止外国公民拥有(创办)大众传媒。该法第 18 条规定,创办者不应干涉编

---

① Ст.15 Конституции РФ.

辑团队的工作。只有在下列情况下才可破例：在创建者和编辑团队之间必须签订的调节双方关系的合同中明确规定允许类似干涉存在。

然而，目前的实际情况与法律通过时的情况有所不同，创办者也是媒体的主要赞助人，这就导致了对上述条款的违反。只有在某些情况下，主编、创办者（联合创办者）和多数股份的所有者才是同一个人；大多数情况下，媒体在财政上依赖于赞助人，这让编辑的独立性变成了遥远的梦想。而且，国家机构积极干预其担任创办者或者联合创办者的大众传媒的活动。

该法通过以来，又有将近50部涉及大众传媒的其他法律和数十部俄罗斯联邦总统令生效。下面列出相关的联邦法律[1]。

1997年1月1日生效的《俄罗斯联邦刑法典》取代了之前的一部（1962年），把诽谤定义为"传播故意制造的、有损他人名誉和尊严或者破坏其名声的虚假信息"（第129条）。该法在俄罗斯法律史上首次对与影音领域和新信息技术相关的违法行为追究刑事责任。

1995年《俄罗斯联邦民法典》第151条和《大众传媒法》第43条要求责任人（即记者或媒体编辑部）对其所传播信息的正确性承担责任。在俄罗斯联邦的所有法律当中，必须对《俄罗斯联邦民法典》第152条"保护名誉、尊严和商业信誉"加以特别关注。与编辑部相关的超过80%的法律纠纷均按此条款的规定进行裁决。在全国范围内，估计没有一家具有一定规模的社会政治类报纸从未在保护名誉和尊严的诉讼中作为被告出现。

据统计，针对媒体的起诉有三分之二都被法院依据《俄罗斯联邦民法典》第152条的规定予以支持。在这种情况下编辑部就得发文辟谣，并对具有侮辱性的不实文章对相关人士造成的精神损失进行经济赔偿。而且，正如不久前仲裁法院对"阿尔法"银行起诉《生意人报》做出的裁决一样，对于类似损失的赔偿金可以高达3亿卢布这样的天文数字（后来降到了3 000万卢布）。

《国家秘密法》由议会于1993年7月1日通过。其中把国家秘密定义为"军事、对外政策、经济、谍报、反谍报和侦查领域受到国家保护的并且一经散布就会

---

[1] 相关联邦法律的条文参见：www.medialaw.ru。

使俄罗斯联邦的安全遭受损失的信息"。公开国家秘密会被追究刑事责任,可是,记者是不是上述活动的主体?这个问题尚无定论。2004年7月29日通过的《商业秘密法》确定了这一概念的内容以及泄露这类秘密应当承担的责任。

在与知识产权保护相关的法律当中,1993年通过的《著作权及领接权保护法》占有重要的地位。它通过的时间相对而言不长,可这并不意味着在此之前俄罗斯缺乏对作者的保护以及著作权体系。著作权一直都是《俄罗斯联邦民法典》的一个部分,该法的某些条款规定了脑力劳动成果保护问题的基本原则。该法的实施范围涵盖科学、文学和艺术成果,既包括公开的创作活动的成果,也包括非公开的创作活动的成果,无论其用途、价值和表达方式如何。

1994年通过的《关于在国家大众传媒中报道国家政权机关活动的程序》的联邦法律对在相关的国家大众传媒中报道国家政权机关的一系列事件做出了规定。这些事件包括俄罗斯联邦总统、联邦委员会、国家杜马和俄罗斯联邦政府的致辞和声明,每一届议会两院首次正式会议的开幕,新政府就任以及总统宣誓就职。该法的大部分条款目前已经失效。国家级电视台的编辑部多半对其采取忽视态度。其中的一个重要原因是,对该法执行情况的监督权赋予了从未建立的联邦广播电视节目委员会。对于在国家大众传媒中报道国家政权机关活动的违规行为之所以无动于衷,是因为按照权力执行机关的看法,该部法律过于关注对立法机关的报道。

目前实施的联邦法律《通信法》于2004年1月1日生效。它确定了通信业活动的法律基础,区分国家政权机关在调节上述活动时的权限,规定了参与提供或使用通信服务的自然人和法人的权利和义务。该法调节广播电台获取转播信号许可证的程序。与之前的1995年《通信法》一样,许可证的发放、延期、暂停和取消由主管通信业的联邦权力执行机关(目前即俄罗斯联邦信息技术和通信部)开展。这类许可证属于二级证,自然人和法人在获得转播许可证的基础上才能获得。

《信息、信息化和信息保护法》由国家杜马于1995年1月25日通过,同年2月20日生效。该法确定了与信息相关的诸多概念和任务,它包含对信息获取的规定,也调节信息权问题。

《广告法》由国家杜马于 1995 年 6 月 14 日通过,同年 7 月生效。它确定广告以及该领域的法律主体。它强调广告的"可信度"、"责任感"和"道德感"等术语。该法确定不同形式的广告之特点,提供对广告传播进行国家和社会监督的方式。该法严禁在电视广告中宣传酒精饮料和烟草制品。

《参加国际信息交换法》由国家杜马于 1996 年 6 月 5 日通过,并由俄罗斯联邦总统于 1996 年 7 月 4 日签署。它是规范国际信息交换问题(包括通过大众传媒进行的交换)的基本文件。该法旨在保障俄罗斯有效地参加国际信息机构以及它在机构中的重要地位。该法把下列任务列为国家政权机关的义务:保证向联邦主体提供外国的信息产品及服务、扩展及保护信息资源(信息库、档案材料等)、使用现代化技术、促进跨国信息交换。依照此法,不允许限制从俄罗斯联邦输出以物质及相关方式记录的大众信息。法律授权某些政府机关监督国际信息交换的各个领域。在下列两种情况下可采取国际信息交换的许可措施:信息资源从俄罗斯输出或者国家为了扩充信息库而出资购入信息。

2002 年 7 月 25 日通过的联邦法律《反极端活动法》规定了法庭根据注册机关和检察机关的申请终止大众传媒活动的可能性。这包括下列情形:极端分子的活动妨碍了人的权利和自由,对公民的健康、周围的环境、公共秩序及安全、自然人或法人的所有权及合法经济利益、社会和国家造成了伤害,或者是产生了造成这种伤害的现实威胁。

在俄罗斯有关选举的法律当中,最主要的是联邦法律《俄罗斯联邦公民选举权利和参与全民公决的主要保障》。它于 1997 年生效,现行版本于 2002 年通过。该法指出,相较于规定选举活动和竞选活动的其他法律,此法是基本法。这就意味着,当其他的法律规定与有关主要保障的法律相违背时,以后者为准。1999 年,新版的联邦法律《俄罗斯联邦联邦会议国家杜马议员选举法》和《俄罗斯联邦总统选举法》获得通过。作为对上述法律的补充,每个联邦主体都有其关于地方州长(总统)选举和政权机关选举的法律。它们一并构成了竞选活动期间大众传媒活动的法律基础。这些法律规定禁止在选举活动结束后的一年之内解雇参加选举或公决的信息保障活动的记者和大众传媒领导者,或者将其调至其他工作岗位。

1.2.3 立法机关正在审议的主要法律草案

2002年成立的大众传媒产业委员会已经连续三年建议俄罗斯联邦总统向国家杜马提交新的《大众传媒法》草案。该草案应当包含下列内容:取消媒体的注册证明,只要违反该法的任意条款,转播许可证的效用就应被中止或停止,而不是按照现行《大众传媒法》的规定,仅在滥用媒体时才被中止或停止。

限制媒体自由等于限制言论自由。依照俄罗斯自愿承担的义务,这类限制仅在特定情况下被允许。《欧洲保护人权和基本自由公约》第10条("自由表达观点")规定:"实现这些自由需要承担义务和责任,还需要遵守一定的程序、条件、限制,或者经过批准,它们由法律规定,是在民主社会中保证国家安全、领土完整或社会秩序必不可少的,其目的在于预防混乱或犯罪,保护健康和道德,维护他人的声誉和权利,预防秘密获取的信息不被泄露,确保司法的权威和公正。"

俄罗斯在对大众传媒领域的立法方面尚缺乏有关广播电视的法律。制定这一法律的工作大概在十年前就已经开始。1995年5月12日,议会通过了法律草案,但俄罗斯联邦总统Б.叶利钦行使了否决权。1996年3月,1995年12月选举产生的新杜马试图推翻否决(他们赞同此前的草案),但1996年4月10日联邦委员会否决了该草案,尽管之前它曾经表示过赞同。1997年9月3日,国家杜马一读通过了新的《广播电视法》草案。然而,2000年5月,议会审议后还是予以否决。从那时起,议会没再审议过类似法案。

1997年9月3日,国家杜马一读通过了提交给俄罗斯联邦总统的《信息法》草案。2000年12月,议会重新审议了该法,但予以否决。2004年10月,俄罗斯经济发展部向政府提交了经与相关部门协商的《关于公民获取国家机关和地方自治机关活动的信息》的法律草案。经济发展部制定法律草案的基本原则在于,所有从保密角度考虑未被加密的信息都将成为公开信息,这不仅包括权力执行机关和立法机关的活动,而且包括中央选举委员会、法院以及所有强力部门的活动。任何公民都可以通过电子方式匿名要求提供上述信息。法律草案包含必须公开的信息清单。其中包括所有规范性法规、各个部委的工作计划和国家采购合同。信息将会被无偿提供。同时，为了预防滥用权利，经济发展部建议对复制和传播信息以及提供总量超过 24 个标准页的信息收取少量费用。在制定有关信息公开的法律之后，也计划制定和通过关于机密信息和个人信息的法律。第一部法律将规定信息封锁（加密）的程序，第二部法律则规定国家机关能够收集有关公民的何种信息以及信息的量①。

1997 年 2 月 20 日，国家杜马一读通过了《关于限制涉性商品、服务和观赏活动在俄罗斯联邦传播》的法律草案。由杜马文化委员会制定的新草案根据 1997 年《刑法典》第 242 条的规定，允许销售和传播"色情材料或物品"。同时，该法在俄罗斯当代史上第一次把上述材料和物品的销售和传播置于国家的监督之下，并规定了一系列限制色情商品和服务进口、生产、广告和传播的措施。其中首先包括要求付费获得许可，禁止让未成年人涉足色情商品和服务的生产、传播以及专门限制传播此类材料和服务的时间与地点。该法把色情材料或物品确定为"一类特殊的涉性商品，其主要内容是详尽描述性行为过程中的身体和（或）生理细节"。

销售和传播上述材料的许可证有效期被定为三年，它不能向外国公民、未成年人和被剥夺自由的服刑人员发放。色情产品不能在居民楼内销售，也不能在距离未成年人教育机构、历史文物单位、宗教传播场所 500 米以内的地方销售。色情节目禁止在 4 点到 23 点播出，而且其信号需要加密。地方政权机关可以制定更加严格的时间限制。此外，播放此类节目之前应就其内容做出专门的警示。应成立专门的联邦权力执行机关，以发放和取缔许可证并监管这一领域的贸易往来、向法院提起诉讼、实施罚款。相应的变化应作为补充条款纳入《刑法典》、《行政违法法典》、《大众传媒法》和《广告法》当中。1999 年 5 月，俄罗斯联邦总统在三读过后对该法行使了否决权，并将其提交协调委员会，不过，后者未能解决已有的争议。

---

① 本章付印时法律草案尚未被政府审议并认可。

1.2.4 权力执行机关的立法活动

较低级别的是俄罗斯联邦总统命令,亦即针对某些个人、国家机关及官员的命令,它规定行为的一般准则应予以多次执行。根据《俄罗斯联邦宪法》第 90 条的规定,"俄罗斯联邦总统命令和指示不应与《俄罗斯联邦宪法》以及其他联邦法律相矛盾"。调节相关领域活动的联邦法律一经通过,总统命令即失效。

这类命令有的与言论自由和大众传媒的活动相关。例如,"为了在经济和宪法改革的背景下维护信息的稳定性,保障在民主社会中执行的重大新闻政策",1993 年 3 月 20 日发布的俄罗斯联邦总统《关于对信息稳定性的保障和对广播电视的要求》的第 377 号命令确定了《对广播电视的最低要求》,其中包括十条原则,联邦的国有广播电视台以及由联邦预算出资的地方电视广播公司都应遵守。该命令迄今有效。

国家政权机关和官员有义务对大众传媒当中出现的批评做出回应,这是 1996 年 7 月 6 日发布的俄罗斯联邦总统《关于加强国家公务系统纪律的措施》的命令所规定的,该命令迄今有效。照此规定,联邦部委、机关的领导人和俄罗斯联邦主体权力执行机关的领导人必须在三天之内对大众传媒报道的下属官员违反联邦法律和俄罗斯联邦总统命令的消息以及国家相关工作人员未执行或未恰当执行联邦法律、俄罗斯联邦总统命令和已经生效的法院判决的消息进行调查。他们必须根据对媒体批评材料查实的结果,于上述材料公布的两周之内向媒体发送调查结果并抄送俄罗斯联邦总统监察局。如调查表明存在严重后果,或者故意违反联邦法律,未执行或未恰当执行联邦法律、俄罗斯联邦总统命令和已经生效的法院判决,领导人须把材料报送至检察机关。

依照《国家保密法》第 4 条赋予的权利,1995 年 11 月 30 日,俄罗斯联邦总统签署了《关于确认属于国家秘密的信息的清单》的第 1203 号命令,此后又对上述命令进行了修改。另一方面,关于公民收入和财产的信息按照 1997 年 5 月 15 日签署的俄罗斯联邦总统《关于担任俄罗斯联邦国家官员、国家机关职务和地方自治机关职务的人员申报收入和财产》的命令执行。该命令迄今有效。它规定了国家官员向全俄大众传媒申报收入和财产的程序。

《信息安全学说》也于 2000 年 9 月 9 日由俄罗斯联邦总统签署(总统命令第 1895 号)。该学说不是法律,而是表达了国家在处理某些关系方面的目的、任务、原则和主要发展方向。正因如此,对于理解国家政策以及保证国家安全的法律基础的发展前景而言,它颇具价值。

依照《俄罗斯联邦宪法》(第 115 条),俄罗斯联邦政府颁布命令和指示,基于《俄罗斯联邦宪法》、联邦法律和总统命令并以其执行为目的,保证上述决议和命令的执行。

政府关于电视业不受联邦法律调节的命令具有特殊的意义。1994 年 11 月 7 日俄罗斯联邦政府《关于对俄罗斯联邦的电视、广播和广播电视领域的通信活动实行许可证制度》的第 1359 号命令确定了有关许可证发放程序的条例。该命令迄今有效。在"调节联邦广播电视委员会和地区广播电视委员会的组成和工作程序的联邦法律获得通过"之前,该条例均有效。根据条例,电视和(或)广播的播出许可证仅向法人发放,期限为 3 至 5 年,在一定条件下(首先就是有多位竞标者提交申请)进行招标。该条例引入的限制媒体所有权过于集中的规定是目前俄罗斯唯一具有法律效力的限制。如果服务区域完全相同或者超过三分之二的服务区域重合,则禁止针对在同一区域内通过两种以上的传播渠道进行电视和(或)广播转播的行为发放许可证。该条例还规定,在一系列情况下,发证机构可废除许可证,其中包括在接到正式书面警告后,一年之内屡次违反许可证制度、条例及俄罗斯联邦法律的规定。

对于俄罗斯联邦主体的首府和人口超过 20 万的城市,广播电视播出许可证的发放遵循另外一种程序:必须进行招标并且收取额外费用,即所谓的"获得地面电视播出许可权的一次性费用"。这一程序由 1999 年 6 月 26 日俄罗斯联邦政府《关于进行地面广播电视播出权招标》的第 698 号命令确定。该命令迄今有效。它确定了有关进行地面广播电视播出权招标和开发使用新的用于广播电视转播的无线电射频信道的条例。依照该条例成立了确定招标结果的*联邦广播电视招标委员会*。竞标的胜者从文化和大众传媒部(此前是从联邦广播电视署,出版、广播电视和大众传媒部)获得广播电视许可权,从通信部获得旨在播出广播电视的通信活动许可权。

播出许可证由联邦文化遗产保护和大众传媒法规监督局(2004年3月9日前由出版、广播电视和大众传媒部)发放。发放广播电视许可证的权利依照俄罗斯联邦政府2004年6月17日通过的《联邦文化遗产保护和大众传媒法规监督局条例》第301号命令被赋予该部门。条例指出:"联邦文化遗产保护和大众传媒法规监督局系对文化遗产进行保护和对大众传媒进行监督和检查的联邦权力执行机关。"

此外,处于俄罗斯立法体系当中更低一个级别的是权力执行机关的命令和指示(比如文化和大众传媒部——2004年3月9日前是出版、广播电视和大众传媒部——的命令)。它们也属俄罗斯联邦关于大众传媒的法律。上述部门的命令依照有关该部的条例规定进行发布,此类条例由俄罗斯联邦政府的命令确定,并以执行政府的其他命令和指示为目的。例如,按照政府第698号命令成立的联邦招标委员会依照俄罗斯联邦文化和大众传媒部2004年6月10日第11号命令确定的《联邦广播电视招标委员会条例》条例开展工作。该委员会的九名常委由出版、广播电视和大众传媒部的命令确定,受文化部副部长领导。在俄罗斯联邦某一主体的范围内进行播出权招标的过程中,所谓的地区委员会也参与到相关的工作当中。它由三人组成:相关地区权力执行机关、代表机关的代表,以及(实际工作中)该联邦区的俄罗斯联邦总统全权代表。

1.2.5 司法实践

与盎格鲁-撒克逊国家不同,先例权在俄罗斯立法体系中并不扮演重要角色。不过,在做出对大众传媒的活动具有影响力的决定时,某些案例仍是支撑点。

俄罗斯联邦最高法院全体会议的决议在立法体系中占有重要地位。它们就法律适用程序向普通法院做出分析和解释。裁决争端时,法院既遵循法律本身,也遵循国家高等法院——首先是最高法院和最高仲裁法院——的解释性文件。此类解释指导俄罗斯整个司法体系如何在了解不断变化的现实和法律思想发展的情况下运用法律规范。

应当指出,俄罗斯最高法院全体会议2005年2月24日通过的《关于保护公民名誉和尊严以及公民和法人的商业声誉的司法实践》的第 3 号决议对大众传媒而言非常重要。它确定了高等法院的新立场。这一立场有何新意呢？

首先，法院现在得考虑保护大众传媒自由的必要性。乍一看这是一句空话，但它即使不能让大众传媒免除因不公正判决而需要承担的责任，至少也能避免其因此遭受过重的惩罚。

比方说，假如对精神损失的赔偿可能会使一家报纸倒闭，那么法官现在就很难接受要求支付巨额赔偿费的诉讼。因为，如果限制大众传媒的自由，那么按照新决议的文本，他实际上就会破坏公民保护名誉、尊严和商业声誉的权利与《俄罗斯联邦宪法》和《欧洲保护人权和基本自由公约》所保障的以任意合法方式自由寻找、获取、转达、生产和传播信息的权利之间的平衡。这似乎是再简单不过的道理。不过，迄今为止，法院一直在接受有关损害某人名誉权的诉讼，它并未考虑这其实可能干涉到其他人的信息权。

其次，俄罗斯司法界首次在如此高的级别宣称，"指摘信息"可以分为对事实的确认和评价性的判断。后一种表达的是主观意见和看法，它们不可能在法庭上被检测出与事实相符的程度。令人难以置信的是，就在昨天，法庭还要求记者证明其关于作家缺乏才能或者州长缺乏组织能力的观点的真实性，确认其在漫画和讽刺画中所描绘内容的真实性。当然，意见各不相同，这里有很多东西取决于语境、风格和语言，不过，导向是正确的：不应当对看法、品味和个人观点进行评判。

还有一个创新。最高法院禁止强迫道歉。有一种情形是可能的：记者和编辑部无法向法庭证明其传播的针对某人的指摘——比如说他受贿——是正确可靠的。他们自然会被要求刊文辟谣。但记者内心很可能仍然认为其文章的"主人公"是受贿之人。因此，如果法庭要求作者致歉，那么它就是让后者至少是在表面上放弃自己的看法。

决议同样限制了所谓的相关人员捍卫死者荣誉和尊严的可能性。决议明确说明，此类权益只能属于亲属和继承人。这一说明并非无益。1997 年，莫斯科某个区的法院受理了俄罗斯科学院就《花花公子》杂志刊登 19 世纪科学院院士、数学家索菲娅·科瓦廖夫斯卡娅的"不雅照"对后者提起的诉讼。最高法院的说明能制止此类与法律精神相去甚远的诉讼。

1997年12月18日俄罗斯总统直属信息争议司法院通过的《在新闻工作中采用无罪推定原则的建议》具有重要的定性意义。司法院得出结论,遵守针对第三方的无罪推定的义务只适用于有权限制公民权利和自由的国家机关及其官员。该义务不涉及开展调查或者对刑事调查情况进行说明的记者,后者是在行使大众传媒自由的宪法权利,履行对具有社会价值的信息予以传播的职业责任。因此,记者在大众传媒上表达的观点不会影响到个体在法律意义上被认作无罪的权利。司法院得出结论,有关记者义务的现行法律足以维护个体的权利和合法利益,使其不受滥用大众传媒自由的影响。

* * *

在这样的新形势下,应该期待克里姆林推出怎样的举措呢?政权机关将继续尝试让大众传媒为其政治目的服务。有鉴于此,最应该期待的是有利于国家加强对媒体控制的立法变化。大众传媒自由已经受到威胁。根据对社会舆论的调查,这正好发生在社会对该问题漠不关心的当口。尤里·列瓦达分析中心2004年9月1日至15日对2107名俄罗斯居民进行的具有代表性的调查表明,18%的俄罗斯人不信任俄罗斯报刊、广播和电视。45%的人认为,俄罗斯大众传媒不完全值得信任,只有26%的被调查的俄罗斯人信任大众传媒提供的信息。而2003年的时候,信任的人占23%,不信任的人占21%,33%的人有条件地信任。尽管没有值得惊慌失措的理由,但还是有令人不安的严峻因素。

鲍里斯·叶利钦在担任总统期间签署了一系列法律和命令,在广告、信息流通、通信、知识产权、竞选活动和国家对大众传媒的支持方面推行思想、言论和媒体自由原则(最初在1991年《大众传媒法》中有所表述)。不过,他曾经短期地(按照许多人的说法,非法地)禁止了反对派报刊,并于1991年和1993年引入了报刊检查制度。他行使否决权,使得议会的多个法律草案未获通过,其中包括《电视法》,他全然不顾现行的法律程序,向独立电视台和文化电视台颁发了许可证。

不过,叶利钦把媒体自由视为其当政时期的战果并加以珍视。他从未利用权力对那些攻击或嘲笑他本人的大众传媒进行惩罚:此类政策正是叶利钦形象的一部分。叶利钦在20世纪90年代中期时的一些顾问(例如尤里·巴图林①和前出版与信息部长米哈伊尔·费多托夫)利用总统对言论自由原则的好感,为媒体自由奠定了新起点,使其在俄罗斯的地位得到了巩固。

叶利钦时期的大部分人都未获留任。2001年夏天关门的信息争议司法院的命运对事件将会如何发展给出了不良信号。2000至2004年,给予大众传媒的经济优惠被取消了。从2000年起,国家杜马和弗拉基米尔·普京总统都曾多次表示,打算全面修订《大众传媒法》以及其他法案。

在俄罗斯,有关大众传媒的法律经历了一场革命。此类法律常常因为现实原因或者甚至是不入流的因素而不受政治家和从业人员的重视。然而,正是这些法律奠定了俄罗斯民主的坚实基础。今天,保护和巩固它们的不仅仅应该是受到西方基金会和政府支持的零星的护法组织——市场力量和公民社会制度介入这项工作的时机也已到来。俄罗斯的后苏联时代结束了。转型的进程不再基于对共产主义原则的简单否定。它开始按照自身的规律发展。这些规律或许会让20世纪90年代通过的法律遭受质疑,或许会让后者得到支持。非常重要的一点是,与此同时要使权利至上的原则得到遵守。

第3节　大众传媒与政权——20世纪90年代的俄罗斯

(И. И. 扎苏尔斯基)

发生在前苏联领土上的社会结构变化让俄罗斯形成了新的信息秩序。20世纪90年代的转型进程不仅为这一"新秩序"奠定了基础,而且也为俄罗斯的新形象奠定了基础。在这个过程当中,记者和大众传媒——首先是电视——扮演了极其重要的角色。他们不断演化,作为"第四种权力"的代表自愿或在某些政治力量及政客的倡导下参与国家政治生活,奠定了新俄罗斯的基础。对这个过程的研究可以使我们理解上述进程并对其做出评价,也可以使我们获得理解新的俄罗斯信息和政治体制特点的线索。

---

① 俄罗斯政治家、学者、宇航员(1949—)。——译者注

1.3.1 传媒政治体制、重构俄罗斯

每一位媒体策划人和公关专家都知道,要控制媒体,不必非得拥有它。不过,拥有对大众传媒的所有权会让与媒体的接触变得方便很多,并能在发生冲突时掌握决定权——在俄罗斯即报刊检查权。而当这种权利没被运用并且信息也不违背所有者的利益时,大众传媒的运作规律便能生效,当代信息技术正是基于对这种规律的认识。

与其他研究者一样,赫尔曼·梅因指出了"政治媒体化"现象。他援引海因里希·奥博豪尔特①的话,谈论政治屈从于大众传媒运作的内部规律的问题。梅因还引用萨克森地方自治代表大会德国社会民主党团主席莱茵哈德·霍普讷的话:

"曾被称为政治的地方,展开争论、形成社会舆论和政治决定的地方越来越常被某些象征性的行为所占据。这种象征性的政治出现在靠政治不能改变任何事情的地方,出现在这些行为所引起的期待无法得到满足的地方。我们听到、读到,有时也看到伪事件,它们之所以发生,只是因为有人讲述。这些伪事件堵住了通往社会重要事件和批评意见的道路。相应地,发行量和观众数量的争夺战也越来越多地要求记者人为地利用毫不起眼的事情制造重要事件,在司空见惯的地方看出不同寻常的东西,寻找虚假的轰动消息或者甚至制造它。"②

对大众传媒的控制、某种意识形态对记者和出版物的影响——这只是问题的一个方面。同样也应谈及大众传媒的运作规律对社会政治进程的影响。同时,如果给"政治媒体化"这个术语下定义,那么可以看到,在这个进程当中政治

---

① 德国政党政治研究专家(1942—)。——译者注
② Майн Х., Средства массовой информации в Федеративной Республике Германии. Риден, 1995. С. 155.

生活在向大众传媒的符号空间转移。不过,为了理解大众传媒的运作机制怎样变成了最重要、同时也是不成文的公共政治的规定,我们将对此展开更为详尽的探讨。

为缺乏准备的广大受众组织和举行关于观点和政治立场的辩论是十分复杂的。在这样的情况下,政治斗争转变成了交替展开的信息大战,其意义往往归结于对某些人进行人身攻击。在最好的情况下,这些人代表媒体符号领域一定的观点体系;在最坏的情况下,他们只不过是对手领导班子的成员(在国际象棋的对弈当中,有时重要的是要赢下小卒)。电视的巨大影响早在苏联时期 M. C. 戈尔巴乔夫担任总统时就首次得到了体现。从那时起,这种影响不断增强,导致政治进程的人格化以及对其带有感情色彩的、在很大程度上是非理性的接受。在俄罗斯,政治媒体化导致败坏名声的风气盛行,为了更加生动地把某些商人和政客与恶魔和天使等同起来,媒体策划人和记者展开了奇特的比拼。

然而,这只是大众传媒影响政治进程最显著、最表面化的例子,但远非唯一的例子。20 世纪 90 年代后半期,有效政治基金会接受政权机关的订购展开积极的工作,花了不少力气分析大众媒体收集和处理信息的内部规程。题为《大众传媒针对政权机关的信息行为》[1]的报告详尽分析了大众传媒对事件发展的习惯性和重复性反应,这使其能对它们加以区分和控制。这是信息领域的特殊"游戏规则",它们在 1996 至 1997 年间形成[2]。换句话说,这是大众传媒运作的公式,公共政治家不得不重视它。

尽管这一实用研究的目的旨在探讨大众传媒如何诠释政治进程,但这不妨碍我们从更加宽泛的意义上理解它——把其视为对规程的提炼。记者们利用这些规程,试图了解在这个世界上发生的事情。需要立刻指出的是,这一研究的特点在于剔除了大众传媒所有者的干扰因素,这使得基金会分析人士的发现特别有价值。

报告作者认为,大众传媒的基本特性是区分新闻议程的中心,此中心由大众

---

[1] 该报告是根据私人的订购要求完成的,迄今尚未发表。在 1998 年 7 月 7 日的访谈中,它与其他报告一道由格列布·帕夫洛夫斯基转交给本文作者。

[2] 同上。

传媒本身形成,有时并不受制于政权机关的作为以及制造新闻的活动。它体现在吸引注意力,并把所有的边缘话题和情节都归于意义的中心,后者为语境和评价定调:"每当总统对大众传媒置于'主要事件'等级的事情'没有反应'、'不予注意',媒体总会表示不满。"①

某位政客(新闻制造者)把意义和信息集中于"中心领域"的主张可能使其暂时成为新闻议程的"主人"(核心)。而其他政客和大众传媒的其他话题则聚集在其周围的符号领域当中。酝酿这一主张的计划把自身的意义与新闻议程上现有的其他话题联系起来,因为如果不融入现有的信息领域,它可能就会被新闻议程上更积极的话题吞噬。酝酿主张的所作所为产生了期待的热潮。如果主张的实现过程不成功或者被认为是不成功的,那么即使在酝酿这一领域时成功地开展了宣传活动,这也可能起到负面作用。"年轻的改革者们"便有过这样的事情。

主张的良好开端让大众传媒产生了正面期待的热潮,不过,这个热潮一旦遭遇任何微小的失败,都会消失殆尽。大众传媒未实现的期待开始形成负面的新闻议程领域,其他话题也被牵扯其中。期待的危机就此到来。有意思的是,这一危机不仅在政权机关的主张无法成功推行时产生,而且也在它忽视大众传媒传达的"建议"和"暗示"时产生——这些"建议"和"暗示"被记者们推到了"全民要求"的等级。后一种情况完全是可以理解的:对于政权机关的主张,媒体从来都没有自己的看法,因此,它们所传达的"暗示"和"建议"反映的不仅是反对派或者政论家的观点,而且是记者能够获得的对局势的唯一理解。因此,如果政权机关的行为不符合这种认识,记者们就会产生一种感觉,政权机关行事不太对劲。

最后,由于出现了令新闻议程始料未及的意外事件,大众传媒产生了信息焦虑,例如,报告中提到了与1998年3月23日总理 B. C. 切尔诺梅尔金被解职有关的类似情绪:

"在这种情况下,大众传媒开始寻找可以解释这一事件的关联;在没有找到关联之前,大众传媒感觉不自信。因此,任何在这个事件前夕

---

① 该报告是根据私人的订购要求完成的,迄今尚未发表。在1998年7月7日的访谈中,它与其他报告一道由格列布·帕夫洛夫斯基转交给本文作者。

发生的、在信息层面具有一定意义的事件都变成了上述关联(这里指的是别列佐夫斯基的访谈和涅姆佐夫的积极活动)。一旦有了确切的说法,上一个事件就失去了'吊胃口'的能力,大众传媒便开始寻找其他'真正重要的事件'。"①

南斯拉夫遭到轰炸之后,太平洋上空风云突变,E. M. 普里马科夫取消了美国之行,这表明事情并非总是按照对当局有利的方向发展——有时,意外的"转机"可能会促使新闻议程变得对新闻制造者有利。不过,想要出现这样的局面,得对该举动的正确性有足够的把握(在此事当中,把握来源于国际货币基金组织拨出贷款的事实)。

大众传媒行为统一模式的出现可用俄罗斯和全世界媒体的普遍标准加以解释。有意思的是,与此同时,"市场性"的支持者也获得了部分地恢复自身观点的机会,因为这里谈论的是商业化大众传媒的标准,按照丹尼斯·麦奎尔的定义,世纪末,这些标准正在成为全球的大众媒体文化②。甚至国有电视台和政治化控股公司的信息机构在参与为争夺受众的注意力而不可避免的竞争时也接受这些标准。信息的"麦克卢汉③星系"——借用曼纽尔·卡斯特④的定义——正是这样形成的。⑤

对于转向"市场主义者"之前从事美国信息垄断组织研究的叶连娜·安德鲁纳斯而言⑥,假如记者对工作的态度没有发生根本性的变化,基于后苏联报刊和

---

① 该报告是根据私人的订购要求完成的,迄今尚未发表。在1998年7月7日的访谈中,它与其他报告一道由格列布·帕夫洛夫斯基转交给本文作者。

② 参见:Global Media Culture // McQuail D., McQuail's Mass Communication Theory. SAGB Publishers, 1994. P. 89.

③ 加拿大传播理论家(1911—1980)。——译者注

④ 美国信息社会研究专家、城市社会学家(1942—)。——译者注

⑤ Castells M., The Information Age Trilogy. Vol. 1. The Rise of the Network Society. Oxford (UK), 1996. P. 330.

⑥ Androunas E., Soviet Media in Transition: Structural and Economic Alternatives. London, 1993.

电视的大众传媒新体制就不可能形成。他们不应再为政权机关服务,而应满足消费者的信息需求。而且,即便是在20世纪90年代初期,"市场"理论也只有在对现实抱有批判态度的条件下才可能存在。

"总体而言,记者们似乎没有发现这个问题。他们把从共产主义术语的控制当中解脱出来与自由搞混了。不过,大多数情况下一切都以易主告终:已经让所有人感到疲惫的主人被新的、似乎是自由而善解人意的主人所取代。"①

"只有经济独立的结构体系、信息手段的私有制、以利润而非意识形态为目的出售信息以及把信息作为商品加以有效利用才能建立真正的大众媒体市场。"②叶连娜·安德鲁纳斯写道,她预见到了所有保守的后苏联报刊都将迅速倒闭。

从上述引文可以看到,市场理想主义没有满足拥趸的期待。我们支持"市场"理论,但也不得不拒绝其理想化的前提,因为所有围绕媒体的争论都与个别社会力量和权力中心试图"修正"大众媒体的市场策略有关。在英国,进行此类尝试的结果是建立了英国广播公司、对商业电视的运营进行严格限制以及成立了处理针对大众传媒投诉的社会机构——报刊投诉委员会。一般认为,通过这样的方式成功而大幅度地提高了包括国有电视台和商业电视台在内的大众媒体的道德和职业标准。从对国情的研究当中我们了解到,把商业大众传媒的标准维持在高水平之上并且保证自由言论的可能性(经常有悖于市场要求)是北欧国家国有电视广播公司和公权电视广播公司的任务。

"民主——尤其是代表制民主——条件下的传播自由要求从不同的观点出发讨论互相矛盾的问题,这势必能保护和扩展公民参与政治

---

① Androunas E., Soviet Media in Transition: Structural and Economic Alternatives. London, 1993. P. 32.
② 同上,P. 114.

的基础。按照芬兰大众传媒委员会的观点,报纸——尤其是日报——的作用仍然是主要的。"①——E. Л. 瓦尔丹诺娃写道。

然而,如果从俄罗斯大众媒体的历史出发,首先应当注意的是金融工业集团和政治集团的战略,它们的目的在于,通过建立大型媒体控股公司最大限度地对大众传媒的符号领域施加影响。

其实,对于相关人士而言,在思想的"理想"市场上玩游戏风险太大,而且不值得。在这种情况下,对于政治投资者而言,就连新闻审查权都显得极具吸引力,更不用说影响大众媒体编辑方针的可能性了。对于大公司而言,无论是获取大型传媒联合企业的控股权还是收购其少量股票均是保持稳定性最重要的保证,也是捍卫自身利益和影响社会舆论最重要的手段(无论是在政治上还是在商业上)。在全世界范围内推进的这个过程在俄罗斯似乎尤其具有表现力。实际上,在 20 世纪 90 年代缺乏稳定的政治制度的时候,大型的政治化媒体扮演了代用党的角色:它们确保与选民的信息联系、调动资源并对某些决定展开游说。因此,早在 1997 年就已经可以确定传媒政治体制的形成。

传媒体制的结构

传媒政治体制是我们在俄罗斯大众媒体当中区分的权力(及其各种中心)政治化结构。它无疑比信息体制甚至大众传媒体制的范围要窄得多,因为在区分这一体制的时候,我们是把政治投资视为基本的参照。除了对信息机构的所有权,对编辑方针施加影响的性质也让我们感兴趣。②

俄罗斯信息体制的结构是三级式的:

第一级也是最重要的一级 由构建俄罗斯信息空间的全俄电子传媒组成。一般而言,第一级的大众传媒由政治化的资本控制,尽管它们属于国家所有。这一类

---

① Вартанова Е. Л., Северная модель в конце столетия. Печать, ТВ и радио стран Северной Европы между государственным и рыночным регулированием. М., 1998.

② 其他研究者可能会把"权力"的概念扩大,因此,他们会对传媒政治体制产生一个有趣的认识,把它视为旨在对某些问题(包括大众文化)形成社会舆论的交际总体。然而,传媒政治体制是从另外一个角度理解的。

别可以包括在全国大部分地区都能接收的中央电视台和许多高质量的莫斯科报刊。后者的意义不及全俄电子传媒，但对于政治化的媒体控股公司而言，它们是必不可少的补充工具，在涉及面较窄的政治活动中十分有效，尤其是当它们与电视结合的时候。实际上，"有影响力的报纸"为电视提供一天之中重要问题的所有论证基础，形成信息环境，电视新闻制作单位从中获取信息，传播给广大受众。

第二级（全俄、地区间和地区的印刷及电子传媒）是商业报刊、电视和广播公司，包括商业报刊以及面向各个地区、但就受众范围而言不属于全俄商业电视台和广播电台。它们对政治化资本并非很具吸引力，但在1998年危机之前以及从1999年下半年开始，广告客户对它们的需求量很大。商业大众媒体从理论上看不是传媒政治体制的组成部分，不过，在某些情况之下，它们通过政治化的投资（1999至2000年的选举和不发达的信贷市场对此产生了不小的推动）在结构上与后者融合，或者在具体的信息战当中从功能上与后者融合。

对于传媒政治体制而言，商业媒体扮演着环境的角色，它要么能够平息信息战（具有缓冲功能），要么充当共振器，把信息战的效用增强许多倍。照理而言，记者的专业程度应该有利于把信息战与败坏名声的行径区分开来，把上述事件作为经过删选分类和深思熟虑的信息传达出去。然而，由于广播电台、电视台和报刊倾向于有助于提高知名度和发行量的闹剧、丑闻和轰动消息，它们可能起到相反的作用——按照 Я. Н. 扎苏尔斯基的定义，即起到"回声效果"。媒体策划人的任务是创作信息战的剧本，让商业媒体自愿加入其中，支持某一方的立场。

体制的第三级（地区电子和印刷传媒）通常（并非总是）受控于地方行政部门，偶尔也受控于地区的大型集团公司。这反映的不仅是媒体与政权机关传统关系的性质——这种性质在俄罗斯的保守省份更为稳固，而且还有严峻的经济局势——这一点明显地体现在地区信息体制之中。权力的现实分配在各地颇具意义，有些地区往往比俄罗斯整体的政治体制更加专制。在后一种情况下，地区信息体制会变得极为封闭。

诚然，信息体制还存在第四级——互联网。全球传播环境实际上是传播渠道的大量汇集，这些渠道也可以利用传媒政治体制，比方说用以抛出败坏名声的言词，它们能迅速附着到各级新闻体制之上，如果网络上的信息令公众感兴趣，它们就会无穷无尽地在商业和政治化媒体中得以发布。

在俄罗斯，互联网的发展不仅始于普通网民的热情，而且借助了政客和策划人的强大投资。顺便提一句，从 1999 年开始，资本进入网络，互联网开始作为民主的传播领域发展起来，不过，它是按照经济规律运作。

为了保证体制的完整性，还应提及按照 И. М. 贾洛申斯基所下的定义属于体制外的传媒——用俄语播音的"自由"广播电台和"德国之声"广播电台、英国广播公司俄语部。尽管按照经费来源和潜在受众应该把它们归于信息体制的第一级，而按照职业标准"某某之声"广播电台则更接近于第二级传媒，即商业传媒。在 20 世纪 90 年代的信息体制中，它们的作用不是很大，20 世纪 90 年代初期和末期的流行"高峰"除外。第二共和国早期，"自由"广播电台和英国广播公司俄语部是在很多方面促成事实法则进入新闻行业的标尺，这一标尺是全球媒体文化的指引者。20 世纪 90 年代末期，"某某之声"回归大众传媒宣传体系的民主反对派角色，这个角色更加寻常，也更受欢迎。"自由"广播电台记者巴比茨基在车臣被捕一事以及后来对他进行的刑事拘捕就是上述情形的鲜明证据。

文化—思想范式

这样一来，谈及传媒政治体制的结构，可以把它分为全俄大众传媒和地区大众传媒体制。20 世纪 90 年代末，俄罗斯有近十家大型政治化的和商业的媒体控股公司，不过在它们当中，可以号称在传媒政治体制占据强势地位亦即推行独立自主新闻方针的为数不多。

这样的公司包括鲍里斯·别列佐夫斯基控制的国有大众媒体控股公司、弗拉基米尔·古辛斯基的"桥-媒体"集团和尤里·卢日科夫的传媒集团以及与莫斯科市政府关系密切的一些公司。与其他拥有众多媒体的集团相比，它们的优势在于控制着第一级媒体，首先便是全俄电视台。诚然，尤里·卢日科夫的"电视中心"最终也没能在 1999 至 2000 年的选举之前在全俄范围内强势播出（这在很多方面预示了卢日科夫-普里马科夫阵营的失败），而由于国家干预的增强，鲍里斯·别列佐夫斯基有失去俄罗斯公共电视台的危险。我们感兴趣的是媒体集团政治化的表现。这很明显：媒体集团支持的力量如何在政治领域展现自己的立场？这些力量追求何种利益？与上述问题相适应，它们所控制的大众传媒不断改变自身的新闻政策。

然而,我们需要指出传媒政治体制最主要的东西:无论新闻政策发生怎样的整体变化,每个控股公司的出发点都是锁定某一类型的受众,后者具有对观点和文化范式特定体制的忠诚度。无论这些体制如何变化——或许是由于受到政治"弹药"的直接影响("电视中心"事件),或许是最后一代苏联知识分子观点的历史一致性使然("桥-媒体"集团事件),一旦选定接受现实的视角,就可以经受媒体的考验。

作为20世纪90年代后半期俄罗斯的一类特殊政党,媒体控股公司的定义首先正是基于上述这一点,其次才是基于技术作用。除了俄罗斯联邦共产党以外,自称政党的团体本身既无结构体系,又无资产。它们都是每一次在选举之前不久由意欲谋得议会一席之地的政客重组的脆弱团体。因此,除了俄罗斯联邦共产党以外,其他党派都是政治品牌,为了增加品牌的流行度,领导人需要积极参与政治话剧的演出。

党派和社会团体的制度在历史上曾经对某些利益的表达起到过促进作用,作为结果,它也对稳固某种现实境况起到过促进作用,媒体控股公司也扮演类似角色,不要求把采取任何行动或者交纳会员费当作回报。参与的唯一条件是通过新闻和娱乐产品使这些媒体控股公司社会化,因为充当政治选择基础的行为战略和识别战略能够确定对现实的感知。

卢日科夫的政策是对革命前的教育部长乌瓦罗夫提出的公式的改良[①](以前是"专制制度、东正教、人民性",现在变成了"掌握政权、东正教、人民性"),他的公司一定会歌颂政权机关,会对联邦统治者和爱国主义秉持温和的反对观点,会与东正教走得很近。如果旁观者根据"电视中心"的节目评判20世纪90年代末期的俄罗斯现实,那么他肯定会得出结论:东正教是伟大的俄罗斯国家的国教。

---

① 该公式是身为教育部长同仁的伯爵在国立莫斯科大学1832年至1833年的冬季报告当中提出的。乌瓦罗夫被任命为教育部长之后,该公式作为部长指示首次在人民教育部的杂志上发表(1834. T.I.C. XLIX - L)。

"桥-媒体"控股公司的大众传媒遵循 20 世纪 90 年代初期"第一次浪潮"的民主和自由主义立场。"莫斯科回声"广播电台可能仍然是俄罗斯最自由化的机构①。在 1990 年的选举当中,它跟独立电视台一样刚开始支持格里戈里·亚夫林斯基和右翼力量联盟,尽管大选前其喜好有所变化,转而支持普利马科夫和卢日科夫,但它还是没有忘记亚夫林斯基的"亚博卢"集团和谢尔盖·基里延科、鲍里斯·涅姆佐夫、伊琳娜·袴田的右翼力量联盟。

对"桥-媒体"的记者而言,重视作为基本特征("新闻是我们的职业"②)和社会价值的职业水准是很典型的。从新闻政策的角度和对政治话剧进行阐释的角度可以看出,被强调的客观和中立与对视觉效果的追求相提并论。对电视而言,震撼的视觉效果原则上并不让人吃惊,不过,如果说"电视中心"可能出于意识形态的考量而漏过有趣的"画面",那么这在帕尔菲奥诺夫③离职前的独立电视台是很难想象的。

别列佐夫斯基集团的立场随着每一个新联盟和每一个竞争环节而变化,但摆幅也不是太大;在政治立场的天平上,它位于统治-民主的一端和民族-爱国的一端之间,在开展选前活动时倾向于后者,在政治停息期则倾向于前者。在所有的媒体集团当中,别列佐夫斯基的媒体是最大众化的,它们是宣传性的新闻机构,推崇好莱坞-斯大林风格的娱乐和轰动效应,在这种轰动效应背后经常隐藏着鲍里斯·别列佐夫斯基及其同僚的缜密心机。

直到 20 世纪 90 年代末,国有大众传媒的情况仍然比较复杂,这表现为行政部门缺乏统一的立场,政府与总统关系紧张,诸如鲍里斯·别列佐夫斯基这样的前中间人频施诡计。51% 的所有权形式上一直属于国家的"第一频道"恰恰成了时任总理的叶夫根尼·普里马科夫所面临的主要问题。总理试图恢复某种与统一的国家新闻政策相类似的东西,却因此卷入了与鲍里斯·别列佐夫斯基的冲突,并以失败告终,因为在这场冲突当中别列佐夫斯基把总统办公厅拉到了自己

---

① 根据直播过程中进行的调查,只有 57% 的电台听众认为它是新闻电台,43% 的听众则认为它是宣传性的。调查是 1998 年 2 月 11 日在《反弹》节目中展开的,有 2 400 余人参与。
② 独立电视台的口号。——译者注
③ 俄罗斯记者、电视节目主持人(1960—)。——译者注

的一边，而总理立场日渐强硬的状况令后者产生了警觉。

至于"俄罗斯"电视台，尽管这个国有电视频道很官方，或者说正是因为它很官方，它没有对20世纪90年代的政治进程产生重大影响。"俄罗斯"电视台的思想体系总是与政权机关一致（除第一次车臣战争以外）：从20世纪90年代初的激进民主到叶利钦时代末期的温和民主——如果可以如此表述的话，再到1999年的"意志凯旋"。当时，在普京被任命为总理和第二次车臣战争开始之后，独立电视台的创建者之一奥列格·多布罗杰耶夫转到了"俄罗斯"电视台，此人全面改造了这个频道。

其努力的结果是出现了一个强势的国有频道，后者在车臣战争问题上为营造军事爱国主义的氛围所做的贡献非常之大。总体而言，军事话题帮助该频道"有了精神"，找到了内在的支撑（类似于"电视中心"采用的乌瓦罗夫公式、独立电视台的自由主义价值观和"俄罗斯公共电视"的大众娱乐节目）。对于"俄罗斯"电视台而言，内在的支撑就是硬性的宣传，它体现在播音员的直接表述以及由士兵葬礼、"默哀时刻"和军事新闻构成的激昂报道当中。

军事化总理的角色成了总统候选人弗拉基米尔·普京形象最为重要的部分，与此相似，"俄罗斯"电视台成了独一无二的焦点和想象中的"伟大俄罗斯"的雏形。在巨大动荡和权力之争的十年末期，这样一个"伟大的俄罗斯"终于被政论家、政客、军队和政权机关设计出来了。

1.3.2 传媒政治体制转归国家，或曰新的政治时期

传媒政治体制

20世纪90年代，这个术语准确地确定了政治的涵义。当国家制度和政党结构不稳定或者尚未形成之时，正是电视台这一影响受众的渠道确定了政治体制的排布。当政治学家抱怨俄罗斯没有文明的政党体制（如其所言，只有共产党员拥有一个具有群众基础的政党）的时候，他们有所忽略：电视频道是真正的政党。正是得益于它们的帮助，*政治话剧*得以上演，政治舞台上的角色得以分配，后来，选举迫在眉睫的时候，这个舞台变成了政党和政治运动的各种品牌，选民被要求投票支持它们。

这个体制有赖于国家对传媒政治体制中强大的、有时甚至是相当独立的政客所采取的宽容态度。无论从历史还是实利的角度,这种宽容性都完全可以理解。第一次私有化时,大众媒体被从共产党手中抢夺过来交给了专业记者,正因如此,在所有的危急历史时刻,媒体总是支持俄罗斯第一位总统。对于记者来说,鲍里斯·叶利钦是自由和所有权的保证。

普京则不同。早在竞选期间他谈到车臣问题的时候,所有人就已经明白,传媒政治体制无法经受新的选举。情况应该发生变化,大家凭直觉就知道,会往哪个方向变化。但谁都没能预见详情和细节,其实,任何一段历史正是由它们所构成的。

2000年,总统两次显露出自己对媒体规律缺乏了解:因为在黑海度假而对"库尔斯克"号核潜艇失事反应迟缓,在独立电视台被占领的当日发表总统的国情咨文。这种战术自有其逻辑:他之所以忽视大众传媒,似乎是想强调自身的力量以及不顾记者的想法实现自己计划的能力。形象地说,普京"就跟坦克一样横冲直撞",不能排除一种可能性,即正因如此选民才选他。所有的问题都在于,是他主动选择这种风格还是这种选择是必需的?

信息借贷

2000年的选举由叶利钦的班子操办。问题在于普京与前者不同,不是在对付民众和记者时都能同样得心应手的具有超凡能力的领导人。不仅如此,普京与大众媒体以及记者群体之间没有秘密联盟,他也没有自己的公关团队和控制新闻领域的资源。所有这一切他都是从鲍里斯·叶利钦那里得来的,是"借贷"。从信息保障的角度来看,弗拉基米尔·普京是凭*借贷*当选的。

普京高调地摆出姿态,与一切朝叶利钦方向的努力保持距离,但却为俄罗斯当代历史上第一位强势的(危险的)信息部长米哈伊尔·列辛留出了位置。选举期间,普京甚至没有经受过短期的媒体知识培训,始终是"体制之人"和"只扮演一个角色的演员"。而为了在自由大众传媒的氛围当中保持良好的自我感觉,政治家应该掌握即兴发挥的艺术。否则,天才演员的角色就会被迫地由对新闻领域实行的控制所取代。不过,后来证实,总统的演技出色。

当然,控制大众媒体的需求对于政权机关来说是客观存在的。这种需求由新的"国家建设"和保证2008年前夕政权结构的继承性的宏大计划所决定。正如我们所知道的,这一计划表现在试图架设崭新且自大的政党结构。政治体制逐渐封闭——假如行政部门只在政治领域有所作为,那么这一蓝图就无法实现。因为当时由电视台(民族-人民党的俄罗斯公共电视台和自由党的独立电视台)代表的现实的大众党派在任何时候都可以捧红其他的党派品牌,并且"剥夺"对政党体制的投资——20世纪90年代,众所周知的调节性就是这样发挥作用的。

非正式的国有化

因此,行政部门遇到了对传媒体制进行监管的任务,它需要选择手段。传媒体制的国有化可能是正式的,也可能是非正式的。第一种情况必须让俄罗斯公共电视台回归国有并且开始用国家预算支撑该频道。普里马科夫或许会这么做。但普京选择了继承叶利钦时期行政部门的做法,运用经过检验的非正式国有化的一套办法,这种国有化通过政权机关与商人的服务交换实施。20世纪90年代,对大众媒体的监管所产生的支出依靠向媒体控股公司的所有者提供私有化的可能性得以平衡。我们所有人都记得,这个时代以"通信投资公司"事件而告终,当时波塔宁和索罗斯以内阁辞职的代价获得了胜利。私有化似乎结束了,但所有权的重新分配还在继续。排在议事日程之上的是尤科斯公司。与此同时,俄罗斯公共电视台从别列佐夫斯基手上转归了阿布拉莫维奇,一同转让的还有别列佐夫斯基在石油和铝业领域的利益(这里指的应该是不久前终结了列夫·乔尔内的来料加工生意的奥列格·杰里帕斯卡)。而此后该电视台更是完全变成了国有的"第一频道"。"天然气工业公司"几乎也是按照这一模式获得了独立电视台——此事甚至可能都没有暗箱操作,毕竟俄罗斯天然气工业股份公司是半国有的。

除了显而易见的便利之外(不用为从何处搞到资金而头疼),从国际金融制度的角度而言,这一模式也很不错。国际金融制度以形式上的特征评价传媒体制的"自由"程度。例如,世界银行的报告(2001年)使用的就是这个标准,此举招来了当年4月在华盛顿参与报告相关章节讨论的人士的不少讽刺意见。因为这样一来,寡头监管传媒体制的拉丁美洲模式便在私有的"家庭所有制"的巧妙遮掩之下隐身匿迹了。

同时,所有关注20世纪90年代俄罗斯大众媒体发展的人们都明白,现实的媒体监管方式完全是另外一种。例如，曾几何时，"俄罗斯"电视台是最自由、最"民主"的，可是，突然之间主持人被播音员和编辑取代——监管的问题得以解决。这发生在国有大众传媒与政权机关就第一次车臣战争爆发冲突之后，当时大众媒体与政权机关的"蜜月"走到了尽头。

三次打击

关于20世纪90年代说得够多了。这里需要回答的问题可以表述如下：新的普京时代的法律和秩序是如何在俄罗斯传媒体制中逐渐确立的？

变革的第一个信号是把"电视中心"和俄罗斯公共电视台的转播频率拿出来竞标。选举期间就有警告（本着"人人有份"和"公平竞争"的原则），对俄罗斯公共电视台（5月24日）和"电视中心"（7月6日）的竞标进行得波澜不惊：电视台保留了转播频率。不过，列辛部长这样的做法不可能不引起注意。所有电视人都明白，任何一个频道都有可能走到这个地步，而被警告的原因是出现了某种违法现象。而且，法院取消这一警告的做法没有任何意义（"电视中心"事件就是如此）——竞标仍会举行，竞标时可能发生任何事情。对"电视中心"进行的投票就是很好的例子：卢日科夫以一票的优势获得了胜利，而这一票就是列辛本人投的。

变革传媒政治体制的第二步是剥夺鲍里斯·别列佐夫斯基对"第一频道"节目内容的影响力。与以前一样，除了总统办公厅的利益之外，该频道还是国家政治的"防弹背心"。现如今，依照所有的标准来看有一点都非常明显："第一频道"显然是国有而非私营的或者公共的电视。

独立电视台一事是变革的最后一步，在此之后，政治领域还应在更大程度上转归总统办公厅控制。占领独立电视台确实是一件具有时代意义的事件。古辛斯基是传媒领域的最后一个玩家，如果他有意愿，就能制造政治危机。别列佐夫斯基试图占据前者的位置，对于别列佐夫斯基而言，期待已久的民主反对派媒体终于有了自己的位置。

新的"政治年代"

当然，在这种情况下，商业传媒（首先是为出版商带来利润而且不受政治化媒体投资者控制的报刊）比较有利，它们能够依靠相对不受政权机关控制的优势赢得一些分数。如果新的总统办公厅不学会对传媒"议程"做出比"库尔斯克"号事件时更迅速的反应,它们可能也必将会给克里姆林宫带来"惊喜",制造信息危机。总的来说,报纸和电视像这样按照"谨慎性"进行区分是相当普遍的,例如在英国就是如此。而俄罗斯报刊能否利用媒体自由的所有好处——这是另外一个单独的问题。

不过,从长远来看,更为重要的是另外两个问题。第一,如果政治体制变成一种被阉割的机制,限于源源不断的各种仪式,那么社会将在什么平台上恢复传播?或者用另外一种方式来表述这个问题:除了政治之外,在哪里能够表现出政治?第二,互联网的发展会带来什么新东西?

我们从第二个问题开始讨论。在这里,指出大众媒体与互联网传播之间业已存在的*结构冲突*非常重要。此处讲的不是"某些差异"(比如报纸与电视的对立),而是最真切的对抗。网民的数量比电视观众少,不过,网络传播建立在真人之上,而不是形象和媒体幻象。大众媒体的*再现*与借助互联网的传播是对立的。当然,与此同时,"互联网"的概念使用得很广,它不仅包括网络媒体,而且首先包括电子信箱、专门的网页和网上交流。网络是实时的*自发媒体*,它比电子和印刷传媒的仪式化内容已经领先了许多光年。网上是另外一套议程,另外一些话题,另外一种生活。

当然,这并不意味着其中没有所有权被集中在信息机构和大型控股公司手里这样的问题。不过,在俄罗斯的大众传媒体制当中,从内容和传播量来看,网络的信息产品不及中央电视台的产品。如果说这种"异质性"尚未与当代俄罗斯传媒体制形成尖锐的冲突,那么这首先是因为后者经常忽视它。大部分的大众媒体被排除在网络现实之外,它们的内容所占的比例少于5%,这个比例跟所有的政治网站所占比例相当。有鉴于此,可以预测,如果将要发生冲突,也不会是在政治层面,而是在其他层面——文化范畴以及构成其内容的隐喻和符号范畴。如果政治平台还将继续封闭,社会生活的能量就会直接转入另一个轨道。

政治很可能会重新出现在文化里,作为自由领域,后者使得对其的控制完全不可能进行,因此将重新成为最重要的传播领域。在这里,社会可以比单纯在政治当中更多地了解自身。当然,这里首先是指大众文化,不过,即便是这样,这里的伪艺术也比在宗法—民族主义的粗暴行为重新占优的政治领域要少。这在主角是"超人"和政治超级英雄的政治话剧里还可以忍受——鲍里斯·叶利钦就是这样的角色:《反叛者》、《沙皇》、《沙皇-2》等流行的连续剧里的人物。然而,如今的政治话剧不再有趣,现在,城市居民越来越不愿在这上面投入时间、期待和自己的情感。此事在叶利钦时期开放的政治体制中做起来更简单,也更有趣,因为总有一种不可预料的因素存在。诚然,这种不可预料性还有保留,但它不再能被感知得到,就像不存在似的。新剧的主要手法和全部意义也正在于此。尽管没有"视觉冲击力",但能看得懂,容易理解。你们看到现在电影院排起队了吗?人们有兴趣观看并且谈论它们。演员又能像从前一样成为新时代的英雄,因为政治家不可能或者不愿意再当英雄了。

1.3.3　1999年选举前夕政治力量与大众传媒的分布

1999年的选举之前,在俄罗斯同时形成了两个政权党。我们按照竞选联盟的名称把其中之一称为"祖国-全俄罗斯",其资本包括众人熟知的政治家叶夫根尼·普里马科夫、卢日科夫的整个媒体控股公司以及该公司控制的报刊、某些有影响力的州长。后者的威望和麾下的地方传媒也让人觉得他们有望获胜。"桥-媒体"控股公司的所有者弗拉基米尔·古辛斯基也加入该联盟应战,同时他仍然保持着对诸如"亚博卢"、右翼力量联盟等二等军团的尊重(尽管后者是"敌对"势力的组成部分)。对媒体控股公司的大量投资使得古辛斯基债务缠身,他不得不积极参加政治斗争,期望以此得到财政资助。

另一个则是克里姆林宫的政权党,该党拥有政权垂直体系的所有资源和亲政权机关"寡头"的资本,后者担心,如果普里马科夫获胜,所有权将会被重新分配。除了国有电视台以外(尽管该台的势力由于奥列格·多布罗杰耶夫的加入而有所增强,但仍然相当羸弱),站在克里姆林宫一边的包括别列佐夫斯基的俄罗斯公共电视台、大部分全俄报刊以及未加入"祖国-全俄罗斯"阵营的州长(表1)。

表 1　1999 年议会选举前夕的力量分配

政治集团	克里姆林宫	祖国-全俄罗斯
总统候选人	弗拉基米尔·普京	叶夫根尼·普里马科夫
政治联盟	团结党、右翼力量联盟	祖国-全俄罗斯
电视台(全俄的)	俄罗斯公共电视台、俄罗斯广播电视台、第六频道	独立电视台、THT① 电视台、"电视中心"
媒体控股公司	国有传媒、别列佐夫斯基的媒体、地方传媒	卢日科夫和部分州长控制的莫斯科和地方传媒
战略	进攻、斗争	防守、防御

尽管从信息保障的角度而言，克里姆林宫所处的地位明显占优，但从宣传的力度而言，"祖国-全俄罗斯"的候选人大幅领先（总统选举正是双方交战的实际战场）。观察家们只把议会选举视为大决战前的排练，仅此而已。正因如此，已经没人关注共产党了，因为它虽然拥有稳定的选民群体，但参与角逐总统宝座的资源明显不足。在这场大战当中，除了克里姆林宫和"祖国-全俄罗斯"，其他人都没有独立角色——顶多可以指望他们通过支持对立双方中的一方换取财政援助。

1.3.4　对 1999 至 2000 年竞选活动的报道

在传媒政治体制作为结构明晰、可以预见的信息环境存在的情况下，政治专家和政治话剧的编剧之任务便成了创作一部作品、设计一系列步骤、强调受众的全部期待并激起后者对正在发生的事情的兴趣。只有这时，政治领导人——政治话剧的演员——才会获得自己所需的关注和在剧院满座时扮演自己角色的可能性。

在谢尔盖·基里延科和巴维尔·博罗宁被推举为莫斯科市长候选人过后，别列佐夫斯基随即便开始了对"祖国"的领导人尤里·卢日科夫和叶夫根尼·普里马科夫的猛烈攻击。星期六的分析节目《时代》成了揭发和批评的平台。在这

---

①　缩略语 THT 意为"你的新电视"（俄语）。——译者注

个平台上展开了声势浩大的电视攻势,针对的是莫斯科市政府的贪污受贿,包括尤里·卢日科夫妻子的巨额收入。

电视里的"分析性"脱口秀甚至让见过世面的俄罗斯观众也深感震惊。电视屏幕上播放过克里姆林宫不喜欢的总检察长尤里·斯库拉托夫和两个妓女做爱的画面、车臣军人砍下俘虏脑袋的画面,甚至与普里马科夫在瑞士接受的外科手术类似的手术过程。①

按照劳拉·别林的观点,电视对人们的政治偏好产生了很大的影响,因为正是电视成了了解世界上正在发生的事情的主要信息渠道。② 而且,最有意义的是新闻节目;从排行榜来看,电视台提供的免费时间以及政治广告所起的作用不大。当然,这里有时也会产生矛盾。比如,叶夫根尼·普里马科夫制作了一部短片,他在其中严厉地声称,克里姆林宫害怕对贪污受贿进行严肃的调查。此后却出现了一个估计是竞选活动历史上最有效的"肮脏把戏":俄罗斯公共电视台和"俄罗斯"电视台都把这部短片与两部仓促草就的广告片放在一起播出,这削弱了普里马科夫所言的分量。③

在其他两位穿着类似西服、坐在同样的桌子后面的候选人的映衬下,普里马科夫的发言看上去很可笑。竞选活动期间,类似的政治剪辑手段一直在俄罗斯公共电视台和"俄罗斯"电视台的新闻节目中使用——1996年的经验便是被如此利用的。

除了报刊和电视台所有者的政治倾向以外,对竞选活动的报道是由议会通过的关于俄罗斯联邦国家杜马选举和总统选举的相关法律所规定的。新的法律

---

① Кагарлицкий Б., Реставрация в России. М., 2000. С. 323.

② 根据叶连娜·瓦尔塔诺娃在著作 Media in Post-Soviet Russia: Shifts in Structures and Access to Contents 当中的研究,94% 的被调查者每周至少看一次电视。

③ 劳拉·别林在此提道,竞选活动中的典型冷门人物弗拉基米尔·日里诺夫斯基和列夫·乌博日科扮演了滑稽模仿者的角色。他们穿着与普里马科夫一样的西服,坐在跟普里马科夫当时一样的桌子后面,说了一通一模一样的话:指责政府和总统贪污受贿。其中的一部短片在普里马科夫的声明之前播放,另外一部则紧跟着普里马科夫的声明播放。参见:Belin L., The Media and the Elections of 1999 and 2000 in Russia: Доклад, распространенный на VI Всемирном конгрессе ICCEES в Тампере, Финляндия. 2000. Авг.

限制了记者对选举进行评述的权利。

在这样的背景下,看一看欧洲媒体研究所的分析结果很有意思,此分析旨在计算所有的总统候选人被主要电视频道的新闻类节目提及的次数(表2)。① 显然,这些材料表明,有一位候选人绝对占优,同时也表明,投票结果与在电视屏幕上出现次数(即某位政治演员在电视上的亮相次数)的一致关系。

表2 候选人在电视上出现的比例与选举结果(%)

候选人	所有频道	俄罗斯公共电视台	俄罗斯广播电视台	独立电视台	选举结果
弗拉基米尔·普京	48.3	43.8	53.3	45.0	52.9
根纳季·久加诺夫	11.4	10.2	10.7	16.9	29.2
格里戈里·亚夫林斯基	8.0	8.0	7.4	9.5	5.8
阿曼·图列耶夫	2.7	2.5	4.2	2.6	2.9
弗拉基米尔·日里诺夫斯基	11.8	11.3	8.7	16.9	2.7
康斯坦丁·季托夫	4.5	5.6	5.5	3.7	1.5
埃拉·帕姆菲洛娃	2.8	4.3	2.8	2.1	1.9
斯坦尼斯拉夫·戈沃鲁欣	2.6	3.1	1.2	2.9	0.4
尤里·斯库拉托夫	1.9	3.1	2.4	1.8	0.4
阿列克谢·波德别列斯金	1.8	2.8	1.9	1.4	0.1
乌马尔·贾布赖洛夫	2.0	3.9	0.6	1.4	0.1
叶夫根尼·萨沃斯季亚诺夫	2.1	1.5	1.4	1.1	0

当然,此表②只是单纯的数字集合,不能让人形成对政治演员们所演剧目的

---

① 主要电视频道及其观众份额:俄罗斯公共电视台——36%,独立电视台——23%,俄罗斯广播电视台——12%,第六频道——5%等(根据叶连娜·瓦尔塔诺娃提供的数据,按照由高到低的顺序排列)。

② 该研究由欧洲媒体研究所于2000年3月3日至21日进行(参见:Доклад. Андрей Раскин, The Russian Presidential Election Campaign-2000 and the National Television-на VI Всемирном конгрессе ICCEES в Тампере, Финляндия. 2000. Авг.)。

概念。不过，就对 16 家报纸①报道竞选活动的研究来看，这出戏并不精彩——因为弗拉基米尔·普京缺乏强劲的竞争对手，而且无甚内容——因为它没有成为社会舆论的焦点。上述那位总统候选人拒绝了电视台提供的免费时间，也拒绝参加电视辩论，这样一来，他就"凌驾"于战斗之上了，并且不是以总理的身份，而是以俄罗斯代总统的身份。

根据上述研究结果，对竞选活动的报道总体上有利于权力的集中——缺乏各个地域的对话，媒体也没有进行与受众对话的任何尝试。作为该研究的一位牵头人，柳德米拉·雷斯尼亚斯卡娅把反对派日报《苏维埃俄罗斯报》称为超出规则的唯一例外，该报的编辑团体没有被收买。某种类似于对话的东西也能在《独立报》上看到，该报试图成为知识精英阶层的辩论平台。不过，分析表明，该报所有者鲍里斯·别列佐夫斯基利益的影响力相当大。

与此同时，柳德米拉·雷斯尼亚斯卡娅也指出，不可能准确地确定媒体在形成选民的政治选择方面所起的作用，尤其是与所谓的行政资源——地方领导人和生产企业领导人的威信——相比。直接领导人和州长的言行和立场能对受众的偏好产生决定性的影响。②

新年

鲍里斯·叶利钦辞职或许是俄罗斯总统竞选活动当中最厉害的一步。还可以对此进行更为深入的分析。叶利钦在新年前夕的 12 月 31 日发表辞职声明，甚至在请求俄罗斯民众原谅自己没能达到曾经承诺过的结果时还落了泪，这在很大程度上确定了竞选活动的结果，并且使得国家的政治精英层彻底涣散了，后者正在期待普京与普里马科夫进行一番真正的一流对决。政治专家遵循向地方传播渗透的传统战略，再次确信了节日和仪式作为政治传播手段的重大意义。

---

① 对竞选活动的研究涵盖下列报纸:《论据与事实》《说法》《莫斯科新闻时报》《消息报》《生意人报-权力》《生意人报》《共青团真理报》《文学报》《莫斯科共青团员报》《莫斯科新闻报》《独立报》《新报》《新消息报》《联合报》《今日报》《苏维埃俄罗斯报》《劳动报》。

② 此处和以下各处使用的是作者 2000 年 8 月对柳德米拉·雷斯尼亚斯卡娅的采访材料。

这个辞职/任命的举动可谓一石二鸟。首先，得以在观众最多的时候介绍了弗拉基米尔·普京的新身份。众所周知，新年是新俄罗斯的日历上唯一一个自苏联时期就存在的节日，从那时起，这个节日的意义变得越来越重要。伴随这个节日的是仪式化的电视节目和家庭晚宴，按照苏联传统，它以敲响克里姆林宫斯帕斯克塔楼的钟声和播音员用浑厚深沉的男声道出祝福结束。

12月31日一整天人们都在电视上互贺新年，并以此作为意义和影响力的评判标准。出镜的时间越临近午夜，看到此人的观众人数就越多，他的发言就越显重要，他就越显荣耀。

在旧的一年即将结束前的几分钟开始转播俄罗斯联邦总统的致辞，观众非常多：所有的主要电视台都同时转播。根据国家社会心理研究所的收视调查，单就一个频道（俄罗斯公共电视台）的数据来看，总统的新年祝辞就已经成了1999年12月最受欢迎的电视节目，仅在莫斯科就有185.1万观众观看。在这张最受欢迎的政治节目调查表中，其他频道（"俄罗斯"电视台和独立电视台）对总统祝辞的转播也有入围，此刻的观众数量分别为88.5万人和79.6万人。① 观众总计353.2万（仅在莫斯科！），这是1999年的绝对纪录，而且，在我看来，这些数字显然都是被压低了的。

正是这一致辞成了俄罗斯出现新总统以及后者非正式宣誓就职的标志。而且，在录完对俄罗斯民众发表的新年祝福之后，普京便前往车臣，与战士们一起庆祝节日。此事也家喻户晓，因为辞旧迎新的仪式被权力移交仪式所取代了。

这其实也是该计谋的第二个象征意义所在。新年不仅是主要节日，而且是俄罗斯历法当中最古老的节日，它很可能早在俄罗斯历史的前基督教时期就出现了。作为一个"农业节日"，17世纪之前它在9月份庆祝。是力图向欧洲靠拢的彼得一世下令把庆祝新年的日期调到了12月底。不过，日期的调整没有改变节日的重要性。

---

① Национальный институт социально-психологических исследований. Internews, Russian Public Relations Group // Средства массовой информации России: аудитория и реклама. М., 2000. C. 56.

新年的仪式意义——或者说,仪式的交际潜台词——在于死亡和重生。大自然衰亡,以期重生。部落时期,该节日伴随着神灵或者领袖的仪式化死亡,此后便应当重生。关于这一隐喻的力量至少可以通过下面的事实得以证实:耶稣的故事大致也是这个模式。

米尔恰·埃里亚德从创造世界和伟大先辈的神圣时代(in illo tempore)与世俗时代的关系角度审视类似的历史结束/开始问题。在《永恒回归的神话》中他把通过庆祝新年的仪式向创造起源回归的问题称为神话意识的中心问题,并用大量类似的仪式来证明自己的结论,在所有的神话文化,亦即口头文化当中,这些仪式都能以某种形式被找到。

"因为宇宙和人都在通过所有可能的方式不断更新,过去被毁灭,疾病和罪孽被排除,等等。仪式的形式各种各样,但实质是不变的,一切都追求同一个目标:毁灭流逝的时光,清除历史,以便通过宇宙形成活动的重复不断回到 in illo tempore。"①

净化的话题对于庆祝新年而言具有特别的意义,这一过程在不同的部落获得不同的礼俗形式("几乎在所有地方,驱除妖魔、疾病和罪孽都与一定的时间界限——庆祝新年——吻合"②)。在各种文化当中,新年的礼俗也与成年礼和与之相近的登基仪式吻合。

对于斐济岛的土著来说,每一次新领导人执政都会举行仪式;类似的做法在其他地区也或多或少地有所保留。几乎在所有地方,新的执政时期都被视为人民历史甚至全部历史的重生。无论执政者多么不值一提,从他这里都会开始一段新纪元。③

普京以代总统的身份发表的新年致辞成了俄罗斯总统选举剧情的结束之笔——可能有些提前,但极为戏剧化。早在新年到来之前,政权机关就已有所动作,把时间转换的仪式"重新编码"成了权力交接的仪式,同时也让反对派涣散,

---

① Элиаде М., Миф о вечном возвращении. СПб., 1998. C. 126.
② 同上,C. 87－88.
③ 同上,C. 125.

并对深层的大众意识施加了有效的作用。与权力合法化的这种途径相比,选举显得毫无意义,而且可以预见。后来它确实如此。

按照 Л. 雷斯尼亚斯卡娅的说法,公关公司的人士在私下交谈中承认,弗拉基米尔·普京的主要方法是"遍地开花"——在各种报纸上有偿提及候选人的姓名。而普京则常常出现在新闻报道当中,从而提示竞选活动结果的必然性和可预见性。代总统普京的动作一个接一个,没有一个评论者来得及对新闻领域的变化做出反应。与波斯湾战争和南斯拉夫战争时西方媒体所处的情形类似,俄罗斯大众传媒被动地跟随政权机关的新闻动向,来不及对发生的事情做出评价并把其置于更宽泛的背景中加以审视。媒体也没有特别给自己定下这个任务,一切都自然而然。

克里姆林宫团队回应"强大政权"的梦想,展现了自己拥有的令人印象最深刻的一些可能性。实际上,什么样的政权能比依托人民记忆的潜意识-历史层面和深刻植根于日常仪式的政权更强大呢?

1.3.5 "施季里茨上校"——我们的总统

把一个新政治家推到政治舞台中心的时候,政治力量不得不遭遇新形象的"辨识度"问题。弗拉基米尔·普京担任总理最初的几个月期间,俄罗斯和外国媒体围绕同一个话题"您是什么人,普京先生?"发表的无休无止的文章都是以新任总理的言行给人留下的印象作为基础确定其完整形象的游戏。记者们努力呈现这位政治领域的"继承者",依据某种参数体系勾勒其形象,在这个体系中扮演中心角色的是车臣战争、"经济改革"(对待商业和商人的态度)和候选人的个人经历。筹备经济纲领是竞选期间主要的媒体事件之一,该纲领和总理所做的任命都表明,尽管普京倾向于民族爱国主义思想,但在制定经济政策时他还是愿意依靠自由主义者。

在大众意识的层面,媒体制造的话题无甚意义。政治家的辨识度问题通过受众掌握的文化编码体系并与其他政治家的形象进行对比得以解决。政治家的成功形象永远是多层的架构,在其中的符号层面上,针对大众意识植入了某些"提示"。普京的"间谍"经历起到了双重作用。因为:第一,成为普里马科夫事实上的"顶替者"之后,尽管非常奇怪,但普京确实被视为其继任。第二,普京成了对于俄罗斯电视受众来说非常重要的施季里茨上校形象的化身。

这个形象是苏联神话的中心人物之一,他是由作家尤利安·西蒙诺夫在其作品中创作的,而后又出现在与该书同名的电视连续剧《春天的十七个瞬间》当中。该形象由苏联时期的著名演员维亚切斯拉夫·吉洪诺夫呈现在屏幕上。20世纪70年代初期该剧首映时,各个城市和已经能够接收电视信号的乡村都是万人空巷:该剧的观众超过了冰球比赛(表3)。

表3 "您是谁,普京先生?"

形象	施季里茨上校(马克西姆·伊萨耶夫)
品质	热爱祖国、英雄主义、毫不动摇的意志
联想	在德国的苏联特工、年龄在40至50岁之间
结论	可以信赖的人

德国报章对弗拉基米尔·普京比较敌视,这并不令人感到意外。在报纸和杂志的头版上面,"继承者"的照片与文章标题搭配在一起,不可避免地会引起法西斯主义的联想。一篇文章的标题写道:"您会向这个人购买二手汽车吗?"

不过,苏联特工施季里茨的形象和普京总理一样,并非为德国受众而设。对于俄罗斯大众意识而言,头号人物的意义可与詹姆斯·邦德的形象相提并论。众所周知,后者是一个成功商人的形象,他的生活节奏快得发狂,不对自己所作所为的精神层面感到忧虑。他是人形的"惩罪天使",也不缺乏常人的弱点。

与邦德一样,施季里茨常常与彼世势力打交道("非人"的标志性符号:邦德的假肢和铁下颌,施季里茨的苏联黑色制服和变身艺术),让世界和地球免受魔鬼势力的破坏。在这个意义上,邦德是超人、蝙蝠侠以及20世纪大众文化其他"英雄"的兄弟。他们的家族很庞大,其可追溯的历史值得专门进行宗谱和遗传学研究,这类研究有利于弄清此类形象按照表现背景和使其融入历史的文化而发生变化的细微差别。不过,需要说明的是,超级英雄们的"远亲"阿喀琉斯、赫拉克勒斯、库丘林等神话人物在著名的古代文学作品中已经出现了。

与邦德一样,施季里茨深深扎根于大众意识之中,不过,与超级特工007不同,施季里茨成了民间创作的人物。与其他军事和革命电影中的英雄以及被赋予了强大宣传力量的苏联领袖(如夏伯阳和彼得卡①、列宁和勃列日涅夫)相似,施季里茨成了由不知名的安迪·沃霍尔②们创作的无数笑话和故事的主人公。③ 地下出版物当中有施季里茨新奇遇选集,其中有一些讲述的是主人公于20世纪80年代末期在莫斯科成立合作社的事情。④ 特工英雄是勃列日涅夫时期辨识度最高的形象之一,而普里马科夫对上述时期表现出来的亲近感颇受公众喜欢。如果有人没有察觉在德国工作过的普京与施季里茨的关联,那么报刊上的文章会对相似点进行提示,并为读者建立联想。⑤ 而在现实中,普京的形象有许多含义和"辨识度"参数,就跟电影主人公、军事领导人以及以前的政治领袖一样。

一般情况下,在政治体系中引入某种形象/特征是一个循序渐进的过程,有时通过纪念碑宣传的迂回方式(尤里·卢日科夫顺顺当当地在莫斯科河畔面对重建的救世主教堂树立起了彼得一世的巨大雕像),有时向其他政客借鉴成功的方法。政治家通常会赏识某些联想,同时竭力清除另外一些。例如,弗拉基米尔·普京办公室里的彼得一世画像引发过许多议论。后者除了被公认为俄罗斯历史上最残酷、最威严的皇帝之外,其形象还象征着国家的威力(包括与公民社会的对立)、俄罗斯的伟大和政治家充当救世主的野心。

"知道吗,弗拉基米尔·普京的哪一点最令法国政治家惊讶?不是他突然之间就蹿上了总统宝座的事实,不是柔道运动员的黑带,甚至也不是新年期间造访

---

① 这些概括性的历史形象对于当代生活的永恒意义可以通过下面的事实得以说明:就连小说家维克托·佩列文也是从长篇小说《夏伯阳与虚空》开始声名鹊起的,在这部小说中,夏伯阳是彼得堡的一位神秘论者,他带领自己的传奇助手、彼得堡诗人彼得卡为国内战争扫清道路。

② 美国艺术家(1928—1987),波普艺术的倡导者和领袖。——译者注

③ 仅在笑话网 www.anekdot.net 上就能找到72个关于施季里茨的笑话。

④ 例如,可参见:Штирлиц, Или вторая молодость - http://www.stud.isu.ru/joke/chtir2.htm.

⑤ 例如,在离选举举行还剩下不到一周的时候,"生意人"出版公司出版了一期封面印有施季里茨和普京画像以及"施季里茨——我们的总统"这样的标题的《权力》杂志(2000年3月14日)。

正在激战的车臣的举动。真正令人吃惊的是普京办公室里的画像。彼得一世的画像。或许这反映了普京的彼得堡出身,又或许这幅画像包含某种暗示。巴黎《世界报》的评论员提醒读者,彼得一世保卫自己的国家免受瑞典的威胁,彻底改变了它的面貌,诚然,为此也牺牲了差不多三分之一俄罗斯人民的性命。"①

弗拉基米尔·普京发迹的圣彼得堡市不仅是彼得一世和总统候选人之间一个必要的联系环节,而且还是一个独立的符号。

为了确定选举前夕弗拉基米尔·普京在"热爱"他的国度里的辨识度参数,《生意人报-权力》对比了对两次社会舆论进行调查的结果:

"应当说,调查结果让我们有些失望。根据全俄社会舆论研究中心的调查,位居前列的是彼得一世、格列布·热格罗夫②和朱可夫③元帅(第四名是施季里茨)。按照俄罗斯社会舆论和市场研究中心的调查,位居前列的是朱可夫、施季里茨和热格罗夫(彼得一世未被列入此项调查的候选名单,从票数分布来看,彼得一世的票被朱可夫得到了)。五月份公布调查结果时我们曾经写过,把所有位次靠前的人物联系起来的是英雄-胜利者的形象。夺取胜利是他们一生的事业,为此他们不惜一切代价(包括法律和人的生命)。这样一位总统的口号有可能就是'不惜代价赢得胜利'。俄罗斯人似乎认同自己的偏好并做好了为此付出代价的准备。俄罗斯社会舆论和市场研究中心的分析人士也有类似看法。所以说,大部分俄罗斯人做好了拥有一位具有侵略性而非关心人的领导者的准备。人们更倾向于强力和残酷性,希望它们能对恢复俄罗斯的秩序有利。"④

这项研究的结果与我们对施季里茨中心位置的假设毫不矛盾。正如《生意

---

① Гусейнов Э., (Париж), Лысенко Б. (Берлин), Неизвестный Путин. Известия. 2000. 10 янв.

② 又一位偶像级的银幕英雄、刑事侦查员,他无情地消灭了第二次世界大战之后残留在莫斯科的匪徒,后苏联时代俄罗斯反对派领导人之一斯坦尼斯拉夫·戈沃鲁欣拍摄的电视连续剧《会面地点不可改》的主人公。热格罗夫的角色由深受欢迎的歌手和演员弗拉基米尔·维索茨基扮演。

③ 第二次世界大战中比其他所有人(包括最高统帅约瑟夫·斯大林)都赢得更多声誉的军事统帅。

④ Смирнова Е., Штирлиц—наш президент // Коммерсантъ—Власть. 2000. 14 март.

人报-权力》的记者强调的那样：

"最初能为普京总体而言相当苍白的形象注入些许鲜亮色彩的就是他的间谍经历。在德国的工作、对祖国的忠诚、对苏联各种节日的冷漠。马克西姆·马克西莫维奇·伊萨耶夫，仅此而已。"①

在上述所有人（热格罗夫或许除外）中，对施季里茨的联想是唯一能从简单的对比转化为感同身受和感情移入的。这样的辨识度已经包含支持。第一联想是最重要的。奇怪的是，与偶像级英雄形象的"重合"让普京的形象变得更加立体了。

总的来说，普京的形象可以视为俄罗斯政治体制十年进化的结果。我们不指望做出完全准确的评价，但是可以对俄罗斯政治舞台上各位演员某些品质的发展进行追踪，拿它们与普京形象囊括的品质进行比较（表4）。而且，众所周知，政治演员要在自己的形象中体现出最具成效的战略，一方面，这是鲍里斯·叶利钦挑选接班人的重要标准，另一方面，这也是作为总理和代总统的弗拉基米尔·普京在竞选活动期间最重要的任务。

表4 政治演员的创新和普京对其的利用

（政治家被归纳为三类——"旧式左翼"爱国派、民主派和民粹派）②

政治演员	角色	弗拉基米尔·普京的借鉴
尤里·卢日科夫 莫斯科市长	强大的爱国主义、民族主义、扩张主义，推广东正教	高调的爱国主义，希望捍卫俄罗斯及前苏联加盟共和国人民的利益

---

① Смирнова Е., Штирлиц—наш президент // Коммерсантъ—Власть. 2000. 14 март.

② 正如我们从普京的例子中所看到的一样，政治话剧的人物常常会与流行文化的人物类似，尽管某个形象的重合不可能非常精准。我们可以根据苏联的整体文化记忆制成一张偶像级电影和电视剧主人公的图表，展示其与政治家形象的相似之处。日里诺夫斯基可以跟奥斯塔普·边杰尔对应，后者是И. 伊利夫和Е. 彼得罗夫的长篇小说《十二把椅子》里的骗子商人。不过，需要强调的是，20世纪90年代俄罗斯政治话剧的演员有能力自己创造鲜明的形象。不可排除的是，随着受众的分化，政治演员将部分地承担形成整体文化记忆的功能以及相应地制造新的文化编码的功能。

(续表)

政治演员	角色	弗拉基米尔·普京的借鉴
叶夫根尼·普里马科夫 前总理	国际声望、与执法机关的联系、与贪污受贿展开斗争的决心,力图建立自己的权力垂直体系	希望强国,曾经的肃反工作人员。古辛斯基和"卢科斯"石油公司等案表明依托于执法机关的权力体系已经形成。与贪污受贿展开斗争
根纳季·久加诺夫 俄罗斯联邦共产党主席	提升学者、医生、教师的社会威望和工资。加强国家在经济中的作用	提升学者、医生、教师的社会威望和工资。加强国家在经济中的作用
阿纳托利·索布恰克 圣彼得堡前市长	支持经济领域的自由主义和政治领域的民主	希望在经济领域推行自由主义改革
格里戈里·亚夫林斯基 "亚博卢"领导人	平等对待所有经济"玩家"	结束"寡头"时代。经济政策的内容部分
弗拉基米尔·日里诺夫斯基 俄罗斯自由民主党领导人	精湛的演技、夸张的动感、冒险主义、善于找到敌人	灵活性,濒临做作边缘的演技(造访潜艇、开拖拉机、乘坐喷气式飞机去车臣,等等)
亚历山大·列别德 克拉斯诺雅尔斯克边疆区州长	"阳刚"的语言、强硬的表达	"在厕所里找到他们,就把他们溺死在马桶里。"——引自普京在就恐怖活动召开的新闻发布会上的发言,这句话清楚地表明了他与列别德将军的共同之处。

需要注意的是,被借鉴的品质的矛盾性在上表当中非常明显,它不会对电视政治造成重大干扰。在演说技艺的层面,所有各个部分都能很好地搭配在一起,同时,受众却没有把言辞与行动联系起来的可能性——根本就没有把重点放在完成或者决定上,因为具体化总会生出矛盾。

如果说在 1996 年的竞选活动当中所有问题的解决依靠的都是选举"虚拟现实"的基本论调,那么 2000 年竞选活动的主导便是使精英和大众在伟大俄罗斯形象的构建方面达成各种一致——包括对"外部的"(种族的)和"内部的"(政治的)敌人的构建,并且塑造军事行动(以及外交战役)的前线和清晰的敌人形象。

"在塑造敌人、创造确立敌人在历史中的位置的情节时,人们显然也给出了自己的定义,给出了对自己在历史中的位置的定义。支持与威胁国家主权、不承认公认道德准则的外国侵略者展开的战争,这就意味着为自己创造了一个无辜英雄的形象。如果被你伤害的人是恶,那么你自己就成了行善之人。这个自我定义从情感层面来说可以用于整个历史。"①

新型反对派

在1999年议会选举的竞选活动当中,主要的竞争对手——互相敌视的政权党——在意识形态方面没有特别明显的差异,可以想象,精英层很快便毫无困难地达成了一致。被"祖国"运动联盟的失败吓怕了的地区领导人向庆祝胜利的克里姆林宫靠拢,而"反对者"遭到了电子媒体的严格审视和诋毁。右翼保持沉默,因为他们指望得到政府职位(确实有所收获:谢尔盖·基里连科当上了某个联邦区的总统代表),"亚博卢"成员害怕被孤立。出版和信息部利用对俄罗斯公共电视台和"电视中心"提出的警告威胁各家电视台②。其余的人则被高加索永不消失的电波所发出的著名的"沉默的螺旋"③折腾得够呛。

当格里戈里·亚夫林斯基冒险地提出跟车臣人举行谈判时,大量指责便朝他袭去。维塔利·特列季亚科夫在《独立报》上宣称,"亚博卢"是"反国家"和"不负责任"的组织。安纳托利·丘拜斯走得更远。"俄罗斯军队正在车臣复兴,"他表示,"对军队的信任正在形成,不这样认为的政治家不能被视为俄罗斯政治家。对他们只有一个定义——叛徒。亚夫林斯基试图辩解的行为并不能改变实质。"④

---

① Edelman M., Constructing the Political Spectacle. Chicago, 1988. P. 76.

② 对它们提出警告是因为"在从事转播活动时违法",并且没有执行俄罗斯联邦《国家杜马议员选举法》第8条、第55条以及《公民选举权的基本保障法》第37条的规定。"俄罗斯公共电视台"被指有意歧视,而"电视中心"则被指宣传"祖国"运动联盟及其领导人。正因如此,这两个警告成了必须在向上述电视台发放频率许可证时进行重新审查的根据。

③ 政治学和大众传播理论,由德国学者伊丽莎白·诺尔-纽曼提出。其中心思想是:如果人们觉得自己的观点属于公众中的少数派,他们将不愿意传播自己的看法;而如果他们觉得自己的看法与多数人一致,他们会勇敢地说出来。而且媒体通常会关注多数派的观点,轻视少数派的观点。于是少数派的声音越来越小,多数派的声音越来越大,形成一种螺旋式上升的模式。——译者注

④ Кагарлицкий Б., Реставрация в России. М., 2000. С. 335(摘录的内容源自:«НГ»- 1999. 11. 10;《Известия》- 1999. 11. 13)。

结果,《联合报》和《新报》这两家周报、保持武装中立的《莫斯科共青团员报》以及一些记者和政治积极分子组成了总统选举竞选活动的真正反对派。

主流报刊全面服从于政权机关对新闻的超前制造,在这样的背景下,符号领域出现了一些获得反对派地位的不速之客。在竞选活动中成为当局主要反对者的不是正式候选人,而是某些个体,这出乎许多人的意料。在其中扮演重要角色的是"自由"广播电台的记者安德烈·巴比茨基,此人曾是联邦武装力量设在车臣的隔离营的犯人,而后又成了亲莫斯科派武装分子的人质。用他交换两名俄罗斯战士的过程已经成了引发媒体轰动的事件,因为巴比茨基长时间没与在莫斯科的同事和妻子取得联系,报刊产生了严重的怀疑:交换是否是在征得他本人同意的情况下完成的。巴比茨基出人意料地获得了可以把记者团结起来的象征意义,让报纸和广播展开了一场旨在保护同事的不折不扣的反竞选活动,此人的热忱有时会令人回想起媒体报道 1994 至 1996 年车臣战争的方式。

结果"自由"广播电台的记者在符号领域居然能与俄罗斯总统平起平坐,他构成了引力的另外一端,表明现实的反对派走出了狭小政治场域的樊篱,而在这样的政治场域之内,政权机关能够控制所有玩家的行为。① 在中央电视台的政治场域当中,巴比茨基跟在亚夫林斯基之后,几乎被视为人民的敌人。

武装分子给巴比茨基发放了假护照,这位记者在过境时被逮捕,此后又被关进了俄罗斯的监狱。他要想获释,只能借助于自己在符号领域获得的声望以及普京的动议。② 此时,政权机关与大众媒体的冲突开始达到了能够产生威胁的规模,尤其是政权机关要求大众媒体保持战争时期的规矩态度。

除了使普京在信息领域占据绝对优势、战争位列新闻议程之中的中央电视台以外,2000 年总统竞选活动的重要事件均在互联网和城市空间中发生。分成

---

① 按照同样的原则,在封闭社会中,政治斗争经常侵入文化领域。对列夫·托尔斯泰而言,撰写历史史诗首先是通过一定的形象体系对当下的局势施加影响的方法。即使在诉诸过去时,文化也总是与现在相关。

② 有意思的是,调查巴比茨基使用假护照的事情一直持续到了 2000 年秋天。按照俄罗斯的法律,他最长可坐两年的监牢。但他却被免于更严重的起诉——"协同车臣非法武装组织活动"。

帮派的个人自发地开始了两场行动——"反对所有人"和"抵制选举"。

电视剪辑未对"反对所有人"、"抵制选举和电视"以及妓女游行支持前总检察长尤里·斯库拉托夫(因性丑闻下台)的活动进行任何区分。"为爱献身者们"的路线是从反战集会所在的普希金广场到大剧院——剧院对面就是"砸电视机"的地方。令人吃惊的是,在此次游行之前和之后,莫斯科的交际花们都没有表现出任何政治热情。戴着墨镜、举着标语的姑娘们的游行与其他反对派的活动剪辑在同一个情节当中,让所有人确信一切都毫无意义。

街头行动的画面配有播音员的解说,他通报政客对正在发生的事件的看法。积极分子为登上政治舞台付出的代价是,他们无法控制对其行为所做的诠释,所以他们制造了影像,失去了选票。

政治演员们(甚至包括中央选举委员会的领导人亚历山大·韦什尼亚科夫)对抵制选举和电视的行动做出了许多诠释。亚历山大·韦什尼亚科夫宣称,竞选活动只能由登记在册的总统候选人展开。弗拉基米尔·日里诺夫斯基断言,反对者被相关的寡头和独立电视台收买了。与此同时,电视主持人则异口同声地把活动的始作俑者视为"试图使俄罗斯局势不稳的力量"。

选举过后

在2000年选举的过程中,克里姆林宫团队总体上成功地把自己的安排都强加给了大众媒体。而且,大众媒体的所有者也保障了新闻渠道的畅通。不过,媒体控股公司的所有者却是不可靠的合作伙伴:继续使用其服务意味着错过在国内强化国家政权的绝好机会。在竞选活动的术语表里,这便是"法律和秩序"。以总统为中心的"伟大俄罗斯"形象已经形成。政权机关的任务是依靠对传媒政治体制的改革巩固新的、象征性的团结。

完成上述任务的方法之一便是使用强力施压的杠杆。例如,弗拉基米尔·古辛斯基因在对"俄罗斯影视"公司进行私有化的过程中参与欺诈而被提起了刑事诉讼。

按照总检察院公共关系中心发表的声明,弗拉基米尔·古辛斯基"因被怀疑犯下了违反《俄罗斯联邦刑法典》第159条的罪行"而遭到逮捕(该团伙通过欺骗或滥用信任的方式盗窃他人巨额财产)。声明指出,检方认为,古辛斯基与联邦国有企业"俄罗斯影视"公司的数名领导人侵吞了价值1000万美元的国家资产。①

对20世纪90年代俄罗斯大众传媒进行研究的可能性受限于信息不全。只有在发生严重冲突的情况下才可能获悉事件的真相。逮捕弗拉基米尔·古辛斯基就是其中一例。

古辛斯基一案之所以被视作政治案件,并非因为所有人都相信他无罪(私有化过程中什么样的事情都发生过),而是因为古辛斯基被关进了布特尔卡监狱,检方当时完全可以只把限制其出境作为控制措施。

古辛斯基在布特尔卡监狱被关了几天,而普京则继续在土耳其进行访问。这期间出现了对事件的各种解释——从"企图侵犯媒体自由"到"旧体制瓦解"的开始,旧体制的结构元素之一是传媒政治体制的竞争机制。古辛斯基最终被释放之后,有传言说传媒大亨有意出售"桥-媒体"。传言原则上反映的是事情的本质——常常如此。古辛斯基确实签署了出售"桥-媒体"的声明,以换取终止对其进行刑事诉讼的保证。交易由出版和信息部长米哈伊尔·列辛以及"天然气工业-媒体"公司领导人阿尔贝特·科赫证明。当然,弗拉基米尔·古辛斯基事先便在律师的见证下发表了声明,表示交易无效,因为它是在"枪口之下"达成的。

选民的无私支持是弗拉基米尔·普京最重要的资源,这种资源基于领袖的电视形象和同时产生的"伟大俄罗斯"的形象,后者也具有电视起源。因此,这种资源不过是临时性的优势,必须加以完全利用,以便革新政治体制。建立7个联邦区和改革议会上院(根据此项改革措施,联邦委员会将不由州长组成,而由其代表组成)就是上述革新的方向之一。

另外一项措施逐渐地开始实施:建立可控的政党体系。根据消息颇丰的议会记者伊万·罗金发表在《独立报》上的文章所言,总统办公厅为此正在紧锣密鼓地制定资助政治团体的法律,与此同时,杜马正在准备对《法律保障反对派在俄罗斯的活动法》和《政党法》进行第二次审议,它们早在1995年和1997年就已经被下院通过,但却被联邦委员会和总统鲍里斯·叶利钦否决了。的确,叶利钦

---

① Бороган И., Крутиков Е., Мера пресечения // Известия. 2000. 15 июн.

完全不习惯签署此类对于当时控制国家杜马的左派以及希望通过法律手段强化自身优势的人有利的法律。

由于"统一"运动和右翼力量联盟在选举中成绩不错，以及国家杜马在通过对普京极其重要的改革联邦委员会和税收体制的法律时帮了忙，克里姆林宫有机会确认党对于巩固国家体制的重要性和益处。同时，借助于上述法律和 20 世纪 90 年代已经开发得很好的"制度外"游说的传统杠杆，政党机构必要的可控性可以得到保证。因此，政权机关最终指望的并非"传媒政治体制"，而是得到可控的传媒体制和结构明晰的政治体制，这使得政治进程更能被预见。

与巴比茨基的"长篇史诗"相比，甚至与古辛斯基被捕相比，"库尔斯克"号潜艇事故最初只不过是一个媒体事件，就跟一个月前发生的协和式飞机坠毁事件或者无数灾难和悲剧一样——它们都是电视所钟爱的。不过，该事件却获得了另外一种反响。发生了不幸，出现了不公，可是总统却对纠正这一切无所作为。

在巴比茨基事件、古辛斯基案件、普希金广场恐怖活动和潜艇事故当中，总统应该了解和明白一些他显然不清楚的东西，这便是事件的真实细节及其意义。这些事件的信息领域都会有相关方面（"自由"广播电台、别列佐夫斯基和古辛斯基的控股公司）参与。然而，无论过去还是现在，之所以能在信息领域占据主流，只不过是因为相关方面是商业大众媒体和最广义的记者形成的整个团体。总统没有按照计划好的竞选活动方案利用媒体逻辑，相反，他却遭遇了不可控的社会关注浪潮，这些关注集中于报道、假设和诠释的各种微小细节。

俄罗斯总统以为自己能够控制局面，却陷入了被隔离的状态。普京和政权机关的"蜜月"似乎走到了尽头。他在 2000 年 8 月 24 日的电视讲话中谴责大众传媒和寡头应该"负全责"，这里的寡头指的是为在潜艇上的军人的家庭筹集了100 万美元的鲍里斯·别列佐夫斯基和弗拉基米尔·古辛斯基。事实上，危机时刻，完全站在普京一边的只有第二国家电视台——"俄罗斯"电视台，它甚至被允许在"彼得大帝"号巡洋舰上进行直播报道。

企图控制信息流与企图建立可控的政治体制一样危险，因为新的威胁在丝毫没有预见到不幸的时候就会不知从何处冒出来。格列布·帕夫洛夫斯基在接受《俄罗斯杂志》政治观察员采访时对与"库尔斯克"号潜艇事件相关的"新闻大战"的不理智和无意义表示了惊讶,这不足为奇。实际上并没有任何"新闻大战"。只不过在这样的情况下大众媒体把自身的角色扮演得比较好,而总统则把自身的角色扮演得不太好。对事态的评价不仅可以通过政治话剧演员的立场展开——正如职业评论家和俄罗斯选举电视节目作者格列布·帕夫洛夫斯基所做的那样,而且可以完全是信息化的。按照电影评论家谢尔盖·库兹涅佐夫的看法,此时大众媒体的功能在于揭示死亡的话题,最大程度地令观众感同身受,同时完成对死亡的仪式化诅咒。跟戴安娜王妃一样,潜水艇上的军人也是受众关注的焦点。

如果尝试给出一个更为准确的定义,那么大众媒体扮演的不仅是教会的角色,而且是剧院和体育馆的角色。大众媒体不仅也不应表现死亡的话题,而应避开它,并且用不同的借口把观众引开,帮助后者避开它。①

1.3.6 集合点——伟大的俄罗斯

谈及选民对社会生活的现实影响,政治话剧完成的首先是替代功能。选举制度本身在很大程度上就会让选民关注政治,按照民主国家的官方意识形态,该制度使选民有机会对政权机关的政治决策产生影响。选举制度更应该被视为政权机关合法化的仪式,而不是选民对政权机关施加影响的机制。

不过,与任何一种社会制度和仪式一样,选举也是传播的渠道。从这个角度来说,选举的象征意义可以被视为现实性的。选举是社会期待和民族认同形成

---

① 8月25日的标题(通稿线路网 Lenta.ru 再现了网络媒体关注的主要事件):教会为亡者……祷告;普京的支持率下降8%;鲍里斯·涅姆佐夫和谢尔盖·伊万年科要求展开议会调查;俄罗斯开始向伦敦债权人俱乐部偿债;两名联邦军人在车臣首府格罗兹尼市场上被杀;在车臣阵亡的军人的家庭将获补偿;联邦武装力量消灭一伙潜入印古什的武装分子;达吉斯坦警察遭地雷袭击;35人在尼罗河身亡;美国人开始调查"爱沙尼亚"号渡船沉没事故;一架客机坠入波斯湾;阿塞拜疆告别阿布法兹·埃利奇耶伊;引入快速搜查系统;libertarium 网站号召受众对簿最高法院;Compromat.ru 将成为"第六频道"的节目;美国联邦贸易委员会要求色情信息免费;Motorola 打算销毁66颗 Iridium 卫星;贝松成了关于网络恐怖分子的电影的制片人;针对主张安乐死的医生的谋杀指控被撤销;膜状阿司匹林即将出产;卡费尔尼科夫输球,见识对手的厉害;"迪纳摩"再现"矿工队"的战绩。

的催化剂。1999 至 2000 年的竞选活动形成了俄罗斯新的民族认同,我们已经将其称为"伟大的俄罗斯"。对于新的俄罗斯思想而言,竞选活动可视化的形象语言比就此话题展开的十年争论和鲍里斯·叶利钦集合御用谋士组成的专门委员会的工作要有意义得多。

我们研究了几位政治家和几起事件对伟大国家形象的形成所做的贡献。为了给这幅画卷添上最后一笔色彩,只需补充几个细节。

首先便是俄罗斯的双头鹰国徽和俄罗斯帝国的旗帜,革命前的俄罗斯帝国以及苏联时期的标志物也占有一席之地。苏联扎根于再现社会状况的中小学和高校历史课堂中。当然,对过去的借鉴是选择性的,正如本尼迪克特·安德森在"Imagined Communities"(《想象的共同体》)里谈到构建民族国家历史的技艺时指出的一样。

苏联时期斯大林对"伟大俄罗斯"的赞美是需要的。使社会制度合法化的逻辑令恢复帝国本身的举动变得必不可少。2000 年 8 月 20 日,在苏联历史上被严重妖魔化的俄罗斯最后一个沙皇尼古拉被俄罗斯东正教的教会封为"殉教者"——几乎相当于圣人的受难者。为了让象征物变得更加稳固,此举甚为必要,它可以证明历史的延续。8 月 25 日,军队重新引入了俄罗斯帝国的格奥尔吉十字勋章。

共同文化记忆中的文化符号和事件也是这一形象重要的组成部分:竭力在中小学讲授的"伟大的俄罗斯文学",电视上不断重播的苏联优秀电视连续剧、电影及其主人公,以及以新年为代表的共同节日。

政治话剧、灾难、战争和"敌人"确保"新俄罗斯"这一形象具有戏剧冲突。通常都是按照外部特征和民族选择敌人——高加索山区的移民,他们都是当地高压统治的牺牲品,按照"blame the victim"①的原则,他们得为这种高压统治的建立负责。然而,众所周知,敌人无处不在,关于这一点,反犹太主义报纸和俄罗斯将军一直都在宣扬。

当然,在公民、选民和媒体受众那里,这样的形象构成所引发的是极其矛盾

---

① 谴责受害者(英文)。——译者注

的情感。建立俄罗斯新风格的每一个阶段都伴随着大量的诠释、评说和异议——从在莫斯科市中心的滨河大街树立庞大的彼得大帝雕像到车臣战争。不过,对这一形象提出异议、进行诠释的人的逻辑不同于具有新风格的作者想要吸引的那些人的逻辑。

这种矛盾经常通过意识形态的差异得以再现,不过,在俄罗斯,对政治话剧所做出的矛盾反应体现了知识分子与大众向来紧张的关系之轮廓,而大众是站在政权机关一边的。这个众所周知的矛盾可以通过知识分子和大众的态度差异来解释。对于大众来说,政治话剧永远具有观赏性,其目的在于为"俄罗斯"、"国家"、"政权"等概念填充意义,换言之,即建立某种具有社会治疗意义的社会现实形象。大众传媒与公共政治是调节社会生活的机制和利用观众负面情感和空余时间的手段,而知识分子则严肃地对待发生的一切。记者和知识分子努力在政治话剧中找出意义,从更加全球化的视角来看,他们努力在所发生的一切事情上找出意义,并以此建构这一意义。就像批评家建构文学作品的内容一样,政治话剧的评论家利用这一悲剧/喜剧/正剧的材料生产报道,发表社会分析的结果,宣传自己对社会福利的梦想——借用心理分析的语言来说,是在宣传自己的创伤。

知识分子与政权机关的冲突加剧了政治话剧的紧张程度,相应地也引发了人们对政治话剧的额外关注。一方面,信念把人们区隔开来,另一方面,冲突又使他们之间的关联变成了可能。这种斗争拉近人们之间的距离,因为有共同的话题可供讨论,每个群体、每个人都能获得利用这些符号进行自我认定的可能性。

"伟大俄罗斯"的形象之所以重要,不仅因其内容,也因其在符号领域出现而恢复的秩序。经历了 20 世纪 90 年代的"混乱"之后所恢复的确定性不仅降低了社会压力,消解了分歧,而且引发了旨向变革的批评。

在搭设政治体制的同时,经济和文化生活吸引了越来越多的注意力。在面向国家文化、政党、娱乐产业和千百万因为无聊和寂寞而对电影院、书店和互联网趋之若鹜的受众开展的强大政治化投资的影响之下,文化生活眼看着变得活跃了起来。

随着政权机关确立在社会领域的传统统治地位,知识分子和文化生产者所具有的传统的反对性也逐渐恢复。因此，文化生活正在变成塑造另外一种认同感的平台，而未来则会变成产生新交集点的平台。这个交集点不是"伟大的"或者"强大的"俄罗斯，而是乐观豁达的俄罗斯。

在大众媒体的符号领域，两个俄罗斯形象可以并存——我们能做的就是观察它们之间的冲突具有怎样的特点。我们只能通过自己熟悉的范畴诠释现实，把现实与自身的经验和过去积累的领悟联系起来。即使这样，新俄罗斯形象的形成也不得不依托于一系列生动的帝国道具和苏联道具。在对改革失望了十年之后，突出帝国传统成了王牌。如今，这样的传统已经体现在了国家标志物上面——带双头鹰的国徽以及米哈尔科夫作词的旧国歌和新国歌。

因此，第三个千年开始时，俄罗斯的形象得到了重构，这个过程与斯大林在20世纪30年代的所作所为相似。当时，在莫斯科自由广场那座石膏制成的自由方尖碑的位置上出现了尤里·多尔戈鲁基①的纪念像，而广场也被更名为"苏维埃广场"。时至今日，多尔戈鲁基仍然立在该处，面对莫斯科市政府大楼。特维尔大街或许已经变成了俄罗斯首都最商业化的街道，但在这一切都发生了巨大变化的地方制造出"牢固的"、具有不变的现实感的雕像，其意义就更为重要了。

1.3.7 大都市

城市空间离散而分裂。与受限于地域的狭小交际圈不同，城市提供水平和垂直联系的、复杂交集和隐形关联的整个网络，置身其中，城市居民可以接触无穷无尽的多样文化、活动类型、休闲交往和娱乐方式。

对于城市文明而言，互联网成了类似于电脑桌面的东西，它使上述的多样化变得可见，从而减轻了信息传播的负担，加速了信息传播的进程。网络消除了城市的界限，与此同时，各条航班通过并非神速却比较昂贵的物理传送把全球性的城市空间聚合到一起，把依旧遍布于古老的河汊湾流之间的居民点变成了统一的"大都市"。

---

① 基辅大公（？—1157），公认的莫斯科城市奠基者。——译者注

正如曼纽尔·卡斯特所指出的,新千年之交,主要差异出现在被纳入这一信息流空间的人与停留在信息流边缘的人之间。类似于"伟大的"印度尼西亚、"伟大的"印度或者"伟大的"俄罗斯这样的传统国家形象的碎片变成了对后者的安慰。

上述文化冲突才开始显现出一些轮廓。接下去我们还会看到,它将变成什么样。不过暂时可以确认的只有一点:大都市正在经历蓬勃的建设阶段,在这个阶段,新式的社会体制正在形成。那些能在最大程度上适应体制使用者要求的人会在新现实中占据最重要的位置。如今的互联网首先是社会关系的新产业,是知识和技术的基础设施,后者能成为信息社会——或者称为知识社会——的基础。

在"伟大俄罗斯"的形象和我们想要称为"大都市"的形象之间存在某种矛盾。一方面是民族国家的伪宗教现实及其神话之间的矛盾,另一方面是民族国家的伪宗教现实与基于私人生活和个人利益的自体信息流之间的矛盾。

不过,这种矛盾如何出现、何时出现,我们都不得而知。只有一点已经很清楚:要尽早把国家消灭掉。正如发生在美国的恐怖袭击所表明的,恐怖分子还能制造许多类似事件,让我们不会忘记其存在。全球性的城市相当脆弱,没有自卫能力,与之相比,国家仿佛就是可靠的堡垒。遗憾的是,当今世界,有时国家制造的问题多过它们所解决的和能够解决的问题。或许我们只不过是处于特定的那个点上——作为制度的国家开始耗尽其资源,面临抉择:是进行彻底的转型,还是消灭那些不断增长的、使其在面对自身变化时感到无助的增长源。

基于上述材料可以确定,社会期待不仅可以像在20世纪80年代末期那样加速社会进程,而且可以作为抑制因素,给政治精英强加精神层面上的陈旧的行为模式和规矩(表5)。当这种"文化知识储备"成为与选民交流的唯一语言时,政治精英只能制造伪装,在其中把新内容(普京时期是自由的经济政策)用传统形式掩盖起来。遭遇恐怖袭击之后,乔治·布什也面临类似的抉择。当所有人都在期待对敌人展开回击的时候,如何对危机做出反应?

这样的情况要求政治家不是要具有机警性和灵活性,而是要具有担当精神和领导的能力。然而,一切皆有时。"伟大的俄罗斯"便是落后于变革的最好证明。

表5 苏联与俄罗斯大众传媒体制的变化(1970—2000)

特征	1970—1985	1986—1990	1991—1995	1996—2000	2000—…
政治体系	苏联集团——集中管理,一个政权中心	震荡。民主改革,酒证①,因香烟匮乏引发的暴动	体制缺乏。平静和激烈交替的争夺政权之战。完全的非集中化。反对派势力壮大	十字路口。强大的地区领导人。传媒控股公司发挥政党的作用。选举的君主制	基于法制机关和军队的集中化体制。反对派的改变。政治体制"封闭"
经济状况	计划性的,严格规定好的,等级制的。大量的工业游说行为。强大的进口消费品"黑市"	变化——走向分裂。尝试发展重工业,与此同时,日用必需品短缺。印刷媒体的繁荣	贸易资本的凯旋,工业危机。垄断使得通货膨胀的飞轮旋转了起来。原始积累和私有化阶段:所有权的重新分配	国有的和私有的,有时是共同垄断。移动通信的繁荣。银行危机,工业发展,形成新的经济体制	预期经济增长。能源垄断,与此同时,电信和信息技术领域内竞争激烈
战争	远征国外(亚洲、非洲、阿富汗)	阿富汗战争	莫斯科的两次骚乱,第一次车臣战争	信息战,第二次车臣战争	针对恐怖主义和毒品的战争(新的"替罪羊")
由政权机关强加的"人民"愿望	共产主义	西方	市场与民主	法律与秩序	伟大的俄罗斯
传媒体制的类型	宣传机器	旨在支持改革的宣传机器	"第四权力",记者的独立团体	传媒政治体制,"话剧团体"	混合体制,国有大众传媒和互联网的作用增大
传媒体制的结构	以报纸、广播、电视为基础,受国家控制	以报纸、广播为基础。电视加强自身的地位	变化:印刷媒体衰落,电视和广播(调频、超短波)崛起	传媒政治体制与商业媒体共存。互联网出现	受国家控制的大众传媒与商业媒体共存,与之对应的是互联网

---

① 戈尔巴乔夫在改革初期为改善国内劳动效率低下的状况,曾倡导反酗酒运动,实施凭证购酒制度。——译者注

(续表)

特征	1970—1985	1986—1990	1991—1995	1996—2000	2000—⋯⋯
社会控制的方式	意识形态控制,社会仪式,宣传,操纵,镇压	意识形态,"温和的"宣传和说服,尝试建立"可控的民主"	折中的意识形态,说服,专门机构和军队	按照政治话剧的规则,通过电视进行操纵;广告	意识形态,宣传和操纵,与之对应的是平行传播体制(互联网)
记者的作用	工具性的	重要的,尤其是在印刷媒体当中	极为重要(与政权机关结盟)	实际上是工具性的	在电视领域是工具性的,在报刊和互联网中的作用更重要
对政治的兴趣	很小	很大	比较大	偶尔有	很小
意识形态	共产主义—帝国主义的意识形态	公开性,民主化,社会主义改革。乐观主义的意识形态	市场的原教旨主义,民主改革,反共产主义	缺乏有关联的价值体系	一方面,民族意识形态(强国+资本主义),另一方面,多元文化的后工业社会
社会	具有高度组织性的社会,基于仪式和社会制度的发达体系。"双重道德":人们在家里说一套,在党的会议上说另一套	处于变革之中。出现了第一批小的,但合法的企业。乐观主义的时代	自由的;混乱而分裂的,偶有发展。强力时代:新的所有者之间的斗争超出了法律界限。社会分化开始	围绕戏剧性冲突的符号空间。片段式的,变化无常的,但已经稳固的。金钱时代。基于消费结构的新的社会阶层。新商业的作用继续增大	经济迅速发展背景下的政治稳定。东正教的作用增大。再次出现了"双重道德":个人的与公共的,"社会接受的"与现实的

(续表)

特征	1970—1985	1986—1990	1991—1995	1996—2000	2000—⋯
大众传媒的变化	宣传性的传媒体制,七十年演进的结果	报纸发行量史无前例的增长,政治事件和新闻的首次直播。群众的政治化	无论创办者是谁,登记在册的传媒都变成了独立的。由于纸张价格和运费高昂,印刷媒体的发行量下跌	出现高超的操纵技术。大众传媒被用于信息战,这严重损坏了自己的声誉。出现卫星电视和互联网。消费领域发生分化	国家成为完全控制符号现实的主导性的权力中心。这在一定程度上被互联网的快速发展和商业媒体实力的增强所弥补
大众传媒领袖	《真理报》、《消息报》,第一广播,"灯塔"广播电台,供"普通人"阅读的杂志:《女工》、《农妇》、《健康》、《座驾》、《化学与生活》、《科学与技术》。各种好电影和书籍匮乏	《莫斯科新闻报》、《星火》、《论据与事实》、文学选刊。《快讯》。"自由"广播电台,BBC①。音像制品繁荣,大众文化和技术市场发展(音像制品)	《论据与事实》、《消息报》、《莫斯科共青团员报》、《独立报》、《生意人报》、俄罗斯广播电视台、独立电视台。地区电视台的作用增大,商业频道将好莱坞带给大众	俄罗斯公共电视台,独立电视台,调频广播电台,精英报刊("生意人"出版集团),专业杂志,包括女性杂志《丽莎》、《丽都》等。网络媒体的作用增大(报纸网、通稿线路网、政治网)。电影制作业发展	俄罗斯公共电视台,娱乐频道,调频广播电台,大众报刊(《共青团真理报》、《莫斯科共青团员报》等),商业杂志,电影工业,文化消费领域和娱乐业
反对派	地下出版物,民间创作(笑话),外国的广播电台和俄语报纸。知识分子订阅《朝鲜》杂志——朝鲜人民民主共和国也存在与俄罗斯相同的问题,而且比俄罗斯更严重	一方面,极端的地下出版物和保守的共产党员(《苏维埃俄罗斯报》等),另一方面,极端的民主主义者(例如里加的《苏维埃青年》)	共产党的报纸(《真理报》、《苏维埃俄罗斯报》,民族主义出版物(《时日报》),以及无政府主义者和环保主义者的亚文化出版物	共产党的、民族主义的和另类的出版物(《草与意志》、《拉杰克》、《环保》、《反军国主义者》等)。人权机构的公报等	古辛斯基所属的大众传媒,另类报刊和互联网上不断增长的反文化以及自由团体。新趋势:远离政治

---

① 英国广播公司(英文)。——译者注

＊　＊　＊

　　第三个千年之初的"伟大俄罗斯"——这首先是中央完全可控的、依托于能源工业超高利润的政治体制，而电视是思想控制的主要工具。因此，可以把这样的情形认为是"修复"，是回到过去。与此同时，对于俄罗斯而言，当代社会超级集中化管理体系的脆弱和低效遭遇了新的挑战和障碍，其中包括新的信息技术（互联网）、新闻自由（以属于失宠寡头拥有的一批报刊为代表）和新的经济现实。如果说 1990 至 1999 年那个时期可以被定义为转型期，那么第三个千年的头十年则力图在我们面前表现得像是稳定期。然而，只有时间才能证明，管理国家和社会舆论的垂直体系到底有多牢固，它的成果究竟能够维持多久。有一点现在已经清楚了：选举制度的存在让钟摆有机会无须流血冲突就移到另外一端。

　　在这种情况下，对"新秩序"最主要的威胁应当不是政权机关越来越不相信能够强力解决各地的区域危机。历史的钟摆把局势的发展引到了比规定稍远的地方，但正是这种"过量"为在历史发展的下一个阶段校正体系创造了可能性。这一动作何时发生？它将如何表现自己？我们都不得而知。

第二章
传媒经济与传媒结构

第1节　后社会主义国家传媒体制的转型期(E. Л. 瓦尔塔诺娃)

如今,俄罗斯的大众传媒不只是具体的报纸或杂志、广播电台或电视台的名称以及记者的名字。它是具有自身趋势、拥有成就与失败、包含主流与暗流的发展中的世界。在这个世界里,有着与其他大国的传媒一样的形形色色的名称、发行量、观点。俄罗斯大众传媒令人感兴趣的不只是它的内容,还有其作为在俄罗斯经济当中具有一定分量的独立产业的形成过程,以及在地区传媒市场和媒体企业中正在形成的多样性。它们是许多不同现象和过程的独特组合。这是国家利益(国有传媒)与公开的商业利益(私营传媒)的融合,这是最新的科技突破(俄文网和移动通信)与仍在使用陈旧技术设备的出版物(俄罗斯边远地区的市辖区报)的并存。这是有时能转变成无政府状态的政治多元主义(如共产党的《真理报》和《日里诺夫斯基真理报》共存)与单调性(如卡尔梅克、巴什基尔、别尔哥罗德以及库班的报业市场)的不协调。这是精英出版物和频道(如《公报》、播放"欧洲新闻"节目的"文化"电视频道[①])与迎合大众不太挑剔的口味的媒体(如《论据与事实》、《快讯》、"家庭"频道或者"音乐电视"频道)的互相补充。

大众传媒经济与结构的现实发展迅速改变着俄罗斯的传媒体制,而在不久之前,对于这一体制的认识还只是建立在关于"寡头"或者已经丧失的言论自由的片面讨论之上。

2.1.1　转型期的特点

苏联大众传媒体制有着较人们通常以为的更为复杂的结构和内部要素的从属关系,因此,很难确定后苏联传媒体制的发展是从什么开始的。

苏联大众传媒曾经是与苏联社会不可分割的一种制度。正因如此,它们像镜子一般反映了苏联时期的矛盾、成就与问题。不能说由它们创造的信息画面

---

① 作者撰写本书时,"欧洲新闻"电视台的节目尚在"文化"频道播出。目前"欧洲新闻"电视台已经通过独立的频道24小时播出。——译者注

是绝对虚假的,但也不能说是完全真实的。这幅画面是片面的,因此也是不符合实际的。一个民族、一个党、一种意识形态、一种媒体①——差不多可以这样评价大众传媒与社会在形式上的统一。

但是,想要归纳苏联大众信息与宣传工具的总体特征是相当复杂的,因为不可能把苏联的现实纳入一个统一模式。苏联存在的最后几十年,其内部矛盾激化,显露出来的不只是如今广为人知的地下出版物或者住宅厨房里的充分的言论自由。尽管在苏联,大众传媒曾经是有力的宣传武器,但它们也经常反映出体制的内部矛盾——尽管是以不公开的方式。读者收到《文学报》或者《共青团真理报》,在其中可以找到关于道德伦理的、针砭时弊的文章以及深刻的、尽管常常被意识形态化了的国际政治分析。苏联的大众信息与宣传工具不具备对政权的所有其他分支进行监督的"第四权力"的潜质,但是报纸和电视频道会收到成吨的读者来信,要求它们注意官员和地方精英滥用权力的现象。这些信件引领特派记者上路,他们力求客观地调查生产纠纷、生态灾难和贪污受贿的事实。尽管苏联电视被指责形式千篇一律,被强制性地填入了意识形态正确的内容,但是人们不可能不回想起由被莫斯科剧院贬谪的导演 A. 埃夫罗斯执导的电视剧,或者丰富的儿童影片、纪录片和教育节目,以及拥有巨大教育潜力的教学频道②。

在回忆表面上看似铁板一块的苏联传媒体制的内在矛盾时,必须意识到,后苏联的俄罗斯大众传媒正是从它们当中成长起来的。如果说很难从今天的立场来评价苏联的大众信息与宣传工具,那么对当代俄罗斯传媒体制的评价就更加复杂了。在开始对后者进行分析之前,必须回答对于当代俄罗斯来说具有现实意义的问题:转型期的实质是什么?是否可以认为它已经结束了?

最近 10 年,关于转型期大众传媒的争论在研究文献中占据着显著的位置。转轨、过渡的跨学科问题涉及范围广泛,经济学家、政治学家、社会学家、各种不同专业的研究者都在积极地探讨此类问题。对发生在后社会主义地区的过程的

---

① 即大众传媒。下文谈到苏联时期的大众传媒,使用的是"大众信息和宣传工具"。
② 对于中央电视台官方政策与创作手法的关系更详细的研究可参见:Муратов С.А., ТВ‐эволюция нетерпимости. М., 1999.

思考很大程度上始于 F. 福山的《历史的终结与最后一个人》(1992)[1]一书的影响。正是这本书对后社会主义地区与过去完全割裂的动机进行了研究,这个动机出现在 1989 年,当时,欧洲社会主义阵营的大多数国家发生了社会政治和经济制度的根本变化。

但是,对于所有国家而言都是分界线的 1989 年和后来的 1991 年并非终点,而是新的历史起点。与 F. 福山不同,代表后社会主义地区的研究者把转型期说成是由西方民主所激励的"积极变化的总和",但这些变化不一定是平和的、径直向前的。相反,正如爱沙尼亚社会学家 M. 劳里斯京所指出的:"转型期是一种社会变化的特殊类型,充满了内在的矛盾……(它们)可以被描述成结构与行动者之间的经常性冲突:变化中的结构创造新的行动者,而后者又对这些结构施加影响。"[2]

为了更全面地描述转型期初期在后社会主义社会中出现的结构的多样性,我们参考由波兰社会学家 P. 什托姆普卡提供的表格。他强调,所有国家转型的一般过程都是在社会制度以及企业和政治文化层面上催生了新的结构和现象(表 6)。[3] 需要指出的是,这一图表既包括共同性的因素(建立民主社会的制度和市场经济),也包括由国家条件决定的因素。它们首先表现在文化层面上,文化层面决定着每一个国家转型的特点。

表 6　后社会主义转型期的层面

社会进程	制度层面	政治和企业文化层面
民主化	议会、政党、选举、政府监察官员	政治文化、公民文化、国籍
向市场转型	私营公司、商业银行、交易所	企业文化、职业道德

---

[1]　Fukuyama F., *The End of History and the Last Man*. London, 1992.

[2]　Lauristin M., Contexts of Transition // *Return to the Western World: Cultural and Political Perspectives on the Estonian Post-Communist Transition* / Ed. by M. Lauristin, P. Vihalemm, K. E. Rosengren and L. Weibull, 1997. P. 25.

[3]　同上,P. 27.

由于种种原因,大众传媒在转型期的作用引起了人们特殊的关注。正是大众传媒成了这一变化的重要推动力,而且几乎是变化的首要领域,在这里,后社会主义转型期在什托姆普卡所列出的所有层面上都得到了实现。斯洛文尼亚研究者、转型期大众传媒问题奠基性著作之一的作者 S. 斯皮里乔尔认为:

"……东欧社会痴迷于模仿和复制西欧在经济和公民社会方面的经验,例如,在尚且缺乏公民对社会进行实际监督并且理论思考还很模糊的情况下创建私人资本主义的传播体制,而不是对在中东欧特殊条件下使用西方传播模式的可能性进行周详思考。"[①]

令许多研究者吃惊的是,大众传媒的市场经济旨向并未给政治干预大众传媒活动的企图画上句号。此前的集权和父权媒介体制的传统明显地体现在民主化社会的实践当中。在分析大众传媒——首先是前苏联各加盟共和国的大众传媒——活动中出现社会主义"残余"的原因时,美国研究者 D. 唐宁得出了令人震惊的结论:

"我认为,尽管具有可以界定苏维埃化的国家和后苏联国家性质的特点,具有总是把苏维埃阵营的国家与其他国家区分开来的特性,但它们所固有的国家权力的、传播的、社会运动的、文化变革的、经济分散性的和所有其他的强硬冲突链,才是较之英国或者美国的相对稳定性而言更为典型的全世界范围内的社会的特征。"[②]

理解后社会主义社会传媒体制转型期的意义,不仅指了解它们的国家特点、认识这些社会内部变革的主要进程,而且要分析大众传媒的转型特征如何被纳入当代社会变化的全球体系之中,以及正在发生变化的经济和社会结构与大众传媒的相互作用。许多研究者认为,可以说中东欧国家以及后苏联地区的国家的转型期已经结束,因为社会自身及其大众传媒已经获得了稳定性,并且达到了新的发展水平。新的经济模式的建立、新的社会制度和社会关系的形成使得大

---

① Splihal S., *Media beyond Socialism: Theory and Practice in East-Central Europe.* Boulder; San Francisco, 1994. P. 128.

② Downing D., *Internationalizing Media Theory: Transition, Power, Culture.* L., 1996. P. 229.

众传媒领域内确立了新的结构和关系。在许多外国研究者看来,15 年是一个太长的时期,不能再说是处于"过渡"状态了。

很难反对这种观点。但是,从"反资本主义"向"反社会主义"的某种历史性转型,只能是在大众传媒从奴隶般地盲目模仿"想象的大众传媒的盎格鲁-撒克逊模式"(英国学者 K. 斯巴克斯巧妙地给后社会主义媒介意识中的一个主要神话下的定义[①])转向关注生活的现实条件时才会结束。对于后社会主义大众传媒来说,私营的传媒公司,政治涵盖面广的党派和形成公民社会的非国家组织,从意识形态依赖性中解放出来的、能够自主满足自身媒介需求的、积极的、细分的受众,这一切构成了新的生存环境。现在,当大众传媒的新结构导致新的影响力量出现的时候,可以说后社会主义国家大众传媒的转型期快要结束了。

但是,传媒体制的转型不只与内部进程有关。开始进行经济和社会文化变革的后社会主义大众传媒不能只考虑本地区和国家转型期的情况。它们还面临大众传播领域内技术革命的挑战,面临着全球化的挑战。正如 Я. H. 扎苏尔斯基所强调的,"在俄罗斯,新闻业经历着转型期不仅因为国家在向民主和市场经济过渡,也因为大众传媒领域正发生全球性的变化。正因如此,给转型期下定义非常重要。在俄罗斯,转型期包括几个层面,其中最重要的是全球层面。在全球层面上,全世界的新闻业都处于向新的质变进程之中,这种质变可以从几个方面加以归纳"。[②] 20 世纪最后 10 年,对俄罗斯传媒体制的发展产生影响的全球层面包括:

◆ 信息传播技术的进步;

◆ 经济的全球化;

◆ 受众结构和行为的变化。

较之国家转型期包含的各种因素,大众传媒发展的这些综合趋势同样决定了俄罗斯传媒体制的演变。但是,即使考虑到全球因素的影响在不断增长,也还

---

① Sparks C., Communism, Capitalism and the Mass Media. London, 1998. P. 175–176.

② Zassoursky Y.N., Changing Media and Communications // Changing Media and Communications: Concepts, Technologies and Ethics in Global and National Perspectives / Ed. by Y.N. Zassoursky, E. Vartanova. M., 1998. P. 19.

是不能忘记后社会主义大众传媒转型的主要推动力量是什么。各国大众传媒转型期存在共同之处，这并没有抹杀本国因素的首要地位①。

想要描述后社会主义国家传媒体制的实际变化，"向市场和民主迈进"是一个过于宽泛的概念。当转型期的"共同机制"——从前的社会经济制度遭到破坏、国民经济中的私营成分建立起来、取消共产党在社会政治体制中的主导地位以及平行地建立公民社会的制度——启动之后，下一个阶段就到来了，在这个阶段，首要的是国家性质的因素。在后社会主义国家中，诸如文化传统、语言和民族心理、商业文化和伦理等国家特点对于转型过程的影响越来越明显。几乎所有这些国家都面临如何形成后社会主义国家认同的问题，这种认同应当不依赖于后社会主义转型的共同机制，而依赖于各国独特的历史文化特点。

无法准确地指出俄罗斯的转型期是什么时候结束的。相反，在社会政治生活的许多领域，它仍然持续至今，因为经济改革暂时还没有带来预期的结果，而公民社会制度的建设尚未完成。但从总体上看，俄罗斯已经克服了整体发展的不确定性和模糊性。因此，可以认为在俄罗斯独立后的15年期间形成的传媒体制的新结构是基础性的——它是未来传媒体制的基础。这一传媒体制已经具备了一定的经济基础，这个事实可以证明上述论断。

还有一个情况可以证明俄罗斯大众传媒达到了"稳定的临界点"，这个情况与俄罗斯媒体逐渐融入全球传媒语境有关。这不仅是指俄罗斯大众传媒积极运用互联网，以及由移动通信提供的新的社交渠道与获取信息的渠道的普遍运用。这一进程之所以引起人们的兴趣，还因为它实际上是在所有国家同时发生，因此这不是某个国家的转型，而是全球的转型。

为了补充以上论述，可以强调的是，其他现象也能证明俄罗斯大众传媒克服了"稳定的临界点"：

◆ 大众传媒体制对于广告市场，说到底，对于本国和全球经济的依赖性不断

---

① 参见：Splihal S., *Media beyond Socialism: Theory and Practice in East-Central Europe*. Boulder; San Francisco, 1994; Mickiewicz E., *Changing Channels: Television and the Struggle for Power in Russia*. Durham, 1999.

增强；

◆ 出现了当代市场化传媒体制惯有的印刷和视听媒体的"劳动分工"，其特点是：报刊关注对事件的分析和观点的报道，而电视重视"信息娱乐化"[1]；

◆ 当代社会的媒介批评[2]得到加强，记者在当代社会中承担着社会舆论生产者的角色，他们暗中替换大众传媒的社会讨论功能：或是强加自己的看法——有选择的观点，或是传播与实际的政治辩论鲜有共同之处的随大流的世俗观点。

如今，必须在全球背景下考察俄罗斯媒体，因为相较于其他国家的媒体，它们更加突显出了全部的问题，任何一个国家的当代传媒体制都处于这些问题的影响之下。这些问题包括：国家的社会经济问题——对俄罗斯而言它们与转型期相联系，全球性的最新因素——首先是信息传播技术的进步，以及与国家历史密切关联的意识形态、文化和民族心理传统。

2.1.2 后转型期的传媒结构

有几个原因导致难以对俄罗斯传媒结构的总体特征进行描述。俄罗斯仍然是世界上领土面积最大的国家。对于大众传媒来说，这一情况导致几个本质性的后果。彼此互不相似的地区和地方的媒体市场的数量远远超过联邦主体的数量——89个，而后者在世界范围内都算是不少的。联邦出版与大众传媒署的报告资料显示，俄罗斯传媒市场的多样性是毋庸置疑的。根据2005年1月的情况，在俄罗斯总共注册了4.6万余种印刷媒体——25 843种报纸，16 544种杂

---

[1] 对此，А.库斯塔列夫在评论文章《新闻业的竞争与冲突》中表达了极具争论的鲜明观点（Pro et Contra, 2000. Vol. 5. No 4. P. 7-30）。当然，该文的特殊价值并不在于对渗透当代传媒、在西欧研究者的著述中被广泛提及的娱乐化进步趋势所进行的分析。А.库斯塔列夫观点的重要性在于尝试避开对俄罗斯特点的那些老生常谈的评述，力图勾画后现代时期大众传媒的总体机制。

[2] 西方研究者提出的这个术语是由某些研究者引入俄罗斯的，其中，Е.П.普罗霍罗夫在论及公民社会的思想时最为详尽地对其进行了解释（Демократия и журналистика. М., 2000）。

志,3 397种不定期丛刊、定期集刊和通报。诚然,实际出版的报纸数量要少得多:专家认为,实际出版的不到该数量的一半。2004年,报纸的总发行量约为85亿份,杂志则为5.5亿份①。

2002年,当时的出版与广播电视部对广电部门进行了确凿的统计。该年度俄罗斯共发放了1 276个无线电视许可证、1 002个无线广播许可证、258个有线电视许可证、18个卫星电视许可证和20个无线-有线电视许可证②。

令人高兴的是,现在关于俄罗斯传媒结构的资料还可以依靠国际统计来源获得。这证明俄罗斯经济更加开放了,俄罗斯也越来越融入世界经济了。世界银行的统计给出了传媒领域的主要指标,使得我们可以对比俄罗斯与信息富裕国家的情况(表7)。

表7 居民接触的主要媒体:抽样统计

指标(2002年)	俄罗斯	美国	英国	德国	瑞典
国民总收入(人/年)(PPP③,美元)	7 280	35 060	25 870	26 220	25 080
每千人拥有日报数量	105	213	329	305	410
每千人拥有收音机数量	418	2 117	1 446	570	2 811
每千人拥有电视机数量	538	835	950	586	965
每千人拥有个人电脑数量	49.7	625	366	382.2	561.2
使用互联网的居民(千人)	4 300	142 832	24 000	30 800	4 600
能上网的居民比例(%)	2.9	49.5	40.7	37.3	51.6
每千人拥有电话机数量	243	667	588	634	739
每千人拥有手机数量	38	451	770	682	790

注:根据 World Development Indicators Database(http://devdata.world.bank.org)编制

---

① Российский рынок периодической печати. 2005. Состояние, тенденции и перспективы развития: Доклад // Федеральное агентство по печати и массовым коммуникациям. М., 2005. С. 4-5.

② 参见:http://www.internews.ru.

③ 缩略语 PPP 意为"购买力平价"(英文),此项调查采用的是按照购买力平价衡量人均国民总收入的方法。——译者注

诚然，相较于信息发达国家，俄罗斯的情况显得有些寒酸，但是不应当忘记，有别于美国、英国、德国、瑞典的大众传媒，现有的俄罗斯大众传媒仅仅才存在15年。许多在外国传媒产业中早已确立的组织结构在俄罗斯尚处于形成阶段。诸如传媒市场、独立广告公司或者公关公司、开放的互联网和非国有电话公司等现象在苏联解体时都还没有。上述对比或许不完全正确，但不能总是以"转型期"为借口。归根到底可以说，任何一个当代社会以及大众传媒都处于长期的转型期。发达国家的传媒体制也遇到了自己的转型——由于受到信息传播技术的进步对"旧的"前数字时代大众传媒的影响。这一转型过程产生的问题相当重要，是否能够克服这些问题是信息发达的北欧国家正在经历的转型期的关键所在，它可为大众传媒如何适应信息社会的条件提供范例。

还有一个原因令我们难以归纳俄罗斯大众传媒的总体特征：统一的俄罗斯大众传媒市场似乎并不存在。莫斯科的传媒市场与乌拉尔或者西伯利亚各州中心城市的传媒市场并不相像，同样也区别于圣彼得堡的传媒市场，在很大程度上与鞑靼或者巴什科尔托斯坦共和国的传媒市场也不同。多层级的行政体系、各个地区互不相同的地理与经济状况、自然资源和人力资源分配的不均衡以及传播路线发展的不均衡——所有这一切都使地区传媒市场显现出其独特性。在各地区，政权与大众传媒的相互关系也是决定性的因素，这种相互关系对媒体的经济状况和政治偏好产生影响。

使我们无法勾勒大众传媒全貌的重要原因还包括：从总体而言，市场，尤其是传媒市场缺乏透明度。为了安抚广告主而抬高的报刊发行量以及虚报的收听率和收视率是最明显的问题。还有其他原因，例如，最近流行的关于寡头的争论，因为这场争论，我们听说了一些"人名"，但还不知道他们与某些传媒公司的所有制结构有何关系。

但是，上述所有困难并不能抹杀我们对当代俄罗斯传媒结构的重要变化进行分析的迫切性。政治激情几乎已经渗透了关于俄罗斯传媒的所有著作，而这里我们要做的却是远离政治激情，力图弄清俄罗斯传媒市场发生了怎样的实际变化。

2.1.3 新的俄罗斯传媒秩序

对于所有社会主义国家的传媒体制而言,苏联大众传媒体制都是一个指导模式。尽管"社会主义阵营"内部存在本质差别,每个国家的媒体几乎都符合由苏联大众信息与宣传工具规定的整体框架。"旧的传媒秩序"是:

- 严格区分报刊和广播电视机构(按照西方的理解,缺乏传媒资源的集中化);
- 大众传媒服从于中央——党和国家——的意识形态监督,这种监督是中央和地方新闻检查以及编辑部内部自我审查的结合,它是复杂的,在每种具体情况下又是独特的。在政治中立问题上,编辑部具有相对较大的独立性;
- 报纸和杂志在意识形态工作中占据中心地位,其前提是:报刊受众的明确划分确保它们可以定向地服务于各个阶层和群体;
- 存在集中化的(非市场的)传媒经济,其中,市场机制——首先是商业广告——的作用几乎不存在,但这并没有消除基于国家计划的出版活动的高利润[①]。

三个最重要的特点把今天俄罗斯大众传媒的结构与苏联大众传媒的结构区分开来。第一个特点与受众产生的新偏好有关。传统上被定义为"阅读的民族"的苏联人变成了电视的民族。这一趋势以几种形式表现出来。今天,俄罗斯人明显更少把钱用于购买报刊。20世纪90年代初期是商品价格快速自由化时期,大多数家庭急剧减少了用于大众传媒的花费。家庭曾订阅的报纸和杂志数量从前超过10种,而在当时减少到了1至2种。在经济困难的背景下——生产和发行的价格提高、缺乏新的资金来源——报纸和杂志经受了令人难以置信的损失,并且由于不善于在新的条件下组织销售而失去了大量读者。读者拒绝把

[①] McQuail D., *McQuail's Mass Communication Theory*. London, 2000. P. 212–213; Aumene J., Gross P., Hiebert R., Johnson O., Mills D., *Eastern European Journalism: Before, During and After Communism*. Cresskill; New Jersey, 1999. P. 23.

订阅作为获取报刊的主要形式,但这却并没促进零售网络的发展,结果导致报刊读者进一步减少。

报社的经济问题由于读者对报纸的失望而变得更加严重。20世纪90年代后期的社会调查显示,俄罗斯人对改革时期曾经的偶像——政党、教会、大众传媒——的失望正在增加。如果说20世纪90年代初期,有70%的俄罗斯人认为教会和大众传媒是社会中最大的道德权威,那么2000年初,这个指标几乎减少了一半,仅占30%至40%。对媒体的信任危机首先涉及的是报刊:如今只有13%的俄罗斯人信任报纸,同时,电视在所有大众媒体中赢得的信任是最多的,有36%的人信任它[①]。

在传媒体制中,从前由报刊占据的主要地位立刻被电视占据了。今天,对于大多数俄罗斯人来说,电视是最重要的获取国际、全国甚至地区信息的来源。大约40%的俄罗斯人每天收看由莫斯科播出的中央电视台的新闻,同时,全国报纸的读者总人数不超过20%。对受众的社会调查也证实,对于约40%的居民来说,地方电视是获得地方信息的最重要来源,与此同时,仅仅对于19%的俄罗斯人来说,地方报纸才是地方信息最重要的来源。[②]

俄罗斯人对待各种媒体的态度正在变化,这并不是为什么电视在全国大众传媒体制中地位得以提升的唯一原因。对于大多数家庭来说,他们几乎不必为电视付费(电费当然不计算在内)成了决定性因素。在1992至1993年报纸急剧涨价的情况下,许多人认为电视新闻是最佳的解决方案。几乎覆盖俄罗斯全境的电视信号同样可以解释电视的普及性,并且这在很大程度上是俄罗斯公共电视台和"俄罗斯"电视台收视率的基础。

当代俄罗斯传媒体制的第二个特点与印刷市场结构的变化有关。苏联时期占主导地位的报刊市场的垂直等级结构让位给了地区/地方市场平行的、几乎是

[①] Общественное мнение России по социально-политическим проблемам / Под ред. А.В. Милехина, Н.И. Попова. М., 2000. С. 23, 649.

[②] 同上,С. 641, 645.

网状的结构①。邻近读者居住地出版的地方报纸变得越来越为受众和广告商所需,因为它几乎处于读者日常兴趣的中心。作为投资者以及传媒经济的稳定性因素,广告商日益增长的作用使得我们又发现了当代俄罗斯传媒的另一个重要特点。

把广告引入俄罗斯传媒体制的日常实践无疑是后苏联时期大众传媒发展的第三个最重要的特点。如今,与世界上的其他地方一样,广告在俄罗斯的媒体当中同时扮演着几种角色,不过它首先是资金来源,并且是市场条件下最"常态的"资金来源。同时,广告是最重要的消费信息来源以及形成日常消费文化的手段,它对形成消费者的生活价值观产生重要的影响。苏联时期,在中央集权和极端官僚主义的经济条件下运作的大众传媒是靠国家预算拨款的,因此它们完全无法想象,媒体能挣钱并成为自负盈亏的企业。诚然,苏联媒体企业领导人经济上的"非实用主义"并未妨碍它们赢利:据专家证实,《真理报》出版社通过销售报纸、书籍和日历为党的财政预算带来了巨大的利润。

广告和公共关系的发展令以前在传媒经济中并不存在的部门得以出现。数千家广告公司和公关公司、社会调查机构、传统的传媒公司的新部门和分支都应把自己的存在归功于上述两个现象,其结果是创造了大量薪资优厚的职位。不过,对于受众来说,大众传媒中出现广告也带来了显著的结果:传媒市场的主题重组、专门化出版物或广播节目的出现都是出于广告商想要吸引目标群体的愿望。正如外国传媒经济学家所定义的,商品(内容作为商品)和服务(使广告商可以接触目标受众)的双重市场②虽然带有后苏联式的反常,但都开始运作了,它使受众获得新闻和娱乐,使大众传媒获得收入,使广告商接触潜在的购买者。

---

① Vartanova E., Soviet Media in 1991. Helsinki, 1991; Zassoursky Y., Changing Media and Communications // Changing Media and Communications: Concepts, Technologies and Ethics in Global and National Perspectives / Ed. by Y. Zassoursky, E.Vartanova. M., 1998. P. 15.

② Вартанова Е., Медиаэкономика зарубежных стран. М., 2003. С. 49.

2.1.4 全球化条件下的俄罗斯大众传媒

俄罗斯大众传媒的全球化在改革和公开性的条件下变得越来越明显,而改革和公开性的进程由于其纯粹的俄式名称在世界上获得了知名度。毫无疑问,当时,苏联领导人已经意识到,如果向社会敞开革新和改造进程,那么国家将对外部世界更加开放,并将更加深入地融入世界共同体之中。在转型阶段,俄罗斯大众传媒走上了全球化的道路,成为世界上转型的鲜明范例。

大众传媒研究者最初倾向于把全球化看作单向的过程,从世界上较发达国家,首先是从美国和以前的主要殖民大国——英国、法国、德国——输出大众传媒的产品和技术到世界上较不发达的国家。由此出现了媒介帝国主义的概念,它否认全球化过程中国家因素的重要性。后来的一些著作又提出了关于大众传媒全球化过程中反向流动的作用问题——从较不发达的地区输出,以及关于民族大众传媒为应对全球化而采取的吸收、同化和抵抗的策略问题[①]。这样一来,研究者透过民族全球化观点理解了时下的发展,并认为,全球化的发生处于与民族传媒体制紧密的相互作用之中,是不均衡的,并且不仅处于现代性的影响之下,还受到本国文化传统的影响。当代俄罗斯的例子正是彰显了这一点。

输入理论

在寻找新的本国模式的过程中,俄罗斯大众传媒以自由和负责任的传媒、开放社会、自觉保证政治和文化多元主义的自给自足传媒的市场等西方理论为目标。然而,实践表明,"西方媒体"并非铁板一块,而是由一定的社会经济条件、本国传统力量和文化特性所形成的具体系统。按照英国研究者 K. 斯巴克斯的看法,"盎格鲁-撒克逊模式"多半是想象出来的结构,它是两套不同体制的结合——美国的商业报刊与英国的公共广播[②]。

似乎仅用这种二分法就足以从结构上理解"西方媒体"的不一致性,而在现实中,传媒体制的多样性要丰富得多。对于俄罗斯的现实而言,极其有益的也许

---

① Featherstone M., *Undoing Culture: Globalization, Postmodernism and Identity*. London, 1995.
② Sparks C., *Communism, Capitalism and the Mass Media*. London, 1998. P. 175–176.

不是美国或者英国的经验，而是北欧或者意大利的传媒模式。以国家对传媒产业施加显著影响为特点的北欧大众传媒体制说明，"定调"的人并非总是出于自己的私利。北欧国家补贴政党报纸或者责成商业电视频道通过专门的支付体系支持公共广播电视，首先致力于支持大众传媒的多元主义和多样性。以政治参与度高为特点的意大利传媒模式证明，俄罗斯大众传媒的经验并不独特，它拥有建立整体上具有活力的传媒体制的途径。

因此，全球经验可以对俄罗斯大众传媒产生建设性的影响。不过，我们要讲的是对全球观点进行创造性的改造以使其适应俄罗斯的传媒语境。

输入媒体内容

自20世纪50年代中期开始，国家传媒体制依赖于大众传媒内容的跨国生产者的问题就已经引起了政治家、研究者和记者的讨论。这些讨论在当时被称作信息帝国主义，并且对于许多作者来说，它与从美国和西欧国家向其他地区不均衡地输入信息同义。卡勒·诺登斯特伦和塔皮奥·瓦里斯在自己的著作中提出了最为精确的比喻——"单行道"①。然而，在改革之初的俄罗斯所观察到的是不对称的全球化：电视屏幕上充斥着拉丁美洲的连续剧，在新的证据面前，美国化理论的支持者不得不退让。诚然，对此进行解释其实是非常简单的：在不发达的传媒经济条件下，只有那种类型的电视内容对于并不富裕的俄罗斯电视公司来说是可以接受的。外国公司制作的广告、肥皂剧和连续剧把以前人们不甚了解的形式带入了俄罗斯的电视节目。

20世纪90年代末期，全球化的形式开始在俄罗斯发生改变。当然，直接输入电视产品得以保留，但适应和借用战略开始得到积极的发展。与世界上其他地方一样，在俄罗斯，全球化的特点是把外国的大众文化因素引入本土语境。译制影片、按照全球模式拍摄本国广告片、仿效西方的娱乐体裁（如《神奇之地》、《怎样成为百万富翁》《星工厂》），这一切并不意味着传统的俄罗斯文化的发展。

---

① Nordenstreng K., Varis T., Television Traffic – A One Way Street? A Survey and Analysis of the International Flow of Television Programme Materials / UNESCO. Paris, 1974.

相反,全球化的本土语境化——"全球在地化"①——只是证明了俄罗斯媒体与外国媒体发展进程的同一性。

全球联合企业的到来

尽管进入俄罗斯市场的全球资本规模还不大,但这种行为越来越显著。当然,我们暂时还没有在俄罗斯看到全球传媒市场的"大玩家",但从 2000 年开始,外国传媒业的积极性越来越高,这让我们可以断定其兴趣在增加。在俄罗斯的大众传媒经济中,外国公司暂时还居于"次席",但它们的存在已经能被察觉到了。

德国"布尔达"集团已经在杂志市场上成功经营了许多年。一些美国公司也拥有莫斯科的调频广播电台和报纸(如《公报》)的所有权。在俄罗斯传媒市场上尤为"密集"的是斯堪的纳维亚人:圣彼得堡的商业财经类出版物市场上有瑞典的"邦尼"集团,出版《商业彼得堡》;分米波②电视市场上,瑞典的"现代时代集团"进入了"友善电视"卫讯公司;莫斯科、圣彼得堡的时尚杂志和英文报业市场上,芬兰实体报业集团在"独立媒体"出版集团的资本中占据一席之地;首都的社会政治类报刊市场上,挪威的"奥尔克拉"集团进入了"职业传媒"。

对暂时为数不多的外国传媒资本参与的例子进行归纳可以得出结论:伴随着俄罗斯经济进一步融入全球化传媒市场,大众传媒对于外国资本来说将成为更加重要的部门,特别是在俄罗斯广告市场迅速增长的条件下(见本章第 2 节)。

新的职业文化的形成

在俄罗斯传媒体制转型中起到关键作用的最重要的全球化因素是"西方"职业标准渗透进了记者的日常实践工作。翻开《生意人报》或者《公报》,俄罗斯读者马上能看到"导语"和按照"倒金字塔"原则写成的材料。版式、插画、标题——所有这些都使得如今的俄罗斯报纸更像是英国或者美国的报纸,而不像苏联时代的日报。

---

① Rantanen T., From Export to Import: Russia TV in the Age of Globalization // Media, Communications and the Open Society / Ed. by Y. Zassoursky, E. Vartanova. M., 1998. P. 181.

② 电磁波的一种,其波长范围在分米段附近,因而得名。——译者注

在发展新的职业文化方面,最重要的趋势是文本按照英美新闻业的信息标准和经典的"新闻"与"观点"分离的原则进行文本的重新定位。追求客观化对俄罗斯记者的语言和风格以及体裁的改变都产生了重要的影响。其结果便是政论材料被从印刷传媒和电子传媒中"剔除"了。

传媒品牌的本土化

罗兰·罗伯逊是文化全球化理论的奠基者之一,一直关注全球化与本土化的一贯联系。在他看来,虽然全球因素在表面上占据着主导地位,但在具体的社会和文化中本土的作用却在增强。以经济关系为例,这一点非常明显。那些在全球范围内生产和销售自己产品的公司必定依托本土因素。第一,它们要使其商品适应地方的条件。第二,经常利用本土文化推销商品,这会促成更好的销售。"可口可乐"集团或者"索尼"集团所说的全球在地化意味着它们让自己"融入"地方文化中去。①

俄罗斯杂志市场的经验——首先是面向女性和男性的时尚杂志、室内装潢杂志以及新闻周刊——能够最好地彰显全球本土化。很能说明问题的是,恰恰是杂志市场在适应全球化方面最快、最成功。利用德国杂志集团的强大资源,"布尔达"出版公司创造了一系列适应俄罗斯市场的杂志,它们是全球本土化过程的先驱。杂志市场的本土化具有不同的形式。20 世纪 90 年代中期,许多外国出版物在俄罗斯是从重复原版内容、仅把文本翻译成俄语开始的。然而,随着时间的推移,此类出版物当中出现了俄罗斯的广告,由于使用了俄罗斯的材料,杂志内容也变得生动了,某些出版物甚至连名称也"本土化"了(例如,*Good Housekeeping*② 更名为《家园》,*Maison Francaise*③ 更名为《阁楼》)。

全球杂志品牌成功的原因正是由于它们推行了创造性的本土化。*Cosmopolitan*④ 和俄语版 *Newsweek*⑤ 就是典型的例子。前者于 2004 年大幅削弱了

---

① Robertson R.,Globalization. L., 1992.
② 《好管家》(英文)。——译者注
③ 《法兰西之家》(法文)。——译者注
④ 《丽都》(英文)。——译者注
⑤ 《新闻周刊》(英文)。——译者注

传统形式，相应地也调整了价格，达到了增加销售和流行度的目的。当时这对《丽都》的其他本土化版本来说是一个正面的例子。邀请列昂尼德·帕尔菲奥诺夫担任《俄罗斯新闻周刊》的主编的举动在该杂志的本土化过程中是一次成功的营销。这位电视记者为杂志带来的变化完全没有重复在其他国家的策略，但是它们做得如此成功，以至于俄语版 Newsweek 成了这个美国传媒品牌的其他本土化版本的资料来源。

俄罗斯传媒市场上还有一个创造性本土化的典型例子——音乐广播。在俄式流行音乐、抒情歌曲和摇滚乐广播电台诞生的同时，俄罗斯也开始对全球范围内通用的广播形式进行本土化改造。由于俄罗斯社会的特殊结构，教育和物质生活水平的指标悬殊，地域人口差异十分明显，许多音乐形式需要弱化和模糊化。所以，现在许多莫斯科的调频广播电台开始不再机械地吸纳外国市场的经验，转而更巧妙地让世界经验符合俄罗斯的现实条件。

* * *

尽管仍然保留着大量的本国特点，但毋庸置疑，今天的俄罗斯传媒景象反映出俄罗斯媒体在接近市场经济条件下运行的、更为普遍的大众传媒模式。从结构和经济的角度来看，如今的俄罗斯媒体与苏联时期的大众信息与宣传工具几乎没有任何共同之处。当然，这并非针对大众传媒活动的所有方面而言。过去年代的遗产特别明显地体现在大众传媒与政治精英的相互关系方面，由于一系列众所周知的原因，这种相互关系对于当代大众传媒来说似乎是最典型的。不过，从经济和结构的角度考察，今天的俄罗斯大众传媒还是展现了与苏联时期的显著不同，也展现了自身与市场民主条件下的传媒模式的明显相似。

第 2 节　俄罗斯大众传媒的经济特点（E. Л. 瓦尔塔诺娃）

近年来，俄罗斯的传媒景象彻底改变了。之所以会改变，最重要的因素是媒体企业转向了市场原则。20 世纪 90 年代初期，俄罗斯新闻业在走向市场时遇到了诸多以前连想都没想过的问题。记者们感到奇怪的是，首要的不是创作和专业水平的问题，而是所有权、利润、管理资金流和人员的问题。不过，所有这些现象都证明,俄罗斯大众传媒的地位彻底改变了:从隶属于党的领导和统一计划的领域转变成按照市场规律生存的独立经济部门。

2.2.1 俄罗斯传媒产业:总体特征

最近10年,俄罗斯传媒产业一直在向前发展。毫无疑问,这是由以下因素共同促成的:近10年出现的经济增长,广告市场的增长,自由主义的《大众传媒法》,俄罗斯人对某些类型的媒体——高质量报纸、铜版纸杂志、主题电视、音乐广播电台、互联网——的稳定兴趣。以下几个因素共同加强了当代传媒产业在俄罗斯经济中的重要性。

第一,俄罗斯经济转向市场之后,感受到了广告这种新的信息形式的必要性。众所周知,为了让市场经济正常运行,必须有生产者(卖主)与消费者(买主)之间的经常性交往。市场是他们进行最简单的交往行为的所在地。在更为复杂、更为细分的当代经济中,商品和服务的供应实际上不受限制,于是大众传媒开始充当卖主和买主的平台。在认识到这一事实的同时,许多理论家——J. 斯迈特、D. 麦奎尔、R. 皮卡德、V. 莫斯可——也强调,大众传媒扮演的是对于广告商和受众必不可少的"设计师"的重要角色。正是由于向受众提供了某一类型的大众传媒内容,它们能够形成广告商所需要的买方群体,这直接刺激销售,其结果是经济得以发展。美国的例子尤为鲜明地说明了这种情况——美国拥有以大众消费为目标的最发达的经济,最富裕的广告市场和盈利最多的大众传媒。与这一规律相适应,今后俄罗斯经济的发展将直接取决于广告市场和传媒产业的增长。

第二,最近10年俄罗斯经济的发展呈现出了积极的变化,这也影响了大众传媒的发展。在对石油的需求增长的条件下,俄罗斯经济的稳固使得居民的购买力增强。尽管俄罗斯社会内部仍然存在不平等现象,但"中产阶级"正在得以巩固,它既是大众传媒的主要消费者,也是在大众传媒上做广告的商品和服务的主要消费者。在俄罗斯,中产阶级的发展引发了一系列社会变化:生活方式朝着消费多样化的方向发展,休闲方式也变得多样化,教育在职业升迁中的作用增强。这与某些大众传媒的发展直接相关,首先是那些明显具有娱乐性质的媒体或者准确定位的专门媒体。这一社会趋势可以解释人们对高质量社会政治类报刊以及中央电视台的分析类节目的兴趣增强的原因。专家预测，最近10年，这种趋势将会变得更加明显[①]。

俄罗斯人购买力的增强无疑会推动付费电视(有线电视、卫星电视)、互联网以及作为传播新闻、天气预报、广告等信息产品的媒介的移动通信的进一步发展。

第三，在目前经济增长的背景下，俄罗斯广告市场增长明显。这一点具有重要的意义，对于发达国家的任何大众传媒产业而言也是如此。大众媒体在俄罗斯是最重要的广告载体。专家指出，在国民经济状况、广告市场发展水平和大众传媒产业状况之间存在着直接的联系。值得注意的是，在俄罗斯，近年来以广告市场规模占国内生产总值的百分比来计算的广告产业份额是0.9%[②]。并且4年间的增长接近300%，这再次证明了大众传媒产业的快速发展(表8)。俄罗斯广告产业占国内生产总值的份额完全可以与奥地利的类似指标相比，该国的这一比例约为1%。

表8 广告支出增长速度最快的20个国家

排名	国家	年增长率(%)	2004年的总支出（百万美元）	2003年的总支出（百万美元）
1	罗马尼亚	43.2	192	153
2	印度尼西亚	29.8	2 364	1 821
3	土耳其	26.6	901	821
4	委内瑞拉	23.9	1 078	1 175
5	立陶宛	20.5	89	74
6	俄罗斯	20.3	3 300	2 744
7	巴拿马	19.3	182	153
8	保加利亚	17.0	1 741	1 488

---

① Мартынов Д., Оськин В., Дистрибуция прессы. Международный опыт и российский путь развития / Ассоциация распространителей печатной продукции. М., 2005. С. 7.

② Веселов С., Российский рекламный рынок в мировой рекламной индустрии // Российский рекламный ежегодник 2004. М., 2004. С. 18.

(续表)

排名	国家	年增长率(%)	2004年的总支出（百万美元）	2003年的总支出（百万美元）
9	泰国	15.6	1 068	1 789
10	菲律宾	15.0	683	554
11	中国	14.0	8 538	7 489
12	越南	13.1	208	184
13	希腊	12.5	2 324	2 065
14	波兰	11.2	3 027	2 721
15	巴基斯坦	11.0	156	140
16	阿根廷	10.0	516	506
17	智利	10.0	607	551
18	南非	8.7	1 324	1 218
19	爱沙尼亚	8.5	60	55
20	马来西亚	8.3	1 032	956

来源：ZenithOptimedia // Известия. 2005. 28 марта

俄罗斯广告市场的规模为38.55亿美元(2004年的数据)，按照这一规模，俄罗斯在世界上排第13位，在欧洲排第6位。近年来，俄罗斯一直稳定地保持在广告支出增长速度最快的前10个国家之列。在这10个国家当中，按照市场的规模，俄罗斯只落后于中国(后者的数据为85亿美元)。

需要强调的是，总体的经济增长使得地区广告市场的作用增强，这给地区传媒带来了新的收入。如果说20世纪90年代中期和末期对于广告商来说最具吸引力的广告载体是全俄媒体——首先是电视，那么近几年广告市场对地区传媒的需求大增。2004年，在所有的俄罗斯广告总量中，地区广告占28%，增幅超过30%。不过，应当指出，俄罗斯广告市场仍然不够发达。俄罗斯的一系列指标都落后于许多国家，其中最突出的是广告市场总量占国内生产总值的比重和人均广告支出——36美元。

第四，俄罗斯大众传媒产业的快速发展中还存在全球因素。显然，如果俄罗斯能加入世界贸易组织,国内传媒市场的情况将发生急剧的变化。与欧洲和北美的许多发达国家相比,俄罗斯的消费市场仍然不够发达,对于全球的广告商而言,这非常具有吸引力。如果为对俄罗斯市场感兴趣的外国公司设置的许多门槛都被取消了,这会使得外国资本积极进入媒体领域。在这一过程中,广告市场的发展自然会加速。正因如此,从2000年开始,许多外国传媒集团开始更加积极地收购俄罗斯的传媒公司,或者在俄罗斯创办子公司——外国媒介资本的"第二次到来"有别于20世纪90年代初的"第一次到来",这一次的经济目的更加明确。俄罗斯广告市场的增长是第一个,也是最显著的原因,而全球传媒集团"抢占地盘"显然是第二个原因,如果俄罗斯加入世界贸易组织,这些地盘将会为它们带来巨大的利润。

可见,当代俄罗斯新闻业的发展与俄罗斯传媒作为独立产业的形成直接相关,对于俄罗斯广告商和外国资本来说,该产业正在稳定地提升自身的吸引力。

2.2.2 所有制结构

俄罗斯大众传媒市场的经济结构较之许多发达国家更加多样化。原因在于,俄罗斯的传媒市场至今仍然能够感觉到国家的存在——它是许多媒体企业的完全或者部分的所有者。总体而言,媒体企业的所有制类型有三种:私有、国有与混合型。但与此同时,所有制结构相当多样化。在俄罗斯,至今存在完全属于国家所有的企业,以及混合所有制形式的企业。在后者当中,私有资本和国有资本可以控制不同的份额,由此产生财政上的各种可能性以及对决策过程施加影响的各种可能性。此外还有规模各异的私营公司,它们具有各种不同的组织形式。在私营公司当中,有的是属于非传媒公司——主要是能源集团——的子公司,还有综合传媒集团以及记者自己控制的公司。传媒公司的组织形式如此之多,且各不相同,这对新闻和编辑工作的组织、投资的规模与形式、广告策略均产生不同的影响。应当指出俄罗斯传媒市场一个最典型的特点:无论所有制形式如何,对于俄罗斯传媒企业来说,广告都是最主要的资金来源。

与其他国家传媒产业的情形一样,俄罗斯大众传媒也有几种收入来源——直接或间接的国家补贴、赞助、直接或隐性的广告。还出现了新的、非传统的利润来源——视听媒体和图书中的 product placement①、新媒体企业出售客户资料。俄罗斯传媒市场最重要的发展方向无疑是使广告成为媒体企业主要的资金来源,无论企业的所有制形式如何。在这个方面,俄罗斯大众传媒绝对符合当代媒介经济的特点和市场规律。

在这样的背景下,传媒市场发展的主要方向尤为明显——私有制在这一经济领域迅速形成。苏联解体把媒体企业推向了市场,它们以前只属于国家、党或者社会所有,三者在本质上没有太大的区别,因为其活动实际上都不存在商业动机。如今,即便是对于国企而言,不仅在广告市场上有所作为是必需的,而且还得注意活动的商业动机。当然,这有助于许多传媒公司生存下去,甚至远离政治家的直接影响,但从另外一个方面来看,也使得记者的活动明显依赖于市场的要求。

在俄罗斯,当代传媒市场的突出特点是经济成分驳杂。这不仅与首都和地方的经济发展不平衡有关,还与传媒市场上存在不同的所有制结构有关。例如,在印刷传媒市场上,大约 20% 的联邦出版物和大约 80% 的地区出版物属于国家。在电视市场上,2000 年初,共有 100 家国有电视公司(其中 88 家在地方)和 150 家非国有电视公司;9 个电视频道(其中只有 2 个属于国家所有)可被一半以上的俄罗斯居民收看,在 200 个俄罗斯城市里有 10 至 12 个公开的电视频道。② 广播领域的情况也显示出极大的多样性。在允许私人广播在大城市和其他城市运营后,广播产业由于出现了非国有广播电台而开始迅速发展。例如,1990 年,莫斯科共有 3 家非国有广播电台,1991 年——10 家,1994 年——33 家。③ 当时私营和国有广播电台在莫斯科的比例是 50∶12,在圣彼得堡是 30∶1,在罗斯托夫州是 22∶17,在斯维尔德洛夫斯克州是 17∶12。

在大众传媒经济中,非国有传媒迅猛发展,并且已具有显著的国际影响。近年来有两家著名的媒体企业——"俄罗斯商业咨询"和"漫步者"——在纽约和伦

---

① 植入式广告(英文)。——译者注
② Телерекламный бизнес. Информационно-аналитическое обеспечение. М., 2001. С. 82.
③ Радиожурналистика. Под ред. А.А. Шереля. М., 2000. С. 95.

敦证券交易所上市。诸如"职业传媒"等其他的俄罗斯大型媒体企业为了吸引投资，也在筹划走这条路。显然，所有使传媒市场更加公开和透明的努力都表明，俄罗斯大众传媒产业正在进一步融入全球经济，其市场性质正在增强。

诚然，在期刊发行、印刷、电视信号转播等生产型的非新闻部门当中，国企的地位仍然稳固。在全国报刊订阅市场上，占据关键地位的仍然是联邦国家统一企业"俄罗斯邮政"。2000年，由于得到国家的支持，联邦报纸印刷公司转为胶印，在其中的37家里集中了42%的报纸的印制。1 100家依靠地方政府补贴生存并因此被排除在市场调节之外的印刷厂负责了31%的报纸的印制。10家最大的非国有印刷厂承担27%的报纸的印制。在无线电视领域，国有的技术设备约为70%。在经济不景气的地区，国企的地位也很稳固，例如阿尔泰、达吉斯坦、北奥塞梯、车臣。这些地区实际上不存在非国有的广播和电视。从整体上看，根据专家的评估，大约有40%的俄罗斯媒体企业的运转由直接或间接的补助予以保障，因此它们并不服从于市场机制。

下面我们来更详细地考察俄罗斯媒体企业的主要类型。

国有企业

在国家是唯一所有者的企业当中首先得以突显的是"全俄国家电视广播公司"广播电视集团。联邦国家统一企业"全俄国家电视广播公司"由以下部门组成：

◆ 全国电视频道"俄罗斯"；

◆ 电视频道"俄罗斯-全球"；

◆ 新闻节目"消息"；

◆ 具有全国地位的"文化"电视频道；

◆ 电视频道"体育"；

◆ 广播公司"俄国广播电台"；

◆ 广播公司"灯塔"（"灯塔"广播电台、"灯塔-24"广播电台、"青春"广播电台）；

◆ 国有互联网频道"俄罗斯"。

不难发现，综合性和专业性的电视、广播频道以及频道的主要新闻节目支撑着全俄国家电视广播公司的结构。从1998年开始,全俄国家电视广播公司被并入了国家电子传媒统一的生产技术集团,该集团还包括所有联邦主体的国家电视广播公司、通信业的电视广播企业(从2001年起,它们组成了俄罗斯电视广播网)、新闻通讯社"俄新社"、广播电台"俄耳浦斯"。国有传媒进行如此大规模的联合,其目的在于巩固俄罗斯统一的信息空间。

属于国家所有的俄罗斯广电传媒的特点是其资金的混合性质。例如,"俄罗斯"电视台的节目经常穿插广告,这与私营电视频道的节目是一样的。然而,如果对于后者而言,商业活动是基本活动,那么,对于属于国家所有的电视和广播而言,尽管广告也是主要的资金来源,但却不能决定其活动的动机,它们需与公司的国家地位相符。根据最新的数据,国家对全俄国家电视广播公司的投资份额不超过30%。

迄今为止,新闻通讯社"俄通社-塔斯社"(见后)和《俄罗斯报》也是国家所有的重要媒体企业。《俄罗斯报》是俄罗斯联邦政府的日报,创办它不仅是为了刊登俄罗斯联邦的法律,也是为了把官方的国家政策传达给各级官员。报纸利用行政资源已经理顺了全国的发行渠道,并取得了可观的发行量。

混合所有制的企业

俄罗斯大众传媒市场上第二种最为普及的所有制形式是由国家和私营机构共同控制的媒体企业。俄罗斯人最容易收看到的"第一频道"(98.8%的居民能够接收到该频道)是最明显但并非唯一的例子。关于"第一频道"开放式股份公司的所有制结构,最详尽的公开资料是1996年的数据,当时公司股东的份额按照以下方式分配:45%的股份归国家财产委员会所有,3%属于俄通社-塔斯社,3%属于电视技术中心。这样一来,51%的股份掌握在国家的手中,剩下的股份按照不同的份额分配如下:罗格瓦茨[①](8%)、俄罗斯天然气工业股份公司(3%)、私人银行财团(首都银行、"梅纳捷普"银行、"阿尔法"银行、联合银行——共38%)。根据在市场参与者中间流传的说法,目前,上述49%的股份落在"俄罗斯公共电视-银行财团"封闭式股份公司以及数几个由P.阿布拉莫维奇控制

[①] 汽车销售公司名称。——译者注

的公司账户上①。

"第一频道"是真正的市场参与者,在自身的行为中遵循商业的考量。它不仅是主要的电视传播机构,也经常扮演制片公司的角色,为自身及电视市场的其他参与者制作连续剧、娱乐节目和纪录片。它的主要所有者是国家,与"俄罗斯"电视频道的情形不同,国家对它并不直接进行拨款,只是给予间接的经济支持,比如传送电视信号的优惠费率、获取信息的便利。不过,政治领导人按照惯例利用管理资源,直接派遣俄罗斯联邦总统办公厅和政府部门的代表以及与之有联系的社会活动家进入董事会任职。实际上,作为主要的所有者,与其说国家实施其政策是依靠经济手段,不如说是依靠管理手段。毫无疑问,对于当局而言,"第一频道"开放式股份公司是影响社会舆论的重要工具,但是,不能把商业考量排除在该频道的主要动机之外。该广告对它而言是最重要的收入来源,这是以它对于广告商的价值及其在全国广告市场上的作用为前提的。

地区媒体——无论是印刷传媒,还是视听传媒——都遵循类似"第一频道"的模式。混合所有制的形式可以避免政府直接投资传媒,而是让其主要依靠广告收入来运营。在这种情况下,许多地区行政机关和地方行政机关作为媒体企业的创办者,为媒体记者支付工资,并承担下属印刷厂或广播中心的生产性支出。这可以保证对工作人员施加影响,保持旧的管理原则。应当指出,对于其创办者而言,媒体企业仍然是非商业取向的企业,因此,在当代的俄罗斯传媒市场上,此类媒体企业是一个特殊的门类。

混合所有制形式的媒体企业依靠混合型的资金来源生存:一部分依靠广告,一部分依靠当局的间接补助。因此,混合所有制形式的媒体企业是一种非常特殊的类型。事实上,它们使传媒市场发生变形,从私营媒体企业手中抢夺广告,并且妨碍建立真正在经济上独立的私营传媒。

私营传媒公司

在俄罗斯的私营媒体中,可以观察到最为多样的媒体企业的组织形式。根据其所属的传媒产业门类、所在地等因素可以划分出几个主要类型。包括:

---

① 参见:http://www.Sreda-mag.ru/news。

- 从属于大型工业或能源组织并受其控制的传媒，从工业或能源部门的活动中获取主要利润；
- 综合性传媒公司，在传媒业的各个领域都有利益；
- 专门在传媒业的某个领域活动的媒体企业。

最具代表性的第一类传媒集团是"职业传媒"与"俄气传媒"。"俄气传媒"开放式股份公司是欧洲最大的传媒集团之一。它的主要股东（拥有86%的股份）是俄罗斯的重要企业——俄罗斯天然气工业股份公司。创办"俄气传媒"的目的是管理母公司在传媒领域的股票和股份。该公司囊括传媒业的所有领域：3家电视台（独立电视台、独立电视台加密电视、THT 电视台），5家广播电台（"莫斯科回声"、"三套车"、第一流行广播电台、器乐广播电台、NEXT① 广播电台）、出版业（"七日"出版集团、《论坛》，2005年春天之后的《消息报》）、电影业（"独立电视台——电影"电影制作公司、电影院）、广告公司。根据该公司的资料，其在2003年的总收入超过4亿美元。

"职业传媒"公司是由"英特尔罗斯"工业集团于1997年创办的，目的是对其传媒资产的股票进行战略规划和管理。"职业传媒"的活动涉及三个方面：印刷媒体（《共青团真理报》、《苏维埃体育报》、《快报》、专业杂志、印刷和发行公司）、广播业（"交通广播电台"、"能源"广播电台、"迪斯科"广播电台，数家分布在各地的广播电台）、电影业（"电影公园"多功能影城网络）。2005年春天之前，《消息报》也属于该传媒集团。它所控制的全部出版物的期发行量将近1 000万份，这让世界报业协会有理由把"职业传媒"称为俄罗斯印刷传媒市场上的第一大公司（表9）。2004年，公司总收入超过了1.35亿美元。该传媒集团宣称，其近年的发展战略是在娱乐传媒领域取得领先地位。在许多专家看来，正因如此，2005年公司把俄罗斯最古老的报纸之一——全俄报纸《消息报》出售给了"俄气传媒"。

---

① 下一个（英文）。——译者注

表9　俄罗斯主要的报纸出版公司(截至2005年2月)①

排名	出版集团	出版集团的(报纸)期发行量(千份)	报纸数量
1	"'职业传媒'出版集团"封闭式股份公司	6 132.6	90
2	"HFS国际传媒"出版集团	6 113.6	62
3	《莫斯科特快报》封闭式股份公司	5 749.9	12
4	《论据与事实》封闭式股份公司	4 452.3	74
5	"逻各斯传媒"出版集团	4 020.0	15
6	"《健康生活方式报》编辑部"有限责任公司	3 149.3	1
7	《莫斯科共青团员报》编辑部	2 925.7	78
8	《中心号外报》出版集团	2 900.0	3
9	《快讯》出版集团	2 718.9	7
10	《绝对机密》公司集团	2530.0	2
11	"生活"出版集团	2 100.0	60
12	"地方"出版集团	1 964.5	46
13	《交谈者》出版集团	1773.3（截至2004年10月）	19
14	《新闻世界》出版集团	1 390.0	6
15	"急速莫斯科"出版集团	1 148.1	108
16	"大众传媒体制"联合企业	1 108.0	5
17	《都市快报》出版集团	1 038.0	5
18	《我的家庭》出版集团	982.3	2
19	《经济报》出版集团	834.0（截至2004年10月）	16
20	"独立传媒"出版集团	802.7	23

---

① 来源：Российский рынок периодической печати. 2005 год. Состояние, тенденции и перспективы развития / Федеральное агентство по печати и массовым коммуникациям. М., 2005. C. 9－10.

综合性传媒公司属于第二种类型，它们在传媒业的各个领域都有利益，可以归入这一类型的出版集团有：《莫斯科共青团员报》出版集团、《论据与事实》出版集团、"独立媒体"出版集团。最初它们都是报纸出版公司，在适应市场的过程中又把杂志以及发行、广告和相关传媒领域的部门纳入了自身的主要活动范围。CTC[①]电视频道的活动便是一个有趣的例证，它在扩展纯粹的电视业务（创办专业频道"家庭"）的同时，又进军制片领域。

第三种类型是专门在传媒业的某个领域活动的媒体企业，它们是纯粹的报纸、期刊、电视或广播公司。在这一类型当中，除了在州和地区中心出版的规模不大的私营报纸之外，还有广播网（"俄罗斯广播电台"）、电视网（Ren-TB[②]）。专门经营时尚出版物的期刊公司构成单独的一类，对于当代的广告商而言，此类杂志是最具吸引力的广告载体。

在对俄罗斯传媒市场上的所有制形式和结构进行分析时，应当注意几个关键因素，它们决定当代俄罗斯大众传媒经济与其职能形式的关联。

俄罗斯传媒产业的特点是所有制形式的多样性，这种多样性代表着不同的社会经济发展阶段。我们看到，国家所有制被保留了下来，它是计划行政指令式经济的典型形式；同时存在混合所有制，即私营-国有的形式，这对于转型期经济来说是特有的；还有正在形成的私营传媒公司——这是最典型的企业。

俄罗斯正在形成的新的媒介经济对于当代大众传媒体制的转型具有重大意义。俄罗斯传媒不得不在市场上运作，而这个市场上的国家所有制和国家垄断依然强大。印刷业、发行体系、广播电视转播系统——这些部门暂时尚未对私人开放，因此需要投资。俄罗斯传媒市场的经济悖论在于，作为"盎格鲁-撒克逊"独立新闻业不可分割的价值观，竞争并不能保证俄罗斯大众传媒的经济自由。相反，地区市场上经济资源的去中心化以及报纸与电视公司之间的激烈竞争对于能对其施以更有效控制的当局和商业组织有利，而不是对传媒公司和受众有

---

① 缩略语 CTC 意为"电视台联合体"或"电视台网络"（俄语）。——译者注
② Ren 为英语，即俄语的 Рен，它们是公司创始人伊连娜·列斯涅夫斯卡娅（Ирена Лесневская）的名字所包含的部分字母，缩略语 TB 意为"电视"（俄语）。——译者注

利。因此，应当把在经济不发达市场上的激烈竞争视为当代俄罗斯大众传媒结构的缺点。

当然，迄今为止，还没有哪个报业市场成功地在竞争与垄断之间找到了"黄金分割点"。在美国各地的报业市场当中，只在2%的市场还留有相互竞争的报纸。不过，垄断性报纸的经营状况相当稳定，因为它们能够从报纸发行中获得稳定的收入，并且拥有固定的读者群，尽管垄断的后果是新闻多样性减弱、意见多元化受损。斯堪的纳维亚国家创造了旨在追求社会公正的、为在竞争激烈的报业市场上存在的"第二级"报纸提供补助的公开制度，这种制度提供了第一种可能的补救模式。第二种是美国的市场模式，即报业市场的垄断能为报业带来稳定性，并保障记者的工作具有一定的水准。两种模式都不完美，但它们都证明，俄罗斯的特点——野蛮的传媒市场、当局和商业组织对贫穷的传媒公司的隐蔽操纵——是不正常的。

不应忘记在地区大众传媒工作的俄罗斯记者沉重的生活境况。目前，俄罗斯记者的月平均工资几乎不超过50美元。这是出现定制文章、隐性广告、低水准材料的主要原因，它们给整个记者群体罩上了阴影。2000年竞选活动过后被大量提及的记者职业道德低下的问题，归根结底是经济问题。

2.2.3 大众传媒的基础设施：新部门的诞生

任何一种传媒媒体——报纸、杂志、电视、广播——都是当代大众传媒体制不可分割的部分，都离不开为资金的流入和新闻的持续获取提供保障的特殊的传媒基础设施。从本质上来说，印刷和视听媒体只不过是高耸于牢固基础之上的冰山一角。尽管这一基础在大众传媒的日常活动中并不特别引人注目，但这并不妨碍它们发挥巨大作用。正是由于这一基础存在并发挥作用，才得以保证信息产业的统一，形成不可动摇的内部结构，把大众传媒连为一体。

大众传媒的基础设施首先是生产内容的数个部门，随后该内容借助大众媒体的传统渠道进行传播。新闻通讯社收集、传播供印刷和视听媒体使用的新闻。录音工作室制作唱片、录音带、光盘，它们是大多数广播电台制作节目的基础。对于电视频道而言，电视节目的生产者、音像和电影工作室就是生产内容的工厂。

其次，构成大众传媒基础设施的还包括向媒体的持续性收入提供保障的一些企业，亦即广告公司和公关公司。正是它们保障休闲时间产业（大众传媒在该产业中占据重要地位）与作为市场经济重要部分的营销传播之间的"对接"和联系。但是，广告和公关之于传媒体制的意义不仅是因为其资金方面的作用，而且还因为广告和公关公司制作的材料也是构成大众传媒内容的重要部分。

俄罗斯情况的特殊性在于，在大众传媒现在的基础设施当中，有许多部门在苏联时期是不存在的。最近15年间，许多基础部门不得不重走美国和西欧国家的广告产业或者公关体系已经经历了上百年的道路。假如我们不对大众传媒的基础设施这个问题稍作阐释，那么关于俄罗斯传媒的概念将是不完整的，因为大众传媒的基础设施也是国家经济中一个独立而重要的部门。

近半个世纪前，杰出的加拿大学者麦克卢汉就说过："媒介即讯息"（The medium is the message），他强调，每种媒介渠道都只传播符合其特点的内容。依靠发展中的基础设施和技术进步，俄罗斯的当代传媒产业正在扩展我们关于传媒体的概念，因为新闻或广告的生产对于大众传媒而言越来越多地成了独立的、从经济角度来看很重要的过程。互联网使这一过程趋于完成：用户可以通过最现代的、距离传统大众传媒最远的渠道获取任意类型的媒体内容。不过，在俄罗斯媒体的发展过程中，互联网可以整合所有的传统大众传媒并取代它们的时刻尚未到来，而且目前世界上还没有一个地方发生此事。因此，谈到大众传媒现在的基础设施，跟以前一样，必须考察保障大众传媒的信息和资金的那些部门——它们既是休闲时间的产业，也是营销传播的渠道。

新闻机构：销售新闻的生意

在相当长的时间里，保障苏联大众传媒同步运作的唯一新闻机构是世界五大新闻通讯社之一的塔斯社（苏联通讯社）。它曾经垄断了对苏联国内外事件的收集和传播。这家主要的、几乎是唯一的（新闻通讯社不计在内，因为其主要目的是向国外传播关于苏联生活的正面消息）国家新闻通讯社在世界上也享有极高的地位。根据联合国教科文组织的报告，第二次世界大战后，全球的新闻流是由五大新闻通讯社形成的，包括两家美国的新闻通讯社——美联社与合众社，以及英国的路透社、法国的法新社和苏联的塔斯社①。由它们传播的新闻形成了全球的"议程",并且为世界上许多国家的大众传媒提供新闻"原料"。非常说明问题的是,五大新闻通讯社把世界划分成各自的影响区域。自然,塔斯社在社会主义阵营和第三世界国家中发挥了主要的信息和意识形态作用。

开始实施公开性政策之后,苏联大众传媒发生了显著的变化。社会政治类报刊和全国电视的基调急剧改变,出现了批判性的新闻,创办了新的报纸和电视节目,在这样的背景下,出现规模不大的新闻通讯社几乎是不易被察觉的。但它们的出现却成了信息市场变化的关键:正是非国有的新闻通讯社摧毁了国家在大众传媒领域最牢固的垄断——对信息的收集和传播的垄断。

1989年,出现了第一家在塔斯社构筑的信息堡垒中打开豁口的通讯社。以M.科米萨尔为首的面向外国受众工作的几位莫斯科广播电台②记者对西方的新闻标准非常了解,因为他们在日常工作中所遵循的就是这些标准。时效性、简洁性、叙述的显著客观性正是国际文传电讯社新闻理念的基础。这立即吸引了外国记者和外交官对新的通讯社的注意。该社的"名片"是利用电话线路,通过传真传送新闻,这在当时的苏联是不同寻常的。这种方式除了便宜之外还有一个优点——不受新闻审查的限制,因为普通电报线路和电传打字电报线路都由国家控制。国际文传电讯社的与众不同来自于它的创新——传送技术的创新,以及与塔斯社不同的新闻标准。

国际文传电讯社比其他的媒体企业更早认识到经济关系和财务稳定的重要性。正如20世纪60至70年代英国路透社的例子所清晰显示的那样,当代大众传媒市场提供给新闻通讯社的只有一种自主创收的现实方式。这就是把财经信息销售给公司客户和银行,结果是把提供给传统媒体的信息量压到了最少。今天,在路透社的全部信息当中,向大众传媒提供的信息份额不超过10%至12%,这使得它还是一家相对独立的企业——既独立于自己的公司客户,也独立于英

---

① Many Voices, One World: Towards a New, More Just and More Efficient World Information and Communication Order (McBride Report). UNESCO. Paris, 1980.

② 莫斯科广播电台是苏联从事对外广播的主要国家广播电台,苏联解体后更名为"俄罗斯之声",仍然从事对外广播。——译者注

国政府。

路透社的模式不仅决定了国际文传电讯社的发展模式,而且决定了今天俄罗斯大多数成功的新闻机构的发展模式。除了社会政治信息,国际文传电讯社还向客户提供30种专门的电讯稿,其中包含石油天然气、财经、冶金等俄罗斯关键产业的新闻。该新闻通讯社从20世纪90年代中期开始的策略便是进入世界财经信息市场,这让它做出了在伦敦、法兰克福和东京开设分社、创办合资企业的决定。如今的国际文传电讯社是一家大型国际集团,它的主要收入来源是经济信息①。

苏联解体后,俄罗斯的新闻通讯社市场经历了两次彻底的改组。第一次改组与新闻通讯社市场上因出现私营通讯社而产生的竞争有关。与国际文传电讯社同时在俄罗斯出现的还有许多中小规模的新闻通讯社,它们的活动规模和主题各不相同。专注于国内政治、文化、体育、青年人生活、轰动的新闻等不同领域的通讯社的产品很快就变得抢手起来,因为对新闻的需求随着新的报纸、广播电台和电视频道数量的增长同时在增长。许多新闻通讯社在其最初阶段看上去都像是在从事业余活动:几个记者聚集在私人住宅里,用打字机写稿,不停地给熟人和陌生人打电话收集信息。

由于新通讯社的职业水准较低,不能保障稳定的信息流,资金投入也不足,因此大多数通讯社无法生存下去。剩下来的是类似于国际文传电讯社那样能在迅猛发展的原始增长期建立起可靠的客户网络,并在信息市场上找到自己定位的通讯社。

第二次彻底改组与互联网和电信网络的发展相关。如今,网络新闻机构是传统通讯社最危险的竞争对手。对于通讯社而言,它们的出现是近期最严峻的挑战,因为新闻的时效性和便宜的价格是这样的互联网通讯社的主要优势。许多知名的网络新闻机构更像是网络出版物。两者的区别在于,与网络报纸相比,

---

① Егоров А.И., Информационные агентства на рынке экономических новостей Германии (Специфика, основные закономерности и особенности стилистики): Автореф. дисс... канд. филол. наук. М. 2001. С. 22.

前者拥有更丰富的信息库，主题更鲜明。"俄罗斯商业咨询"集团公司便是一个众所周知的例子。最初它作为提供商业信息的专门机构而存在，如今，除了为用户提供大量的财经信息之外，它也提供不断更新的新闻。此类机构最大的缺点（尽管不是唯一的缺点）在于，它们的信息不可靠，这一点是大多数规模不大的私营通讯社在初始阶段就显现出来的。

目前，新闻通讯社市场已经达到了一定的稳定性，它们是由各种不同类别的机构形成的组合。这一领域包括国家机构（俄通社-塔斯社、俄新社）、混合资本的通讯社（塔斯经济新闻社）以及私营公司（国际文传电讯社、AK&M[①]通讯社、"俄罗斯商业咨询"、"金融营销"、军事新闻通讯社）。在对发展顺利的现有通讯社各自侧重的领域进行分析时，应当强调的是，有两类通讯社在传媒业特别突出：政治类和财经类。

在政治领域，俄通社-塔斯社不仅是领军者，而且到目前为止一直都在决定信息流的走向，并且拥有最大的记者网（在俄罗斯和独联体国家有74个分社，在其他国家有59个，编制有3 000人）。没有一个私营机构能够创建与之类似规模的通讯社，尤其是在国外人员的派驻方面。在经济信息领域，国际文传电讯社的领先地位（70个记者站，1 000人的编制）与引入新的活动形式相关：与外国的通讯社紧密合作、在国外市场（德国、美国、日本）创建专门的经济机构[②]。在网络用户增加的条件下，"俄罗斯商业咨询"集团公司创造了销售商业信息的新模式，这一模式具有发展前景。该集团传媒部门（"俄罗斯商业咨询网"与"俄罗斯商业咨询——电视"）的份额占资产的69%。"俄罗斯商业咨询"集团主要收集和加工数字信息，通过经由有线电视和互联网接收的专业电视频道以及互联网把信息提供给客户。

最近几十年，新闻通讯社领域最重要的成就是在全国以及地区层面消除了国家垄断。地区的新闻通讯社专门报道各个地区的事件，不过，它们常把重点放

---

① 缩略语 AK&M 意为"分析、咨询和市场营销"（俄语）。——译者注

② Неизвестные известные информационные агентства // Новости СМИ. 2001. 21 мая - 3 июня. С. 35.

在财经和商业新闻上。与之相对的是，俄罗斯市场上同时存在世界级的通讯社——路透社（英国）、法新社（法国）、美联社（美国），它们不仅为外国大众传媒提供俄罗斯的新闻，而且也为俄罗斯的媒体企业提供信息。

20世纪90年代中期，世界级的通讯社涌入俄罗斯传媒市场，对于国家通讯社而言，这意味着新一轮的竞争。报刊上的争论是从俄通社-塔斯社领导人的一篇名为《我们将成为路透社的奴隶吗？》的文章开始的。昔日的国家垄断者非常清楚自身的不足与失误，非常担心来自经济实力更雄厚的西方通讯社的竞争。路透社用俄语播发新闻的计划（后来由于经济问题而搁浅）可能严重威胁当时俄通社-塔斯社仍在国内外政治信息领域保持的领先地位。

实际情况表明：在市场条件下，西方通讯社的高价新闻对于大多数俄罗斯传媒公司来说是无法接受的。俄通社-塔斯社的现实竞争来自国内——新的网络通讯社和网络报纸。这就形成了一个闭合的圈子：大众传媒无钱获取优质而可信的新闻，因此就使用劣质的（不可信的、肤浅的、具有轰动效应的）新闻。

今天，俄罗斯新闻通讯社市场成分驳杂，但毕竟还是相当多样化的。对于富有的媒体企业而言，获得有价值的新闻——平衡而多元的新闻——并不困难。然而，真正富有的媒体企业在俄罗斯还不多。

广告市场：持续的震荡

认为苏联没有广告的观念是错误的。仍然记得过去好时光的所有人都熟悉典型的苏联广告语："欢迎乘坐苏联航空公司的航班"、"请把钱存入储蓄银行"。广告在大众传媒上也出现过。传播的主要渠道是地方报纸——市报（包括晚报）和市辖区报。苏共中央委员会的决议《增强市辖区报对劳动者进行共产主义教育的作用》（1968年）允许市辖区的报纸刊登广告，但是广告的规模不应超过报纸最后一个版面的25％。广告在某种程度上被视为报纸生产的补充资金来源。报纸也被允许把通过刊登广告获得的30％以下的收入转入该报的工资储备[①]。电视上的广告更少：莫斯科的电视频道播出了15分钟的苏联商品广告片。可是观众对这样的广告非常警惕：他们通常对广告片里的商品持否定态度。苏联体

[①] О партийной советской печати, радиовещании и телевидении. М., 1972.

制在制造消费品短缺的同时,还培养了对消费的轻蔑态度,使人们不相信广告。为优质但不时髦、不好看的苏联商品所做的广告只能引来观众的嘲笑。

可见,苏联大众传媒中出现广告具有偶然性和非系统性。著名的俄罗斯广告人 В. 叶夫斯塔菲耶夫指出:"数十年间全面推行计划分配的国有经济使得苏联生产者与其产品的销售问题没有关联,这样一来,也使得他们的任何广告活动都失去了意义。"①

在向市场经济转型的条件下,大众传媒自身以及广告都进入了新的时期。俄罗斯联邦法律《大众传媒法》规定了大众传媒的广告规模。报纸上的广告不得超过 40%的版面,广播和电视节目中的广告不超过 25%的播出时间(第 36 条)。② 从此,俄罗斯的广告开始在中央报纸(《劳动报》、《消息报》)上出现。第一批独立广告公司出现在 20 世纪 90 年代初期,它们掀起了真正的广告热潮,这股热潮伴随的是俄罗斯经济向市场过渡的进程。第一批大众传媒广告的特点是缺乏针对性。尚不成熟的私营商业没有考虑到起码的常识——广告的目标受众和广告的有效性,而是急于在全俄报纸或流行的电视频道上宣传自己。

广告进入电视领域与第一批商业银行和投资基金会的活动相关。"梅纳捷普"银行和各种金融金字塔③ 20 世纪 90 年代初有效的广告攻势首次证明,俄罗斯人开始接受广告,并且把他们传统上对苏联电视节目的信任转移到了广告上。МММ 公司④广告短片的主人公廖尼亚·戈卢布科夫是关于"成功的私有化证券持有者"的后苏联神话中的伊万努什卡⑤,他在受欢迎程度上超过了人们以前

---

① Евстафьев В. А., Журналистика и реклама: основы взаимодействия (Опыт теоретического исследования). М., 2001. С. 62.

② Законодательство Российской Федерации о средствах массовой информации. М., 1996. С. 22.

③ 金融金字塔是一种依靠不断吸收新成员的资金来保障收益的特殊方式。金融金字塔通常作为商业机构注册,声称为某个项目募资。如果项目的实际盈利低于许诺给投资者的收入,或者根本没有盈利,就意味着一部分新投资者的资金会用于支付收入。这种情况的必然结果便是项目破产、后加入的投资者亏损。——译者注

④ 1990 年代初期,以谢尔盖·马夫罗季为首的三兄弟成立的以三人姓氏首字母命名的投资公司。——译者注

⑤ 俄罗斯童话中的人物形象。——译者注

喜爱的电影里的很多主人公。在 MMM 公司的系列广告片以及电视上其他的类似广告宣传("阿利萨"交易所、"金币"银行)出现之后,俄罗斯的广告不仅成了传媒业一个引人注目的因素,而且成了一种审美甚至民俗现象。

随着商店里的物品越来越充足、服务领域的服务越来越普遍,大众传媒广告的数量明显增多,质量明显提高。在这一过程中,进入俄罗斯市场的国际广告公司起到的作用不可小视,它们包括 BBDO, Ogilvy&Mather, D'Arcy, Young&Rubicam① 等。俄罗斯广告市场的发展符合广告业的普遍规律,是由个别媒体之间、广告商之间、国内广告公司与世界级广告公司之间的竞争加剧所驱动的。在这场竞争中,俄罗斯消费者的钱包是主要的奖赏,而得到它的方法逐渐变得文明了。

不正当的、不可靠的、不道德的、隐性的广告是广告市场上的普遍现象。1995 年 6 月通过的联邦法律《广告法》对俄罗斯广告产业中的上述现象给予了法律上的明确规定,并且运用到了日常实践之中,明确了广告商与广告传播者的权利和义务。在制定这部法律的同时,广告产业的制度正在形成,制度之间的配合正在发展。

如果说消费商品和服务的广告在俄罗斯的发展一定程度上符合传媒市场的普遍规律,那么政治广告的演化则在很大程度上属于纯粹的俄罗斯现象。1996 年是政治广告年,这一年俄罗斯人选出了总统。正如俄罗斯的广告研究者 И. 克雷洛夫所强调的:

"……在俄罗斯的全部历史当中,我们第一次遇到诸如叶利钦第二次参选总统这样筹划得很专业、进行得也很专业的选举运动。并且,在我看来,关键在于执政党'总指挥部'把其竞选活动承包给了高度专业的人员……"②

由于缺乏议会制和总统制的传统,缺乏从事和理解政治斗争的经验,也不善于批判性地评价广告,1996 年,俄罗斯人成了政治技术专家施加影响的合适对

---

① 天联广告公司、奥美广告设计公司、达美高广告公司、扬·罗比凯广告公司(英语)。——译者注

② Крылов И.В., Теория и практика рекламы в России. Антология рекламы. М., 1996. С. 152.

象。名为"要么投票,要么输"的广告宣传活动显示出了选前政治传播的空前的有效性,这种政治传播是基于对情绪的利用以及俄罗斯广告产业的专业化程度有所增强的事实[1]。

俄罗斯广告产业历史不长,但颇为活跃而且富于创新,它再次显示了商业与大众传媒之间相互关系的市场性质。金融金字塔曾经是国家电视频道的主要广告客户,1995年的金融金字塔危机引发了广告市场的第一次改组,正如T.格林贝格所巧妙形容的那样,这"对于电视是苦涩的,对于报刊是甜蜜的"。[2] 广告市场的另外一次溃败与1998年8月的金融危机相关:大众传媒的广告额减少了一半多,一部分西方广告商撤离俄罗斯市场以及许多俄罗斯公司急剧削减广告预算也造成了广告市场的损失。

1998年危机过后,俄罗斯转向更稳定、更可预见的发展,这对于俄罗斯广告市场而言意味着步入正常化的轨道。2000年,与上一年相比,俄罗斯总的广告额增长了40%,达到了11亿美元。与此同时,本国广告商的地位有所提高:1998年,它们的大众传媒广告预算是9%,1999年达到18%。2000年,电视广告收入的增长最快,同时,由于价位较低,电视媒体对于广告客户特别具有吸引力[3]。悖论在于,俄罗斯的电视对于广告商来说相当便宜。世纪之交这段时间,俄罗斯电视广告比杂志广告便宜10至100(!)倍,比广播广告便宜10倍[4]。正因如此,2004年,报纸和杂志的出版方要求对各类大众传媒的广告收入进行精确计算。根据2004至2005年俄罗斯传播与广告公司协会的准确资料,2004年俄罗斯广告市场的总额为38.55亿美元(表10)。

---

[1]　Лисовский С., Евстафьев В., Избирательные технологии. История, теория, практика. М., 2000. С. 280.

[2]　Гринберг Т., Рекламная коммуникация в условиях общественной модернизации России: Доклад на круглом столе Европейского консорциума коммуникационных исследований. М., 2001.

[3]　Kozlov V., Spotlight: Russia ad mart develops quickly, unevenly // Russia's Journal. 2001. May 18 - 24.

[4]　На разных полюсах: телевизионная реклама в Польше и в России // Новости СМИ. 2000/2001. 25 дек.- 21 янв.

表 10　2002 至 2004 年各种广告传播工具的广告额[①]

媒体	媒体分支	2002 年	2003 年	2004 年	2002 年	2003 年	2004 年	2003 年	2004 年
		预算(百万美元)			份额(%)			增长率(%)	
电视*		920	1 240	1 700	41.6	42.9	44.1	35	37
广播*		115	155	200	5.2	5.4	5.2	35	29
报刊*		755	935	1 200	34.2	32.4	31.1	24	28
	报纸	165	195	250	7.5	6.7	6.5	18	28
	杂志	260	350	470	11.8	12.1	12.2	35	34
	广告出版物	330	390	480	14.9	13.5	12.5	18	23
户外广告		400	530	710	18.1	18.3	18.4	33	34
互联网**		11	18	30	0.5	0.6	0.8	64	67
影院广告		9	12	15	0.4	0.4	0.4	33	25
总计		2 210	2 890	3 855	100.0	100.0	100.0	31	33

* 2002 至 2003 年的数据经过修正。
** 未计入情境广告。

地区市场的数据令传媒业界尤为吃惊:2000 年初,正是这个市场显现出了最活跃的迹象,不仅电视广告增加,而且其他广告也增加了。诚然,地区广告市场上各类媒体的份额变化并不是特别明显(表 11、表 12)。

表 11　2002 至 2004 年的地区广告

媒体	2002 年	2003 年	2004 年	2002 年	2003 年	2004 年	2003 年	2004 年
	预算(百万美元)			份额(%)			增长率(%)	
电视*	210	290	400	36.2	36.7	37.4	38	38
广播*	35	55	80	6.0	7.0	7.5	57	45
报刊*	160	210	270	27.6	26.6	25.2	31	29
户外广告	175	235	320	30.2	29.7	29.9	34	36
总计	580	790	1070	100.0	100.0	100.0	36	35

[①] 来源:http://www.akarussia.ru。

表 12　2002 至 2004 年地区广告的份额①

媒体	2002 年	2003 年	2004 年
	%		
电视	23	23	24
广播	30	35	40
报刊	21	22	23
户外广告	44	44	45
总计	26	27	28

* 2002 至 2003 年的数据经过修正。

目前的俄罗斯广告市场由各种主体组成：提供全方位服务的公司、专业公司、大型公司。这个市场呈现出明显集中的趋势：例如，"视频国际"控制着 75% 的电视广告。其他的典型特征包括：电视占据领先地位，印刷广告增长放缓，广告客户对于互联网的兴趣增加。不能不注意到广告市场的显著发展：它与国家经济一同发展，大众传媒面临新的任务——对受众的规模和变化进行更准确的评估。

公关关系：传媒形象的新价格

俄罗斯公关市场诞生于广告市场内部，不过，对于公关产业形成的全球趋势而言，这并非例外。

20 世纪 80 年代末至 90 年代初，公共关系在俄罗斯还只是作为广告产业的一部分而存在。政治咨询业预感到 1994 至 1995 年的议会选举和总统选举将会极富戏剧化，于是他们不仅开始以独立公司的形式完成制度化，而且吸引了大量资金，从而促进了这一如今颇具影响力的部门的形成。正是俄罗斯政治公关市场成为了公共关系发展的马达，是俄罗斯这一产业的独特"名片"。当代俄罗斯的政治学家们开展的众人皆知的活动使人们形成了一种普遍观念，即俄罗斯只有政治公关。例如，各级竞选活动的参加者可达 1.7 到 2 万人，这便是佐证。

---

① 来源：http://www.akarussia.ru。

但这种观念完全不正确。按照俄罗斯公共关系协会主席 A. 鲍里索夫的评价,政治咨询目前占俄罗斯公关服务市场的 60%,其余 40% 是商业公关。实际上后者并非一个小数目,因为截至 20 世纪 90 年代末,公关服务市场的规模是 10 亿美元[①]。

俄罗斯公共关系领域的研究者把其发展划分为至少三个阶段:

◆ 形成阶段(1988—1991 年),俄罗斯传媒业界刚刚开始了解公共关系的本质、任务和特点;

◆ 初步制度化阶段(1991—1994 年),与政治体制的发展和政权机关开始定期举行选举相关;

◆ 进一步制度化阶段(1994 年至今),特点是形成完整的公关体系并与当代俄罗斯商业一体化[②]。

俄罗斯公关领域的特点还包括:与整个传媒业界相比,具有明显的不均衡性。这一领域的专业人员首先集中在莫斯科以及俄罗斯几个大的工业和政治中心,但在其他地区,甚至连具备中等水平的公关专家基本上都找不到。尽管各种统计显示,在俄罗斯有数百至数千个形象制造机构,但能决定市场气候的公司不超过 20 个。根据专业机构俄罗斯公共关系协会的年度排名,在领军的十家公关公司当中至今没有首都以外地区的公司,排在前列的包括"形象景观"(1990)、"米哈伊洛夫和伙伴们"(1993)、"库兹缅科夫和伙伴们"(1994)、"马斯洛夫、索库尔和伙伴们"(1993)等。

俄罗斯公关产业每年的资金流通额都在翻番,这样的发展构成了一部独特的成功史。然而,随着俄罗斯政治生活的正常化,"肮脏的"政治技术的意义在减少,大大小小的企业开始对公司公关产生兴趣。现在这一产业的主要方向是,公关技术向俄罗斯商业领域渗透,商业领域越来越注意改善自身形象。

专家指出,目前,俄罗斯公关市场的结构已经接近于国外这一市场的结构。

---

① Связи с общественностью в политике и государственном управлении. М., 2001. С. 127.
② 例如,可参见:Шишкина М., Паблик рилейшнз в системе социального управления. СПБ., 1999. С. 261 - 277.

其主要部门除了政治公关之外还有公司（商业）公关。截至2000年中期的统计，政治公关约占这一市场的60%。其年均规模（约1.3亿美元）由几个部分组成：立法会议选举（不少于3 000万美元）、州长选举（不少于5 000万美元）、地方选举（不少于3 000万美元）、联邦级别的政治公关（不少于1 500万美元）[①]。不过，鉴于俄罗斯政治生活的变化，如果取消州长选举，公关市场完全可能再次发生改组。

* * *

总结俄罗斯传媒产业的基础设施，不能不指出，其中的"非新闻部门"的比例急剧增加。这无疑与大众传媒成了俄罗斯经济的独立产业有关，该产业的运作类似于发达的欧洲和北美的市场民主型的大众传媒。新部门——广告业、公关业和新闻机构——的发展以及俄罗斯媒体企业管理者和财务人员专业水平的提高都说明俄罗斯大众传媒正在迈向新的发展阶段。这必然要求俄罗斯新闻业不仅考虑政治精英的需要，而且还必须关注受众、广告商和商业精英等其他群体的利益，对于当代社会而言，这些群体同样重要。

---

① Гринберг Т.Э., Политические технологии. ПР и реклама. М., 2005. С. 8; *Минусов И. Е.* В России политическое консультирование—это бои без правил // Новости СМИ. 2005. 8 (181). С. 9.

第三章
印刷传媒

3

第 1 节　大众传媒的系统特征（M. B. 什孔金）

　　对大众传媒的系统研究只有依托于构成其理论基础的各种知识，才可能是有效的。这些知识包括系统学、分类学、信息科学、情报学、类型学、传播理论以及其他科学。进行这些研究必须要广泛运用系统方法的原理。这一理论和方法论基础可以为更精准地确定作为系统研究对象的大众传媒的完整性提供可能，为研究该系统的内部联系及其与环境联系的多样性提供可能，为把系统分析的结果归结到统一的理论框架之中提供可能。系统研究的主要目的之一是建立起对研究对象的概括模式，它应该反映各种大众传媒在社会发展现实情形中的相互联系。

　　这样的研究现在尤其重要，因为俄罗斯社会正在进入历史的新阶段，正在把新的生产方式视为社会活动的基础。信息化进程即向经济、政治、科学和文化等各个领域引入信息技术的进程，这一进程越来越快。大众传媒在社会相互影响机制中的作用越来越大。

　　作为组织复杂的研究对象，大众传媒应该符合下列要求：

- 尽管存在互不相同的各种大众传媒，但它们必须保持完整的特征，为共同的最终结果而"努力"，为不同阶层的全体社会成员构建统一的信息空间，与社会体系互相作用；
- 拥有经过最优组合的各种要素（技术、经济、编辑、受众、信息子系统），每一个要素都与其环境积极互动，各要素之间也以大众传媒的自身规律为基础展开积极互动，而它们的整体、它们的联系方式则有利于形成大众传媒稳固而动态的结构和运作过程；
- 拥有必要的功能组合及其实现水平，以满足个体、居民的各种团体以及整个社会的信息需求；
- 作为联系各种要素的手段和整个系统的框架，整体结构应该拥有大量有助于完成上述功能的报纸、杂志、电视和广播节目以及不同类型和不同侧重的网络媒体；

◆ 大众传媒应该是有组织的系统，具有自我组织的巨大潜能，以有助于该系统按照社会生活的发展情况运作，具有达到上述目的所必需的大众传播活动参与者之间的道德、法律、组织和其他关系，包括协调、纪律、责任、职责和创意关系。为了实现组织进程，编辑部和出版社等机构的内部需要设立相应的行政管理部门。

3.1.1 大众传媒体制的完整性

大众传媒建立的信息联系保证了整个社会空间在既细分又统一的社会进程中的交流。如果这一相互作用为社会全体成员创造出按照社会生活条件和社会体系某个团体的作用来参与所有共同社会活动的可能性，那么它将是非常理想的。首先，这一相互作用促使社会成员参与认知、智育、德育、价值观培养和组织管理等作用于整个社会范围并最终作用于各种实践活动的进程。大众传媒的整合交际功能用以保证这个结果。它集认知、智育、德育、组织以及其他进程的大量交际功能于一身，因为是大众传播，所以这些进程具有自我实现的有效机制。作为具有创造力的整体的新闻业以及其他精神和精神实践活动——包括科学、艺术、政治、法律，等等——是这些进程的主体。因此，大众的信息化进程借助于社会意识的功能、社会意识各种形式和状态的功能及其相互作用的性质被间接地表现出来。

如果下列条件具备，在整个社会中形成的大众传播和信息关系可以保证大众传媒的完整性：

◆ 如果它们满足个人、不同社会团体和组织的信息需求，促进个人、不同社会团体和组织积极参与经济、政治和文化生活，参与社会生活的各个方面；

◆ 如果它们以共同形成的每个社会主体的行为模式为基础，促进互相作用、合作、协调和劳动分配；

◆ 如果它们客观而全面地反映社会生活的情况，反映人们实践活动、精神活动和精神实践活动的成果，而这些情况和成果能在全社会和不同社会团体的范围内丰富社会意识，优化认识活动、价值定位活动和实践活动的进程；
◆ 如果它们按照社会发展的节奏收集、生产和传播信息；
◆ 如果它们吸收一切服务于社会进步的积极的创造力量以生产信息，创造和丰富社会的精神潜能，促进积极人群了解潜能的内容，吸引他们参加社会对话；
◆ 如果它们在大众信息进程中使用先进的信息和传播技术；
◆ 如果它们把大众传媒的商业、创造和传播等功能协调地结合起来。

在现有情况下，大众传媒体制的完整性经受着严峻的考验。信息空间产生了巨大差异，社会成员之间、各种类别的人群之间、社会与个人之间、国家与其公民之间、地区与中心之间的信息联系正在遭受破坏。信息安全方面存在这样或者那样的问题急需解决。《俄罗斯联邦信息安全学说》提出了关注"由于人才缺乏、国家信息政策形成和实现体系缺乏而产生的国家政策的信息保障效率低下"①的问题。

《信息安全学说》规定：

"遵守宪法权利，保证人和公民在获取信息方面的自由；

保证俄罗斯的精神形成，保持和巩固社会精神价值观、爱国主义和人文主义传统、文化和科学潜能。"②

在迈入信息社会时，俄罗斯的信息和传播技术发展水平还比较低，社会成员对大众传媒的信任度还比较低。大众传媒对寡头和政治精英的依赖程度比较高，大众传媒比较脱离公民社会的现实生活，常常违背媒体应有的完整性③。

在下列情况下大众传媒体制的完整性遭到破坏：

◆ 如果社会活动的各种参加者(个人、团体和组织等)接触大众信息、满足自身信息需求的可能性不均等(信息不平等)。如果这些可能性让一些人能

---

① Доктрина информационной безопасности Российской Федерации // Российская газета. 2000. 28. сент.

② 同上。

③ 信息社会的一个基本准则是保证每个成员能在任何时间和任何地点在必要的范围和形式之下了解所有具有社会意义的知识。

够完全满足自身的信息需求,而另一些人却不具备这样的可能性,他们的需求得不到完全的满足;

◆ 如果社会进程的参加者在传播信息和自己的观点、借由大众信息进程丰富和发展社会精神潜能方面没有平等的可能性;

◆ 如果大众传媒的活动不能促进对某种大众信息关系——社会民族的关系、地区间的关系、地区内部的关系等——的支持;

◆ 如果社会成员不具有旨在团结并使其思想和组织统一体变得成熟的最佳信息机制,而这个统一体则旨在按照业已形成的客观可能性改造社会生活条件;

◆ 如果任何类型的活动——精神活动、精神实践活动和实践活动——的参加者不具备为了成功地共同实现其社会功能而充分互动的可能性。

大众传媒的完整性带来下列综合结果:

◆ 保证社会活动的全体参加者能够进行信息互动;

◆ 为其中的每一个参加者创造可能性,使其能够合理而完整地认识其作为个人、公民、某个社会团体或组织的成员而存在的条件,并形成自己的立场和行为模式;

◆ 形成信息机制和由个体精神产品向社会财富和社会意识的内容不断转化的过程。社会意识包括各种意识层面(理论的和日常的,意识形态和社会心理),各种意识形式(政治和法律意识、精神、宗教、艺术、科学),以及意识的各种状态(社会舆论、社会情绪,等等);

◆ 建立社会各种活动内部和相互之间的信息互动——实践的、精神的和精神实践的,这种互动有助于对个体、各个团体和组织符合社会生活不断变化的条件的共同活动过程进行调整。

当然,在社会中建立大众信息互动的媒体并不是形成和完善上述社会关系的唯一因素。它们不能取代社会在创造各种精神产品方面的全部活动——首先是产生知识、见解、经验、政治纲领和其他共同行为纲领、思想体系、法律规范、道德、审美和其他价值观的活动。大众传媒无法在当代社会劳动分工的条件下替社会所有的精神能动力量"工作",独立形成精神潜能。科学、文学、艺术、政治、智育、德育以及组织和管理社会的整个系统都是这些进程的积极参加者。

如果大众传媒开始积极地取代认知、价值观培养、组织等其他进程，那么这就会严重改变社会的精神潜能，使其失去科学正确性、美学内涵、思想和政治多面性以及真正的社会性。如今的学术争论经常涉及当代俄罗斯新闻业非社会性的显著表现，这并非偶然。这样的改变对多种社会活动产生负面影响，使其更加落后于社会生活的现实状况，妨碍社会劳动分工的进程。

报刊、电视、广播、网络媒体在社会中创造大众互动，这不仅是为了交流，也是为了在这个大众交流的过程中：

◆ 认识社会生活的现实状况，使整个社会、各种社会团体、社会行为（认知活动）的所有参加者了解这一认识过程的结果；

◆ 形成社会立场以及对自然和社会进程的评价。以政治、法律、精神、审美、哲学的概念、观点、规范和价值观的形式反映经济和其他社会关系。形成政治、精神、审美理想并付诸实施（社会活动）；

◆ 形成改变物质和精神现实的方案，制定社会成员在各种实践、精神实践和精神活动中协调一致行动的统一目的、计划和纲领，而这些行动与社会生活的条件相符。个体的大众交际能使其与社会在共同活动的情况下整体上不落后于动态变化，并针对这些变化有所行动（组织管理活动）。

3.1.2 大众传媒体制及其环境

如果大众传媒体制缺乏与自身环境之间的密切联系，它就不可能顺利地运作。社会的物质和精神构成是这一体制及其各个要素形成、存在和运作的必要条件。

大众传媒体制与其环境之间存在相互制约的关系。该体系在与环境的相互作用过程中形成并体现自身的特质。环境的改变对整个体制及其结构和组织产生影响，也对某些要素（部分）的运作产生影响。它们是大众传媒体制发生诸多变化的原因。环境的状况及其变化对要素的状况和变化产生影响，而要素又对体制产生影响。

大众传媒体制的环境包括：
- 社会的物质技术亚体制；
- 社会的经济亚体制；
- 社会的精神生活、精神文化的各种产品（政治、法律和道德文化等）；
- 社会管理的体制；
- 社会信息亚体制的各个要素（经济、政治和其他组织的新闻发言部门、公共关系部门、广告公司等）；
- 外国的大众传媒等。

互联网的很大一部分内容也是大众传媒的环境，尽管网络新闻业直接隶属于大众传媒体制。

如果把大众传媒视为交际体系，那么它的环境首先就是各种精神活动、精神实践活动和实践活动：
- 科学活动；
- 艺术活动；
- 编辑部以外的政论活动；
- 智育活动；
- 德育活动；
- 组织和管理活动（包括政治活动）；
- 一切实践活动（包括经济活动和日常活动）以及与之相关的各种精神产品（包括见解、经验等）。

社会劳动分工"授权"大众传媒完成各种社会活动的大众传播过程。大众传媒的传播功能似乎吸收了各种精神活动的传播功能：
- 科学活动（科学的、科学实践的、科学生产的、科学技术的以及其他的出版物和大纲）；
- 艺术活动（电影，话剧，电视播放的音乐会，文学、艺术、文学艺术杂志，集刊等出版物）；
- 政论和新闻的创作活动（新闻类、分析类出版物和节目，纪录片等）。

为了实现各种精神实践活动和实践活动的交际功能，存在不同类型的大众传媒：

◆ 促进社会政治体系互动的社会政治类报纸、杂志、电视节目和广播节目；

◆ 教育、教学、教学法和其他的教育类出版物和节目；

◆ 生产、职业、专业类的媒体和公司定制类媒体等。

为了能在大众媒体的传播活动中完全实现各种社会活动的传播功能，存在一个广泛的编辑功能网络，它保证对编辑工作进行组织，包括统筹安排，对获得的信息进行评论，进行全面的编辑，对科学性、艺术性进行编辑，以及从文字和技术层面进行编辑等。

实现各种活动的传播功能，不仅取决于各位作者的作品内容，而且取决于工作人员对所有编辑功能的执行。当大众传媒跨越其传播功能的边界，介入其他功能区域时，政治就会被媒体化。反之，政治介入大众传媒的功能"领域"时，媒体就会被政治化。类似的变化出现在游戏规则被破坏，大众传媒与政治、大众传媒与经济、大众传媒与文化等的功能边界被破坏的时候。同时，大众传媒应对政治、艺术、科学、政论活动实现某种功能做出明确反应，以便在自己的编辑活动中考虑到这些变化。

学者的研究表明，俄罗斯的大众传媒没在应有的程度上促进政治各种功能的实现并满足各阶层民众的需求。其中，我们可以谈谈政治的研究功能。为了使仔细斟酌过的政治决议得以通过，需就某个问题收集广泛而全面的信息，包括参与政治进程的公民的相关意见和建议。遗憾的是，这类信息显然不够。正因如此，大众传媒不仅限制了保证政权机关良好运作的可能性，而且限制了社会成员参与国家管理的可能性，向民众通报所做决议的功能以及对决议在各地的实施进行监管的功能都执行得不够有力。在这个方面大众传媒也有许多未被利用的可能性。

之所以存在上述民众与政权机关疏离以及民众非政治化的情形，原因之一是新闻业的自我隔离，它对社会的要求、利益和目的越来越不敏感[1]。诸如受

---

[1] 参见：Массовая коммуникация в современной России / Под ред. В.Д. Попова. М., 2003. С. 7.

众、信息范围、编辑范围等大众传媒的组成要素应该涵盖大部分周围环境，以保证整个社会范围内的信息互动。

必须更加全面地注意到社会劳动分工的进程，以便大众传媒的受众结构能够反映社会的整体结构，能够把社会主要群体的大部分民众吸收进去。大众传媒的信息领域应该囊括所有的精神产品：在认知、智育、德育和组织活动过程中产生的知识、看法、经验、审美观，等等，这些过程包括科学、艺术、政论和其他创作，它们是社会精神潜能、社会意识及其不同状态、水平和形式的财富。

编辑部门面临的任务是确保制造大众传播所需精神产品的各类创作活动和其他活动的代表能够广泛参与大众传媒。为了完成这项任务，必须协调好与广泛的作者群体之间的积极合作，组建相应的编辑团队，并利用各种表达和传播精神产品内容的形式，包括各种类型的出版物和节目，使广大受众能够对其有所了解。

大众传媒的技术基础及其经济领域均受环境的积极影响。如果对这一影响加以注意，大众传媒就能切实改变大众信息的进程。如果不积极地完善信息和传播技术，不在大众传媒经济中认真利用市场规律，大众传媒就无法保证社会的良好信息互动。

当代俄罗斯社会是一个处于过渡时期的社会，在这样的社会里，信息发布者和信息接受者之间存在不同关系，也存在不同的传播策略。当信息发布者竭力使信息接受者的利益屈从于他的利益时，信息关系可能是主体-客体。在这种情况下经常运用操控式的传播策略。社会变革过程中，取代大众信息进程中的主体-客体关系的是主体-主体关系。这是平等合作的关系、伙伴的关系、共同讨论问题的关系，它让每一个社会活动参加者均有机会从社会领域获得他和社会感兴趣的所有信息、向社会成员传达这些信息，并通过这种方式协调自身活动与社会活动的进程，对社会活动施加影响。换言之，取代操控式传播策略的是协约策略，后者的基础是平等对话、互动①。

---

① 传播策略的类型包括发布、操控、协约。不同类型的开放程度和传播方式各不相同。发布类型是消极传播，操控类型是积极传播，协约类型是对话、互动式传播。

隐瞒、歪曲和强加信息,使受众的信息利益屈从于统治者的利益——这都是曾经的负面现象。取代这些关系的应该是更全面地考虑社会成员的信息需求,全面地满足他们,在信息资源方面广泛发挥其创造性的积极力量(作为生产者和信息传播者)。社会变革参加者之间的对话是必需的,它与社会的各种进程同时发生,其目的在于制定共同活动的计划、形成对正在发生的事件的共同看法、更加全面地关注其他的立场和活动。

新型的信息关系正在发展。然而,社会生活的政治和经济现实对大众传媒产生着重大的影响,这样的社会生活妨碍民主的进程。它们限制政治、经济以及其他的社会关系主体活动的开放性,抑制观点多元化的发展,降低对异己思想的宽容度和忍耐度,妨碍合作的完善,也妨碍生产和消费大众信息的人们之间对话的顺利进行。

研究者提出了俄罗斯大众传媒的各种模式,其中包括工具模式和"第四权力"模式。前一种模式把大众传媒视为政治工具,否定其自主性和独立性。后一种模式反映俄罗斯开放社会的形成过程,公民社会、法治国家和市场经济是其组成部分。开放社会是:

◆ 批评性思维占据主导;
◆ 存在于对话和法律的框架中;
◆ 首先对自身的未来开放。

在俄罗斯建立这样的社会是一个长期的过程,大众传媒在该社会所有组成要素相互作用的机制中扮演相当重要的角色。

社会存在的一定政治制度是大众传媒体制组织和运作最重要的条件。专制的、极权的、专横的制度取缔反对派媒体,剥夺媒体获取信息的可能性,把信息变为政权机关的顺从工具。在开放社会里,大众传媒可以充分发挥自身的社会功能,保证政权机关与公民社会的合作,充当对权力、经济和其他部门进行社会监督的有效工具。

权力和资本既能促进大众传媒体系的优化,又能导致其变形、瓦解,其中包括限制大众传媒实现自身的重要功能。我们能从俄罗斯的现实中发现不顾社会利益的、强迫式的、政治化的、奴役性的、操控式的新闻业的表现。大众传媒被当成实现狭隘自私利益的政治武器和有损于言论自由和新闻自由的影响工具被积极使用,导致了对民主成果的侵蚀和破坏。

3.1.3 大众传媒的结构

结构是体制架设及其组成要素的联系方式。体制的组成要素(技术、编辑、受众等)互相影响,构成媒体的整体结构。它包括各种类型的报纸、杂志、电视频道和节目、广播、网络媒体、新闻通讯社,等等。报纸、杂志、公报和其他期刊以及其他非定期、非持续性的出版物属于大众传媒的一个单独类别——报刊。除了包含不同类型出版物的报刊,在大众传媒体系的发展过程中还建立起了诸如电视、广播、网络媒体、新闻通讯社等具有类别性质的属种。

大众传媒也包括:

◆ *技术结构*——大众传媒的物质技术基础;
◆ *经济结构*——大众信息过程参加者建立经济关系的途径和形式;
◆ *编辑结构*——编辑组织总体及各种编辑部门(报纸、杂志、书籍、电视和广播、互联网、新闻通讯社)的架构。此结构为记者,编辑,导演,摄像,政论、艺术、科学和其他作品的创作者开展活动创造必要机制,其目的是向大众的信息化过程提供保证;
◆ *信息结构*,它通过印刷和传播信息(政论、艺术、科学、资讯,等等)的不同方式呈现各种社会活动。信息结构规定传媒作品——各种大众信息产品:报纸、杂志、其他期刊以及非定期出版物、电视和广播节目、新闻通讯社通稿线路、网络媒体——的内容与形式。其中包括科学、艺术和政论创作的结构,其不同的主题和体裁形式,各种政治、智育、德育活动以及经济和实践活动的精神产品的结构;
◆ *大众传媒受众结构*,包括一定的受众群体;
◆ *组织结构*,它是大众传媒组织和管理体制的架构。

在社会变革的条件下,实践活动、精神活动以及精神实践活动的性质和结构也在发生变革,这产生了变革大众传播的要求,大众传播应该保证在社会变革的历史舞台上活动的人们之间的良好互动。

系统特征是正在发生的变化的基础,它需要新的实现机制。该机制的主导要素是大众传媒的结构及其变化。然而,遗憾的是,结构本身不够成熟,常常处于正在发生的变化之外,这会对保证大众传媒的完整性产生负面影响。近年来,网络媒体的普遍发展成了对社会需求的回应。与此同时,报纸和杂志的出版周期也大为缩短。

结构的发展不够迅速,这导致对于社会来说很重要的、由社会活动的某些参加者掌握的潜在信息无法全面丰富社会的精神潜力。此类信息对于社会空间的某些代表而言是重要且必需的,但他们却无法充分获得。因此,他们想要切实而及时地掌握社会中正在发生的进程、想要了解某些力量对正在发生的事件的立场、想要掌握对他们有益的所有思想、活动方式和方法的机会都受到了限制。

另一方面,拥有这类信息的人不能通过大众渠道进行传播,不具备积极参与形成大众信息进程的可能性,因此也没有参与形成思想、政治、法律、道德、审美和其他社会关系的可能性。结果,他们在参与社会舆论发挥作用,形成政治决定,传播社会变革宝贵经验,批评某些政治力量、权力机构和其他机构,对现实的理论和艺术认识等方面的作用便有所减弱。某些社会主体活动的开放性和公开性、社会和国家的意见多元化受到损失。在这样的情况下,社会本身不可能被称作是开放的,而国家不可能被称作是法治的。

缺乏组织完善的大众传媒结构不可能通过把科学、艺术、政论以及技术、政治和其他创作的全部主体吸收入这一进程的方式来丰富信息资源,而这样的丰富应该是不间断的,不落后于社会进步的条件和可能性的发展,并且与其相符。

大众传媒的结构变化应该形成出版物、电视和广播节目、新闻通讯社、网络媒体的集合,这种集合应能保证大众传媒整个体制的完整性。大众信息结构与21世纪社会的结构变化的一致性是大众传媒的现实问题。只有在建立相应的传播关系的条件下,公民社会、信息社会、法治社会的结构以及市场经济的结构才会顺利形成。

在归纳后苏联大众传媒结构的特点时,应当指出其正面和负面的发展趋势。

1. 俄罗斯社会转型进程改变了大众信息进程参加者的数量和构成。这里首先指的是通过电视、广播、报纸、杂志、新闻通讯社和网络媒体生产、传播和消费大众信息产品的人。报刊变化的特点便能体现上述改变（表 13 至表 16）。

表 13　1990 至 2003 年报纸的发行情况①

年份	出版物数量	期发行量 （百万份）	年发行量 （十亿份）
1990	4 808	165.5	37
1995	5 101	120.6	8.7
1996	4 881	114.0	7.8
1997	5 500	125.1	8.3
1998	4 436	112.4	7.5
1999	5 535	103.6	7.1
2000	5 758	108.7	7.1
2001	5 532	100.1	5.8
2002	6 663	128.9	6.2
2003	8 086	214.1	10.0

表 14　1990 至 2003 年杂志和其他定期及连续出版物（报纸除外）的发行情况

年份	出版物数量	期发行量 （百万册）	年发行量 （十亿册）
1990	3 681	240.0	5.00
1995	2 471	27.0	0.29
1996	2 751	30.5	0.38
1997	3 308	39.0	0.52
1998	3 420	39.5	0.65
1999	3 358	39.4	0.60
2000	3 570	39.9	0.60
2001	4 139	59.2	0.98
2002	4 315	68.8	1.16
2003	4 551	62.8	1.11

---

①　此处及下文引用的均为俄罗斯书局的统计数据。参见：Печать Российской Федерации в 2003 году. М., 2004,以及此前各年的统计数据汇编。

表15　全俄报纸的发行情况

年份	出版物数量	期发行量（百万份）	年发行量（十亿份）
1990	43	110.8	27.0
1995	234	40.4	2.7
1996	225	45.4	2.5
1997	271	35.5	2.4
1998	245	32.9	2.2
1999	286	36.4	2.1
2000	333	39.1	2.0
2001	238	23.0	1.3
2002	380	39.2	2.1
2003	405	58.7	2.5

表16　地区报纸的发行情况

（共和国、自治州、边疆区、州、地区、市、市辖区、基层）

年份	出版物数量	期发行量（百万份）	年发行量（十亿份）
1990	4 765	54.7	10.0
1995	4 867	80.2	6.0
1996	4 656	68.6	5.3
1997	5 229	89.5	5.9
1998	5 191	79.5	5.3
1999	5 249	67.2	5.0
2000	5 425	69.6	5.1
2001	5 294	77.1	4.5
2002	6 283	89.6	4.1
2003	6 922	129.7	6.62

后苏联时期全俄报纸的数量增幅超过8倍:从1990年的43家到2003年的405家。杂志和地方报纸的数字没有这么突出:它们的增长比例分别为22%和61%。不过,在出版物数量增长的同时,报刊受众的数量并未增长,地方报纸除外。全俄报纸的期发行量甚至明显下降,而杂志占报刊总发行量的比例也有大幅下降。这一切都是在信息市场出现竞争并且竞争愈演愈烈的情况下发生的。

这样一来,期刊的受众明显减少。全俄报纸的发行量从1.1亿份减至5 800万份,杂志的发行量从2.4亿册减至6 200万册。遭受损失的首先是经济上没有能力购买或者订阅自己所需报纸和杂志的读者。电视和广播节目数量的增长未必能够补偿报纸和杂志受众的减少,因为它们的分析性、内容丰富度、主题和功能的专业性以及整体的方向性都逊于报刊。而正在发展的网络媒体的受众覆盖面暂时还不大。导致报纸和杂志数量显著增长的因素首先是不断涌现并壮大的政治和经济精英的需求。政治、商业以及其他种类的传播之所以得到发展,是因为不断涌现的精英出于利益需要,必须组织政治和商业活动。因此,涌现出来的有影响力的报纸和杂志以及电视和广播节目首先是投资型产品,企业利益通常高于正在形成的受众的利益。同时,面向新兴精英的商业和政治报刊(首先是高质量出版物)有显著增长。企业媒体、广告媒体网络也在发展,尤其是在各个地区。

研究者认为,在俄罗斯的大众信息空间中存在两种主要的传播风格[1]。第一种是广泛使用不同的信息来源,包括互联网。第二种是传统的,依托于为数不多的来源,首先是电视。积极的风格被在当代社会空间中占据主导地位的经济和政治精英采用。他们拥有一切可能的资源:经济的、政治的、文化的,他们不仅是信息的消费者,也是信息生产的积极参加者。

2. 尽管全俄大众媒体数量快速增长,可是它们创造的*传播场域*却常常具有不完整性,只覆盖了国家的小部分人口。这首先指的是全俄报纸和杂志——相对它们拥有的潜在受众来说,每一期的发行量并不大;同时也包括电视和广播的

---

[1] Авдиенко Д.А., Влияние в процессе политической коммуникации. http://politjournal.spb.ru/1201/120106.html.

许多分析类节目——它们的收视率暂时都还不高。许多全俄报纸的期发行量为5万至6万份。以这样的发行量,它们当中的大部分无法形成全俄范围内的大众传播。2002年,全俄报纸单期平均发行量为10.3万份。后苏联时期,俄罗斯联邦全部杂志的期发行量从2.4亿册减少到6 200万册,而年发行量从50亿册减少到11亿册,这导致理论与实践之间的传播互动规模减小,包括科学与技术之间、科学与生产之间、科学与政治之间、科学与教育之间。大众传媒在科学内部传播方面的作用减小。艺术和广大受众之间的联系被大大削弱,这在一定程度上由不断增多的电视和广播生产的艺术和娱乐产品以及广泛普及的流行文化所补偿。报刊生产的下滑伴随着各个行业内部以及各个行业之间传播互动的减弱,因为行业杂志和专业杂志是这种互动的坚实基础。

3. 大众传媒的*地区化进程积极推进*,在联邦区,共和国、边疆区和各州的中心,各个城市及市辖区都出现了新的报刊、电视和广播节目、新闻通讯社、网络媒体。地方报纸的情况无论是从种类来看还是从期发行量来看都与全俄报纸不尽相同(参见:表16)。然而,这不能弥补全俄报纸发行量的下降,因为地区出版物和电视广播节目的内容基本上是针对当地问题的。它们对全俄问题的关注并不多,这局限了置身于该地区的个体和各个社会团体的传播场域,不能促进其在全俄和国际范围内展开积极传播。各个地方的许多出版物都具有广告性质。

4. 大众传媒结构中的负面趋势导致大众信息量减少,而个体和许多团体都需要使用此类信息。这不仅表现在广告文本、娱乐读物以及相应的电视和广播节目挤占了一部分新闻作品和其他作品的空间。出版周期短的报纸和其他出版物的数量正在减少。1989年俄罗斯联邦每周出版5至7期的地方报纸为201种,期发行量为2 900万份,年发行量为53亿份;2003年它们仅剩149种,并且期发行量减至790万份,而年发行量则减至19亿份,也就是说减少了一大半。由于期发行量减少,受众和信息量也相应减少。由于周期加长,受众得到的期数大幅减少。

5. 俄罗斯大众传媒的技术结构落后于技术革命。卫星电视和网络媒体的受众不多。俄罗斯每1 000人当中接入互联网的人数大大少于信息和传播技术发达的国家的这一人数,这并非偶然。俄罗斯大众传媒暂时还没有积极参与世界上正在发生的*传播过程的全球化*,全球化进程一方面也需借助于网络新闻业。

大型团体和散布于社会空间的团体的内部信息互动、它们之间的信息互动以及团体与社会的信息互动从总体上构成了大众传媒结构变化的核心。20世纪90年代,商业领域正在形成,向该领域的传播提供保障的商业媒体蓬勃发展,便是一个佐证。金融资本和金融关系领域新型联系的积极发展也形成和改变了大众传媒的相关结构。

现代社会所需的各种生产领域积极影响着大众传媒结构和类型的变革。

3.1.4 大众传媒的类型

大众传媒把科学分类——亦即科学认识的方法——视为自身的基础,而这种方法的基础则是借助经过归纳的理想模式或*类型*对主体系统进行划分和归类。类型研究被用于比较研究各个主体组织的显著特征、关联、功能、关系和水平,它依托的是对作为系统的主体的认识。分类也是开展类型描述和对比的结果。

类型研究旨在阐明被研究主体之间的异同,找到辨识[①]的方法(如果理论基础足够成熟,此类方法能够反映被研究系统的构造),揭示其规律性。与理论类型学并列的是经验类型学。其基础是数量分析和实验数据的归纳,记录通过归纳的途径获得的稳定的异同特征,对所获材料进行系统整理和诠释。

大众传媒的类型研究有助于更加准确地确定某个媒体与经过证实的*此类媒体的科学模式*的吻合度。它能够回答"在这个媒体当中体现出了哪些类型特征,而哪些类型特征缺乏或者体现得不够充分"的问题。它有助于编辑部预见某个具体大众媒体的发展,依托最高效的模式形成其体系,或者在考虑到周围现实环境的情况下对其进行修正。借助于大众媒体的分类还可以预见某一类媒体的发展,甚至是大众传媒体制的整体发展。

缺乏大众传媒类型研究的牢固根基,编辑管理和市场营销将不可能卓有成

---

① 辨识的方法确定研究对象与自身形象的吻合度。在新闻类型学中,通过辨识来确定的包括某个媒体与特定模式的吻合度。

效。开办新报刊以及电视和广播节目时最好能够找到未被占领的空缺位置,为此需要进行相应的类型研究。如果某个类型的空位"很抢手",相互竞争的媒体很多,而您又想在其中"插入"新的媒体,那么类型研究也可以帮助您找出新媒体区别于其他媒体的特点。

目前,俄罗斯存在大量在很大程度上互相克隆的全俄和地方报纸。这不能促进报纸内容的多样化,常常限制向受众传播的信息的全面性。这是信息生产和传播文化存在不足的一个表现,是没有好好利用类型原则和方法的后果。

大众传媒的类型研究总是与传媒运作的现实情况相关联。因此,类型研究应当非常广泛地被运用于*信息政策*领域,该政策利用大众信息活动的各种手段实现政治、经济和其他方面的组织活动。活动类型在很大程度上由国家机关、商业机构、各种非国家组织的传播功能决定,作为大众传媒的所有者、出版者或赞助者,它们实施信息政策。它们广泛采用大众传媒的类型学原则和方法,吸收类型学研究者参与信息政策的制定和推行,可以达到对大众传媒产业的最佳组织。在各个部委、商业性媒体控股公司、社会组织的实践中,用以组织大众传媒的类型文化还明显不足。

至于大众传媒理论,在这个方面有必要更广泛地利用类型研究作为科学认知的方法,以期更深刻地认识大众传媒的实质,更全面地揭示其体系特征的运作机制。类型研究有助于拉近大众传媒理论与实践的距离,因为它依托的是社会的现实进程。

类型研究可以直接基于类型这个对研究事实进行划分的基本逻辑单位概念,也可以使用其他的逻辑形式:分级、分类、区分……①。

现代科学对类型学的理解分为几种,这取决于对"类型"这个概念内涵的诠释。

---

① 分级——某一知识或人类活动领域隶属概念(各个层级的主体)的体系,确定这些概念或层级主体之间关系的手段,也是在各种概念或相应主体之中进行准确定位的手段。在大众传媒的理论中,分类解决对大众传媒的整体进行归类描述的任务,各个媒体均是具有内部分支和区隔的复杂体系。区分——对现实当中具有复杂组织结构的领域的分级和分类。这三种逻辑形式的界限是约定俗成的。

有一种是*静态模式*的支持者提出的,它的基础是不随时间改变的、永恒存在的"雏形"、"初型"、"原型"、"基型"或者不受时间支配的其他本源。如果这样理解"类型"的意义,自觉不自觉地便会与进化论者对类型的理解产生矛盾。

同时应当承认,寻找各类大众传媒的本源在阐明某类传媒的重要特点和完整性方面起着重要的作用,因为这样的寻找有助于研究者在认识过程中把注意力集中在此类传媒的性质特点上,更清晰地统筹总体、特殊体和个体。

科学上还存在另外一种对"类型"的解释,它与对其的*历史认知*和把类型学视为对体系及其发展的反映相关。构建和奠定这种类型学的主要特点是承认时间在某种被研究主体的形成过程中的重要作用。这为更清晰地探究在这一过程中——包括在自然和社会有所变化的情况下——发生的变化创造了可能性。对"类型"的这种解释把重点放在大量研究对象的进化特点及其发生的变化上面,较少关注对其完整基础的研究和对其实质的理论分析。它使历史描写和解释功能得以更加积极地实现,不过,科学的逻辑和预测功能则更少得以实现,开展结构类型分析的可能性也更小。

当然,这种类型学(它被称为历史类型学)对大众传媒理论和实践具有很大的帮助。它能够更加全面地呈现变革的图景,更加系统地研究大众传媒在其不同历史时期的发展。不过,与此同时,作为科学认识方法的大众传媒类型研究的可能性则受到了限制,其功能常被归结为对现实中具有复杂组织结构的领域进行相关的分类和区分。

第三种解释基于把"类型"理解为一种*特殊的方法论手段*,借助它构建现实的理论图景。它融合前两种解释的重要元素,适用于对系统主体和以时间分割的主体的重要特征、关联、功能、关系、组织水平的对比研究。在这里,"类型"的概念并非被视为直接从现实中取用的东西,而是作为科学思维的复杂工作的结果,这种思维从理论上对大量研究对象的重要特征进行改造,把它们合成"类型"的概念。出现在我们面前的类型是*特殊的理想客体*,而不是大众传媒领域大量经验式客体的直接代替者。

这种解释可以避免把"类型"当成对体系的完整而单一的反映。我们可以从部分出发反映体系,形成基于一定类型特征的不同模式。比如,我们可以在理论研究的基础上形成该体系的理想功能模式，并把它与这些功能在被研究类型中的实际情况进行对比。理想模式可以在被研究类型的其他体系要素基础上进行构建——该类型的编辑、信息、技术、经济、受众等模式。这样的多层面、综合性类型分析以广泛的普遍科学方法论和新闻理论作为基础，绘制一幅经过理论论证的完整图景，从而能够更加全面地利用对科学的描写、解释甚至预测等功能。

理论类型研究可以构建依托于大众传媒的规律和理论以及其他科学的方法论的多要素大众传媒模式，并以此为基础，探究大众传媒系统的正面和负面运作趋势，依照所构建的模式对大众传媒的变革提出科学的建议。类似做法可以针对不同类型的大众传媒实施。

因此，*类型是我们对大量研究对象的概括模式*。属于该类型的每个客体都具有这个类型的总体特征。它们构成此类客体与其他客体不同的区别性特点。如果这一概括模式是存在于想象当中的事物，是对大量现实存在的反映，那么我们就是在与经验类型研究打交道。*理想模式*则是另一回事，它是对一类客体应该具有何种特征进行理论分析的结果，这就是理论类型研究。对于理论类型研究而言，重要的不仅在于形成针对大量研究对象的这个理想概括模式，而且在于探究它在多大程度上与大量的现实存在相符。

为了弄清"类型"概念的内涵，必须明白，类型和类型特征是按照客体的整体特征把它们合成一类，这一特征同时也把所研究的大量对象与其他大量具有共同性的客体区分开来。所以，谈到大众传媒的类型时，我们可以把处于社会变化中的国家的大众传媒归为一类，探究其区别于其他发达国家和发展中国家的典型特点。

如果把大众传媒对待政治制度的态度作为归类的基础，也可以构成大量不同的客体。如果把这一特征作为类型分析的基础，作者就可以区分出主要扮演某一制度工具角色并完全依赖于该制度的工具型大众传媒。为了迎合该制度，大众传媒限制意见的政治多元，在传达各派政治力量的观点时违背宽容和忍让的原则。这是大众传媒的一种类型。同时也存在另外一种类型，它被称为"第四权力"。这种大众传媒确保社会所有政治力量自由地参与大众传媒事务，不仅帮助社会各界表达自己对政策制定和实施的意见，而且保障他们能够参与对权力机构的监督。

也可以按照其他的类型基础对大众传媒进行研究。

大众传媒构成传播活动的各种类型，其特点形成一个类型特征系统，它们参与架设大众传媒的结构。

其中包括以下特征：

◆ 由大众传媒体制的要素特点决定的特征（其技术、经济、编辑、信息和受众子系统，它们与各自环境的相互作用）；

◆ 由作为传播和创作系统的大众传媒的众多功能的性质确定的特征。这里，大众传媒不仅促进新闻传播功能的实现，而且依托社会认识功能，促进各种精神活动（科学、艺术）、精神实践活动（管理、智育、德育）和实践活动的传播功能的实现；

◆ 由组织过程和大众传媒体制的自我组织决定的特征。

因此，研究大众传媒的类型可以用来对大众传媒的重要特征进行对比研究。这些特征是：

◆ *技术特征*——所使用的传播技术（作为技术体系的报刊、电视、广播、网络媒体）；出版物和节目的形态；出版物的发行量、*规模*，节目的长度；出版周期（日报、周报和周刊、月刊），出版*时间*（晨报、晚报，夜间广播和电视节目）；

◆ *经济特征*——大众传媒可按下列指标进行划分：按照所有制形式（国家、国家-资本、社会组织、外资）；按照占大部分编辑预算的投资的性质（投资型预算：依靠国家、赞助商等，广告型预算：依靠广告投放，商业型预算：订阅、信息产品和服务的零售等）；按照经济活动的结果（盈利或者亏损的大众传媒）；

◆ *受众特征*——按照不同受众群体的特点对大众传媒进行分类；

◆ *编辑特征*；

◆ *信息特点*和类型；

◆ *大众传媒的旨向性*——取决于所实现功能的特点；

◆ *组织特征*——按照利用不同组织模式、实现自身目的的大众传媒创建者、出版者、所有者的特点：组织法律型（开放式股份公司、封闭式股份公司、有限公司,等等);组织政治型(创办者或者出版者是国家机关以及党、工会和公民社会其他组织的大众传媒);组织经济型(部门的、部委的、企业的大众传媒);各种科学、教育组织的大众传媒;创作联盟、戏剧及其他团体的大众传媒。

3.1.5　大众传媒的受众特点

按照这一类型特征区分出不同类型的大众传媒,包括:

1. *国家的(全俄的、全联邦的)大众传媒*,包括:

- 大众类出版物和节目,它们或是综合性的,或是在功能和主题方面具有专门性,其受众包括居住在国家领土范围内的广泛人群;
- "高质量"出版物和节目,它们或是综合性的,或在功能和题材方面具有专门性,面向精英阶层的代表以及从事脑力劳动和组织工作的人群。其中包括保障商业人士之间沟通的商业媒体;
- 面向工业、农业、交通、其他生产行业、教育、文化、生活等特定受众群体的媒体,它们针对各个行业的人群,在功能和题材方面或是综合性的,或是具有专门性。其中包括目前正在积极发展的公司定制类媒体;
- 市井媒体。它们在很大程度上迎合普众的心理、需求和兴趣,定位于比较低俗的大众心理;
- 面向各年龄段人群的媒体:儿童、少年、青年、中年、老年;
- 面向女性和/或男性的媒体;
- 面向父母的媒体(《父母》、《保姆》、《我们的孩子》等);
- 面向小群体的媒体(家庭、同乡、俱乐部等);
- 面向各类信徒的媒体(东正教、天主教、伊斯兰教等);
- 面向党派、工会、青年和其他团体的成员及积极分子的媒体;
- 面向按照其他特征区分的人群的媒体。

2. 除了全俄大众传媒,还有地方的和国际的大众传媒:

- 面向各联邦区居民的媒体;
- 面向各民族、各共和国、各自治州和民族区域居民的媒体;

- ◆ 面向各边疆区、州、市、市辖区居民的媒体；
- ◆ 面向基层受众的媒体(某个工业企业的员工，农民，交通、教育、文化机构工作人员以及高校教职工等)；
- ◆ 面向跨民族、跨区域受众的媒体；
- ◆ 面向一个或数个经济区域的居民以及其他集体受众的媒体；
- ◆ 跨国的和全球性的媒体(受众涵盖各国居民，包括欧洲国家的居民——例如"欧洲新闻"电视台覆盖的受众，以及亚洲国家、非洲国家、美洲国家的居民和国际社会)。

上述每个类别内部还能细分，分成综合性的出版物和节目以及在功能和题材方面具有专门性的出版物和节目。

受众的需求对大众传媒的类型结构产生越来越大的影响，尽管受众因素尚未成为对大众信息活动的结构进程产生决定性影响的因素。受众因素涉及行政区划、职业生产领域、男女性别、宗教信仰以及其他方面(表17、表18)。

表17 按受众特点分类的全俄和地区报纸(2003年)

出版物	出版物数量	期发行量(百万份)	年发行量(十亿份)
面向民族人士	69	0.5	6.7
面向女性	80	3.5	69.1
面向儿童	115	1.2	19.1
面向青年	181	5.8	743.9
面向男性	18	0.9	16.5
面向家庭	107	5.8	202.1
面向残疾人、盲聋人	33	0.3	4.5
面向信徒	229	1.4	14.5
面向工业和建筑业员工			
机械制造、工程业	190	0.5	19.0
矿山业	47	0.2	9.0

(续表)

出版物	出版物数量	期发行量(百万份)	年发行量(十亿份)
轻工业	12	0.01	0.1
林产化学、木材加工业	18	0.07	3.1
冶金业	46	0.3	28.0
狩猎、渔业	22	0.1	4.0
食品业	17	0.1	1.2
农业	240	3.3	108.2
化工业	100	0.3	16.2
能源业	58	0.1	3.6
电子业	21	0.3	2.2
建筑、设计业	114	1.9	45.2

表18　按受众特点分类的定期和连续出版物(报纸除外)(2003年)

出版物	出版物数量	期发行量(百万份)	年发行量(十亿份)
面向女性	69	5.3	111.0
面向儿童	117	2.5	32.1
面向青年	41	1.9	46.6
面向男性	13	0.5	4.0
面向家庭	23	1.3	44.7
面向残疾人、盲聋人	4	0.01	0.1
面向信徒	58	0.1	0.7
面向工业和建筑业员工			
机械制造、工程业	97	0.3	3.5
矿山业	45	0.08	0.7
轻工业	58	1.5	10.4
林产化学、木材加工业	25	0.3	2.2
冶金业	40	0.04	0.3
狩猎、渔业	29	0.2	1.8

(续表)

出版物	出版物数量	期发行量（百万份）	年发行量（十亿份）
食品业	43	0.3	1.7
农业	105	1.1	13.6
化工业	34	0.03	0.2
能源业	54	0.09	0.4
电子业	90	0.9	8.7
建筑、设计业	134	1.9	26.1

就其实质，大众传播就是参加某一活动的社会成员之间的信息交流和交换，也是这一活动不同类别的参加者之间的互动，活动类别包括：科学与实践、政治与经济、艺术与教育等。因此，受众因素在很大程度上与当代俄罗斯社会的劳动分工进程相关。劳动分工的地域差别、同一区域不同类别之间及其与中心之间的信息互动对于社会变革过程中的社会团结具有极为重要的意义。不同地域的受众不断增长的信息需求一贯体现在地方大众传媒的结构上面。

在后苏联时期的*地区报纸*当中，所有的传统类型报纸最有市场，首先是共和国、边疆区、州、市和市辖区的报纸以及大发行量的（基层）报纸（表19）。它们当中有许多是曾经被预料将会消亡的，然而，不断增长的区域内和跨区域传播需求克服了经济等方面的困难。诚然，这些出版物类型特征的变化与社会变革的要求还不完全相符；它们对权力和商业机构以及对广告投资的依赖非常严重；许多读者的购买力不强。

表19　1989至2003年地区报纸的出版情况

（共和国、自治州、边疆区、州、地区、市、市辖区、基层的报纸）

出版物	出版物数量		期发行量（百万份）		年发行量（十亿份）	
	1989年	2003年	1989年	2003年	1989年	2003年
所有报纸	4 727	6 922	47.5	129.7	9.6	6.62
俄罗斯联邦共和国和自治州报	84	429	3.8	10.1	0.9	0.6
州报	157	1 207	15.5	32.4	4.0	1.5

(续表)

出版物	出版物数量		期发行量(百万份)		年发行量(十亿份)	
	1989 年	2003 年	1989 年	2003 年	1989 年	2003 年
市报	490	2 318	14.8	68.5	3.0	3.7
市辖区报	1 620	1 731	9.4	7.9	1.5	0.6
基层报	2 360	1 188	3.6	10.4	0.2	0.2
地区报	16	49	3.6	0.4	0.02	0.02

3.1.6 信息的特点和类型

作为传播整体，大众传媒体制具备一个广泛而可鉴的物质环境，它包括科学作品，艺术作品，记者的政论作品和文学活动的作品，由政治、经济以及社会活动参加者创造的其他精神产品。在与大众传媒互动的过程中，这些精神产品中的大部分都会成为信息产品：成为报纸、杂志以及其他出版物的内容，电视和广播节目的内容，网络媒体网站的内容，并被广大受众使用。形成的大众传媒信息子系统包括：

◆ 科学、艺术、新闻、政论作品中包含的潜在信息以及各种可以成为大众传媒反映对象的社会活动（政治、经济、法律、道德活动等）创造的潜在信息；

◆ 以某种方式被纳入编辑过程的潜在信息：订制的作品或者处于全面编辑、对科学性和艺术性进行编辑以及从文字和技术层面进行编辑和排版阶段的作品等；

◆ 处于大众传媒正在传播的作品中的潜在信息；

◆ 广大受众从大众传媒获得的现实信息。

问题在于，如何使具有社会意义的潜在信息在大众传媒的内容当中得以全面反映，并被对其有需求的广大受众使用？首先便是，如何使精神层面的各种活动不局限于以科学、艺术、政论的方式认识现实？换言之，如何使它们不仅只包含新知识和价值观？这些活动应当积极利用自身产品来丰富社会的精神潜能，使各种精神实践活动和实践活动的广大代表能够接触精神活动的产品。在精神活动、精神实践活动和实践活动领域积累的潜在大众信息与某些社会进程的参加者从大众传媒获得的信息之间存在巨大的脱节。

研究者指出,联邦电视频道的"议程"是定制的,它们对播出事件的诠释也是定制的。对许多全国性事件——经济、民族和社会等方面的事件,包括对公民社会的形成问题——关注不够。俄罗斯的信息空间有被政治化的趋势,但远非是朝着俄罗斯全民利益的方向发展①。在新闻节目和出版物的主题结构中,政治方面的定制材料以及政治、权力和管理问题占主流,明显超过经济政策、精神生活、公民的社会权利等极其重要的问题。现实世界与人们从大众传媒获得的概念不相符②。

这样的信息世界图景是*传播信息的质量被降低*的结果:

◆ 信息的全面性和多样性减小,被诠释的可能性减小;

◆ 定制材料数量增多;

◆ 体裁变得更加贫乏;

◆ 对材料轰动性的追求得以凸显,几乎成为了必需的目标;

◆ 经常出现语言错误以及行话、低俗词语和骂人话③。

信息子系统首先是大众传媒向广泛的受众传播并被后者获悉的内容。其载体是大众信息产品:各期报纸和杂志、图书产品、广播和电视播出的节目、新闻通讯社的消息、网络媒体的网站等。

出版物、电视和广播节目、网站可以是综合性的或者专门性的,这取决于它们提供何种信息。综合性的大众传媒可以同时包含科学、文学、艺术、新闻和其他信息。与此同时,也有传播某一类型信息的专门性大众传媒:主要刊登新闻作品或者其他某类创作作品——科学创作或艺术创作。主题方面也存在综合性的和专门性的主题,例如,与具有综合性主题的报纸并列的是刊登政治、经济或者其他主题的出版物。从自身特点而言,信息可以是记录性的,反映实践、管理、智

---

① 参见:Массовая коммуникация в современной России / Под ред. В.Д. Попова. М., 2003. С. 7, 12.

② 同上,С. 19, 33.

③ 参见:Тавокин Е. П., Журналистика и политические коммуникации в информационном обществе //Массовая коммуникация в современной России. М., 2003. С. 36.

育和德育等活动领域的各种文件。

如前所述，既存在具有专门主题、面向普通居民的大众化传媒，也存在具有专门主题、主要面向精英阶层代表、从事脑力劳动和组织活动的人士的高质量出版物和节目，还存在具有专门主题，面向行业和职业群体、不同年龄段的儿童、女性和男性等受众的出版物。

信息的特点对其形式产生影响。时效性的、事件性的信息在讲求速度的电视和广播新闻节目、网络媒体和报纸当中出现。而为分析类信息则设有分析类的节目和杂志。信息的特点对发行量、出版物容量、播出时长、出版周期（日报、周报、周刊、月刊）、出版和播出时间（早报、晚报、夜间电视广播节目，等等）产生影响。信息也可以分为文字、图形、影像和音像信息。

因此，大众传媒信息领域的内容包括：

◆ 新闻、政论信息；

◆ 艺术信息；

◆ 科学信息，包括科学研究信息、科学技术信息、科学生产信息、科学方法信息；

◆ 教育-教学信息；

◆ 政治、法律、经济、生产技术和其他管理类的信息；

◆ 各类德育主体的信息，包括家庭、学前机构、中小学和高校等的信息；

◆ 宣传鼓动活动主体的信息、各种国家和非国家机构公关活动主体的信息，包括政党，运动，各种经济、思想、社会组织；

◆ 统计信息；

◆ 参考信息；

◆ 其他信息。

每种类型都有在功能上的细分。例如，新闻信息可以按照功能分为：

◆ 事件、消息信息；

◆ 分析信息；

◆ 调查信息；

◆ 艺术政论信息。

大众传媒也可以按照各类信息的主题结构进行细分。在这种情况下，我们可以把新闻信息分为：

◆ 综合信息；

◆ 经济信息；

◆ 政治信息；

◆ 法律信息；

◆ 文化信息；

◆ 其他信息。

新闻信息按照体裁可以分为：

◆ 报道；

◆ 访谈；

◆ 通讯；

◆ 评论；

◆ 特写；

◆ 小品文；

◆ 其他体裁形式。

3.1.7　出版物和节目的目标任务

大众传媒的这一重要类型特征产生出大量的媒体类型。大众传媒活动的结果就是在全社会或者各大人群之中展开广泛的社会互动。它以作为传播系统的大众传媒细分功能的总和为基础，而这个系统则依托信息接受者和信息发布者的传播需求，促进两者利益的和谐统一。

影响类型细分的不仅是各种各样的信息传达和分析功能以及其他的新闻和政论功能，还包括政治、经济、科学、艺术、智育、德育、实践活动的传播功能。基于各种精神生产（科学、文学、艺术、政论、新闻等）的目的，大众传播形成了下列出版物和节目：

◆ 以新闻和政论体裁的作品反映公共领域和现实状况的大众政论类；

◆ 文学类；

- ◆ 艺术类；
- ◆ 艺术政论类；
- ◆ 文学艺术类；
- ◆ 文化教育类；
- ◆ 娱乐、游戏、休闲类；
- ◆ 教学和教学法类；
- ◆ 科学类；
- ◆ 科学普及类；
- ◆ 科学实践类；
- ◆ 科学生产类；
- ◆ 生产实践类；
- ◆ 公文类；
- ◆ 宗教类；
- ◆ 广告类；
- ◆ 信息类；
- ◆ 其他类。

大众传媒按照目标任务进行细分，并考虑到其参与实现政治功能和经济功能，支持思想、政治、宗教和其他潮流的特点。出版物和节目可以极具宣传性和鼓动性，吸引广大民众成为各党派、运动和社会团体等的支持者。大量的企业定制媒体系统得以创办和发展。

大众传媒可以进入支持政府政策或者反对政府的传媒集团，认同右翼、左翼、中间力量的观点，秉持不同的理念——自由主义的、共产主义的、民族爱国主义的、社会民主的，等等。按照这些特征，它们可以被分成不同的类别：亲政府传媒、反对派传媒、右翼传媒、自由派传媒等。

大众传媒可以根据秉持的传播策略分成操控、协约、发布等类别。

目前，大众传媒的诸多功能正在得以实现，这一趋势在未来还将继续。在社会变革和信息社会形成的过程中，政治、商业、生产、经济以及科学和艺术的传播能够扩展大众传媒的功能场域及其组成部分，使之活跃起来。为了实现这些功能,需要更加完善的新结构,这一进程已经开始。

艺术、娱乐和新闻节目发展迅速,它们已经占据了超过一半的播出时间。与此同时,按照 А. Н. 阿列克谢耶夫的研究,报纸报道事件("新闻")的功能明显减弱。21世纪初,报纸的娱乐功能得以增强,后来又有所减弱。提供参考信息和联系信息(个人告示、声明等)的功能越来越强大[1]。

为了实现广告功能,在出版物上为其增加了成倍的空间,播出时间也翻了倍。其结果是某些出版物和节目的结构发生了很大的变化。

然而,在很大程度上,如何实现分析功能的问题却不受编辑工作的重视。主要原因在于对当代俄罗斯社会进行科学认识的潜力不够发达和丰富,其融入大众信息进程的程度也不足。而由于经济、政治等原因,编辑工作本身也并非总是在竭力团结有能力的作者群,以保证对迫切的社会问题进行确有代表性的讨论。因此,分析类出版物的发展现状大大落后于社会进步对于强化大众传媒分析功能提出的要求。

* * *

只有下列大众传媒才能加快信息社会的形成进程,加快基于先进的世界传统对后苏联经济、政治和文化进行革新的进程:

- ◆ 积极地把社会活动的所有主要参加者——个体、各个社会团体和组织——当作高质量信息产品的消费者和制造者纳入大众信息进程;
- ◆ 完全满足在全社会范围内不断发展的精神、精神实践和实践活动进程参加者快速增长的获取和传播信息的需求,这些进程包括认知、智育、价值论、艺术-审美、德育、组织管理等,它们以大众传媒建立的丰富社会精神潜能、吸引各阶层民众加入其中的机制为基础。
- ◆ 有效地与环境互动,与社会生活条件的发展相适应,及时、合理地更新大众传媒的技术基础及其经济环境、受众、编辑、信息和组织管理子系统。

---

[1] Алексеев А.Н., Новая российская газетная пресса: Типологическая структура и ее изменения (1988 – 1997 гг.) // Социология & Маркетинг. 1999. No 1. C. 6 – 7.

第 2 节　印刷传媒的受众（И. Д. 福米乔娃）

归根结底，出版物和广播电视的类型是由其受众（信息消费者）的旨向决定的。对这一旨向的认识程度各不相同：从按照"任意为之"的原则组织内容，到按照受众的明确要求清楚地划分目标群体。不过，受众无论如何都会对经营者在创办新的大众传媒或者管理现有大众传媒时所做的决定产生影响。

信息渠道内容和形式（格式）的特点、组织传播的方法、在市场上推广信息产品的手段不可能不受消费者的希望与喜好的左右。当然，这里讲的至少是部分市场化的运作，而非受到完全资助或者免费发放的出版物。

遗憾的是，编辑部在评价自身成绩时参照的主要指标一般都是市场占有率的排名，亦即出版物（频道、节目）某个时期受众的多寡。研究中心收集的基本上也正是此类数据。然而，为了建立某种特定类型的信息渠道，需要了解关于受众的全面信息。一部分信息可以从苏联时期的研究中获取，另一部分可以吸取国外的经验，一些大型媒体企业可以进行独家的、相当昂贵的定制研究，但这类研究的信息不会与他人分享。

可见，并非任何时候都能依托强大而可靠的数据资料。不过，我们可以参考能够获得的信息。

3.2.1　影响的程度

潜在的和现实的读者通过多种方式对出版物的命运产生影响。可以区分出几种影响。程度体现得越明确，就越能让报纸和杂志的出版者觉察。

第一，最普遍的程度。它表现为对人群和社会究竟需要什么、最离不开什么具有一定的认识。这里讲的是传播中的社会、群体和个人的需要，是"垂直的"（人民与政权机关之间）和"平行的"（群体之间、阶层之间）的信息交换。在这些认识的影响之下形成报刊体系和不同规模、不同类型的出版物，涌现出无线和有线电视频道、广播电台和网络资源。

第二，客观存在并在一定程度上作为要求和兴趣被认识的"时代召唤"——

社会发展一定阶段、一定具体历史境况当中的状态。例如,俄罗斯社会现在急需的不仅是从传播地域而言的面向全俄的报纸和杂志,而是能够完成各个地区和社会各个部分信息交换任务的报纸和杂志。莫斯科的报刊完成这些客观所需的功能比较乏力,这注定使它们损失一部分受众。

第三,在一定程度上认识到自身需求的人们面对社会意识和存在的各个方面表现出选择态度——*信息兴趣*。后者与生活中认识到的主要之处、宝贵之处、占据人们头脑的东西相关,即与价值取向相关。例如,俄罗斯在经济结构方面的变化及其带来的出乎许多人意料的变化、自我意愿在个体生活保障方面的作用增大决定了人们头脑中优先信息的更替,政治兴趣让位给了经济兴趣。《金钱》杂志恰恰抓住了人们对于商业和生活的经济方面的积极性这一组合,成功地得以创办并在期刊市场站稳了脚跟。

第四,读者的选择即读者的态度对大众传媒的影响最显著地表现在行为上,即他们购买或者订阅什么,观看或者收听什么。制造和传播信息、尤其是为此类活动出资的人对这一影响认识得最清楚。他们为此展开专门的研究,通过排行榜对其进行监测。然而,为了认识出版物成功或者失败的原因,采取改变形式和内容(即类型)的措施,需要对藏在读者选择背后的动机、需求、要求和评价具有清晰的认识。为了做出具体决定,必须掌握究竟是什么人(性别、年龄、职业、生活方式和世界观)选择出版物,以及现实受众与理想的目标受众是否相符的信息。

3.2.2　受众行为的发展趋势

俄罗斯正在形成定期收集关于读者、广播和电视观众的占有率(受众数量)和其他指标的行业——媒体监测。研究机构提供的数据仅涉及读者、听众和观众的行为,包含对诸如"什么人在阅读(收听、收看)什么?""此事以什么样的频率发生?""究竟是什么出版物(电视或者广播频道)?"等简单问题的回答。此类监测的准确度正在不断提升,越来越接近国际标准。最常被研究且被研究得最深入的是电视受众,因为电视频道的广告时间极其昂贵,这要求相关的广告从业者以对具体频道在一定时间段受众数量的了解为基础进行全面的分析。

20世纪90年代初期,很难理解正在发生什么事情:是人们避开了媒体?还是他们与媒体的接触出现了新特点？1993 年，收入对报纸订阅的影响已经比较明显（收入水平越高，不订报纸的人就越少）。不过，后来的调查显示，收入水平相对较高的群体当中 31% 和 18% 的人以及收入水平最低的群体当中 47% 的人行事并非只受经济状况的影响（表 20）。

表 20　不同收入水平的居民订阅和未订阅报纸的比例（占各组被调查者的百分比）

订阅状态	家庭成员的人均收入（千卢布）							
	0.1—1	1—2	2—3	3—5	5—10	10—20	20—50	超过 50
订阅	53	54	58	63	68	75	69	80
未订阅	47	46	43	37	32	25	31	18

获得出版物的途径一直以来都有数种：不仅可以订阅，而且可以购买，也可以在图书馆和工作地点阅读，还可以向熟人、邻居、亲友借阅。直到不久之前，在俄罗斯，最主要的途径还是订阅，这与其他国家的情形完全不同。订阅的优势被打破起初绝非是由于物价飞涨，而首先是因为由一系列原因造成的投递不畅：邮递行业的强制垄断、建立新的传播结构的速度缓慢、邮箱的邮品丢失等。

"社会舆论"基金会尝试跳出惯常的指标去了解人们获得报纸的现实途径，发现了许多新现象。除了订阅之外，大多数读者还通过其他形式获得报纸，首先就是购买（表 21）。

表 21　首都报纸订阅者、购阅者、定期和不定期读者的比例

（占被调查者的百分比，全国范围内）[1]

报纸	订阅者	购阅者	定期阅读		读者总数
			几乎每天	有时	
《论据与事实》	22	22	23	24	47
《莫斯科晚报》	1	1	1	1	2
《时日报》	0	2	0	2	2

---

[1] 参见：Фомичева И., Подписка и розница: крушение старых привычек // Фонд «Общественное мнение». М., 1993. с. 15.

（续表）

报纸	订阅者	购阅者	定期阅读 几乎每天	定期阅读 有时	读者总数
《消息报》	3	7	3	7	10
《生意人报-daily》	1	2	1	2	3
《共青团真理报》	10	12	10	14	24
《莫斯科真理报》	1	0	1	1	2
《莫斯科新闻报》	1	1	1	1	2
《莫斯科共青团员报》	3	3	3	3	6
《真理报》	2	3	2	3	5
《俄罗斯报》	3	4	3	4	7
《苏维埃俄罗斯报》	2	3	2	3	5
《快讯》	4	14	9	11	20
《劳动报》	8	7	8	8	16

通过对数据的分析可以发现以下趋势：

◆ 在大城市里出现了通过零售途径购买报纸的趋势；

◆ 读者越年轻，就越有可能是购阅者，而不是订阅者；

◆ 出版物越年轻，其购阅者就越多；

◆ 报纸的地域级别越低，其订阅者就越多（表22）；

◆ 居民点越小，该居民点只通过订阅来获得报纸的读者就越多（表23）。

表22　地方报纸订阅者和购阅者的比例（占被调查的地方报纸受众的百分比）[1]

报纸类型	读者（各种类型）	订阅者	购阅者
州报、边疆区报	31	18	12
市辖区报	26	18	6
市报	32	17	13

---

[1] 参见：Фомичева И., Подписка и розница: крушение старых привычек // Фонд «Общественное мнение». М., 1993. С. 16.

表23　各种类型居民点的"纯粹订阅者"和"纯粹购阅者"的比例（占被调查者的百分比）①

居民点类型	"纯粹订阅者"	"纯粹购阅者"
莫斯科	33	29
圣彼得堡	17	44
州和边疆区中心，自治区首府	23	36
边远城市、城市类型的居民聚居点	37	23
农村	48	10

需要注意的是，任何一个因素都不是单一作用的。物质条件、生活方式、居民点类型（它至少决定出版物零售网络的发展）、出版物本身的性质以及许多其他因素互相作用，创造出整体趋势：总体而言，相较于零售购阅，订阅比较少。这里起作用的还有社会文化因素：大城市里受教育程度更高、更年轻的居民基本上正在改变各个领域的行为模式。总的来说，《生意人报-daily》的受众已经在朝着更年轻、收入更高的群体转变。1994年，在受调查的6个大城市的6个经济活跃而有保障的居民群体中，有1.3%至4.4%的人订阅该报，而购阅人数占到7.5%至15.2%。这个方面最明显的是莫斯科，该市《生意人报-daily》的购阅者人数超过了订阅者4倍。

1998年上半年，在每周出版一期或数期的中央报纸的读者当中，订阅者的比例仅为10%，而零售购阅者的比例则高达49.3%。

为了便于比较，我们也给出"塔干罗格市研究项目"（1967至1972年在Б. А. 格鲁申领导下完成）的数据。1968年，在塔干罗格市，《真理报》的订阅者占其读者总数的95%，《消息报》占90%，《苏维埃俄罗斯报》占100%，《农村生活报》占80%；《共青团真理报》占81%；地方报纸的情况也是如此：州《大锤报》100%的读者都是订阅者，《共青团员报》的订阅者占到其读者总数的80%，市《塔干罗格真理报》的订阅者数量甚至超过了100%，因为有些掌管家庭预算的人为家庭其他成员也订阅了该报。

---

① 参见：Фомичева И., Подписка и розница: крушение старых привычек // Фонд «Общественное мнение». М., 1993. С. 17.

非日报的情形有所不同,订阅者可能占到读者的 20%。不过,应当注意到,当时大部分报纸在任何阅览室、单位和街道报栏都能读到。

对于新的印刷传媒的分类而言,从订阅到零售的大规模转向可能意味着什么呢?读者当中购阅者的比例越高,总体上报纸读得越少。如果进行直接的对比(表 24),这样的关系表现得就更明显。购阅者读报的频率明显比订阅者少。

表 24　获得途径与阅读地方报纸经常性之间的关系

(占各类报纸被调查读者的百分比)

报纸	经常阅读		不经常阅读	
	订阅者	购阅者	订阅者	购阅者
州报、边疆区报	79	20	19	73
市辖区报	87	33	11	53
市报	75	20	22	72

如今,对于许多报纸而言,非经常性读报的读者占现实读者的比例超过一半。例如《论据与事实》、《消息报》、《生意人报-daily》、《共青团真理报》、《俄罗斯报》、《苏维埃俄罗斯报》、《快讯》、《家庭报》等,换言之,它们包括大众化的报纸和并非特别大众化的报纸、周报和出版周期更短的报纸、青年报纸以及面向更加年长的读者的报纸。

印刷传媒市场以普遍拉长出版周期来应对定期阅读习惯的弱化。按照专家的调查和报刊目录的资料,目前报纸类出版物最常见的周期是每周不超过一期。

定期阅读习惯的弱化和出版周期的拉长是影响定期出版物传播信息类型的主要因素之一,这也意味着对出版物类型产生影响——内容由更多的时事新闻信息转向对时效性依赖较少的分析文章(主要是指商业报刊)和没有时效性的各种有趣而"世俗"的文章,或者转向个人生活方面的文章(关于演员、政治人物和其他名人)。

出现了大量月报,这种缓慢的出版周期完全不是报纸应有的。虽然外观上还保留了报纸的形式,但它们已经转为完成杂志的功能。在关于读者人数的统计资料当中,《快讯》已经排名靠前十余年了。它的经验证明,这种慢周期、"全时"内容的出版物完全有可能实现印量的销售一空。从 2003 年起该出版物转为每月出版两期,今后我们拭目以待,这样的转变能否获得成功。

2002 年,盖勒普媒体调查机构在人口超过 10 万的俄罗斯城市对超过 5.3 万人进行调查的结果表明,日报读者比例最高的是莫斯科,为 21.9%;全俄罗斯这一比例为 7.2%。《共青团真理报》的例子很有说服力:在上述城市中,3.9% 的人阅读其日报版,10.8% 的人阅读其周报版。总体而言,日报读者的比例为 10.5%,周报读者的比例为 45.3%。

与读者接触的偶然性使得出版物的一般受众与各期一般受众这两个有所差别(所以后者也被纳入了衡量大众传媒受众所普遍采用的主要指标当中)。这一偶然性大大地改变着出版物的插画、结构和内容模式。大多数受众认为,从杂志和报纸上已经不再能读到连载(例如文学作品)。从原则上说,各种与上期的关联或者对后续内容的预告有可能提升购买各期出版物的可能性,但这种情形不会出现在大众购买力低下和零售网络不够发达的条件下。

偶然性、非经常性甚至是一次性购阅者的比例增加,使得业界必须按照商品丰富的市场的规则办事:最大限度地使"包装"(封面)具有吸引力,竭力达到即使匆匆一瞥也能被区分出来的辨识度。在这种情形之下,起作用的是市场营销中所谓的冲动消费,亦即由于瞬间产生的兴趣而完成的、事先未计划的购买行为。而美国的研究也表明,购买报纸或者杂志的决定经常都是当它们"在眼前冒出来"之后于转瞬之间做出的,这在年轻人和女性身上尤为突出。商品促销方法中所谓的"调配"(即在柜台和陈列台上把某一商品从其他商品中区别出来)让受众实现消费——不仅消费多种色彩(这种情形通常发生在报纸身上),而且消费占据足够空间的"商标"(出版物名称)和整版的巨型插画。第一版的广告位置相当昂贵,所以在腰封或者带名称的厚垫板等地方刊登广告的方法越来越多。

与受众接触的不定期性也反映在与之交流的特点上。尽管都在竭力"吆喝",但大多数出版物与读者似乎仍是脱节的:其版面不再刊登读者来信,不再有与读者对话、与读者和其他作者交流看法的内容。至于《论据与事实》长期以来所取得的罕见成绩以及《快讯》跃居排行榜前列的事实，恰恰可以把它们跟保持与读者交流的传统方式联系起来。有段时间，这种交流方式在《消息报》上也能见到，当时该报设有《消息报·鉴定》版面。坚持刊登读者来信的还有《独立报》和《劳动报》。

受众与印刷传媒接触的不定期性导致大众传媒体制中的各种角色定位彻底地重新分配。20世纪90年代初，报纸让位于电视（在一定程度上也让位于广播），失去了作为大众信息尤其是快速信息来源曾经拥有的领导地位。电视不仅在城市（这一进程在城市开始得更早）成了领导者，在农村也成了领导者。1993年全俄民意调查中心面向俄罗斯全国进行的调查便足以说明问题（表25）。

表25　对"最近一个月您主要从哪些来源了解国内事件？"这个问题的回答

（占城市和农村被调查者的百分比）

来源	占被调查者的比例	城市	农村
电视	86	85	87
广播	43	44	41
报纸	28	28	29

许多报纸不再是传播时事新闻的先锋，可是，许多报纸转向诠释、分析和述评功能的过程也很拖沓。这种转变最先发生在商业报刊，主题性的述评在这类媒体中获得了理所当然的体现。在面向大众读者的出版物当中，这一进程则比较慢。然而，在不断变化的社会、政治、经济条件下，人们需要的就是对正在发生的事件的解释、对事件的全景式综述、专家针对在日常生活中如何做出正确的财务决定提出的建议以及其他的类似信息。报刊、电视和广播角色的重新分配使得整个报刊体系必须最大程度地细分其目标受众，以在市场中找到自己的位置。

普通报刊在一定程度上也正在经历专门化的过程。《论据与事实》和《独立报》开创了别具特色的"一沓式"附页。《莫斯科共青团员报》早就在朝这个方向努力，针对不同的读者群推出附页。

报纸的专门化发展受到两个主要因素的阻碍，当然，它们并非仅有的阻碍因素。一方面，广大受众的支付能力低（这使他们局限于购买一份尽可能包罗万象的报纸）；另一方面，报刊业缺乏市场营销文化。在专门化过程中尤其需要研究受众及其品味和可能性。

因此，与报刊目标受众的划分越来越细这一趋势并存的还有一个相反的趋势——对题材包罗万象的报刊的需求，它能满足无力为每个成员单独购买报刊的家庭的所有人的需求。因此，在"报刊-读者"的链条中，占据主导地位的是大众化和中和口味的倾向。

这样一来，大众传媒市场在社会两端的发展不尽相同。居于其中一端的读者能够负担各种阅读：从专供"高智商人群"阅读的杂志到时髦和高档的杂志，专门化趋势占据主导地位。在另外那个贫穷的一端，占据主导地位的是供所有人阅读的报刊，在诸如《丽莎》这类与时髦杂志气息沾边的杂志也在涌向这一端。供社会两端的人群阅读的报刊不断分化，而且，这一进程正在加剧。报刊的传播途径也渐渐显出差异：昂贵的超级市场出售供富人阅读的报刊，街边小摊和地铁的自动售货机出售供穷人阅读的报刊。

上述分化正在逐渐蔓延到电视领域：截至 21 世纪初，60％的俄国人家里只有一台电视。这意味着，在选择收看的内容方面，大众化占优：选择在一定程度上能满足所有家庭成员的节目。收费的卫星电视领域也出现了细致的划分。对于那些只有一台电视机，只能收看几个无线频道和两三个有线频道的人，现有的资源已经足够了。从提供的节目来看，为了获得最高的收视率，《满座》节目、在诸如警察日等各类节日时总会播出的晚会、白天播放的情节曲折的连续剧以及新闻节目都必不可少。而那些装有卫星"锅盖"的人可以在国内和国外频道当中选择各种口味的节目，包括相当前卫的节目。

3.2.3　中央报刊和地方报刊

报刊类型具有多元化的界定方式。"中央报刊—地方报刊"是判断类型的变化以及它们的相互关系时一贯参照的标准之一。

广大受众也会依据这一标准解决难以选择报刊的问题。20 世纪 60 年代针对苏联受众最先开展的研究表明，没有太多财产的人和不太把订阅报刊当成家庭预算必要支出的人多半会选择地方报刊。当时这类报刊就比较便宜，而且也能满足消费者的最低信息需求（例如，地方报刊会简要地刊登塔斯社的国内外新闻）。

20世纪90年代前半期，中央报刊的运输费用占据了其一大半的成本，很大一部分受众最终选择了州报（州中心城市的居民）、市报（其他城市的居民）以及区报（市辖区中心和农村居民）。在莫斯科、各共和国和州中心城市出版的所有报纸都开始压缩通讯员队伍，由此带来的刊发的材料所涉及的地理区域不均衡的问题也令读者不满。这种状况在一定程度上助长了上述趋势。

由于种种因素，选择地方报刊的倾向近期未必能得以改变。此外，不少分析人士指出，世界的全球化趋势渐占上风：全球信息的发展以及对此类信息的兴趣与地方渠道的增长以及对此类渠道的兴趣结合在一起。而中等规模的渠道以及对其的兴趣渐失。不过，应当指出的是，就在不久以前，各家中央报刊的读者总数还很多，加上从他人处借阅报刊的读者，中央报刊的读者与地方报刊的读者数量相当接近①。全俄报刊依靠其地方版能否保住可观的读者数量？时间将会给出答案。不过，这种"区域化"是目前唯一的出路。全俄报刊在人口超过10万的城市所占份额达到了15％至20％。正因如此，根据此前提到过的盖勒普媒体调查机构的资料，2002年，全俄报纸的读者总数占到38％（地方报纸为69％）。通过简单的计算便可得知，同时阅读全俄报纸和地方报纸的读者不超过7％。而在20世纪60年代的时候，在塔甘罗格这样的中等城市，同时阅读全俄报纸和地方报纸的读者比例超过70％。

我们发现，20世纪90年代初出现了统计上的拐点：1993年上半年时还存在中央报纸和地方报纸之间的某种平衡，而到了下半年，情形就非常清楚了：地方报纸占了上风（表26）。

---

① 参见：Реснянская Л. Л., Фомичева И. Д., Газета для всей России. М., 1999. Гл. 1. § 6.

表26　1993年中央报纸和地方报纸的订阅情况

（占被调查者的百分比）

订阅报纸	上半年	下半年
中央报	45	40
地方报	44	45
未订阅报纸	33	36

报刊市场信息消费区域化的趋势在内部也有延续。报纸距离读者住家的位置越近，被选择的机会越大（表27）。这是接受教育较少、职业水平较低的人群历来就有的特点；在物质条件持续恶化的情况下，曾经最积极的读者——国家预算体系内的脑力劳动者——也不得不开始这样做了。

表27　1993年地方报纸的订阅情况

（占被调查者的百分比）

订阅报纸	上半年	下半年
州报、边疆区报	21	18
市辖区报	14	18
市报（莫斯科的除外）	15	17
未订阅报纸	33	36

越偏远的地方去中央报刊化的趋势越明显，而且在各个地区均是如此（表28）①。1993年，几乎在所有的地区购买中央报刊都比订阅更为频繁。

---

① 在引用的资料中，西北区是例外，该地区的被调查者主要来自圣彼得堡市。

表28 各个地区和各类居住地阅读、购买中央报刊和地方报刊的情况

（占各个地区和各类居住地被调查者的百分比）

阅读和购买	占被调查者比例	北方区	西北区	莫斯科州	中央非黑土区	伏尔加-维亚特卡区	中央黑土区	伏尔加河流域区	北高加索区	乌拉尔区	西西伯利亚区	东西伯利亚区	远东区	州、边疆区、自治区的中心	边远城市	农村
阅读报纸																
地方报	67	90	30	53	73	72	67	75	61	84	74	83	88	71	80	72
中央报	47	34	59	37	33	49	45	53	42	50	46	60	58	52	47	40
订阅报纸																
地方报	44	63	18	39	34	43	46	47	38	65	47	70	50	35	56	59
中央报	40	37	29	50	30	36	37	42	45	37	44	37	46	36	34	42	47
购买报纸																
地方报	24	19	11	9	37	28	23	30	24	20	27	22	44	36	25	15
中央报	43	31	50	49	38	40	40	53	38	37	46	34	58	50	42	31
定期阅读																
地方报	46	56	24	40	37	48	43	48	41	63	55	56	61	44	54	55
中央报	51	46	37	51	33	51	43	58	50	67	53	50	56	54	46	56
偶尔阅读																
地方报	24	34	6	12	39	25	23	30	21	25	23	30	28	29	29	20
中央报	45	36	47	51	44	39	43	53	37	41	46	46	54	49	45	37
不购买,不阅读	0	5	19	6	8	11	7	8	15	5	12	3	3	10	5	10

苏联时期,地方报刊的情况很可怜,借助中央报刊拯救它们的问题不时被提出来。曾经有过向更高地域级别的报纸引入地方附页的提议。这种模式如今已有人在实施,但现在是为了拯救中央报刊。《论据与事实》和《共青团真理报》依靠自身的地方版保持了发行量的领先地位。中央报纸在地方有一种生存之道:

与地方报纸一道展开订阅活动,向同时订阅两份报纸的订户提供优惠。

地方报刊在读者数量上超过中央报刊的事实在俄罗斯欧洲部分的北方区和中央非黑土区特别明显,该地区土生土长的居民如果订阅报纸,多半就订地方报。而且,对于年龄较大的居民而言,其兴趣范围仅限于自己居住的农村。研究材料表明,1993年,在30岁以下的读者中,地方报纸读者数量比中央报纸读者多出7%至8%,在60岁以上的读者中则超出1倍。

在确定读者的兴趣范围从而确定其对中央报刊和地方报刊的选择时,受教育水平是最重要的因素。根据上述调查,受过高等教育的人阅读中央报刊的比例占上风(当然,只多出了4%)。在被调查者当中,受教育程度低于中等水平的人阅读地方报刊的比例超出阅读中央报刊的2倍。从社会阶层的角度而言,阅读地方报刊最多的是退休者和居住在农村的人。为了留住此类受众,地方报刊有时不得不遵循更加保守的经济、政治和社会文化取向。

市场经济的发展程度、经济活跃程度和地区市场上现行主体的多样化程度对地区报刊体系的发展、其状况和内容都会产生显著的影响。地区市场越发达,地区商业报刊就越多,它们对于俄罗斯而言属于新型报刊,服务于一个或者几个商业联系和地域联系紧密的地区。对20世纪90年代中期《生意人报》读者的调查表明,地方的新闻广告类报刊对中央的商业报刊构成很大的竞争。前者具有无可争辩的优势——其焦点都集中于该地区的情况,而中央报刊分析问题时带有明显的"首都中央主义",无法像地方报刊那样评估情况。广告报纸《手手相传》也走上了区域化之路(同时,它按主题划分版面,这可以保证各版被单独出售)。成效非常显著:2002年,在人口超过10万的城市里,共有3.7%的居民阅读该报。对于相对较新的报纸而言,这是一个相当高的比例。

3.2.4 日常生活的兴趣

20世纪60年代末期,《共青团真理报》四分之一的读者和《消息报》五分之一的读者表示,他们读报同时也是为了休息和娱乐①。

---

① 参见:Фомичева И.Д., Журналистика и аудитория. М., 1976.

读者对日常生活、个人生活和家庭生活的兴趣一直存在。然而，专家和普通人均认为，受众喜好在相当大程度上不仅反映出人们希望看到什么、喜欢什么，而且反映什么是可能的、现实的。被调查者表达的兴趣永远带有其个人经验：经常阅读的人已经习惯于报纸对日常生活和个人生活讲得很少。

至于国外的日常生活，它绝对笼罩着神秘的光环。正因如此，受众对旅行札记、外国电影的兴趣尤其强烈（这在很大程度上也是如今的受众热衷于"肥皂剧"的原因，此类电视剧令人好奇的不仅是被编剧设计得不合情理的主人公突变的命运，而且还包括日常生活方式、居家环境、风俗和穿着）。

对苏联时期的报纸和公开宣传材料的为数不多的内容分析表明，国际栏目对日常生活恰恰关注得最少。这样的情形也存在于各类大众传媒的国内新闻当中。

一项颇不寻常的社会调查证明了下面这个有趣的事实：在跟大众传媒一样接受统一思想监督的口头宣传当中，如果主题涉及家庭和个人生活，那么92％均是批判性的（可以进行比较：如果总体上是涉及国家生活的，这个比例正好相反！[①]）。

按照钟摆理论，内容限制取消以后，普通读者会倾向于此前"被剪掉"的内容。20世纪90年代中期明显的非政治化趋势对这种倾向有所促进。正因如此，报道普通人和名人日常生活以及私生活的报刊办得红红火火，数量增多。

在读者对经济的兴趣方面也发生了复杂的变化。从总体上看，它以前位于普通读者最不感兴趣的领域之列。内容分析表明，大众传媒报道的主要是生产技术、运动员成绩、新项目启动，等等。有调查曾经尝试探究受众对哪些具体的经济问题感兴趣，调查结果与设想的大为不同。这些问题包括员工在生产关系体系当中的地位、家庭经济状况、生产活动的结果对消费者的意义，等等。调查

[①] 参见：Массовая информация в советском промышленном городе (М., 1980)以及"塔干罗格市研究项目"的其他论著。该项目的内容之一便是探究此类宣传的后果：被调查者认为保加利亚的整体发展水平高于英国、意大利、法国，而捷克斯洛伐克的生活水平高于美国、瑞典、法国和其他资本主义发达国家。无论这一结果是因为受到了"必须怎样作答"的想法的干扰，还是因为被调查者对于其他国家生活的了解确是如此，应当承认，宣传相当有效。

显示，上述问题对于读者而言显得很重要，但这正是因为以前对此报道得最少。

经济关系的根本性变化（包括劳动作为商品走向市场）使得大量企业主必须承担经济事务的责任，这就需要人们灵活、精明和强干。而这一切又要求人们具有丰富的经济知识，获得关于销售、采购品种和地点的实用信息以及如何节省经费的建议。因此，在报刊市场，一方面迅速分出了主要刊登生产信息的报刊类型（现在已经面向独立自主的商人和企业主），另一方面也分出了面向园艺爱好者和家居能手的实用报刊。

不难预测，今后，指导普通读者如何把为数不多但家庭必需的积蓄用于投资、如何支配名下的小小不动产等事宜的报刊将进一步巩固自身的地位，不过，这并非是从广告商的角度，而是为了保护消费者、客户和病人等的利益。由于居民的支付能力较低，这一进程暂时还不明显。居民无力大量购买或者订阅《需求》、《储备》、《金钱》这类报刊。

有一系列的报刊处于商业领域和日常生活领域的交界地带。这些媒体包括刊登私人广告的报纸，例如莫斯科的《手手相传》。根据专家调查和某些地方调查的结果，此类报纸发展前景光明，这一点也可以通过发行量得到印证。还有一类对俄罗斯而言全新的免费广告报纸，它们采用深受读者喜爱、但被众多报刊摒弃的投递至私人信箱的方式进行传播。一系列数据显示，在周报当中，此类报纸最常被阅读，因为它们都是定期并且免费投递的。它们都有一个特点：带有某种信息普及功能——报道的并不仅限于商品，也包括名人、自然、动物、传统等。

日记式的定期调查显示，截至 1998 年，免费报纸受众的规模呈上升趋势，尤其是在大城市当中。1997 年在被调查的地区中心城市及其周边城市的居民当中，37.5％的人阅读免费报纸。莫斯科的这个指标为 41.7％，圣彼得堡为 59.4％，叶卡捷琳堡为 45.1％，符拉迪沃斯托克为 60.8％①。

在传统的文艺、政论、科普杂志读者减少的同时，从事超自然力"研究"，报道丑闻、闹剧、事故、罪行以及上流社会生活的报刊却广受欢迎，销量大增。它们仿

---

① 俄罗斯地区中心城市及其 50 公里范围之内周边城市的数据。由"МЕДИАМАР+Gfk"公司统计。调查对象为 12 岁及以上的居民。

佛都摒弃了曾经面对生存问题时的"高尚"做法，这让许多分析人士感到恐惧。然而，受众对上述内容的兴趣在很长时期之内一直受到压制，这种兴趣注定会逐渐累积。大众文化所固有的世俗性也是这种兴趣所固有的。当社会学会对报刊的禁忌边线进行调节、也学会秉持合理批判的态度对待"夸大其词"、"胡扯"、不体面和半体面的事情时，情况就会发生变化。

尽管近年来读者行为呈现出多样化的趋势，但传统类型报刊的地位仍然得以保存，甚至变得更稳固了，这使得某些专家认为，"总体而言，我们国家民众的品味非常保守。许多人以前订阅《女工》、《农妇》，现在仍然订阅这些报刊"。①然而，不能仅用读者的心理状况解释正在形成的这种趋势；包括阅读在内的习惯是一个重要因素，但并非唯一因素。资金的缺乏对此也有影响，这使读者只能局限于一种熟悉的报刊，最多偶尔购买一些其他报刊。如今，报刊仅仅依托整个受众群体的综合资料明显不够用了，更不用说只依托自身的信息资源，哪怕这些信息是多年积累起来的。最近十年，《星火》等改革时期的流行杂志的领导者犯了两次错：起初，他们没有觉察到社会政治温度下降，继续与过去纠缠；后来，他们利用响亮的"品牌"彻底改变了杂志模式，试图保住以前的读者，吸引新的读者，可是却事与愿违。

3.2.5 对读者的情况了解多少？

了解目标受众对于新兴报刊和传统报刊同等重要。如果社会结构稳定，就更容易回答为了区分目标受众而必须回答的问题，然而，俄罗斯社会结构调整的进程尚未完成，社会层级和群体模糊不清，比较混乱。就连确定对于报刊的营销策略而言非常重要的读者消费能力也是一项极其复杂的任务。那么，通过哪些特征可以确定目标受众的清晰轮廓呢？

根据社会人口特征即按照群体属性对人群进行标记是最简单的定位标记。通过这一特征的多向交叉可以断定读者的类型，并最终断定报刊的类型。不过，即便是在稳定的社会，此类标记也不够用。正因如此，社会学家、心理学家、营销

---

① Печать моя светла // Московский комсомолец. 1995. 8 сент.

学家均极力开发细分消费者市场的各种方法，在寻找对广大消费者进行划分的基础时，不仅依托客观因素（性别、年龄、职业、收入等），而且依托意识类型：生活导向、价值观、对待精神世界和物质世界的态度（对新鲜事物的接受度、追逐时尚的程度，等等）。从信息传播的角度划分目标受众群就更不必说了。在这个领域，决定需求与兴趣、品味与习惯的因素要多得多，按需对读者进行标记的工作包含的特征也要多得多，其中的许多特征完全无法通过其他方法归纳。

信息市场的特点之一是惯性，更准确地说，是消费者行为稳定性和变化性的结合。早在20世纪60年代，《共青团真理报》的记者对第一次开展的受众研究的结果就颇感惊讶。他们发现读者当中有相当一部分是上了年纪的人，甚至是老年人。又如，当时在《红星报》的读者当中，复员或退役军人占有相当大的比例。

过去的生活经验和曾经从事的行业在很大程度上决定现在的兴趣。此外，多年以来对某种报刊的习惯同样重要。此类习惯性的影响与其他很多因素一样，未被时下的出版业纳入研究范围。

报刊及其读者也可以按照政治取向进行划分，这是对微妙的编读关系的入侵。在发展报刊与其读者的关系以及竭力寻找"异类中的同类"和"同类中的异类"方面存在各种途径。在俄罗斯，曾有过这样的教导：报刊不仅是集体性的鼓动员和宣传员，而且也是组织者。《生意人报》以及后来的系列报刊的创办者正是基于这个原则开始经营企业的。他们决心不只是迎合不断壮大的社会新兴阶层的兴趣，而且还要积极地培育它们。传播风尚和某种生活方式的外国杂志（俄国版本）在俄罗斯市场上站稳了脚跟，此类国产杂志正在形成之中。《家神》也是《生意人报》出版集团麾下的杂志，它面向具有一定（不低）收入的读者。该刊几乎所有文章都直接而又相当巧妙地对读者在饮食、装潢、时尚、医疗、休闲和宠物方面的选择进行指导。

俄罗斯市场上的插画杂志在不断增加，它们可以按照主题进行细分。《丽都》、《曼哈顿》与《女工》、《农妇》等综合期刊构成某种平行关系，而《车友》、《美食家》、《兵器》则针对并非每位读者都有的特别喜好。

报刊市场形成了生产和消费的固定化，尽管仍然存在妨碍这个进程积极发展的因素。读者类型和报刊类型的固定化仅在报刊业很典型，对于无线电视频道的数量极为有限的电视业则不然。不过，尽管绝大部分读者只能受限地购买一种报刊（经济条件好一些的偶尔可以购买几种），但期刊类型及其目标受众细分的过程往往进展缓慢。

多年的观察和近年的实际变化让我们可以借助"获得报刊途径的偏好"这一重要的市场指标勾画出最明显的读者类型。其中的一极是传统报刊的普通读者，他们通常不得不只局限于一种报刊，而且倾向于订阅，因为相当多的读者住在小城市或者农村；正因如此，他们订阅的是比较便宜的地方报纸。与之对立的一极是非常富裕的人们，他们可以不考虑价格因素，任意获取报刊。此类读者多半是购买，而非订阅，因为他们住在大城市，其中的很多人只是喜欢翻阅，而非细读。

接下来可以划分出一系列靠近上述两极的某一极的读者类型。靠近第一极的包括有阅读习惯的普通读者，他们基本上都是依靠国家预算拿工资，可以勉强挤出订阅一份报纸的钱，不过，如果他们住在大城市，就有可能不会订阅报纸，而是通过零售渠道购买。如果订阅，他们则倾向于综合性的报刊。高级知识分子阶层倾向于《生意人报》、《报纸报》等新兴类型，更普通的阶层仍然喜欢选择比较习惯的《共青团真理报》、《论据与事实》等。

比较接近两极中间位置的大多是"公务"或"官员"（而非商务）类型的读者。在他们阅读视野之内的包括新兴的中央半官方报纸（《俄罗斯报》）、地方政权机关所青睐的最接近本地的报纸（州报、市报），它们多半是从改革前就开始出版的。这个类型的读者总体上倾向于在工作单位订阅（他们拥有这种可能），不过订的是官方报刊，再加进去一些供家庭阅读的（也多半是传统报刊）。

对于纯商务型的读者而言，阅读的核心是出于工作（职业、职务）需要。此类读者常常需要对于俄罗斯新闻业来说比较新的财经及商业信息。他们完全习惯于通过零售渠道购买或者在办公室订阅。这类报刊可以划分出子类型：根据主要解决的商业问题可分为"分析类"和"实用工具类"。再根据阅读范围又可以细分为分析类的首都商业报刊或者更"接地气"的地区报刊。在这里，跟日常阅读交集的地方可能存在一种读者子类型——阅读广告信息报刊的读者。不可否认的是，由于特殊的生活方式以及缺乏良好的阅读技能（也因为此类读者是在长期缺乏书籍和报刊的环境下长大的），他们的阅读仅限于此，他们只通过零售渠道购买报刊。

可以继续探究阅读类型。但问题并不仅仅在于探究其抽象的结构，而是在于确定其准确的社会和地理位置，确定这些类型分布的统计边界，确定促成其实际形成的因素。

* * *

大众信息生产者和消费者之间文明的市场关系要进一步发展，就要求把读者类型当成一项实际任务加以严肃研究。如今，借助于"排行榜产业"的发展和对受众行为的定期监测，读者、听众和观众的行为似乎已经处于经常性的监督之下。不过，能够回答诸如"为什么阅读这些报刊？""为什么收看和收听那些节目？"等问题的信息仍然相当缺乏。

第3节 报 纸(Л. Л. 雷斯尼亚斯卡娅)

3.3.1 全俄报纸

在当代俄罗斯报刊的类型结构之中，全俄报纸占有特殊的地位。这是由于此类报纸对于保持主权国家的统一的信息空间具有重大的意义，在俄罗斯联邦全境内组织大规模信息交换的过程中，它们扮演着重要角色。

与其他的大众传媒一样，全俄报纸也应按照类型分析的全部特征进行分析。不过，鉴于此类出版物的地位是由其保证在全国范围内进行广泛社会接触的使命所确定的，传播区域也就成了主要的分类因素。

全俄报纸是一个完整而多层的类型群体。根据俄罗斯国家出版委员会的资料，1993 年已注册的全俄报纸为 1 843 份，1998 年为 3 258 份，而 2003 年则达到了 5 945 份。所有构成这个类型群体的报纸都拥有共同的潜在受众、统一的社会环境和优先的社会信息功能。然而，各报在功能、目标受众、专业化程度、职能模式等方面的现实差异是内部细分的客观标准。基于报纸的功能，可以把它们分为两类:综合主题类和专门类。

　　全俄报纸中最大的一类是社会政治类报纸,它们也被称为"普遍兴趣"类出版物。它们的特点是面向广泛的受众。这类报纸的综合性表现为多功能性——实现大众传媒的所有基本功能,也表现为关注社会生活的各个领域。对于俄罗斯新闻业来说,出版物具备"面向所有人的报纸"这一显著特征是颇有传统的。在很大程度上,正是这种综合性确保了读者对其的需求及其在信息市场上的稳固地位。

　　区别于"面向所有人的报纸",专门类报纸必须具有明确的领域。这可以表现为专业性的主题定位,同时突出一个或者几个主题——由受众的信息需求确定的主导主题。例如,发行量最大的全俄报纸之一《体育快报》的宗旨是"面向所有人,但并不报道所有事件"。它面向对体育事件感兴趣的各类读者。《财经俄罗斯》属于专业性更强的报纸,它针对的首先是财政金融界和企业界的从业者。该报试刊的定位基于两个出发点——主题和目标受众。该报的宗旨可定为"不面向所有人,也不报道所有事件"。这种专业化既包括对受众方面的限制,也包括对与一定行业相关的主要话题的区分。

　　只有在区分主要功能的情况下,出版物的专业化才可能得以实现。广受欢迎的周报《说法》和月报《绝对机密》以新闻调查为基础,挖掘背景,探究引发舆论共鸣、引起激烈冲突的事件的原因——这些任务决定出版物的信息主题结构。

　　某些出版物根据自身的类型化特征可以被归于"单纯"(典型的理想化)类型,与此同时,也有一些出版物融合了"普遍兴趣"类、综合主题类和专门化出版物的特征。这类出版物包括服务于政治组织的党报。党派出版物具有政治交际功能,目的是把某一思想政治潮流的追随者联合起来。这类报纸向思想上的同路人报道"所有事件"。左派大报《苏维埃俄罗斯报》自称"独立的人民报"。这家从组织角度看与俄罗斯共产党没有关系的报纸公开地倾向于表达该党和左派政党的利益。党派出版物还包括自我定位为"俄罗斯国家报纸"的《明日报》。

　　在信息市场的"新成员"中,最常见的是兼具综合性和专门性出版物特征的报纸。它们必须依照市场行情和需求确定自身的类型。

　　想要完全确定"全俄报纸"的地位,必须以拥有发达传媒体制的国家所采用的形式标准为标准。在地理和社会空间内传播的相对均衡性可以通过某些标准加以确认。按照这些标准判断出版物把所有地域和社会阶层纳入信息交换的能力。

大多数情况下,综合主题类出版物都符合上述标准。综合主题类出版物的读者总是多于专门类出版物。属于"普遍兴趣"类报纸的包括占据流行排行榜领先位置的全民阅读引领者《论据与事实》、《共青团真理报》、《劳动报》、《消息报》。进入该行列的还有 20 世纪 90 年代末在地区市场上出现的《莫斯科共青团员报》以及政府的《俄罗斯报》。上述报纸具有相似的类型特征,同时,它们也有吸引读者兴趣和保证自身市场品质的专属特点。除了转型时期才出现的《俄罗斯报》,其他的引领者都有知名的"品牌"和共同的历史背景——"苏联出身"、综合性的内容(信息主题结构)。它们缺乏与国家制度的组织联系,作为信息市场的主体,属于私营企业。上述出版物在一定程度上坚持多元论思想,公开表明自身在制定和实施信息政策方面的独立性和自主性。

必须指出,20 世纪与 21 世纪之交,全俄报纸这一类型增加了新成员(《新闻时报》、《新消息报》等)。然而,它们实际上只在大城市发行(最主要是在人口超过百万的城市发行)。按照全俄出版物最主要的形式特征——在俄罗斯全境发行——判断,这些报纸尚不能被纳入全俄报纸的行列。然而,鉴于网络版扩大了上述报纸的发行范围和数量,或许区分"全俄报纸"地位的传统方法需加以校正。

大众报纸。知名全俄出版物之间的差异表现在决定报纸模式的运作战略方面。《论据与事实》、《共青团真理报》、《莫斯科共青团员报》更接近于"大众报刊"。"大众报纸"的标准规定,其经济模式必须面向具有不同品位和兴趣的广泛受众。在结构-功能模式中,出于读者精神需求折中性的考虑,信息和娱乐功能成了最主要的功能。综合性大众报纸的美学观建立在对政经和社会问题的简化和平衡(降低复杂度)、更多关注流行文化和热点话题以及挖掘世俗话题的基础之上。后苏联时期的大众出版物指望娱乐和轰动效应,极度简化政治和经济话题,增加健康、家庭关系、休闲旅游、实用建议等方面的信息量,上述报纸完全符合这些"质量标准"。在大众报纸上,百姓的世界便捷、易懂、不矛盾,也没有附加社会和政治冲突。而各种事件通常转瞬即逝。从此类出版物的内容层面来看,现实都是片段式的，缺乏因果关系。这种诠释现实的方式在很大程度上有别于多年以来全民阅读的引领者——《论据与事实》（发行量最大的全俄周报）和《共青团真理报》（出版周期较短的报纸中发行量最大的一家）。20世纪最后十年，这两种出版物都经历了根本性的变革——从面向知识分子和具有积极社会活动能力的人群的报纸变成了大众报刊的典范。它们回避政治观点，包含大量的实用信息，喜欢"没有棱角的"主人公，不缺"低俗"材料。它们向受众提供一个极度简化、几乎只有一个维度的世界图景。《论据与事实》在刊登大量广告的同时也与读者畅谈家庭、财产、政治和政治家、电影明星、电视偶像、健康。这家周报近300万的发行量对广告商很有吸引力，这让《论据与事实》成了有效的广告载体。

一直以来，《论据与事实》在全俄信息市场上的竞争者都是同为大众报纸的"近亲"——《共青团真理报》。按照形式上的标准（在俄罗斯全境的相对普及性以及在社会各阶层的相对占有率），《共青团真理报》符合全俄报纸的标准。该报在俄罗斯和独联体国家65个城市印刷，其在地区市场上的受欢迎程度来自于针对各地区的版本内容的细分。在印刷《共青团真理报》的每个城市都建有员工人数为50至100人的地方企业。在各地，大约三分之一的报纸内容会由地方版替换。如今的《共青团真理报》基本上是全俄报纸和地方报纸的混合体。从市场营销策略的角度来看，这一做法无疑能帮助报纸提高发行量和销售量。为了巩固报纸的全俄地位，必须寻找克服空间障碍的有效方法——该报在俄罗斯首都出版旨在获得全俄地位的全部版本，而首都与俄罗斯的东部边境相隔8 000公里。考虑到俄罗斯地区经济、社会、民族、宗教和文化的多样性，要实现维持全俄媒体地位的愿望，必须找到与地区受众接触的适当方式。《共青团真理报》的编辑B.孙戈尔金用该报读者的需求来解释其内容功能模式的特点：

"……为了生存，我们必须常常'讨好'读者。他们之所以愿意把工作之外的时间花在报纸上，有三个原因。第一，休息、娱乐。第二，获取新知、了解保护自身的措施。比如律师的建议，关于如何省钱、呵护健康、教育孩子等方面的建议。第三（这一点也是我们能抓住他们的原因），他们想让自己看上去像是有文化的人，了解时事。所以我们的报纸涉及政治和经济方面的一些内容以及各种社会进程方面的内容……这就是我们所在的"厨房"重地,在这里,我们总是就读者需要什么样的'节食'方案展开争论。"①

《论据与事实》和《共青团真理报》都是本着以可能引起所有人兴趣的事件吸引受众"眼球"的方式运作。P. 布尔迪厄把这种事件称为"公共汽车"事件:"……这些事实不会让任何人震惊,它们没有幕后秘闻,不区分敌对双方,能达成一致性的意见。它们能引起所有人的兴趣,但不涉及重要主题。"②

与周报《论据与事实》一样,每日出版的《共青团真理报》也能引起广告商的兴趣。广告商总是倾向于受众数量多的出版物。根据盖勒普媒体调查机构的数据,2003年,单期《论据与事实》的受众为863万人,2005年则为700余万人;《共青团真理报》(与其余日子出版的报纸相比,该报的周五版增加版面,以供休息日阅读,故被称为"加厚版")的受众为545.5万人。众所周知,除了发行量这一受众数量的直观指标,广告商还青睐没有冲突的信息领域,它们不包含严肃的争论,不会有意把读者划分成不同的意见阵营。任何一家大众报纸都愿意遵循报道事实的中性立场。因此,无论是《论据与事实》还是《共青团真理报》都不愿冒险:它们不指望扮演"政治向导"的角色,尽管它们存在政治偏向(通常是与对政治局面的判断相关),这在竞选活动期间尤为明显。

大众报纸的模式是《莫斯科共青团员报》的基本模式,该报是一家首都城市类报纸,但在全俄都很受欢迎,它已经成了俄罗斯传媒业界一个引人注目的现象。《莫斯科共青团员报》创办了每周一期的地区版,在俄罗斯的64个地区出版。《莫斯科共青团员报》的主题以多样性著称。它全面报道经济、政治、文化,适当刊发实用信息(建议、咨询、日常生活方面的有用资讯)。在该报的信息主题结构当中,国际生活(独联体及其他国家)、生态和体育占据重要的位置。《莫斯科共青团员报》的模式是在平衡"新闻类报纸"和"观点类报纸"典型特征的基础

---

① Сунгоркин В., Кухня управляемой демократии // Отечественные записки. 2003. No 4.
② Бурдье П., О телевидении и журналистики. М., 2002. С. 30.

上构建的。大众报纸的特征表现在强调轰动性事件、事故、闹剧、丑闻以及违法犯罪材料上面。严肃出版物具备的分析性文字常常出现在谈论政治（《莫斯科共青团员报》不时公开表明自己的立场，参与政治舌战）、经济、科学和艺术的材料当中。

在上述三家统治信息空间的综合主题类全俄大众报纸当中，《莫斯科共青团员报》的类型复杂化程度最突出。在俄罗斯当代新闻史上，《莫斯科共青团员报》最早推出日报的独特模式，把无法联系的东西联系起来。在报纸的信息空间中，分析性材料与怪诞文章并列刊发，关于艺术的理性思考与介于违规边缘的揭露人物隐私的材料并列刊发，详述事件的文章与表达不清的模糊材料并列刊发。《莫斯科共青团员报》的"品牌"风格反映出首都这个大城市政治、社会和文化环境的特点。在同一期出版物中理性地融合分析类和大众类报刊的特点，这与首都受众的社会构成特征相符。许多试图复制《莫斯科共青团员报》成功经验的地区报纸都徒劳而返，这并非偶然。《莫斯科共青团员报》的排他性依靠的是把适于各种年龄层受众的材料全部纳入自身的内容当中，而这些受众的兴趣、社会经验、文化喜好和政治观点虽不相同，但他们都居住在同一个城市里。这个城市聚集了所有最重要的国家管理中心。

如果说《论据与事实》和《共青团真理报》一开始就定位于在全国范围内发行，那么《莫斯科共青团员报》则在其问世后的大部分时间里都是首都报纸，它走向全俄市场是通过创办周报实现的。该周报是由一周内在母报上刊登的精彩文章与地区编辑部组织的材料构成的文摘类报纸。针对各个地区的《莫斯科共青团员报》专门研发了三级信息模式：世界新闻、首都新闻、地区新闻。通过这样的方式创立了面向地区的新型市场信息产品。

上世纪末，一家名为《生活》的日报迅速跻身受读者欢迎的大众出版物行列，它的期发行量超过了 200 万份。该报于 2000 年问世，属于社会政治类报纸，在 62 个地区发行，在各地设有编辑部，符合大众出版物模式的所有指标。在一些大城市（莫斯科、顿河畔罗斯托夫、下诺夫哥罗德、叶卡捷琳堡等），《生活》与《莫斯科共青团员报》为争夺读者展开了激烈的竞争。该报的主题范围按照综合性出版物划定——社会生活的各个领域都处于其关注的中心。从比例来看，图片材料(包括漫画)几乎与文字材料齐平;报纸的语言和文体非常简单;信息通报与娱乐功能的主导地位毋庸置疑。《生活》最主要的特点是审视事件与情景的视角独到。在确立看待事实的视角时,该报模拟"普通人",后者无需通过电视画面了解生活。在生活中,可笑之事、愚蠢之事、可悲之事紧密地交织在一起,抽象的政治不会触及普通公民的切身困难,而当局对百姓的需要充耳不闻。显然,正因如此,该报吸引了不少人的关注。尽管就设计、对信息空间的组织以及新闻技巧方面而言,很多信息市场的新玩家都逊于《论据与事实》和《共青团真理报》,但就受欢迎程度而言,该报找准了与读者交流的合适调子——读者早就已经疲于拼凑事实、粉饰问题。

根据专家的评价,截至 2004 年初,真正市场化的报纸数量占俄罗斯定期出版物的 10%。商业运作良好的报纸首先是关于健康、乡间别墅、菜园的专门类报纸,娱乐类和世俗类报纸以及综合性的地区报纸。市场化的报纸也包括发行量大的全俄报纸。总体而言,正如媒体分析人士所认为的一样,俄罗斯报业市场的饱和程度很高,想在这个市场上取得成绩很困难,尤其是对于严肃的分析类报纸(通常被归于"高质量报纸")而言。

高质量报纸

传统上属于这一类型的是综合性主题的分析类报纸和专门性的分析类报纸。与大众报纸相比,此类报纸的质量是由具有较高社会地位的文化阶层的需求确定的。高质量报纸的目标受众首先集中于期待就社会所关心的问题进行信息交换的精英阶层。

高质量报纸对现实采取一种特别的态度,这种态度是社会积极分子所特有的。此类报纸是特殊的"传媒议会"和公共论坛,在这里,记者可以与有责任感的公民讨论重要的社会问题,提出各种解决方案。高质量报纸的"议程"是基于具有现实意义的事件确定的。此类报纸是信息通报和分析的工具,在政权机关与社会以及不同的利益群体之间扮演冷静的观察者、理性的批评者和积极的中间人的角色,在社会政治进程的全体参加者之间扮演组织对话的互动式沟通者的角色。除了信息通报和分析的主要功能,高质量报纸还具有"论坛"功能。高质量报纸对读者不采取教训人的口吻,没有"导师——学生"或者"主体——客体"

的对立。读者拥有合作权和沟通权，受众被视为愿意进行自由而丰富的讨论的社会主体。

高质量报纸的读者向其寻求见解、分析以及各种观点的比较。高质量报纸经常被称为"历史的草稿"，因为社会进程的事件图景正是在此类报纸上得以确定。无论现实多么矛盾，都要把它呈现出来，这一点正在逐渐成为高质量报纸不变的属性。信息的全面性这个高质量的标准正是由此得出的。信息的全面性意味着不仅要有事实，而且要有对其的态度。高质量报纸遵循把事实与诠释、诠释与分析分开的原则。这样就可以规避一直存在的左右社会舆论的可能性。高质量报纸不排斥立场性。立场之所以让读者感兴趣，是因为读者有对观点进行比较的需求，这一需求保证其选择的自由。高质量报纸的客观性并不仅限于简单地平衡"赞成"和"反对"的理由，它还表现在所呈现观点、评估和判断的理性多样化上面。高质量报纸可以是有立场的。世界报业协会总干事 T. 鲍丁认为，"报纸不应该是缺乏组织的、中性的。读者希望了解非常规的鲜明看法，希望感受到立场。搞平衡和想要满足所有人的企图是致命的。优秀的报纸是能够确保各种不同观点的报纸，即使这些观点截然对立。不过，无论如何，强硬的编辑主线还需保留……"至于经常与立场性混淆的参与性，这一特征的获得取决于参与谈话另一方的行为。如果他利用大众传媒游说自己的商业利益（像后苏联时期寡头独大的年代那样），那么高质量报纸的所有潜能都会变成无耻操控的惯常机制。

秉持高质量报纸标准的当代报纸是在苏联报纸（《消息报》、《劳动报》、《莫斯科新闻报》）的基础上成长起来的，改革时期，此类苏联报纸积累了编制符合社会利益的"议程"的经验，赢得了自由民主报纸的声誉。同时，秉持高质量报纸标准的当代报纸也是在一开始就按照分析类传媒的模式创办的报纸（《独立报》、《生意人报》）的基础上成长起来的。

《消息报》和《劳动报》是上世纪 80 年代末期的社会政治类报纸，从"公开性"时期开始，它们就在不断创造高质量报纸必需的前提条件：与读者积极接触、强硬而独立的编辑主线、充分的理性讨论。两家报纸都拥有象征性的资本——悠久的历史、著名的品牌、读者的信任与尊重、德高望重的作者、在培养高级记者的传统方面所具备的美誉度。

《劳动报》是发行量最大的苏联报纸之一，与《论据与事实》一样曾被载入《吉尼斯世界纪录》（其发行量为 2 450 万份）。1990 年以前，这家出版时间颇长的报纸（从 1921 年开始出版）是中央工会的出版物、全苏工会中央理事会的机关报。在向市场转型期间，《劳动报》的命运与大多数报纸一样，发行量锐减数十倍。尽管遭遇到了信息市场条件下不可避免的困难，但该报还是保持了受读者（尤其是地区读者）欢迎的地位。中央报纸能够留住地区读者——这是很大的成绩。由于不关注俄罗斯各个地区的生活，许多自诩为全俄报纸的出版物失去了各地读者。信息主题结构的平衡性、对现实经济主题的优先考虑、评价政治进程的慎重性、经常性地刊登来自边疆区、州、城市和农村的消息、记者对"非首都"百姓的关注以及与后者的对话均使得该报巩固了自身的声望：善于思考、不琐碎、了解劳动大众社会心理的出版物。在灾祸论和信息战的情绪席卷俄罗斯媒体的背景下，该报具有一种社会乐观性：它没有回避对危机现象的讨论，努力呈现解决复杂的政治经济问题的可能途径。反映当代生活政治经济矛盾的主题、反映地区事务的现实状况的主题、反映公民的社会保障缺失的主题、对精神道德问题的重点关注以及对现实问题进行分析诠释的方式搭建起了保证该报向高质量的报纸功能模式转型的平台。

在适应市场条件的过程中，《劳动报》逐渐放弃了排版的陈旧套路，调整了信息单元的布局，更新了内容结构，正在沿着报纸现代化的道路前进。对于受众的年龄超出许多其他报纸的《劳动报》而言，现代化无疑是必需的。出版《劳动-7》是增加受众、吸引新的读者群体的最佳措施。就功能定位（生活故事、离奇现象、惊人事件）而言，《劳动-7》与"加厚版"的《共青团真理报》（倾向于描述性的材料，注意力集中于具体的人和命运，增加对大众文化偶像、文学、艺术进行报道的分量，知识性和实用性材料占优）类似，正因如此，两者的特点也相近。《劳动-7》至少有两个特点。它与母报之间存在文体差别：《劳动报》保留保守派高质量报纸的传统，《劳动-7》则在大众报纸的框架内运作，向读者提供完全不同的视野。《劳动-7》明显具有对正在发生的事件进行调查并查明原因的理性定位。一方面，母报（日报）与子报（周报）之间存在明显的互补性，另一方面，两者又相对独立。相比之下，《共青团真理报》及其周五版，毋庸置疑，均把重心放在大众模式上，两者基本上是同质的。

《劳动报》的自我定位是全俄报纸："全俄报纸的下列定位是众所周知的：非参与性（祖国和读者的利益高于我们的利益），非党派性，社会性倾向，在真正的民主主义、法制、健全的精神、为新俄罗斯的公民提供良好生活条件和环境的基础之上竭力促进社会团结。"①

已有80余年历史的《消息报》定位于分析类报纸。在俄罗斯当代史中，《消息报》以开放的自由立场著称。其形象长期以来一直被认为是"俄罗斯的头号报纸"、独立的后苏联传媒的独特名片。该报受众在很大程度上代表了高质量报纸读者固有的特征——较高的教育水平、较高的社会地位、社会积极性和对政治进程的参与性。目标受众的上述特征规约了报纸的使命——成为面向聪明人的聪明报纸。这一使命的实现确保了《消息报》在与一系列新兴报纸（《独立报》、《生意人报-daily》、存在时间不长的《今日报》、《世纪报》和《联合报》）的竞争中保持影响力和领先地位。《消息报》的主要资本是记者团队的专业性，他们善于揭示体制转型进程中的各种复杂性。关于政治问题的大量材料与众多的经济信息保持平衡，这主要是依靠与《消息报》捆绑出版的《财经消息报》（后者是与 Financial Times② 合作的项目）。在该报的信息主题结构中，文化问题、社会问题、科学问题和体育并驾齐驱。给读者提供有关热点问题的全面信息，并在对话中与他们展开讨论——这是该报的任务。《消息报》身处俄罗斯新兴政治精英的争夺战之中。金融工业集团在势力斗争中夺取"信息武器"的行径与《消息报》自身的财务困难最初导致了记者团队的分裂（一些记者留在原来的《消息报》，另外一些记者则创办了《新消息报》），而后又促成了与自命不凡、但仅存在了一年的日报《俄罗斯电讯》的融合。从表面上看，《消息报》的特性未变——它保留了"普遍性"报纸的类型特征，同时也保留了对高质量报纸领先地位的追求，而高质量报纸在传统上都被视为具有影响力的媒体。《消息报》具有自恃清高的基础。在社会政治变革的最初阶段，该报的积极立场确保了自身的受众基础。在其读者当

---

① Потапов О., Иванов Д., Каждый имеет право на «Труд»/Труд. 2004. No 1.
② 《金融时报》（英文）。——译者注

中,存在一个对于具有影响力的报纸而言非常重要的、由能做决定的人组成的群体。数十年以来形成的对该报的信任和多元化的知性报纸的名声,为其扩大受众并成为全俄大众传媒中的头号媒体提供了现实可能性。然而,在理性影响力的执行过程中出现了偏差——熟悉的《消息报》式话语风格被典型的激进风格所取代。结构排版模式也发生了变化,文章的结构被固定了下来,记者的"个人见解"被挤出了分析版面,跟读者沟通过程中的导师口吻彻底改变了与受众关系的特性。读者数量逐年减少,曾经的威望逐渐消失。品牌消失的威胁日趋紧迫。上述客观指标显示出报纸在走下坡路的现实,其所有者"职业传媒"集团不得不采取措施:2003年更换了管理层,逐渐开始更新报纸模式。2005年,《消息报》成为"俄气传媒"集团麾下一员,这可能会引发对报纸模式的校正。

对于需要形成自身受众的新兴报纸而言,要按照现实特征(发行地域和社会平衡性)而非按照自己宣称的发行规模和注册信息跻身全俄报纸的行列是极其困难的。不过,这些报纸也具备某些优势——它们从"一张白纸"开始,可以依托世界级高质量传媒的样本及其经验自由地设计自身的模式。《独立报》、《生意人报》和1997年停止出版的《今日报》最先掌握分析类报纸的标准与模式。

《独立报》的名称部分地来源于伦敦的同名日报,而其知性的语调则出自巴黎著名的《世界报》,后者被视为分析类媒体无可指摘的代表。《独立报》从1991年1月1日开始出版,当时,其创办者和主编B. 特列季亚科夫表示,自己拥有"足够的资源出版一家绝对独立的报纸"。该报的口号"摒弃怒气与偏袒"显示了它的目标:对国家生活的各个领域展开分析。《独立报》在第一期上刊登了纲领,它完全符合高质量媒体的特点:

"(1)全面的信息。遗憾的是,迄今为止,我们苏联还没有一家全俄报纸能够不遗漏任何事件和人物地提供全面信息——关于自己国家所发生的一切。(2)自由的诠释和对各种观点的呈现。《独立报》打算在自己的版面上对同一事件发表不同的看法,不以专栏的形式,也不以特刊的形式,而是制度化和经常性地开展此项工作。(3)'不'发表带有'统一看法'的社论。报纸首先应当呈现目击者和专家的意见,而不应当发表编辑部的某种统一看法，特殊情况除外。《独立报》将竭力做到这一点。(4) 独立性不仅要表现在与政权机关的关系上面。与官方保持独立，这并非独立性，而只不过是反对性。真正的独立性是独立于反对派的。"①

《独立报》并非总能遵守上述原则，不过，该报及其副刊《独立军事评论》、《独立报-宗教》、《独立报-设想》、《独立报-外交信使》、《独立报-图书》提供了具有影响力的报纸的一种新模式。其中，《独立军事评论》已经成了权威的军事出版物，《独立报-宗教》则是旨在报道各个主要宗教的生活与问题的独一无二的非宗教出版物。《独立报》的迅速发展时期正是叶利钦执政的鼎盛期（1993 至 1999 年），当时，各个政治集团之间的政治冲突已经蔓延到了公共空间，而隶属于夺权战斗冲突各方的大众传媒则是其重要资源。

1993 年又出现了两份同样依托于高质量出版物模式的日报——《今日报》和《生意人报》。

与"桥-媒体"集团同时停止存在的《今日报》创办时的定位是政治出版物。后来出现了每日副刊《今日商业》。该报集中报道两个领域，其中的一个领域（政治）是《独立报》的根基所在，另一个领域（商业）则是《生意人报》的根基所在，这加剧了争夺读者的斗争。在与《独立报》和《生意人报》的竞争当中，《今日报》并非赢家，但它却为综合性高质量出版物后来的模式奠定了基础——基于政治和经济问题构建信息主题结构。

《生意人报》这家日报成了当代俄罗斯商业传媒的奠基者。该报实现了以全新理念打造报纸的突破。这一理念建立在所谓的"俄罗斯新贵"的信息需求之上。这一隐喻式的称谓标志着商业人士阶层开始形成。

1997 年，《独立报》和《生意人报-daily》在信息市场上的状况相当稳定，但受众尚不稳定。两家报纸都大规模地采取了完善质量的措施。《生意人报-daily》在不改变高质量出版物总体模式的情况下，开始退出纯粹的商业报纸行列。各

---

① Независимая газета. 1991. 1 янв.

种问题的比例关系发生了变化：在重要性和版面大小等方面占优的经济、金融和商业主题开始与政治、社会、文化、体育新闻保持平衡；有关事故和犯罪方面的新闻增多。信息主题结构的改变意味着功能方向的拓展。如果说以前接触、咨询和信息通报功能（提醒一句，创办该报的初衷是为了团结属于日渐兴起的中产阶级的企业界人士）是主要的功能，那么，由于采取了完善质量的措施，述评、分析和教育功能开始变得同样重要。具有社会积极性的公民进行交往的现实环境开始形成。寻求对话的努力在"生意人"出版集团创始人 B. 雅科夫列夫的谈话中可以清楚地感受到："如今又是意见型大众传媒当道的时候了，不过，是更加广泛的意见，包括政治家、经济学家、记者以及普通民众的意见。"①

从外界来看，《生意人报-daily》的转型与报纸的扩容相关。主编 B. 特列季亚科夫解释说："让报纸变得更厚并非目的所在，我们只不过是想拥有足够的地方，以便每天都为读者奉上他们所需的所有事实和信息。毕竟我们面对的是 21 世纪——没有理由仅仅依照我们领导人的良好祝愿（而且并非总是如此）迈进这个世纪，自己应该对世界、俄罗斯以及最没法依靠领导解决的问题具有清晰的认识。"②当然，改变的还包括内容层面。该报没有放弃初衷——作为全俄报纸运作，而这需要为地方读者创建"重力场"。《独立报》引入专版，把来自地区的材料和关于地区的材料组织到一起。这一做法对文章的地缘性、作者群体代表的社会地域、文章主人公的构成、报纸文章看法的主体均产生了显著影响。《独立报》出版 8 版的副刊《独立报-地区》。上述报纸都选择了全面呈现地区问题的内容战术，这一战术旨在实现全俄出版物必需的两种功能——团结和论坛，它们符合俄罗斯现实生活的要求。

大众传媒的研究者开始越来越多地分析其议程设置（agenda setting）功能。对于全俄社会政治类报纸而言，实现这一功能意味着把注意力集中于全国层面的问题、确定社会生活的痛处、引入快速信息、引入对关涉大多数人的事件的分析。显然，合理的设置反映社会状况的"议程"需要各领域可靠的信息来源，这些

---

① Коммерсант-daily. 1997. 11 нояб.

② Независимая газета. 1997. 18 окт.

信息来源的意义是由对各地的社会结构及其政治经济问题的特点进行长期跟踪的任务确定的。它们应当随时准备提供被收集、加工和整理的信息。此类信息来源包括新闻通讯社(含地区级的)、地方媒体(含地区报纸在互联网上的电子版本)、通讯员。许多全俄报纸拥有的地方读者比例偏低,这首先是因为编辑部由于种种原因无法从地方获得信息。2002年,《报纸报》问世。就其模式而言,它是综合性的高质量日报,遵循严格划分新闻、诠释与分析的原则,遵循选择新闻事件的客观主义方式:信息主题的结构明了,政治和商业主题被赋予最重要的意义。毋庸置疑,《报纸报》是独一无二的:所有的材料都有新闻缘由。然而,对于这样一张规划出众的报纸而言,大多数全俄报纸具有的通病——对地区的报道不足——在其身上表现得也很典型。

具有"b2b"(面向商业受众的出版物)标志的专门类报纸也属于全俄高质量报纸。此类报纸的典型代表是《经济报》。它运营良好,面向会计、经济工作者、律师、经纪人等专业人士。《公报》也属于此类报纸。它是由两家世界级主流商业报纸 Financial Times 和 The Wall Street Journal[①] 以及"独立传媒"出版集团联合打造的。《公报》的成功原因当中包含知名品牌的有利因素,当然,毫无疑问,编辑团队也功不可没,它面向熟谙各种商业问题的专业目标受众,严格遵循声誉良好的出版物应该遵循的标准。

为了全面地归纳具体报纸的特点,除了划分全俄出版物的固定类型特征之外,同时也采用社会-心理标准——思想立场和声誉。声誉通常指的是权威性、影响力、责任感、观点的慎重性、出版物的受尊重程度。显然,这是"严肃报纸"的形象特征,它反映出风格、信息性、作者地位、传播信息的多元性和包容性。另一个极端则是追逐丑闻和市井气息的通俗小报。需要指出的是,对于俄罗斯报刊业而言,后者还很年轻,但已颇受欢迎并赢得了大量受众(例如通俗小报《快讯》)。

有影响力的出版物通常也具有立场性。要确定大部分综合主题报纸的思想立场很困难,党报和有思想倾向性的报纸除外。多半是视情况而定,暂时还受制

---

① 《金融时报》和《华尔街日报》(英文)。——译者注

于所有者的立场,后者经常利用自己掌控的大众传媒保护自身的政治利益。不过,就总体特征而言,某些报纸也可以按照这一标准进行划分。高质量的自由派报纸包括《新报》、《莫斯科新闻报》、《生意人报》和《独立报》,高质量的左派报纸包括《苏维埃俄罗斯报》和《明日报》。

* * *

全俄报纸多半会继续沿着两个方向发展:综合性和专门性。市场上的新方案仍会继续出现,直到俄罗斯社会形成稳定的社会结构,并且与之相适应,确定符合具体社会阶层的精神、世界观、文化需求和物质可能性的信息要求。定位为全俄报纸的新兴出版物不断涌现,后苏联第一个十年期间风光一时的报纸(如《联合报》、《今日报》、《世纪报》、《莫斯科新闻时报》)停业,这一切都证实了上述观点。类型和市场定位的选择将受制于市场:竞争使得报纸最终确定令其信息产品具有独特性、区分度和竞争力的所有特征。

出版集团的发展将是影响全俄报纸运作的重要因素。它们确定出版麾下信息产品的优先顺序。实践证明,出版集团经常对高质量出版物和大众出版物进行重新定位。这样的重新定位会保留品牌,对在全面反映俄罗斯生活的基础保障方面已经面临困难的全俄印刷传媒的数量进行压缩。俄罗斯的政治体制尚不具备稳固性,毫无疑问,其政治关系的状况将会对综合性的全俄报纸带来很大的压力。

3.3.2 地区报纸

俄罗斯媒体市场已经形成了新的报刊结构,与1991年之前的报刊结构不同,在新的结构当中,满足大大小小的地区受众群体信息需求的地区报刊占据相当重要的地位。

通过地方的力量让俄罗斯走向复兴的思想得以加强,在某些最发达的联邦主体产生了新的传言:作为一极的地方与联邦中央形成对立,强调某个地区对于整个俄罗斯的命运极端重要,等等。①

由研究新兴俄罗斯报刊的圣彼得堡社会学家统计得出的数据印证了地方印刷媒体的迅猛发展。在所有最近十年出现的报纸当中,全俄报纸的比例为14.7%,而地区(边疆区、共和国)报纸占57.8%,市报和市辖区报占11.3%,区间报(在相邻各州发行)占11.4%。因此,当代信息空间的"增长点"在地方——首当其冲的不是小城市和农村,而是州、边疆区、共和国的中心。

地方大众传媒体制在很大程度上取决于各个地方的特点。包括政治、经济、社会文化、思想因素在内的一系列因素共同决定地方大众传媒的发展。

3.3.2.1 民族地区的报纸

俄罗斯联邦民族共和国、民族州的报纸是地区新闻业的子体系,它具有自身特点。尽管如此,此类报纸仍然处于一般规律的范围之内,这些规律是在俄罗斯报刊、广播、电视民主变革以及市场关系的条件下表现出来的。

20世纪90年代中期,民族地区的新闻业在创办者的运作规律方面充分表现出三种趋势。第一种趋势与报刊市场形成了为数最多的由编辑团队与各级立法或执法机关共同出版的报纸这一事实相关。在各个民族地区,有国家机关参与的报纸平均占到所有报纸的40%至50%。在达吉斯坦和楚瓦什,这类报纸约占总数的一半,在莫尔多瓦、阿迪格、卡巴尔达-巴尔卡尔和北奥塞梯(阿兰尼亚)均超过40%。鞑靼斯坦共和国是例外——此类报纸只占31%。

除了8家社会政治和青年杂志,莫尔多瓦的国有印刷媒体还包括《莫尔多瓦消息报》、《莫尔多瓦七日报》、《对角线》、《埃尔齐亚真理报》、《莫克沙真理报》、周报《萨兰斯克晚报》以及由共和国各市和各市辖区政府及议会创办的23种市报和市辖区报。

在民族新闻业中,创办者运作规律方面的第二种趋势表现在创办者的形式上。它们为报刊市场上不断出现的新类型开辟了道路。这些创办者包括编辑部

---

① 参见:Логунов А., Роль СМИ в развитии процессов регионализации России // Роль прессы в формировании в России гражданского общества. М., 1999; Малякин И., Российская региональная мифология: три возраста. http://db.socionet.nw.ru/RuPEc/xml/rus/article-prorus/rusr-porusv5n1-0.6.xml

和出版社、商业机构和企业、合资企业、广告公司、私人。民族地区的新闻业几乎已经形成了能够满足各阶层人士需求的大众传媒体制的所有结构分支。

从读者需求来看，占据第一位是社会政治类报纸，包括《鞑靼边疆区》，楚瓦什的《新闻报》、卡拉恰伊-切尔克斯的《生活报》、《共和国复兴报》、《高加索人民报》，卡巴尔达-巴尔卡尔的《南方报》、《北高加索报》，等等。这些报纸自负盈亏，因此它们可以认为自己是独立的。尽管实际上这种独立仅仅意味着与国家机构保持距离，而如果没有后者的经费资助，报纸的发行和生产都无法实现。鉴于民族地区的经济特点和印刷条件特点，股份公司、大型报刊联合体和控股公司的形式在上述地区并未得到普及。

民族地区报纸的创办主体有助于俄罗斯联邦共和国和自治州的很多城市出版商业信息类报纸。商业报纸的分类由其读者定位确定，包括如《新商品报》（乌法）这样的广告信息报纸、面向更狭窄的读者群体（例如银行职员、商人、企业主、会计）的报纸、专门类的行业报纸，例如《审计与税收报》、《金融产业报》、《监督报》（巴什科尔托斯坦共和国）。

在商业报纸中，广告信息报和免费声明报占据主要位置。它们面向对大小批发、零售业和服务业感兴趣的人，保证向后者提供商业信息。

出现了面向农村的新兴报纸。其内容（包括喀山出版的《主人翁报》）反映出人们对专业农业信息、农场经营、畜牧业和种植业不断增长的兴趣。

创办者运作规律方面的第三种趋势于20世纪90年代初期在民族地区开始显现，它奠定了俄罗斯联邦共和国多党报刊的开端，不过，近年来这种趋势没有得到太大的发展。此类报纸是党派组织、社会组织、创作组织以及其他的合作组织和运动利用积极推动者的资金和支持者的捐款创办的。党组织和其他组织的许多报纸财政状况都很吃紧，找不到读者，其中不少都没能经受住竞争的考验。伏尔加河流域的几个共和国一共有12种党报：鞑靼斯坦有5种，楚瓦什有3种，莫尔多瓦有4种。其中，莫尔多瓦的党报包括：《我们的真理报》（俄罗斯联邦共产党莫尔多瓦共和国党组织机关报）、《萨兰斯克公报》（俄罗斯自由民主党地区分支报）、《布尔什维克报》和《青年近卫军报》。唯一一家发行量不错（2万份）、经济状况稳定的党报是周报《楚瓦什真理报》（创办者是俄罗斯联邦共产党楚瓦什党组织共和国委员会)。北高加索地区出版的党报当中,状况最稳定的是卡拉恰伊地区人民组织的机关报《社会报》。

俄罗斯社会的多民族性要求承认各民族拥有自己的语言和文化、了解自己国家历史的权利。民族自觉意识的增长、本地居民的历史命运与故土的融合保证报纸的发展可以面向本民族居民和居住在共和国的其他民族的居民。此类报纸促进民族之间的合作,既用联邦主体的官方语言出版,又用民族之间进行交流的语言出版,还用居住在该共和国或州的其他民族的语言出版。出现了供鞑靼斯坦、巴什科尔托斯坦、乌利扬诺夫斯克州和萨马拉州的楚瓦什人阅读的报纸。巴什科尔托斯坦用楚瓦什语出版1种共和国报纸和2种市辖区报,鞑靼斯坦则有共和国报纸《苏瓦尔》以及在4个农村地区出版的报纸。在卡拉恰伊-切尔克斯,除了卡拉恰伊语和切尔克斯语的报纸,还出版阿巴津语的报纸《阿巴吉亚报》和诺盖语的报纸《诺盖人之声》。因此,所有的4个主要民族都有自己的定期出版物。

在北奥塞梯-阿兰共和国,因市场关系转型而导致的危机持续了很长时间,在此之后,共和国报纸《北奥塞梯报》、《正义报》和《言论报》巩固了自身的地位。上述报纸的记者报道与政治、经济、改革、生态、农场经营相关的各种主题。他们特别关注提高人民教育和文化水平的问题。

充分满足俄罗斯联邦各民族的社会需求是多民族报纸体系发展和结构完善的重要原则之一。目前,西伯利亚和远东有8个自治区和1个民族区。然而,在民族地区开发并引入相关的语言并不能自动产生报刊。许多客观和主观困难导致迄今为止居住在西伯利亚和远东的少数民族还没有埃文基语、多尔干语、科里亚克语、尼夫赫语和其他一些语言的报纸。共和国和州的印刷媒体拥有某些发展少数民族语言报刊的资源。比如,萨哈共和国(雅库特)提出,依托共和国的雅库特语报纸《星火》定期出版专页,刊登一些埃文基语的文章。用俄语在马格丹和萨哈林州以及哈巴罗夫斯克边疆区出版的报纸也有类似的可能性。在市场条件下,如果没有国家或者商业机构的资金支持,不可能实施这样的项目。单独的"专页"可能会成长为以各种语言出版的独立报纸。

民族地区的报纸之所以受欢迎,是由其内容决定的,很多时候也取决于读者的社会政治倾向。例如，在鞑靼斯坦的地方报纸当中，拥有读者最多的报纸是《喀山晚报》。该报占据领先地位的原因在于其反对和批判的情绪以及很高的专业程度。《鞑靼斯坦亚什利亚尔报》同样引起了读者的兴趣，该报的特点是立场大胆，材料具有轰动性。《鞑靼斯坦共和国报》和《我们的家园鞑靼斯坦报》也拥有自己的固定读者，发行量较大。

国家补贴是保持和发展民族地区传媒的必要措施。此类措施能够向用民族语言出版的报刊提供支持——在信息市场的条件下，这些报刊的竞争力不强。面向儿童、退休者和残疾人的报纸也依靠国家的资金支持出版。不过，应当记住的是，即使共和国报纸没有政治压力，补贴政策也可能成为报纸出版的主要途径。

* * *

地方报纸不经常涉及国际问题，基本上远离民族复兴问题和俄罗斯各个民族之间的合作问题。它们尽量不挑起民族间的紧张情绪，有意避开容易引起相互敌意和指责的问题。

俄罗斯联邦创立了13个民族文化自治区。它们的出现是履行1996年通过的《民族文化自治联邦法》的第一步。例如，在亚马尔-涅涅茨自治区创建了统一的突厥语民族文化自治区，联合在此居住的突厥语民族——鞑靼人、巴什基尔人、阿塞拜疆人和库梅克人等。这些社会团体已经有自己的报纸、杂志、公报。这便是迈出的第一步。

民族地区民主的新闻业能够促进民族文化的复兴。大众传媒成为了各民族的民族意识得以加强的表现之一。然而，在地方的新闻业当中，提出民族文化自治的问题还显得相当谨慎，民族文化自治可以在新形式的社会团体框架内保持和发展民族独特性，并且阻断产生民族冲突的途径。

3.3.2.2　州报和地方报纸

大众传媒的地理状况——与中心地区的距离、离国境的远近等——对其自身发展具有重要意义。边境地区的地方媒体应该考虑到其受众对莫斯科的新闻和邻国发生的事件都很感兴趣。边远地区的报纸可以较少地与中央报纸竞争（后者的运输有困难，投递会延迟），但是还应当注意到外国信息渠道对本地区受众的影响。

有大都市的地区的大众传媒体制与以农业为主的地区的大众传媒体制之间的差异越来越明显。像圣彼得堡这样的大都市的报刊太多了。2003年，在圣彼得堡登记的报纸总共1 598种，杂志1 129种，各种广告指南上列有不少于60种大发行量的报纸和70种杂志[1]。地方信息市场是自给自足的。有鉴于此，一方面，中央报纸不会放弃赤裸裸的扩张（如《论据与事实-彼得堡》的发行量为17万份，《共青团真理报-圣彼得堡》的发行量为13.5万份，《莫斯科共青团员报-彼得堡》的发行量为7万份）；另一方面，此类报纸也包含大量的地方信息，有时会投入资金开发纯粹的地方项目，例如，《共青团真理报》出版地方报纸《彼得堡快讯》。同时，彼得堡的报纸则在尝试向莫斯科和全国市场进军（如《圣彼得堡公报》）。

在经济发展以农业为主的地区，地方出版物的比例则小得多，中央报刊的扩张更加明显。例如，改革初期，梁赞州有一个非常大型的农业生产集团，在管理它的过程中存在典型的"地方主义"现象[2]，出版近10种地方报纸，中央报纸的地区插页的发行量（《共青团真理报-梁赞》为7万份，《论据与事实-梁赞》为2万份，《莫斯科共青团员报-梁赞》为1万份，《俄罗斯经济与生活报》为3万份）完全可以与纯粹的地方社会政治类和信息类报纸的发行量相媲美，甚至在总量上还超过后者（《梅晓拉地区报》为4.7万份，《城市全景》为4.7万份，《梁赞晚报》为8 000份，《梁赞公报》为7 500份，《奥卡河沿岸报》为5 000份），尽管按照地方专家的看法，后者其实更具权威性。毫无疑问，苏联时期，与莫斯科中心相比，梁赞州是农业区，惯性使然，这一点对目前该地区的信息图景仍有影响，报纸的类型结构不够完整：除了几份免费的广告信息报和《电视指南报》之外，大部分报纸均属传统的社会政治类，它们之间竞争很大，最终导致了发行量下降。

在拥有发达传媒体制的工业地区，其报刊的转型期自有特点。例如，车里雅

---

[1] 此处及后续分析地区大众传媒状况、印刷产品结构和发行量变化时参考的是指南手册《俄罗斯媒体和广告公司》（格列比翁尼科夫出版集团）和广告信息目录《俄罗斯广告指南》。资料均由上述公司的员工提供给本书作者。

[2] Россия регионов: трансформация политических режимов. М., 2000. С. 220.

宾斯克州出版40余种大发行量的报刊。与俄罗斯其他地区的情形一样,该州传统的社会政治类报纸发行量锐减,但高质量报纸仍未消失。

地方报纸的类型

目前,全俄媒体通常采用的三级模式[1]也完全适用于地方报纸的分类:(1) 面向"所有人"(在自身传播范围之内)、报道"所有事"的印刷传媒,包括传统的社会政治类报纸、发展迅猛的信息广告报刊以及发行量猛增的"大众文化报刊";(2) 面向一定社会阶层的传媒,正因如此,其关注的信息面比较窄:商业报纸、新兴的党派报纸、文化教育类报纸、民族团结类报纸、社会保护类报纸、青年报纸和体育报纸,等等;(3) 就针对的社会人群和关注的信息面而言(有时甚至就功能而言)都具有专门性的传媒:电讯摘要,女性、儿童、农业(农民)报纸,以及健康类、园艺类、情色类和个人爱好类,等等。

20世纪末,在报刊数量普遍增加的同时,一些传统的地方报刊关门歇业,一些地方报刊发行量减少。它们腾出来的信息空间立即被其他报刊填满了。质量方面也有变化——地区报刊的类型更复杂,更齐全,更符合具体地区的需要。不过,地区报刊的总体类型结构是在20世纪90年代前半期形成的。

1996年,"俄罗斯报纸的主题和受众划分达到了顶点",出现了"呼应和互动的趋势,其表现之一即报纸类型的对接"[2]。克拉斯诺雅尔斯克的"厚型"报纸《荟萃》就是这种共生现象的实例,它集中了信息广告类、社会政治类、家庭类和大众文化类报纸的属性。

同时也应当指出,许多处于寻找自身面貌阶段的新兴报纸曾经屡次改变自身的定位。因此,把州报或者地方报纸归于某一特定类型不过就是泛泛之言:现实中的报纸只能拥有"理想"类型的大致轮廓。

传统的社会政治类报纸是面向"所有人"、报道"所有事"的综合性报纸。其

---

[1] 参见:Алексеев А.Н., Газетный мир постсоветской России: подход к построению типологии // Вестн. МГУ. Сер. 10. Журналистика. 1998. No 3.

[2] 参见:Алексеев А.Н., Новая российская газетная пресса: Типологическая структура и ее изменения (1988 - 1997 гг.) // Телескоп: Наблюдения за повседневной жизнью петербуржцев. 1999. No 1. C. 13.

主要功能是通报信息、述评、分析，其他的广告、娱乐等功能通常比较次要。报道的主要对象是地方事件，面向的是该地区最广泛的受众。此类报纸传统上是日报（或者每周出版5期），不过近来开始出现了越来越多的周报甚至月报。

地方报纸的出版周期增长是1998至2001年危机时期的明显趋势，如今这种趋势正在得以缓和，每周出版5期的报纸的数量有所增加，还出现了每周出版6期甚至7期的报纸。显然，报纸开始深切感受到了来自更有效率的电子媒体（尤其是网络媒体）的压力。然而，总体而言，仍然可以确认这一事实：新世纪，地区报纸迈进了周报时代。在边疆区报和州报当中，周报的数量是周期更短（每周5至7期）的报纸的9倍；在市报当中，周报数量则是周期更短的报纸的19倍；而在市辖区报当中，前者数量为后者的199倍。报纸周期的变化导致了其内容质量的变化：分析性增强，新闻结构发生变化，文章、广告的篇幅以及娱乐信息增加。

地方报纸中出现了不少新的社会政治类报纸，然而，"目前这种报纸类型的再生产被压缩了，因为（尤其是从20世纪90年代中期开始）此类报纸在俄罗斯新兴报纸中所占的比例在减小。就这一指标而言，1995至1997年，社会政治类报纸让位于增长强劲的信息广告类报纸"[①]。

传统的综合性报纸深陷于席卷俄罗斯信息市场的普遍危机。这一危机首先与不利的社会经济因素相关。而且社会政治类报纸的空间早已被占满，但广告类报纸还处于形成阶段。此外，读者的钱包也决定了残酷的选择——最便宜的报纸和免费报纸最终成了发行量最大的报纸。除了个别例外，地方社会政治类报纸的发行量普遍下降。

不可忽略已经进入正轨的市场机制：在同一地域传播的报纸之间存在竞争。传统的地方报和州报发行量下降，因为它们正在被下列报纸挤出市场：a. 新兴的综合性地方报纸和广告信息类地方报纸（后者是免费派发）；b. 中央报纸的地

---

① 参见：Алексеев А.Н., Новая российская газетная пресса: Типологическая структура и ее изменения（1988 – 1997 гг.）// Телескоп: Наблюдения за повседневной жизнью петербуржцев. 1999. No 1. С. 11.

方版,它们拥有全俄报纸所有力量的支持(资金、出版事务、编辑团队的创作能力),可以同时为读者提供全俄信息和地方信息。

同样应当指出,由地区行政中心出版的刊登地方新闻的市报(诸如《萨马拉新闻报》、《城市新闻报》(雅罗斯拉夫尔)等)正在积极进入信息领域,其中也包括《罗斯托夫晚报》一类的晚报。此前,这个领域由传统的共和国报、边疆区报和州报统领。

综合性报纸可以分为两种极端类型:主要功能是分析和通报信息的高质量类,和具有很强的娱乐性、重点放在丑闻和轰动新闻等方面的大众类。传统的社会政治类报纸通常按照高质量-大众化的模式运作,新兴报纸则多半遵循大众类报纸的模式,而非高质量(分析类)报纸的模式。

大众文化类报纸(或者新闻-娱乐类)。对于地区信息环境而言,这是一种全新的报纸模式。此类报纸除了刊登娱乐信息,还积极采用丑闻类和轰动类材料以及体育类和咨询类材料。大众文化类报纸力争符合"普通人的兴趣"(根据"通俗小报"创始人 W. R. 赫斯特的告诫,兴趣首先是指自我保护、爱、繁衍和虚荣心),这让此类报纸如同上述兴趣本身一样具有多样性:刊登奇闻、恐怖事件和丑闻的报纸,情色报纸,星象占卜报纸,幽默报纸等。例如,布里亚斯克就出版几种这样的报纸:《布里亚斯克-万花筒》、《布里亚斯克-电视荧屏》、《布里亚斯克电视报》、《布里亚斯克星期六》、《广播电视节目报》等。然而,此类报纸更常做的是尽可能多地组织娱乐内容,例如《休息日报》(托木斯克)、《您的荣耀》(鄂木斯克);或者在附刊中满足所有的趣味,例如《星期一电视节目报》(下诺夫哥罗德)。十年期间,在新兴的俄罗斯报纸当中,此类报纸的比例增长了一倍。[①] 大众类报纸发行量大,面向收入不高、品位不讲究的人群。

信息分析类报纸。这是对各地涌现出来的带有"草莓香味"的大众类报纸的自然对抗。中央报纸在地方的代表(如《论据与事实-下诺夫哥罗德》、《莫斯科共

---

① 参见:Алексеев А.Н., Новая российская газетная пресса: Типологическая структура и ее изменения (1988 - 1997 гг.) // Телескоп: Наблюдения за повседневной жизнью петербуржцев. 1999. No 1. C. 11.

青团员报-下诺夫哥罗德》)和地方报纸(《下诺夫哥罗德报》、秋明州的《复兴报》、车里雅宾斯克州的《乌拉尔信使报》)都明白,把分析功能置于首要位置是有发展前途的。而沃洛格达州几年前被视为通俗小报的《俄罗斯北方报》如今正以"为值得尊重的读者打造高质量报纸"为座右铭寻找新生。不过,实际上不受广告青睐的地方报纸要在这个领域站稳脚跟确非易事。它们的质量并非总能达到信息分析类报纸的要求。

信息广告类报纸。对于州和边疆区而言,这是一种全新的信息传播现象。此类报纸的发行量通常超出传统的社会政治类报纸数倍。叶卡捷琳堡的免费广告信息类报纸《我们的报纸》和《家家户户》的发行量为26.5万至40.5万份,而历史最悠久的社会政治类报纸《乌拉尔工人报》的发行量仅有2.4万份。广告报纸的大发行量在某种意义上正在"扼杀"传统报纸,抢夺后者的广告商。

大部分广告信息类报纸最初都是免费的。目前,很多新兴报纸都采用这种策略,竭力吸引读者的注意。能够成功吸引广告商的注意力并在相当大的范围内传播的报纸就已经在这一领域站稳了脚跟(如下诺夫哥罗德的《诺夫哥罗德特报》)。另外一些报纸则没那么走运,它们只能关门歇业,立刻便被新的报纸取而代之了。如今,某些州(符拉迪沃斯托克、叶卡捷琳堡、伊尔库兹克、克麦罗沃、新西伯利亚、下诺夫哥罗德、顿河畔罗斯托夫、萨马拉)出版的免费广告报纸超过5种,它们之间互相竞争。相当大一部分的免费广告报纸选择在内容上增加大量的信息材料,并且通过订阅和零售的方式进行传播。发行综合性免费报纸的趋势日益显著(圣彼得堡的《彼得堡信使报》)。

通过订阅和零售的方式进行传播的广告信息类报纸之间的竞争非常激烈。某些地区(叶卡捷琳堡、下诺夫哥罗德)存在9至10种这样的报纸。此类报纸的发行量不稳定,这取决于地方广告商和编辑团队在动态环境中通过刊登电视节目表、私人声明、娱乐和实用信息的方式合理调节读者注意力杠杆的能力,某些情况下还得刊登有分量的新闻或者分析材料(如克拉斯诺雅尔斯克的《荟萃》)。

20世纪90年代初期,*商业报纸*也经历了蓬勃的发展。时至90年代中期,这类报纸的空间已被占满,而目前,商业报纸是在按照简单再生产的模式发展。在经历了读者兴趣高涨的时期之后,此类相对较新的报纸的发行量基本上已经稳定下来（如伏尔加格勒的《商业伏尔加报》、车里雅宾斯克的《商业乌拉尔报》）。在某些地区，商业报纸尚处于上升期：伏尔加格勒出版4种此类报纸——《商业伏尔加报》、《商业消息报》、《新商业消息报》和《伏尔加格勒工业公报》，它们的总发行量接近9万份。

多功能的电视节目报（如阿尔汉斯克的《北方沿海报》、克拉斯诺雅尔斯克的《广播与电视报》、特维尔的《传播报》）和个人声明报（如沃罗涅日的《卡米洛特》、鄂木斯克的《可能报》、萨马拉的《手手相传》）已经过了鼎盛期。1995至1996年，这两类报纸曾经是地区报纸当中引人注目的现象。读者之所以对它们产生兴趣，一方面是因为内容新颖，另一方面是因为相对便宜。电视节目导航类报纸牢牢抢占了市场，包括信息市场最贫乏的地区在内的所有地区都有该类报纸。其中的一些报纸朝其他类型转向，比如转为广告信息类周报（如叶卡捷琳堡的《4个频道和整个电视业》）、家庭周报（如伊热夫斯克的《天线报》）。

党报在各地没有得到广泛传播。不过，俄罗斯共产党和其他左翼党派在各个地区拥有自己的报纸：《红色之路》、《鄂木斯克时间》（鄂木斯克）、《克拉斯诺雅尔斯克报》等。各种选举活动——尤其是总统选举活动——期间，"亚博卢"和统一俄罗斯党等党派也会发行地区报。

"第三类"地方报纸（面向更狭窄的读者群体，发布的信息更有针对性）继续发展。此类报纸可以分为体育类（如鄂木斯克的《体育报》）、郊外度假类（如鄂木斯克的《郊外度假报》和《田园报》）、医疗类（如《鄂木斯克医疗报》）。此类报纸分别旨向一定的受众群——女性（如布拉戈维申斯克的《我的圣母玛利亚》、沃罗涅日的《贞洁》）、儿童（如新西伯利亚的《成长》、叶卡捷琳堡的《静谧时分》）。也包括专登汽车信息的报纸（如鄂木斯克的《汽车市场报》）。

家庭报纸市场正在形成（如伊热夫斯克的《天线报》），社会保护类报纸不断涌现（如新西伯利亚的《呼声》、鄂木斯克的《立场》），有时也会出现以刊登奇闻异事为噱头的报纸：《大波克罗夫卡》——"面向中产阶级的报纸"（下诺夫哥罗德）。

地区报纸类型图景的形成受到两种对立的主流趋势交叉作用："细分化"（考虑到专门受众群的主题兴趣）和"一体化"、"大众化"（考虑到所有居民的兴趣，试图吸引此前没有被吸引的新受众)①。

按传播地域划分的报纸种类

地方报纸的传播区域是确定其质量和数量特征以及运作环境的主要因素。总体而言,地方报纸仍然是在苏联时期形成的框架内依照俄罗斯联邦现行行政区划不断发展。

1990年之前,几乎所有的*州报*和*边疆区报*都隶属于党和苏维埃,它们包括符合该地区地位的一定数量的出版物:1种社会政治类日报、1种青年报,人口超过百万的城市同时出版晚报,某些城市还出版区域性的文学艺术杂志。社会经济和社会政治进程的积极发展导致州和边疆区层面的报纸类型结构发生了根本变化。过去10年,这一结构当中最显著的变化是新型报纸的出现:广告信息类、商业类、电视节目类、个人声明类、娱乐信息类,等等。

传统的州报经历了重大的改变:党报和青年报成了综合性的社会政治类报纸。前者通常都缩减了发行量,但保留了最具影响力的高质量报纸的称号;后者大多为自己选择了与首都的《莫斯科共青团员报》一样的道路——融入大众报纸之中。

无论是种类还是期发行量,*市报*都占据了俄罗斯出版的印刷物的很大比例。正如俄罗斯的城市一样,市报也极为多样。在边疆区和州的大型中心城市(萨马拉、特维尔、叶卡捷琳堡、符拉迪沃斯托克)出版的报纸从外观和内容上大都比较相像。就类型而言,通常都是社会政治类报纸,常被视为"地方新闻报纸"。其中一些报纸的传播范围超出了某一城市这个惯常的区域。例如,《符拉迪沃斯托克报》最初是传统的城市晚报,后来变成了只面向一个城市的早报,吸引了该边疆区超过40%的订阅者。接着该报又变成了服务于城市和本州居民的控股公司(3种报纸)。

就类型特征而言,大型地区中心的市报和州(边疆区、共和国)报常常互为补充。比方说,如果州报是日报,那么在州中心出版的市报则多为周报。如果州报

---

① Реснянская Л.Л., Особенности процесса формирования современной периодики. М., 1996. С.12.

是温和的社会政治类报纸,那么市报则可能明显具有"通俗小报"的特质(如符拉迪沃斯托克的《新闻报》)。各个城市的广告信息类报纸和免费广告类报纸也发展得不错。

在城市信息结构中,传统的市报通常占有稳固的地位,作为地方信息的主要提供者,它们一贯为读者所需。然而,与城市信息市场的整体情形一样,市报的状况常常取决于地方政权机关与大众传媒的关系。在报纸编辑部的方针相对独立的地方,就会不可避免地出现完全由城市当局控制并受其大力扶持的新兴报纸。例如,克拉斯诺雅尔斯克市政府与《卡拉斯诺雅尔斯克晚报》闹僵后便创办了每周出版两期的《城市新闻报》,为了挖竞争对手的墙角,起初《城市新闻报》是免费派发。

就类型而言,较小的地方城市的报纸与市辖区报更为接近;很多时候这些报纸同时服务于城市和市辖区的读者,它们就是所谓的城区报纸(如由涅夫捷卡木斯克市府、克拉斯诺卡姆斯克区府和报纸编辑部联办的《红旗报》)。除了地方行政部门,市报创办者也可能是以股份公司、有限责任公司、非商业组织等形式存在的编辑团体以及地方企业和个人。很多时候创办者的构成是混合型的。

尽管存在一系列历史形成的不利因素(艰难的经济状况、受制于地方政权机关、落后的印刷技术、缺乏具有较高职业素养的新闻从业者),但地方读者仍然对*市辖区报*保有持续不变的需求。2003 年,市辖区报占俄罗斯出版的所有报纸的 21%(1989 年占 85%),如今,它们的期发行量占整个国产印刷产品的 4%。此类报纸的发行量通常都不大——一般将近 5 000 份,但也有一些市辖区报的发行量超过州报。例如,列宁格勒州加特契纳区的区报发行量就超过了圣彼得堡的一些传统报纸。

市辖区出版物尊重读者的需求,其内容相当保守,格调温和,作风稳健,不怪不偏。而怪诞和剑走偏锋是大都市报纸常有的作风。市辖区报的主要话题包括退休法、居民因地方银行破产而丧失存款、向儿童发放的补助以及其他类型的补助、生存问题。就解决问题的程度而言,或许市辖区报并不总是能够满足自己的读者,但是,没有一家中央报纸会把其观察世界的高度往下调降。因此,市辖区报注定会长久存在。它们还有一个重要的优点——价格便宜。不过,这个因素使其很难提高质量。

市辖区报的另一个问题便是直接受制于政权机关,与以前的区委相比,如今的政权机关更加强大。市辖区报几乎就是市府所属的企业。更为严峻的是,许多市辖区的财政预算都为零,地方企业不开工,因为补助微薄,广告很少。不过,即便是能够自负盈亏的市辖区报也并不急于脱离地方政权机关:一旦经济形势发生变化,它们就得不到任何资助了。

无论如何,市辖区报仍然能够生存,在一些地方还有独立于行政机关的出版物;有一些正在转变为广告信息类报纸,这使它们甚至能够扩大传播地域。如果编辑部能够依托于稳固的印刷基础,那么市辖区的广告报纸就是一个相当有发展前景的新方向。比如,在莫斯科州的诺金斯克,从1998年开始出版由当地印刷厂创办的广告信息类周报《博戈罗茨克商人》。除了诺金斯克,该报也在临近的地区和城市发行,包括巴甫洛夫斯基波萨特、奥列霍沃-祖耶沃、埃列克特罗斯塔利。

在报纸的繁荣时期(1991至1993年),大城市的各区涌现出了"城区报纸",即现在的市报。数年间,它们一直受到市府办公厅的支持,运作情况良好。它们的主要功能是信息通报(区里发生的事件)、宣传鼓动(支持政府官员以及当局所需的代表候选人的行动)、广告(为地方生产者做广告)。此类报纸中的一部分通过所在区域居民的信箱免费发放。在莫斯科,这样的报纸包括《东南信使报》、《莫斯科西城报》、《普列斯尼亚报》、《洛辛卡报》、《莫斯科郊外报》等。

地区报纸的最后一个组成部分是基层报纸(劳动集体的报纸,或者所谓的大发行量报纸)。尽管传媒研究者确信,在信息市场的条件下,此类报纸完全不具备发展前景,但它们仍然存在。2003年,俄罗斯出版的报纸当中此类报纸占15%(发行量占5%)。基层报纸的编辑部是企业的信息中心和公共关系部,是其在市、州和中央大众传媒中的代表。

在市报失去自身地位的地方,扮演信息协调员角色的可能就是大型工业组织所谓的大发行量报纸。在拥有6万余名居民的工业小城科利丘吉诺(弗拉基米尔州),两家大发行量报纸(《五金工人报》和《电缆工报》)的发行量均达1万份。对于许多人——首先便是退休者——而言,大发行量报纸是他们可以获得的唯一印刷传媒,因为付钱的不是拿到报纸的人,而是工厂。某些基层报纸已经开始在其内容中加入更广泛的关于城市和州的地方信息。

应当特别提及跨地区(区域)传播的报纸。对它们而言,最重要的功能是融合功能——围绕区域中心并联合两个或者更多的相近(首先是经济方面相近)地区。因此,这一类型中必定有不少的商业报纸——如车里雅宾斯克的《商业乌拉尔报》、伏尔加格勒的《商业伏尔加报》、新西伯利亚的《俄罗斯的亚洲报》等,广告信息类报纸——如秋明的《商铺》、伏尔加格勒的《跨界》、克拉斯诺达尔边疆区、鄂木斯克和新西伯利亚的《荟萃》等。一些传统的社会政治类报纸和综合报纸扩大了传播区域(如沃罗涅日的《公社》),不过,这并非典型现象。一些遵循首都《莫斯科共青团员报》模式的地区青年报进行过上述尝试:布良斯克的《布良斯克共青团员报-事实》、伊尔库茨克的《苏维埃青年报》、新西伯利亚的《西伯利亚青年报》,等等。跨地区报纸中也有新兴报纸:弗拉基米尔州的《州报》、叶卡捷琳堡的《详情报》、库尔斯克的《好新闻报》。

此类报纸并不稳定,其中的许多家之所以倒闭,均与20世纪90年代后期的危机有关。研究者在指出这一点的同时也强调它们具有很强的传播潜能:"它们脱离了地方政权机关的强力管制,可以提出许多问题,这些问题是联邦报刊无法顾及,而共和国和州报的检查制度和其他制度所不容许的",它们"对民族间的交流和地区文化基础设施的发展产生正面的影响"。[1]

垄断

地区报纸与中央报纸一样,处在集中和垄断的进程之中。大部分1991年以后创办的新的地区报纸很快便开始了作为传媒控股公司一份子的生涯,另外一些则因受到对信息市场极为不利的因素的压力,不得不组建传媒控股公司。集团公司、出版集团和金融出版集团在各地出现并且不断壮大。据统计,集团所属

---

[1] Лаврентьев С. Н., Пугачев В. В., Разрыв информационных связей в федеральной системе СМИ // Журналистика в 1996 г. М., 1997. Ч. 3. С. 10; Овсепян Р. П., Региональная пресса и межэтнические конфликты // Журналистика в переходный период: Проблемы и перспективы. М., 1998. С. 57.

报纸的生产费用通常会减少 40% 至 60%[①]。企业主愿意与之合作，它们也能得到政权机关的重视。

控股公司是地方报刊自给自足发展过程中前景最广阔的一条路子。记者和编辑很快便认识到了这一点。新西伯利亚、萨马拉、鄂木斯克、伏尔加格勒、布拉戈维申斯克等地纷纷创建报刊联合企业。值得注意的是，尽管传统大众媒体当年在党的领导下运作时已经习惯于从主人（如今是地方政权机关）那里获得资金，但现在它们也愿意选择创建相对独立的传媒控股公司这条路。例如，20世纪90年代后期，反对派的《公社》实际上成了沃罗涅日当地的信息垄断者，其编辑非常及时地认识到，报纸是商品。作为一家日报（目前的发行量为 3.9 万份），《公社》创办了一系列周报：社会政治类的《沃罗涅日周报》（1.8 万份）、信息娱乐类的《公社-体育》（3 500 份）、面向退休者、售价便宜并且带有电视节目表的《公社号外》（2.58 万份）。诚然，该报另外一些诸如《公社-环球》的项目则不太成功，后来就停止出版了。

对于地方印刷媒体而言，技术和资源保障的问题仍然极其重要。地方印刷基地的发展是最严峻的难题。大部分地区都有一个国有出版社，它在该地是垄断者，这阻碍了印刷媒体的发展，使其成本增加并对地区出版物的质量产生影响。

传媒产业与经济活动其他类别共生是极为普遍的现象。大部分联合企业都积极拓展相关行业的业务。封闭式股份公司《城市新闻报》（伏尔加格勒）就是一个实例。按照规定，该联合企业能够从事出版、广告、市场营销、中介服务、策展、商品及服务生产等业务，实现对外信息、文化和经济联系等。因此，出版《商业新闻报》、《城市新闻报》、《州新闻报》等只是其业务的一个方向。

报纸联合企业更容易解决另外一个同样重要的问题——出版物的传播。这些企业成立了专门的发行部门，与俄罗斯出版与大众传媒署相比，上述部门服务读者的价格要低廉得多。《鄂木斯克晚报》联合企业领导人 С. 西比娜解释说：

---

① 根据人文传播研究所的数据。参见：Пресса России: Аналитический обзор. М., 1997. С. 17.

"我们依靠什么抑制价格？依靠精简的人员配备，也依靠我们发行的大量出版物，另外，我们通过自设的发行机构发行莫斯科的出版物……利用统一的原材料基地并把各种经济资源结合起来——这一切都发挥着重要的作用。"[1]

总体而言，地方报纸的预算出自广告业务、发行量的达成、非报业活动的收益以及国家和创办者的资助。这些收入来源的比例取决于许多因素：地区的经济状况、该地区是否有舍得广告投入的成功企业家、居民的富裕程度、编辑部受制于地方政权机关的程度及其自身的活动能力。

* * *

近些年来，与地方政权机关的相互关系一直是地区印刷出版物最主要的问题。地方政权机关仍然不把媒体视为社会伙伴，而是继续把它当成城市、州和边疆区领导层的信息附属物。独立传播学研究所的最新研究划分出了地方政权与媒体的三种关系：类苏联式、创新式和突变式。第三种从本质上讲就是类苏联式，但它适应当代的创新要求[2]。遗憾的是，大部分地区传媒缺乏经济自由，正因如此，它们受制于地方政权，这使得其无法克服发展中的一系列问题：现实的类型结构不适应地区受众的需求、地区报纸内容的不均衡、地区媒体的道德要求遭到弱化。

第 4 节 杂 志（М. И. 绍斯塔克）

杂志业是印刷传媒当中正在迅速发展的一个领域。杂志不及报纸反应迅速，但是，对现实问题和事件现况的及时回应使得大多数杂志（纯粹的科学杂志除外）被纳入了大众媒体的行列。

尽管杂志是一种"滞后"的出版物，但它却是定期的：每月一期或者每周一期

---

[1] Сибина С., И НТО, и СМИ заинтересованы в активном расширении аудитории // Региональная пресса России и структуры гражданского общества: Сотрудничество во имя развития. М., 1999. С. 92.

[2] Региональные СМИ и демократия в России (на примере Вологодской области). М., 2003.

(科学的、科学评论的、文学政论的、流行的,等等)的杂志保证信息的传播,反映对生活图景变化的兴趣。与报纸、广播和电视一样,杂志呈现社会生活方方面面的信息,服务于为社会定位的目标,为受众提供与快速回应事件不直接相关、但仍具有现实性的信息。即便是娱乐杂志,也是在休闲、时尚、爱好、兴趣的世界里为我们当代人定位,它们呈现周围发生的一切:什么是典型的,什么是新潮的,什么是令人不安的……

如今,杂志不一定都是容量很大的出版物(某些报纸比杂志更厚),不过,杂志的开本决定了它具有比较丰富的容量,这也促使杂志刊登研究性和文艺性的长篇材料;在内容上不以报道新闻为主,而是对新闻进行阐释。报纸提供时效性强的信息,与之不同,杂志提供非时效性的信息。相较于报纸,杂志更能成为介绍性或教育性的出版物。

与报纸不同,杂志从出现开始便供详细而平静的阅读之用。尽管杂志当中也有用于"翻阅"的,但总体而言,读者与杂志的交流非常密切、更加"私人化",它不同于受众与报纸或者电视节目的交流。

因此,容量、开本和周期性是构成报纸和杂志最显著区别的要素。

俄罗斯出版大约1.4万种杂志;媒体市场为其多样化提供了可能。

3.4.1 杂志类型的主要指标

杂志类型有四个主要指标:受众特点、对象、目标任务、表述特点。以下分别进行讨论。

受众特点。杂志的受众可以是大众性的,也可以是专业性的;它可以按照职业划分(科研工作者受众群、实际工作者-生产者受众群、具有一定知识储备的非专业人士受众群),或者按照其他特征划分(政治的、宗教信仰的、社会阶层,等等)。

对象(所反映的领域)。这指的是杂志关注的与受众兴趣相关的各大领域——政治、文化、艺术、科学、生产、商业、休闲。它们可以按照主题细分(生态、宗教、方志、医学、兴趣爱好杂志,等等)。

目标(功能)任务。杂志可以呈现社会特定阶层的观点,促进企业、科研机构和商业机构发挥功用；满足个体的精神和职业需求，代表私人的兴趣（爱好、自学、收藏、时尚，等等）。

表述特点。杂志可以具有科学、商业、信息、政论、文艺政论等风格，也可以具有科普、普及、信息讽刺（比如，某些青年杂志就属于这类）等风格，以及可视化的插画和设计语汇。

根据上述四个指标（按照 А. Г. 博恰罗娃的分类）可以对杂志进行相当准确的概括，例如："带插画的大众类社会政治杂志"。

对于具体某种杂志的定位可以依托一些并列的指标，并在确定其位置的过程中加以校正。有鉴于此，可以区分出以下杂志：

◆ 综合性的和专门性的；
◆ 面向社会的和面向个体的；
◆ 政治性的和非政治性的；
◆ 常规的和文摘类的；
◆ 月刊和周刊；
◆ 纯文本的和带插画的；
◆ 高质量的和大众的；
◆ "面向所有人的"和"面向特殊受众的"。

*出版周期*是常见的参照标准。月刊占大多数；其中包括大型文艺杂志、科技杂志、科普杂志、休闲杂志；这是历史形成的最古老的一种类型，偏重于以"月"为周期进行传播的信息。

周刊是具有时效性的"薄型"杂志，它从上个世纪中叶开始广泛流行。鉴于印刷传媒也包括周报，所以必须指出，无论是周报还是周刊，它们提供的主要信息均非报纸类（事件类）信息，而是杂志类（主题认知类、分析类、对比诠释类、形象类）信息。此类出版物旨在对以"周"为周期的现实问题进行分析和阐释，它们报道的是已经发生、但尚未"冷却"的事件。最有意思的事件通过以下方式得以放大：第一，增强重要事实的直观性（现场报道、访问当事人）；第二，诠释与分析（解释、访问专家、调查）。在同一期上呈现"一周全景"并对过往新闻进行组合的必要性可以用下列优点加以解释：具有概述性，能够集合最重要、最现实的信息。

事件被置于已经发生的其他状况当中予以呈现，能与一周之内的其他事件进行比较，这可以勾勒事实的前景、解释其趋向。周刊和周报的特殊周期为创造性地利用和完善及时性的诠释提供了可能性。

除了月刊和周刊之外，其他出版周期的杂志很少。例如，双月刊和季刊多半是专业性强的杂志或者季节性（时尚类）的杂志。

大部分杂志最重要的特点是*带插画*（科普插画杂志、社会政治类插画杂志）。首要的便是摄影图片，时下的许多高端的商业和企业定制类杂志都离不开这类图片，流行杂志更是如此（值得一提的罕见事例是：苏联时期，党的《关于〈星火〉杂志插画过多》的决议曾是党领导报刊的一个体现）。

除照片外，如今的插画还包括图画（纯艺术图画、政论形象图画、"新闻"图示——通过示意图直观地传播信息）。需要指出的是，在铜版纸杂志活跃于俄罗斯市场的时期出现的《大城市》周刊高调地拒绝了彩色插画（遵循堪称前辈的国际新闻周刊《新时代》的传统），同时高调地突出了报纸用纸和报纸图画。如今，各类杂志编辑过程中的插画工作是借助版面、字体、小幅图画、艺术复本、美术拼贴和广告开展的记录-报道性和装饰性的装帧游戏。而大幅插画则是面向电视观众的杂志在编辑过程中不可或缺的工作。对于主要用来浏览和翻阅的杂志（例如关于婚庆仪式、装修、化妆品、发型等），插画的作用非常重要。对于广告信息类杂志而言，插画的作用同样重要。在此类杂志中，艺术照片被视为一种生动的广告形式。这类杂志也广泛使用折叠的装帧技术。总体而言，在大部分当代俄罗斯杂志中，插画的作用在于补充和改变事件信息，此外，插画也具有施加美学影响的作用（尤其是在文化和艺术杂志当中）。诚然，各种品位皆有。

根据质量对杂志进行划分也很常见：通常，"大众"杂志面向广泛的受众，刊登符合其水平和需求的信息；而"高质量"杂志则面向在文化意义上属于主流的社会阶层、面向主导国家政治和经济的人们。

在期刊行业，大众杂志占据绝大多数；它们的影响涉及众多的社会职业阶层、年龄阶层和按照其他标准划分的阶层。大众杂志又分为市井杂志、纯娱乐杂志（例如，出现了大量的所谓填字游戏杂志）。

同时，一些分属不同领域的杂志——社会政治类、政治经济流行类、专业类、生活风格类——都竭力成为高质量杂志。

世界各国的实践表明,大部分高质量杂志均优先报道社会政治生活和经济内容。与此同时,其典型特征也包括有意与严格的政治方针保持距离(高质量杂志及其读者都对非主流的观点感兴趣);所谓的保障性栏目涵盖甚广;评论面向具有较高文化水平的读者(排除某些年龄段的读者群,当然,排除的不仅是按照年龄划分的读者群)。杂志的模式特点很鲜明,"集体"和"个体"统一得很到位,创作团队工作的一致性在文本、设计和标题等方面都体现得很充分。追求"高质量"的杂志不仅希望刊物运作成功,也希望能够获得权威;这个期望对工作质量提出了一系列要求,诸如对各种观点进行平衡、编辑部的按语符合道德准则、争论须得体,等等。总体而言,要求文字、编辑、设计等各个方面具有绝对的专业性,杜绝因为不专业、不灵活、不仔细而出现的错误。

高质量杂志可以在商业杂志、大型文艺杂志、科普杂志和供家庭阅读的综合性杂志当中产生,无论如何,它必须包含社会性的内容,关注人权和社会发展问题。在教育和文化方面,高质量杂志有助于协调不同社会群体的价值观、政治倾向和经济利益。

与世界各国一样,当代俄罗斯的杂志可以分为综合信息类和专门信息类。杂志的定位非常重要,即确定面向怎样的特殊读者群。

"面向所有人的杂志"提供广大受众一致认为重要的信息,帮助其在社会中定位(例如,带插画的新闻周刊);或者提供对所有人有益的专门信息(诸如《健康》一类的实用建议类流行杂志);或者涵盖反映普遍兴趣的主题信息:各种休闲活动(演出、运动)、日常生活的关注焦点(健康、家庭、孩子、房产、汽车,等等)。

其他具有更明确受众旨向的杂志区分"小众"的特殊兴趣。此类杂志的信息、主题和问题围绕职业兴趣展开,它们在选择受众时根据地位、民族、党派和宗教特征考虑社会阶层,同时也考虑与年龄和性别(性向)相关的特殊需求。此外,某些特定受众群体由于自身工作的原因会选择所谓的"爱好者杂志",他们关注的是当代人的体育爱好、娱乐喜好和各种兴趣(譬如非常准确的读者定位:斯巴达克队的球迷、阿拉·普加乔娃的粉丝、散打爱好者、啤酒爱好者、金鱼养殖爱好者)。

当然，关注"自身的受众"并不意味着所有读者都会被分给特定的杂志。某人可以是专家，可以是公民，可以是家庭的一员，可以是村民，可以是市民，可以是某种性别的人。

总体而言，受众的特点及其需求促成杂志形成不同的发展方向。

3.4.2 杂志的类型

杂志的发展方向反映出人类社会存在的不同领域和情形：劳动与休息。例如，一些杂志走的是"务实杂志"的路线，回应社会和教育的需求，而要满足上述需求，必须提供有益的信息。另外一些杂志走的是精神启蒙路线。还有一些杂志走的是休闲路线，虽然觉察不出有何明显的"益处"，但它们能让人远离最受关注的事件，把阅读杂志作为一种休息方式提供给读者。与受众在社会、职业和个人等方面的兴趣相适应，考虑到教育、审美、商业和休闲需求的多样性，杂志可以分为以下类型：

◆ 社会政治类；

◆ 商业类（包括新闻分析周刊）；

◆ 文化和教育类；

◆ 专业类；

◆ 专门类；

◆ 流行类（"拼盘"）和科普类；

◆ 服务类、咨询和建议类；

◆ 休闲类。

上述每一种"原生类型"原则上都还可以细化。同时，也可能实现从一种类型向另一种类型的"迁移"；例如，社会政治类杂志包括城市杂志和面向女性及青年的杂志，而文化杂志包括专业类（历史、艺术）杂志和专门类（精神宗教）杂志。

社会政治杂志的类型相当丰富，它不仅包括各党派和社会团体的杂志，也包括反映广大受众兴趣的大众化非政治（社会民主方向的）杂志。在经历了数次创办新闻（首先是社会政治新闻）杂志的尝试之后，俄语版 *Newsweek* 终于诞生了。此外，此类杂志的变化与苏联时期的许多宣传杂志转型为理论问题杂志相关（如

《自由思想》），如今，它们的哲学倾向和论辩性非常明显；与新闻周刊不同，此类杂志的读者不多。问题不在于大型的理论杂志无法与周刊竞争。从受众来看，作为国际新闻方面最古老的高质量期刊，《新时代》这本"薄型"杂志同样受到局限，它面向的也是知识分子和具有相关知识储备的读者。

如今的许多杂志都致力于满足对"趣味"政治不断增长的兴趣（如《面孔》、《总结》），记者的关注对象通常是政治明星和社会"上层"的生活、性格和爱好。

社会政治杂志和文学艺术杂志这两种类型是俄罗斯新闻业的特殊类型，它们没有随着大型杂志（如《新世界》、《十月》等）的失宠而消失。这些杂志仍然存在（当然，变得更薄了），并且在各地都比较受欢迎，其内容集中在民族、宗教、地区问题等方面。社会政治杂志的变体仍旧基于具有特定受众（专业人士、青年、女性）的杂志。对于不少这样的杂志（如《我们的同时代人》、《俄罗斯插画杂志》、《莫斯科杂志》、《俄罗斯人》）而言，民族思想成了主要的话题。它们的工作证明，尽管宣传杂志已经不像从前那样占据主导地位，但仍有相当多与之相似的杂志存在——保留教训人的口吻，带有"一边指挥，一边解释"的作风。

社会政治杂志主要是文本式的（《对话》）。但也有不少是带插画的（从严整的黑白照片和《新时代》的拼贴画到社会政治周刊《妇女世界》和闪亮的铜版纸杂志俄语版 Newsweek 的彩色插页）。

商业杂志也有各种类型：理论性的、科普性的、教育性的（从专业性很强的《银行家》到涵盖经济和政治主题的社会政治商业杂志）。

商业杂志首先是受众需要的杂志。它包含迅速做出决定必需的信息，对于战略、投资和校正行为而言非常重要的分析，对金融领域以及其他行业的发展进行的预测。

研究市场关系（金融、管理、商业、经济）的杂志为数不少。

各种主题的科普杂志很流行；在这些杂志当中，走"提建议"路线的有不少，它们建议从实际层面探究专业问题，确认科学想法如何在市场营销中发挥效用，把不少注意力放在对市场和技术（把想法作为商品呈现）进行细致的分析上面。

在被广泛阅读的优秀杂志当中，社会政治话题与经济话题的结合趋势比较明显。在这个方面比较典型的是《商务人士》（社会政治和经济杂志）以及"为政治家和企业家打造的"《生意人报-权力》。总体而言，当代俄罗斯的商业杂志倾向于把政治趋势与其在经济和商业领域的反响结合起来，例如《商务生活》设有《政治见解》和《客观报道》栏目。

信息市场上出现的"建议类的流行杂志"可以促进商业杂志扩大受众范围。例如，《金钱》周刊就是如此定位的。它面向大公司的中低层职员，既是一本专业性实用杂志，又是一本流行杂志（它以"介绍入门知识"为宗旨，推出了下列栏目：《失去财富的最佳途径》、《新手》、《您的银行》，等等）。换言之，商业杂志的读者并不局限于商业人士——如今，人们对经济信息的需求极为旺盛。正因如此，出现了流行的商业杂志，包括面向小企业的杂志；它们帮助许多人适应现实状况。

新闻分析周刊是集社会政治杂志和商业杂志的任务于一身的一种子类型杂志。影响大众传媒形成"世界图景"的权威出版物包括《生意人-周刊》、《专家》、《总结》、《专业》、《生意人报-权力》、《公司》。受众对上述杂志具有稳定的需求。读者都拥有相当高的社会地位和生活水平，属于具有积极社会立场的人群。上述杂志致力于对政治、经济和文化话题的诠释，它们把重点首先放在具有实用价值的分析上面，这在很大程度上能够确保其在信息市场上取得成功。与此同时，此类杂志形成了两个阵营："面向所有人，报道所有事"的综合性杂志（如《总结》、《生意人报-权力》）和基于专业化主题或者同时限定受众与主题的专门性杂志（如《专家》、《专业》、《公司》）。这些杂志包括经济杂志、金融杂志和商业杂志。

在社会的民主化进程中，政治和经济领域正在实现现代化，也成了面向公众开放、可以就其中的问题进行公开辩论的领域。这在上述两类杂志的巨大变化中已经得到了反映。

文化和教育杂志传统上包括文学艺术杂志、各地的文学历史杂志、一部分宗教杂志。推行改革之后，俄罗斯出现了一系列从"人与文化"的角度出发的科学政论类人文杂志（最著名的是俄罗斯科学院的杂志《人》）。

从社会文化的角度对人文问题进行解读可以拉近不同杂志的距离：面向广大读者"普遍撒网"的杂志和面向知识精英的杂志。这些杂志把大型社会政治和文学艺术杂志从教育和政论这条明路上面挤了出去；曾经的杂志界宠儿如今成了高品质的文学杂志（文学的"生活导师"作用不再显著，其最本质的审美功能得以回归)。在文化热潮中新诞生的杂志重点介绍的不是文学新作,而是艺术学、社会学、神学和历史学领域的新作。

在不同的杂志当中,社会文化的问题和个性独立的问题得到了不同的阐发,其深度也不尽相同。近年来,专事神秘现象的文化杂志颇为抢眼,它们建议学习"神秘知识",许诺为解决人类的普遍问题提供某些"神秘权力"。神秘杂志(如《神山》《回归自我之路》)是对社会震荡时期惶恐的人们进行心理治疗的独特手段。如今,这类杂志逐渐变得不太引人注目了,它们占据着属于自己的一小片势力范围。宗教哲学杂志和宗教启蒙杂志(主要是俄罗斯东正教会的杂志)补充了文化杂志的版图,以特有的方式校正读者对重要问题——既包括超越时间的、永恒的问题,也包括具体的和现时的问题——的看法。

在新闻业的各种"人学"视角当中,近年来最引人注目的是历史视角,出现了一类历史政论杂志(如《祖国》等)。从当代面临的提升民族自觉、深化历史记忆的任务这个角度来说,普及历史具有显而易见的特殊作用。尽管当初"引爆"俄罗斯报刊市场的历史政论杂志如今受到了排挤,并且从总体来看历史杂志的数量有所减少,但此类杂志一定会继续存在。地区的历史教育杂志、方志杂志和历史文化杂志比较流行。在人文主题的社会杂志(包括社会政治杂志和商业杂志)当中,综合性杂志最具发展前景。这里指的是融合了文学-历史、哲学-宗教和方志主题的杂志。

专业杂志的出现与对某一社会领域、职业或者业余活动的兴趣有所增长相关。

首先是代表各种各业的杂志(如《银行家》)。在目前的期刊市场上,一些最有需求的职业都对应着互相竞争的数种杂志(它们均由强大的出版集团出版)。例如,会计行业就有两个出版杂志的专业出版社。这个行业的杂志包括《总会计师》《实用会计学》《会计规范业务》《莫斯科会计》《结算》《咨询师》等。而且上述杂志当中的大部分都带插画,装帧现代,文字规范,栏目多样而有趣,记者传达信息的形式具有创新性。

近年来,满足职业导向的企业定制类杂志网络显著发展,它能扩展对某一行业发展前景的整体认识,增加针对现实需求的准确建议(如《餐饮行业》等)。在与某些特别热门的行业相关的领域，杂志之间存在激烈的竞争。

在所谓的大众化专业杂志当中，与流行的运动项目有关的杂志比较受欢迎，这首先是足球杂志（当然，也有面向从事各个项目的职业运动员的杂志分支）。汽车杂志也是同样受欢迎的"大众化专业杂志"。汽车杂志覆盖甚广，包括发行量颇大的流行月刊《座驾》、《自动导航》、《喇叭》等。

越来越多的大众化专业杂志与电脑和移动通信相关。《电脑》、*Chip*①、*Enter*②、《个人电脑世界》等杂志在同一主题领域之内各有侧重。这样的杂志有数十种，每一种都着力开发独有的报道对象，寻找与受众对话的独特角度，在同一片话题"领地"上圈定自己的"地盘"。

与家居和打理花园相关的杂志越来越受欢迎：这些杂志关注各种人群，集专业需求和业余爱好的需求于一身（为如何亲自动手布置家居、如何养护花圃、如何正确雇请专业花匠或者设计师等提供各种建议）。

当俄罗斯的状况急剧变化、旧的社会关系遭到破坏的时候，"大众化专业杂志"在一段时间之内成了必需品，成了一种生存方式（农场、小企业、私营运输业、郊外的几分地、计算机技术）。目前的状况把所有这些专业性的主题变成了大众化的兴趣、休闲和爱好。在上述领域当中，由于技术和经济方面出现了各种可能，专业性和业余爱好产生了交集。与此相适应，大众化专业杂志在内容和装帧方面都发生了显著的变化。

专门杂志。专门杂志的形成具有一系列的基础：

◆ 受众的政治倾向；

◆ 民族和宗教的共通性；

◆ 体现了某种思维和接受水平的受众；

毫无疑问，面向青少年的杂志（如《好小伙》）与上世纪 90 年代末曾经出版的诸如《莫斯科俱乐部》等面向知识分子的杂志（它们接二连三

---

① 《碎片》（英文）。——译者注
② 《确认》（英文）。——译者注

地创刊,又接二连三地倒闭)的主题特点、语言和总体基调各不相同。

◆ 各种社会亚群体(退伍军人、残疾人)。

与上述基础相适应,主要的专门杂志可以分为几个小类:女性杂志、青年杂志、宗教杂志、民族杂志、"亚群体"杂志。

每一个小类既包含普遍性话题的杂志,又包含面向具有专门兴趣的受众(女性、青年、宗教等社会团体)的杂志(如《祖母俱乐部》、《职业女性》、有关摇滚乐和摇滚乐手的青年杂志、有关家庭和婚姻的犹太教杂志《父与子》、关注残疾人问题的《超越》等)。

专门杂志可能发生变异,在其特定的活动领域内复制整个报刊体系的多样性。比如,具有独特的自给自足性的女性杂志和面向成功商务人士的杂志——它们几乎呈现所有类型的相关信息:新闻性的、分析性的、形象性的、咨询性的、商业广告性的信息,等等。现有杂志包括信息涵盖面广泛的大众杂志、信息涵盖面较窄的大众性专门杂志、面向较小的受众群体的专门杂志。从目标任务的角度来看,也有明显的区分("有益"杂志、"教育类"杂志、"建议类"杂志、"休闲"杂志)。还可以按照介入主题的程度(面向专业人士、面向初学者和感兴趣的人)或者按照受时间和环境制约而产生的信息接收的特点(供快速、表面化阅读的和供详细阅读的、供个人阅读的和供家庭阅读的)进行区分。

流行杂志。目前,此类杂志中很大一部分都是仍然受到读者欢迎的科普杂志。老牌国产科普杂志《环球》重新焕发了生机,尽管要面对诸如 GEO[①] 这样的强大竞争对手,但它在俄罗斯报刊市场上的运营状况良好。新杂志不断涌现(如《知识树》等)。与"冒险性职业"(民族学、地理学、考古学)相关的杂志和与"自己动手"相关的杂志(近来它们的数量有所增加,包括从外文翻译的杂志)依然具有吸引力。

供家庭阅读的新型流行杂志也在发展(供家庭阅读的杂志是最古老的一种杂志类型),尽管此类杂志还没有一本在全国范围内流行(《家神》杂志不能算,因

---

① 《地球》(英文)。——译者注

为它无疑属于专门杂志,面向的读者群是"成功的商务人士",供家庭阅读的宗教杂志也是如此;其能够影响的家庭范围是有限的)。

流行杂志的"地盘"暂时还是被介绍电视节目的杂志占据,这也产生出了一系列的后果。

总体而言,此类杂志并非都很流行:在大众文化的影响下,出于吸引尽可能多的读者的目的,流行杂志的记者常常把知识和技能简单化、粗俗化。许多所谓的"拼盘"杂志大受欢迎就是明证。它们多半是"短命的"杂志(通常在开展竞选活动的时候出现,存在的时间不长,目的在于"洗钱"),这些杂志用以吸引受众的主要卖点是普及科学,其实它们经常都是在普及伪科学。

毫无疑问,上面提到过的专业流行杂志和商业流行杂志是例外。

世界各国的新闻实践都把城市周刊也归于流行杂志这一类,它们可能包含社会性的材料、知识性的材料和科普性的材料。此类杂志在俄罗斯还不稳定。在各个大城市里,各种杂志不断出现又不断消失,这不单单是因为经济上出现了问题,也可能是由于没把编辑部的设想与受众的需求协调妥当。出版商要么尝试出版讽刺周刊,以城市"耻辱柱"的方式出现,希望占领《鳄鱼》杂志的地盘;要么在杂志上过多地刊登社会政治方面的材料,规模已经超出了城市杂志所能承受的范围;要么定位于历史-方志和文学类的地方杂志。事实上,后者具有广阔的前景和容量。它们能够反映市民的生活,帮助读者思考各种与社会生存相关的问题,此外,如果它们扩展科普方面的内容,也可以成为供家庭阅读的杂志。

在这一方面,《大城市》出版项目(莫斯科)依托由大都会杂志 City paper [①] 开创的著名模式(面向某一类城市居民的城市杂志),显得很有意思。这本带插画的免费杂志把受众定位于"精力充沛的正常人"、"普通人:工作卖劲、充满活力、对未来有计划",它从创刊起便宣称要与读者展开有趣而有益的对话,要发表高质量的知识和娱乐材料。随着时间的推移,该杂志的水准有所下降,用以吸引眼球的广告材料(在不用担责的范围内)所占比例有所上升,受众有所流失。不过,这本周刊的运营经验显然很有价值。

---

① 《城市报》(英文)。——译者注

服务杂志。这类杂志走的是当代俄罗斯大众传媒的广告信息及建议路线。各种服务杂志的兴起是社会政治条件改变的结果,也是对民众必须适应市场条件的回应。

提供服务建议的杂志涉及的范围越来越广。例如,他们在教学和教育领域的前景是显而易见的;所提供服务的地理范围越来越多样化("首都"——"国家"——"世界"),出版周期也越来越多样化:有不少周刊,也有月刊(如《首都教育》、《STADY-IN 无国界教育》)。广告建议类杂志经常作为商业杂志的专门化分支出现(为企业主服务),例如,服务月刊《橱窗》针对食品市场,面向经理人,企业经理,酒吧、餐厅和超市主人。也有对商品和服务进行概览的周刊(包括婚介信息)。

某些杂志具有双重受众——既面向消费者,也面向"销售者":例如,旅游和休闲方面的咨询建议类杂志同时为这一领域的公司及其潜在客户提供有益的信息。

在刊发声明的免费报纸出现后又出现了免费杂志(靠广告生存)。例如莫斯科的《库图佐夫大街》杂志,它标榜自己是"面向已经购买了所有东西的人的免费杂志",不过,其主要篇幅都是广告,而且是针对富人的广告。它在出版信息页标明:杂志"向近十年莫斯科新建的高端楼盘免费派发,也提供给餐厅、赌场、夜总会、美容院、宾馆、商务中心、汽车销售中心、健身俱乐部、商业中心和办公楼"。

许多服务杂志都与休闲杂志有交集(上面提到的这本杂志就是如此,资深的著名记者 A. 捷列霍夫应邀参与了它的创办工作);除了咨询信息和广告信息之外,它们也提供许多有趣的和娱乐的信息。

出现了大量专门针对消费者的杂志以及广告娱乐杂志。它们出版的时间通常都不长久,彼此比较相似。例如面向"移动通信体系"公司用户的《新世纪》杂志,三分之一的版面是专门为该公司的产品和服务做广告,其余版面包括以下栏目:汽车、帆船(游艇)、家居、美容、仪表、地球秘密、体育。五彩缤纷的内容一定是以介绍和建议栏目收尾。该栏目包括影院热播的影片、电脑游戏,等等。几乎所有栏目都带有广告插页。

休闲杂志。在当代报刊市场上,休闲杂志的水平和质量各异:铜版纸杂志、填字游戏杂志、"八卦和丑闻"杂志、侦探杂志、情色杂志、讽刺-娱乐类的"供茶余饭后阅读的杂志",等等。

如今的娱乐杂志(大众文化层面)使"社会人"的图景更加完整,此类杂志在一定程度上都与休息和休闲的问题相关。休息可以是各式各样的,除了激烈的"狂欢"和猛聊八卦之外,也存在其他的休息和恢复精神的方式,其中包括自学和精神上的自我熏陶等。精神上的自我熏陶满足审美的需求,使人获得慢读带来的语言和思想的"逻辑享受"。这样的休息方式完全可以被休闲报刊(尤其是杂志)纳入视野并进行发挥,因为它们接受信息的条件特殊(通常是在相对平静的环境中),而出版周期和容量又使其可以在呈现有用信息的过程中具有特殊的可能性(正因如此,在欧洲最早的一批杂志当中,有一本杂志在17世纪时就自称为"知识与有益的娱乐的博物馆")。世界各国的办刊经验规范了娱乐的任务,把其纳入了目标受众明确的休闲杂志范畴。而娱乐结合广告推介信息的形式,在带插画的新闻杂志中占据一席之地。同时,娱乐信息的呈现基调并非一定是低俗的,许多杂志(与同类报纸相比)都展现出了不凡的品位。

最近十年,俄罗斯报刊业出现了一类具有休闲风格的"权威杂志",此类杂志具有强烈的广告推介意味,受众是创作型知识分子当中的"明星"人物,主要是拥有上流生活方式的富人。上述杂志为消费者提供符合其财富和需求的生活风格以及上流社会交往的谈资:关于名人的流言和绯闻、最新的时尚趋势、家居装饰、珠宝。权威感体现得非常充分。奢侈的生活需要奢侈的杂志——它们应以豪华而精致的装帧为特色。与上述杂志类似的是以呈现高端商品和服务的市场为主的广告杂志。此类商品和服务不是面向大众消费者,而是面向关心富人形象的消费者。正是在这个领域经常出现对外国的世界知名杂志的模仿之作。随着时间的推移,它们逐渐变成了这些知名杂志的独立俄语版,不过却冠以外语名称(如 Cosmopolitan, Harper's Basaar[①])。

近来,在俄罗斯的报刊市场上,铜版纸杂志的自我感觉越来越好,尤其是正版的西方杂志。俄罗斯出版方愿意支付大量使用费,确保在此类杂志上刊登世

[①] 《时尚芭莎》(英文)。——译者注

界名牌的广告。然而，应当指出的是，尽管某些已经完全站稳脚跟的杂志使用的是西方模式，不过它们也在考虑俄罗斯受众的民族心理特点以及社会生活条件的前提下对这一模式分阶段地进行了校正（例如，*Cosmopolitan* 杂志就是如此），一些派生杂志相继出现，其受众都是经过精确定位的，例如，面向青少年的杂志。大部分情况下它们都是关于生活方式的"风格化杂志"。

* * *

以上我们对杂志的主要类型进行了简单概览。应当指出，总体而言，俄罗斯杂志的构成正在向世界流行的趋势靠拢，并且正在逐渐克服模仿西方样板的情形。同时也应当注意到，大多数俄罗斯杂志都是相对单纯的商业项目。它们借助广告收入进一步增长的潜力很大。近年来出现了一个明显的劣势：以前在国内外具有很高知名度的俄罗斯出版品牌表现不够抢眼。经济危机击溃的首先是大型文学杂志和社会政治杂志，同时也涉及儿童、青年和传统的幽默杂志。危机较少影响科学和科普杂志；实践表明，上述杂志可以恢复到受读者欢迎的状态（例如，《座驾》杂志就经受住了考验，并且强化了自己的地位；老牌杂志《环球》也恢复了生机；《农妇》杂志不仅得以存活，而且完全适应了竞争激烈的新环境）。

总体而言，杂志市场的状况是：将近 60% 的年发行量和三分之一的销售额是由政治事件新闻周刊（如《寰宇回声》）、时事新闻类周刊（如俄语版 *Newsweek*）和金融经济类周刊（如《金钱》）、介绍电视节目的杂志（如《电视公园》）、"拼盘"杂志（如《星火》、《丽莎》）所创造的。上述杂志均刊登大量广告；月刊的发行量约占36%，而其销售额占整个俄罗斯杂志领域的比例超过 60%。

在由约 600 种杂志组成的市场上，优胜劣汰不断加剧，有鉴于此，报刊广告收入的增长放缓，而迅猛的增长态势曾经掀起过高质量铜版纸杂志的热潮。

显然，定位于大众化的杂志可以拥有较大的发行量，而受众面狭窄的专业杂志也不需要大发行量。绝大部分领军杂志的发行量多至 10 万份，而其他杂志的发行量则在 1.5 万至 3.5 万份之间。发行量超过 10 万份（多至 40 万份）的杂志为数不多，包括 Elle[①]、Cosmopolitan、《历史万花筒》、Man's Health[②]、Playboy[③]、《装潢设计》、《贵府妙招》、科普杂志 GEO 和《环球》。

　　杂志的定位更加清晰，"面向所有人"和"报道所有事件"的混杂主题杂志数量减少。由于"夺人眼目的"铜版纸杂志之间竞争激烈，读者对它们的注意力也习惯性地减弱，因此注入其中的广告热钱逐渐减少。此类杂志的数量日趋稳定，剩下来的都是绝对的领军杂志，其类型特征得以细化。对新一轮"严肃"杂志的需求有所增加（这一趋势在经济、政治杂志以及科普杂志当中都很明显）。与广告客户的兴趣保持一致，出版商将更多的注意力集中在"广告容量大的"杂志类型，诸如城市杂志、家庭阅读杂志和少儿杂志。同时，由于广告容量太小，文化杂志、科学评论杂志以及用少数民族语言出版的供小型社会群体阅读的杂志不受关注；它们在市场上的地位不稳定。

　　杂志市场的竞争迫使编辑部不断完善自身的工作，更加准确地确定并利用各类杂志的可能性。新的模式和方向不断出现，一些更具生命力的杂志已经在市场中扎下了根，并且显示出了自身的稳定性，它们也在进行调整。未来属于消费市场和受众定位更准确的杂志。

第5节　当代俄罗斯的图书出版（М. И. 阿列克谢耶娃）

　　在专业人士看来，不同大众媒体共同的功能在于传播和保存具有社会意义的信息，他们强调图书在实现这一功能过程中的特殊意义[④]。当代信息技术几乎把所有大众媒体都集合成了一个整体，并且促成了新型出版物的诞生（其中包括电子书）。与此同时，"压缩"图书出版行业并逐渐用电子书取代传统图书的想

---

　　① 《她》（法文）。——译者注
　　② 《男士健康》（英文）。——译者注
　　③ 《花花公子》（英文）。——译者注
　　④ 1997年至1998年，俄罗斯书局组织国立莫斯科印刷大学和国际信息科学院等机构的权威专家开展了一项题为《图书在当代信息流通中的地位》的研究。该研究的成果体现在1999年1月29日俄罗斯联邦印刷委员会主席团会议的材料中，并在《图书业务》杂志上发表（1999年第1、2期）。

法其实是相当矛盾的,这属于凭空臆造。目前,传统图书仍是记录、保存和传播信息的独特而万能的手段,它最适合人类接受信息的自然特性。图书出版是文化和生产领域重要的组成部分,尽管眼下不得不重视一点:21世纪的图书面临新的内容和材料的构建问题。

3.5.1 图书市场的形成

图书出版业在当代俄罗斯的发展特点、进程和趋势相当明晰。图书出版业市场关系的形成阶段却是复杂而矛盾的。

20世纪80年代中期,由于图书需求旺盛,出版业是最赚钱的行业之一。不过,大部分利润(高至70%)都归于国家财政。行业所需资金由中央统一下拨。各出版社根据"图书联盟"的申请,按照一定的发行量向印刷厂下订单。成品进入图书批发基地。完全没有任何预付款。执行的是无息贷款体系,贷款由国家印刷企业和图书批发销售网络提供给出版社。在这个体系当中,出版社不负责商品的销售,这就意味着它们没有任何风险。印刷服务和图书传播的价格相对都不高。这保证了出版业具有一定的(或者说是可见的)稳定性。尽管资金严重不足的问题毫无疑问是存在的。

图书市场(如果当时的情形可以被称为市场)出现了一种独特的情形。读者的购书需求在增长,而与此同时,某些图书(首先是政治类图书)却一直无人问津。这是限定选题计划的后果——计划必须包括完全符合政治方针的书籍;也是缺乏对图书购买需求和读者喜好进行深入研究的后果。图书馆的进书热情持续走低。

俄罗斯出版社的现实条件可以使图书价格维持在相对较低的水平。读者能够以可接受的价格在国营书店购买图书。当时的图书传播体系允许对正在印刷的图书进行提前订购。出版社的选题计划事先公布,读者很容易找到自己需要的图书。可以订购自己所需的书籍。尽管如此,图书还是供不应求。书籍的缺乏催生了图书"黑市"。

从1988年1月1日起,图书出版业转为彻底的经济核算和自筹资金。1989至1990年,图书出版业的所有制形式开始发生根本性的变化。除了国有出版社，还出现了基于非国家所有制形式和不同的法律组织形式的其他类型的出版社。

1991年，俄罗斯引入了出版活动的*强制性许可审批制度*（2002年取消）。所有新组建的出版社和政府决议出台之时已在运营的出版社，无论其所有制形式如何，都必须在俄罗斯出版与信息部注册。俄罗斯各共和国被授权独立颁发出版活动许可证。

1991年6月至1994年年底，俄罗斯有将近7 000家出版社和出版组织获得许可证。其中有将近2 000家比较活跃，大约有三分之一未从事出版活动，少数企业仅出版了一两本书。出版社可以是不同类型的组织（下面的数字表示出版社的数量）[①]：

封闭式股份有限公司	860
开放式股份有限公司	155
租赁企业	23
国营企业	1 258
个体劳动	40
个体（家庭）私营企业	743
合作社	115
市政府所属企业	35
联合组织	42
教育机构	13
社会组织	486
有限责任公司	179
有限责任合伙企业	2 159
单一合伙企业	5
混合合伙企业	58
企业分部	11

---

① Издательства России. М., 1995. С. 12.

其他企业	745
合计	6 927

统计资料表明,20世纪90年代,出版行业中的国有企业有所发展(例如,1997年国有出版社的发行量占17.1%,1998年占15.2%)①。

对于出版业而言,新的经济条件异常复杂。无论何种所有制形式的出版社都必须自行购买纸张和其他材料;它们不得不从事图书销售,因为国营的批发业已经不复存在。从1992年年底起,印刷厂要求出版社对印刷服务预先付费。纸张联合企业和印刷企业的垄断地位使其可以把自己的条件强加于人,而这往往导致生产缩减,价格提高。

出版社纷纷自寻出路。有的在国外印刷图书(与跟俄罗斯印刷企业签订单相比,此举更合算),有的裁员,有的把出版社的房屋用于出租,有的出售胶片和版权。出版社在开展出版业务的同时,也开始经营非专业领域的业务。跟以往相比,它们所出图书的选题发生了变化。许多出版社——尤其是私营出版社,希望通过出版侦探小说、幻想小说以及无休无止的爱情和历史系列小说等获得"快钱",他们还不时出版所谓的盗版出版物。

俄罗斯图书市场上的情况不简单。国家对图书出版失去了调节功能。在价格政策方面,行业的管理者无力恢复秩序。截至1991年年底,出版产品的价格实际上已经被放开了。出版物的结构发生了变化。科学和技术类图书以及指南手册急剧减少;大众类和畅销类图书增加(表29)。

表29② 俄罗斯图书和小册子的出版状况

出版物发行指标	各年数据									
	1970	1980	1990	1991	1992	1993	1994	1995	1996	1997
种类	50 040	49 563	41 234	34 050	28 716	29 017	30 390	33 623	36 237	45 026
印数③	1 006	1 393	1 553	1 630	1 313	950	594	475	422	436

---

① Современное состояние книгоиздания в России и за рубежом. М., 1999. С. 43.

② Новости книжной ярмарки. 1997. No 2; Печать Российской Федерации в 1997 году. М., 1999.

③ 本表以及后续表格中的印数单位均为百万册。

(续表)

出版物发行指标	各年数据									
	1970	1980	1990	1991	1992	1993	1994	1995	1996	1997
文学艺术出版物										
种类	2 225	2 977	4 395	5 096	4 994	5 736	5 534	6 076	6 431	7 506
印数	120	222	430	538	475	422	208	139	132	125
少年儿童出版物										
种类	1 385	1 853	1 706	1 610	1 971	1 897	1 742	1 823	2 100	2 207
印数	217	405	300	365	282	142	80	58	54	47
教学出版物（不含教学法参考书）										
种类	4 876	55 639	6 522	5 131	4 209	4 211	5 331	7 030	7 828	9 624
印数	266	259	230	207	217	161	129	152	119	121
大众政治出版物										
种类	2 489	2 512	1 684	798	324	257	262	551	334	313
印数	113	104	62	27	8.7	4.9	3.4	4.9	4.4	2.8
指南手册										
种类	2 118	1 838	1 861	1 534	1 800	1 758	1 801	1 950	1 674	2 046
印数	29	51	58	45	42	31	28	18	15.2	16.2

统计资料显示，从1989年起，图书出版开始下滑。1992年，这一情况更加严峻。

教学、科学、技术和儿童图书处于困境当中。国家对此类图书的扶持由联邦计划确定。然而，在每个具体的情形中，资助都是微不足道的，资金到位非常拖沓，它们无法从根本上改变专门类别图书出版的总体局面。

1995年，按照《国家支持大众传媒和书籍出版法》的规定，由于实施了财政优惠政策，降低了关税，相关部门、组织和地方政权机关对出版社进行了扶持，资助金额被大幅削减。

统计资料显示，专业图书的出版遭遇了严重危机（教育图书和商业图书除外），尽管专门出版此类图书的小公司曾被认为具有不错的前景。

少数出版社通过公布选题计划、收集出版申请、开设自有书店、建立图书俱乐部、举行拍卖、组织二手书市场、利用"俄罗斯"电视台的"书铺"节目进行宣传等方式解决了图书传播的问题。尽管居民的图书购买力下降,但这些出版社还是能够拥有自己的读者。

某些出版公司未能经受住竞争,放弃了市场。首当其冲的是那些流动资金不足、名下没有充足房产的公司。大公司吞并小公司、公司合并的趋势开始显现。同时,新公司也在不断地被创建起来。

专家们严肃地谈到了外国投资进入出版行业以及该行业与银行资本结合的问题,还有出现巨额图书出版资金的问题。

尽管少数国有出版社位居图书出版行业领军者的行列(如"教育出版社"),但对国有出版社的命运仍然争议不断。它们的分散化趋势非常明显:许多包括专业出版社在内的国有出版社改变自身的出版结构,出版多种领域的图书。

3.5.2　1997 至 1999 年的俄罗斯图书出版

俄罗斯出版业逐渐开始适应市场经济的条件。

这一时期,图书出版业的发展呈现出了良好的趋势[1]。选题的计划和价格的形成开始主要基于出版物的盈利。一个明显的现象便是图书印刷的订单从国外回流到了俄罗斯。国内的印刷企业开始提供更多的服务,产品质量得以提升,生产周期得以缩短。与此同时,应当注意的是,按照《国家支持大众传媒和书籍出版法》,出版社和图书贸易享受优惠政策并处于不断发展之中。

1997 至 1999 年图书和小册子出版的比较数据就相当说明问题(表 30、31)。

---

[1]　Майсурадзе Ю., Динамика книжного рынка России // Новости ярмарки. 1997. No 2. С. 9.

表 30　1997 至 1999 年俄罗斯图书和小册子出版的变化①

年份	图书和小册子数量（种类）	印数（千册）	印张数（千）
总计			
1997	45 026	435 972.7	6 822 483.2
1998	46 156	407 576.1	6 276 187.0
1999	47 300	409 371.2	6 301 211.2
1999 年与 1998 年相比(%)	102.5	100.4	100.4
政治和社会经济出版物			
1997	10 960	60 398.4	1 003 934.4
1998	11 322	49 935.0	868 067.7
1999	11 630	51 002.5	871 803.1
1999 年与 1998 年相比(%)	102.7	102.1	100.4
自然科学出版物			
1997	4 360	5 760.1	98 397.3
1998	4 047	5 447.4	113 377.0
1999	4 120	5 512.3	113 531.1
1999 年与 1998 年相比(%)	101.8	101.2	100.1
技术出版物			
1997	7 952	23 216.5	389 318.8
1998	7 755	21 602.7	378 902.0
1999	7 810	22 113.1	379 716.0
1999 年与 1998 年相比(%)	100.7	102.4	100.2
农业出版物			
1997	1 083	5 292.0	66 656.3
1998	1 017	3 899.4	52 167.8

---

① 参见：Митрюхин Г., Российская книжная палата: итоги 1999 года // Книжный бизнес. 2000. No 2. С. 32（初步的统计数据）.

(续表)

年份	图书和小册子数量（种类）	印数（千册）	印张数（千）
1999	1 010	3 881.5	52 140.7
1999 年与 1998 年相比(%)	99.3	99.5	99.9
医学出版物			
1997	1 993	17 992.6	285 635.2
1998	2 286	16 201.5	297 667.4
1999	2 321	16 857.3	300 753.6
1999 年与 1998 年相比(%)	101.5	104.0	101.0
体育运动出版物			
1997	226	973.4	16 554.9
1998	304	1 324.8	15 153.6
1999	308	1 310.5	15 211.7
1999 年与 1998 年相比(%)	101.0	98.9	100.4
语文学出版物			
1997	2 042	7 423.3	172 847.6
1998	2 144	7 781.8	193 753.2
1999	2 200	7 790.5	199 820.3
1999 年与 1998 年相比(%)	102.6	100.1	103.1
包括儿童文学在内的文学出版物			
1997	9 085	154 472.5	2 583 396.3
1998	9 407	141 872.3	2 373 068.3
1999	9 510	142 696.4	2 374 515.8
1999 年与 1998 年相比(%)	101.1	100.6	100.1
艺术、艺术学出版物			
1997	649	2 649.9	54 089.9
1998	620	2 422.9	46 221.5
1999	625	2 430.1	46 448.7
1999 年与 1998 年相比(%)	100.8	100.3	100.5

表31　专门用途图书和小册子的出版状况①

年份	图书和小册子数量（种类）	印数（千册）	印张数（千）
大众政治出版物			
1997	313	2 841.0	33 489.4
1998	229	1 487.5	16 056.3
1999	200	3 921.7	15 985.7
1999年与1998年相比(%)	87.3	263.6	99.6
科学出版物			
1997	7 581	7 011.6	130 790.0
1998	8 051	7 045.4	143 045.0
1999	7 600	7 020.3	137 825.4
1999年与1998年相比(%)	94.4	99.6	96.4
科普出版物			
1997	3 240	35 213.1	575 975.0
1998	3 322	28 331.6	465 911.4
1999	3 413	29 307.2	464 025.3
1999年与1998年相比(%)	102.7	103.4	99.6
生产出版物			
1997	3 745	16 119.8	226 055.7
1998	4 009	13 169.8	191 197.9
1999	3 985	13 143.5	187 598.1
1999年与1998年相比(%)	99.4	99.8	98.1
教学出版物			
1997	9 634	121 300.4	1 913 887.2
1998	10 435	110 602.1	1 671 433.0

① 参见：Митрюхин Г., Российская книжная палата: итоги 1999 года // Книжный бизнес. 2000. No 2. C. 32（初步的统计数据）.

(续表)

年份	图书和小册子数量（种类）	印数（千册）	印张数（千）
1999	10 511	110 945.5	1 672 451.9
1999年与1998年相比(%)	100.7	100.3	100.1
教学法参考书、教学大纲			
1997	5 245	13 732.3	121 668.9
1998	3 970	13 938.0	126 918.0
1999	3 901	13 921.4	126 927.3
1999年与1998年相比(%)	98.3	99.9	99.9
文学参考书			
1997	7 506	125 351.0	2 351 071.1
1998	7 615	107 259.5	2 143 447.3
1999	7 701	107 845.9	2 144 375.8
1999年与1998年相比(%)	101.1	100.5	100.0
少年儿童出版物			
1997	2 207	47 173.0	522 058.8
1998	2 560	54 267.9	506 114.1
1999	2 609	54 531.2	508 372.3
1999年与1998年相比(%)	101.9	100.5	100.4
参考指南			
1997	2 046	16 233.9	427 016.2
1998	2 142	15 633.8	515 737.3
1999	2 205	15 740.1	519 388.0
1999年与1998年相比(%)	102.9	100.7	100.7

然而，依旧存在一系列阻碍图书出版业发展的因素。第一个影响因素便是居民的支付能力较低，尤其是北部、南部和东部某些地区的居民，这影响了图书的供应，回款周期过长也无法令出版商满意。事实上，在俄罗斯欧洲部分的中心地区拥有大量图书，如果俄罗斯公民的购买力足够强大，他们的问题便可以得到

解决。由于一系列立法问题悬而未决，教学图书的生产总量下滑，供应学校的图书数量逐年减少。此外，教学图书的价格急剧上涨。图书零售业的发展趋缓。销量看好的图书种类极为有限。由于图书销售业缺乏补充资本，图书市场的信息基础设施不够发达，朝多品种销售转型非常困难。

上述状况决定了1997至1999年俄罗斯图书市场的特点。最紧迫的问题仍然是如何扩大高质量的教学图书和文学作品的出版。科学和生产主题逐渐成了高度专业化期刊的归宿。参考指南在图书市场上的地位相当稳固。出现了把信息转移到磁性载体的强大趋势。科普出版物的发展相对比较稳定。

不过，俄罗斯图书市场正在逐渐变得更加开化。除了其他因素以外，《著作权及邻接权法》的生效以及加入《保护文学和艺术作品伯尔尼公约》对这一进程也起到了推动作用。与文学作品著作权的获得和转让相关的法律问题引起了越来越多的关注。

尽管针对图书出版业有很多法律以及国际条约、联邦和地方的法规，然而，加强俄罗斯图书出版的立法基础以及颁布《法律调节俄罗斯联邦出版事务法》的问题却显得前所未有的尖锐。应该通过法律为出版业这样一个文化和生产领域确立国家政策。必须特别关注的是国家对出版事务的调节，以及通过联邦专项计划的资助支持图书出版。此类项目针对的是重要类型图书的出版。必须确定联邦级别的教材和教学参考书的清单以及资助其出版和传播的程序。应当在法律中规定保护消费者免受低劣出版物之害的措施。

1998年的"八月危机"及其给俄罗斯经济带来的震荡使得对图书出版业的发展进行短期预测也变得非常困难。这让人怀疑，图书出版业是否还像不久前许多专家指出的那样，正在进入平稳发展的阶段。不能指望局面能在短期内得到改善。

在编辑出版过程中引入新兴信息技术的速度减缓。事实上，此类技术正在成为图书出版业发展的决定性因素，它们让印前事务的处理工作从印刷厂转移到了出版社。电子手段成就了统一的桌上出版系统和编辑出版一体系统，它们为作者原稿的自动处理创造了可能性，也为实现出版事务的全自动技术创造了可能性。电脑技术的运用让图书出版变得更加高效，并在很大程度上提升了图书的装帧水平。

印刷生产受到了冲击。更新设备的问题越发尖锐,不解决这个问题,行业的进步就无从谈起。可是,许多印刷厂却没有资金对老旧设备进行更新。

图书的营销是一种商业模式,它把从作者到读者的整个系统连为一体。然而,基于图书营销的书业改革却停滞了下来。在俄罗斯,图书出版业的发展很大程度上取决于对市场行情、价格政策状况以及读者对图书的支付能力的调研。

在图书发行领域,情况同样比较复杂。在这一领域当中,对新兴信息技术的运用同样是决定性因素。快速准确的图书产品出版信息、读者对出版物的需求信息以及出版物的销售信息都是必需的。应当了解累积式信息体系的发展、图书发行广告信息领域的形成和出版社对图书信息网络工作的参与具有怎样的功用。运用电脑技术和传播网络能够保证出版实践各个环节的顺畅。

中央和地方图书出版的关系问题仍然难以解决。1998年上半年,这个方面出现了一些进展。诚然,地方政权机关支持本地图书出版的问题再次变得尖锐起来。在某些情况下,地方出版社和印刷企业为地方图书出版创造出了良好的基础。与此同时,应当注意到,俄罗斯图书市场规模的缩减在很大程度上是缺少物力和人力把图书供应到各地而造成的。

经济和社会危机产生的后果是,近年的图书产品增长速度远远低于危机前的年份,尤其是出版物的种类。俄罗斯书局的数据(截至2000年2月1日)非常清楚地体现了这一趋势。

1999年,某些类型的图书在数量上出现了明显的增长(政治类、社会经济类、自然科学类、技术和医学出版物、体育运动类图书)。类似的情形也能在文学(包括儿童文学)图书领域见到。与1998年相比,对于少数社会影响力大的图书类型而言,其出版数量也有增加(教学类增加了0.7%,参考指南增加了2.9%,少年儿童出版物增加了1.9%)。不过,专门用途图书和小册子的数量则有所减少。大众政治、科学、生产类出版物分别占1998年的87.3%、94.4%和99.4%。

国有出版社图书产品的占比持续下降(表32)[1]。

表32　1999年出版集团和其他机构出版图书和小册子的状况

出版机构	图书和小册子数量（种类）	印数（千册）	印张数（千）
总计	47 300	409 371.2	6 301 211.2
所有出版社	32 480	391 749.7	6 084 901.1
其中：			
国有出版社	10 024	70 545.1	1 011 083.4
其他出版社	22 456	321 204.6	5 073 817.7
除出版社以外的生产印刷产品的部委和其他机构	14 820	17 621.5	216 310.1

3.5.3　21世纪初图书出版业的发展状况

互联网上流传的俄罗斯书局的通报[2]显示，与1999年同期相比，2000年上半年图书出版业继续发展。但图书市场规模的增长仍然缓慢。这首先是与俄罗斯居民支付能力的持续下滑相关。此外，侦探小说、爱情小说和幻想小说的市场存在产品积压，与此同时，图书市场上的参考指南却供不应求。读者的喜好正在发生改变，对于这一点，图书出版商并非总能注意到。

与报刊、电视、广播等大众媒体一样，图书出版业的发展取决于社会改革进程中出现的诸多因素。更加全面地认识这些因素对大众传媒体制的影响有助于传媒结构及其运作机制的优化，从而更好地满足各阶层民众不断增长的精神需求。

统计对比数据显示，俄罗斯图书出版业总体上保持了向前发展的态势。

2004年，俄罗斯出版社出版了近9万种图书。

2004年图书种类的增速超过了8 000种。平均印数显著下降。最近5年印

---

[1] 参见：Митрюхин Г., Российская книжная палата: итоги 1999 года // Книжный бизнес. 2000. No 2. C. 32（初步的统计数据）.

[2] http://www.biblio-globus.ru/news/miysur/1.html

数的变化如下：

年份	册数
2000	7 913
2001	7 710
2002	8 477
2003	8 674
2004	7 709

同时也出现了向好的趋势：统计数据表明，图书种类持续增长（表33）。

表33①　2004年出版图书和小册子的基本数据

指标	图书和小册子数量（种类）	总印数（千册）	占图书和小册子种类的%	占图书和小册子印数的%
总计	89066	685 881.3		
其中：				
图书	76 605	562 390.1	86.0	82.0
小册子	12 461	123 491.2	14.0	18.0
新出版物	76 209	487 019.2	85.6	71.0
再版出版物	12 857	198 862.1	14.4	29.0
系列出版物	31 238	360 407.8	35.1	52.5
翻译出版物	10 959	86 824.1	12.3	12.7

1996至2001年，在《支持俄罗斯印刷业和图书出版业的联邦专项计划》框架内出版了2 500种对于国家科学、文化和教育具有重要意义的图书。2002年起，又实施了名为《俄罗斯文化》的联邦专项计划的子计划《支持俄罗斯印刷业和图书出版业（2002—2005）》。各地区和图书出版部门也纷纷仿效联邦当局，设立了越来越多的资助项目。同时也出现了资助出版项目的赞助商。

符合大众需求的图书的生产目前集中在几个决定图书行业发展主要方向的

---

① Сироженко В.А., Статистический обзор книгоиздания в Российской Федерации в 2004 году // http://www.askr.ru/vesnik/22html

大型集团手中。相当大一部分图书的生产和发行都集中在50个俄罗斯的大型出版社手中。这些出版社和出版公司所占的比例还在不断扩大。目前,从出版物的数量来看,它们已经占到了将近30%;而从印数来看,则占到了所生产图书产品的67%。"阿斯特"、"德罗法"、"奥尔马"、"教育"、"弗拉明戈"、"21世纪考试"、"埃克斯莫"等7个出版社出版的图书和小册子的总印数占到了全俄图书总印数将近一半(49%)。从数量而言,最多的是供儿童和成年人阅读的文学作品、教学出版物和参考指南。

出版实力依然主要集中在莫斯科和圣彼得堡,而印刷厂则遍布全国各地。应当说,出版机构的分布有所改变(表34)。

表34[①] 俄罗斯联邦主体现有出版社和出版机构的数量

	出版社数量	占全国出版社总数量的比例(%)
总计	5 388	100.00
远东联邦区	119	2.21
伏尔加沿岸联邦区	587	10.89
西北联邦区,	744	13.81
包括圣彼得堡、	562	10.43
列宁格勒州	10.43	0.09
西伯利亚联邦区	353	6.55
乌拉尔联邦区	196	3.64
中央联邦区,	3 098	57.80
包括莫斯科、	2 587	48.01
莫斯科州	88	1.63
南方联邦区	291	5.40

目前,俄罗斯图书销售行业的局面非常复杂。如果说后苏联时期的图书销售行业依靠自身发展得以逐渐形成,那么时至今日资源已经用尽。许多专家认

[①] Сироженко В.А., Статистический обзор книгоиздания в Российской Федерации в 2004 году // http://www.askr.ru/vesnik/22html

为,一场新的深刻危机正在到来。其原因首先在于图书销售网络不成熟。

大型出版集团通过邮购和图书俱乐部的方式销售图书的尝试并不成功。或许,通过建立私人所有的图书零售网络能够解决这一问题。

应当说,纸浆纸生产也面临严峻的局势。该行业具有出口型特征。

不断逼近的系统危机与税收优惠的减少也有关系。出版商逐渐丧失流动资金。他们不得不缩减图书出版的规模。

从2002年起,以卢布计算的图书价格继续上涨,而且这一趋势非常显著。与此同时,读者对图书产品的需求则继续减弱,并且呈现出越来越明显的实用性特征。

销售额有所增长,不过主要不是因为销售量的增加,而是由于价格的上涨。目前,一本书的平均零售价超过100卢布。

图书出版业存在集中化和预算相对较少的现象。图书出版业垄断程度进一步增强的威胁并未消除,有可能被几个大型集团公司瓜分。

近年来,从事图书产品生产的有将近6 000家机构,而对市场起决定作用的大约有300家[1]。

2002年,图书生产的发展速度有所减缓。出版物的种类10年来首次下滑了0.8%。原因在于国家对图书出版的支持政策有所变化,对图书征收了10%的附加税,某些类型的出版物(其中包括儿童图书)上半年的附加税高达20%。这导致了图书市场上的价格上涨。新的出版项目和新书的种类自然有所减少。在售图书的补印模式得以采用。2002年,总印数的大约四分之一(将近1.6亿册)是对畅销图书进行的补印。为了保证民众买得起图书,国家必须对图书——尤其是具有重要社会意义的图书——的出版予以有效的支持。在明白了这一点之后,附加税的优惠幅度增加了50%,并且惠及几乎所有的图书产品种类,优惠期限延长到数年以后。2003年上半年,图书种类有所增长,但印数还有所滞后。需要指出的是,教学和科学图书的品种增长了55%,印数增长了40%。

---

[1] Сироженко В.А., Статистический обзор книгоиздания в Российской Федерации в 2004 году // http://www.askr.ru/vesnik/22html

目前，出版图书的数量有所增加，少数出版物的印数有所减少。谈及俄罗斯图书出版业的发展，还必须专门讨论一个问题。互联网、电子图书馆、电子书已经成了生活中习以为常的概念和现象。当然，出版商可以转向新的载体，不过，这一过程并非很快就会发生。法律方面的问题也尚未解决。因为在上述情况下可能出现著作权保护方面和法律强制方面的危机。通过互联网出售图书的方式已经站稳了脚跟。图书出版商和图书经销商都开始对此表现出了兴趣。

目前，培养高素质的图书出版人才——尤其是编辑和校对——的问题尤为突出。

近来，出版文化遭到破坏。这既涉及总体的装帧——尤其是带插画的图书，又涉及学术著作附录的编制、出版类型（比如指南类和百科全书）的确定、版本的考订以及基本的校对等各个方面。

究其原因，近年来，传统的编辑学科遭遇冷落，学生很少。目前，俄罗斯只有20余所高校培养编辑。此类工作人员往往由中等职业技术学校培养。这个专业的毕业生现在一年比一年更紧缺。这不仅限于图书，也涉及所有的大众传媒，包括电子出版物。如今的编辑需要面对的问题比以前宽泛得多。编辑的工作并不仅限于修改文稿。由于图书生产过程中引入了电脑技术，编辑应当掌握电脑文字处理技能和基本的设计技能。他需要懂得版本学和著作权知识，是编辑某类图书的专家，并且掌握经理人和市场营销人员的工作技能。他在拥有其他专业文凭的同时，可以通过进修获得编辑出版方面的知识。

在俄罗斯国内出版的相当一部分图书是科学类和教学类。2004年，上述图书占到所出版的全部图书和小册子的半数以上。从种类来看，教学类和教学方法类的出版物比2003年增长了将近10％。教学图书和小册子的印数超过了所有出版物总印数的三分之一。科学出版物也有所发展。

"与2003年相比，2004年出版的文学图书种类的增长率超过了11％，总印数为1.575亿册。儿童图书种类则增长了14.5％，总印数也超过前一年，达到了1.057亿册。

2004年，除了俄语图书以外，还以近百种语言出版了3 615种图书和小册子，总印数将近250万册。

"俄罗斯保持了重要翻译大国的地位。在翻译成俄语的图书当中,源语几乎囊括世界上所有的语言。从种类来看,2004 年翻译类的图书和小册子达到 10 959 种,而其印数则为 8 790 万册。居于前三位的还是传统上翻译得最多的语种——从英语译入了 6 984 种,从法语译入了 746 种,从德语译入了 555 种。将俄语翻译为世界上其他国家语言的图书和小册子为 1 305 种,其印数为 325 万册。2001 至 2003 年期间,翻译类的图书和小册子增长了将近三分之一,印数的增幅更大。"[1]

根据印数的多寡划分图书产品是形成当代图书种类的世界趋势。印数在 500 册以下的图书大多是各种指导性或规范性小册子、研讨会材料、科学机构和团体的著作及学术笔记等。此类出版物不在普通书店销售。它们在出版物中所占比例最大(在总共 89 066 种当中占 31 358 种)。位列第二位(24 663 种)的是印数不超过 5 000 册的出版物。它们通常是中学和大学的教材及教学参考书、科普读物、大部分的严肃类文学作品。位列第三位(13 145 种)的是印数不超过 1 万册的出版物。它们主要包括侦探小说、幻想小说、爱情小说、各种"感伤"小说以及各类词典和参考指南[2]。

目前,旨在促进俄罗斯图书出版业发展的集团机构正在更加积极地开展工作。

俄罗斯出版商协会是一个非政府、非商业性的专业组织,是在出版商的倡议下于 1990 年 4 月 17 日成立的。目前,俄罗斯出版商协会联合了 200 余家具有各种所有制形式的图书出版企业和机构。俄罗斯出版商协会超过一半的会员是俄罗斯各地的私营出版社、股份公司和社会组织的出版社。

俄罗斯出版商协会的主要工作是保护俄罗斯出版商的权益,协调它们之间的业务关系,为俄罗斯图书出版业发展计划的顺利实现和进一步完善创造条件。面对国家政权机关,俄罗斯出版商协会代表并捍卫协会会员合法的经济、法律、

---

[1] Сироженко В.А., Статистический обзор книгоиздания в Российской Федерации в 2004 году // http://www.askr.ru/vesnik/22html

[2] 同上。

职业等利益，积极影响舆论，努力使保护法规得以通过并使俄罗斯的法律和法规符合国际法准则。

俄罗斯出版商协会最重要的成绩是使俄罗斯在1994年的年底加入了《佛罗伦萨协定》及《内罗毕议定书》，它们规定，文化、科学和教育产品免收进出口关税。

俄罗斯出版商协会特别关注地方出版社，会员单位中的地方出版社数量不断增加。为此俄罗斯出版商协会专门成立了驻乌拉尔和西伯利亚代表处，以协调地方出版社与国内其他出版社的活动，在建立新的业务联系的过程中为其提供实际帮助。在俄罗斯其他地区开设出版商协会代表处的筹备工作也在进行之中。

成立于1990年、迄今正常运转的独立国家出版商协会开展以下工作：

◆ 保护图书销售企业的权益；
◆ 为图书产品的出版者和销售者创造合作条件；
◆ 与图书销售企业及独联体国家的出版社开展图书交换领域的合作；
◆ 推广图书发行方面的有用技术和新型工作方法，研究和归纳图书市场运营的现代模式；
◆ 国际交流。

面向专业人士和广大读者宣传图书和阅读的报刊得以发展：

◆ 杂志包括《图书业务》、《图书出版业》、本土新闻分析杂志《书香俄罗斯》、《印刷商与出版商》（每月附有《图书全景》）、《彼得堡图书号外》、介绍新书的插画杂志《我的世界》等。
◆ 报纸包括《书业观察》、信息公报《图书报》、《图书销售报》、《独立报》每周的副刊 *Ex Libris*[①] 等。

许多出版社都出版信息简报。

俄罗斯书局是国家图书库信息图书资源的保管者和国家保险基金会，它囊括从1917年起苏联（1991年起为俄罗斯联邦）出版的所有种类的印刷品。截至

[①] 《藏书票》（英文）——译者注

2003年9月1日,国家图书库中的藏品超过8 000万件。

* * *

与俄罗斯的经济一样,俄罗斯的图书出版业发展不稳定。其中的原因在于国家对这个行业的支持不够、民众的购买力低下、图书发行的组织工作欠佳。眼下应该特别注重培养高素质的出版人才,这有助于解决图书出版文化的问题,也有助于支持可持续发展的严肃阅读。

第四章

电子传媒

4

第1节 俄罗斯电视业的转型(А.Г.卡其卡耶娃)

20世纪80年代中期,苏联观众的选择非常有限,主要的新闻节目只有《时代》,90%的节目由本国制作,它们基本上是社会政治类和文化教育类节目,以及少量通过了审查的西方电影,没有任何广告。20世纪80年代中期的中央电视台是极权化的、意识形态化的电视的体现,它是由国家垄断的企业,经费全部来自预算,运用行政手段进行管理,丝毫不依赖观众。随着播出时间的增多、地面和卫星通信线路的发展以及设备价格的增长,电视的制作成本急剧增加。国家广播电视委员会这个笨拙的庞然大物曾经是旧意识形态体系的强大支柱。报刊读者最先感受到实行公开性政策的时代的到来。1986至1987年,公开性原则也在电视屏幕上得以全面体现:与美国合作的第一批电视桥①节目、青年节目《第十二层》、列宁格勒的节目《第五轮》(1986)、《观点》节目、早间和晚间的直播节目、直播的社会辩论节目、对人民代表大会的转播、与主要新闻节目《时代》不同的崭新的新闻节目《电视新闻服务》(1989)。1986至1988年,中央电视台的直播节目时间增加了约29倍。1990年,按照苏联国家广播电视委员会主席的指示,中央电视台内部成立了第一个自负盈亏的法人企业——"2×2"商业频道。坚冰开始消融。②

4.1.1 1990至2001年:革命的十年

电视体制的去中央化(1990—1994)

这一趋势于20世纪80年代末开始显露,并于1994年随着取缔"奥斯坦基诺"(改革以后用它来称呼中央电视台第一频道)而结束。在这些年里,国家实际

---

① 俄苏新闻界把借助一定的技术手段并采用连线方式实现演播现场与场外沟通的电视节目称为电视桥。——译者注

② 更加详细的内容可参见:Очерки по истории Российского телевидения. М., 1999; Телерекламный бизнес. М., 2001; Муратов С., ТВ-эволюция нетерпимости (история и конфликты этических представлений). М., 2000.

上不再承担思想监督与财务监督的职能。

在这个过渡时期发生的全国性事件包括：

◆ 1990年，在中央电视台第二套节目的基础上创办"俄罗斯"电视台，后者本质上是反对苏联式电视体系的；"2×2"频道诞生，在该频道上出现了第一条制作简陋的广告；1991年，苏联国家广播电视委员会解散；同年，第六频道诞生；

◆ 独立电视台诞生(1993年)。这个阶段是独立电视台才华横溢、信心勃勃的团队最好的时期；几乎所有地区都出现了地方私营电视公司①。

在"改革与公开性"集中爆发之后，也正是在适逢"第一次私有化"的这段时间奠定了旨向"西方模式"的新闻业的基础。当时也显露出了下一个十年产业发展的主要矛盾——国有电视广播公司没有做好与机动灵活、快速发展的商业台展开竞争的准备。这一情况由于"地方电视的封建化"而越发严重。1990至1993年，无论是在中心城市还是在各地，国有频道都被市场的自发势力所包围：事实上，没有人能够控制广告资金的流向。广告的易货贸易（即用广告时段支付节目和电影的播放，而广告时段由每个独立生产者按照自己的判断销售）、倾销的模式，对许可权和进口西方产品的海关规定的蔑视——这一切为许多独立生产者和大型广告公司未来的财富奠定了基础。这主要是莫斯科的情况。

在"电视体系去中央化"阶段的末期，1994年前后，开始了对大众传媒市场的第一次分配，瓜分它的是那些比其他人更早意识到控制大众传媒有何益处的商人。据传，他们包括依靠国有电视获得资本的独立电视制作商——ВИД②、АТВ③、Ren-TB、大型广告公司"视频国际"和"主角 СВ④"以及当时正在展开激烈竞争的别列佐夫斯基的集团与古辛斯基的集团。

---

① 有关俄罗斯大众传媒体系转型各方面的问题可参见下列研究者的著作：Р. А. Борецкий, Е.Л. Вартанова, Я.Н. Засурский, В.Л. Цвик, И.И. Засурский。
② 缩略语 ВИД 意为"观点及其他"（俄语）。——译者注
③ 缩略语 АТВ 意为"作者电视"（俄语）。——译者注
④ СВ 是公司创始人谢尔盖·利索夫斯基(Сергей Лисовский)和弗拉基米尔·热奇科夫(Владимир Жечков)名字首字母的合写形式。——译者注

国家所有权的重新分配与新的宣传体系的形成(1994—1996)

这一阶段始于1994年1月和12月的两个事件。1月,私营的独立电视台获得了在原来的中央电视台第四频道播出6个小时的机会;12月,原来的中央电视台("奥斯坦基诺"电视公司)第一频道变成了股份制。这一阶段的象征是创办名为俄罗斯公共电视台的电视怪物,形式上它由国家控制,而实际上由商人别列佐夫斯基控制,而后者从来都不是俄罗斯公共电视台的所有者。

在这3年期间,由于政治阴谋和大众传媒新的所有者的游说努力,全国主要电视频道的地位发生了几次改变(1995年、1996年),广播电视业被多个总统令不断"完善":国有电视广播公司时而被股份制化,时而变成单一制的国有企业,时而又被等同于文化机构。作为组织者的商人被推到了引人注目的地位,在半崩溃的经济条件下,他们依靠贷款以及与管理国家的精英进行易货贸易所获得的巨大投资来保障播出。电视确确实实地把新的媒体所有者引入了政权。

1996年对于俄罗斯传媒的发展而言是具有转折意义的一年。"支持叶利钦"阵线不仅从保全管理精英的权力的角度来看是成功的,而且还为其思想斗士带来了显著的经济成果。选举过后,古辛斯基的独立电视台掌握了整个第四频道,商人别列佐夫斯基和列辛则得到了安全委员会和总统办公厅的职位。

1996年年底,电视市场上新的"游戏规则"似乎已经形成。在频繁的电视业纠纷和令人震惊的谋杀之后,全国的电视市场基本上都被瓜分了,争夺广告的野蛮战争也宣告结束。1995年《广告法》通过后,原始而令人胆战心惊的市场开始具有文明的形式。1995至1996年,随着针对地区电视的法律监管越发严格,大多数的地区电视频道只能播放通过许可的节目。这些措施首先促进了电视网的出现和发展,其次也使地区的电视业界能够向首都的经销商提供广告机会,以换取节目制作经费。对地区广告市场的占领开始了。

这些年间形成了电视制作和播映机构的体系,确立了主要电视网的轮廓,"视频国际"和"主角CB"这两家广告公司瓜分了广告市场。半国有半私营的混合型电视体系自视为拥有电视精英并具有战略任务的新兴政治力量。

毫无疑问,1996年的总统竞选活动加快了传媒市场的"政治化"进程。远离传媒业的企业家正是在选举过后才清楚地意识到,拥有大众传媒——尤其是在政治活动进行得如火如荼的时候——能够带来金钱,让他们保持优势,而更重要的是,能够保证可观的政治红利——诸如个人关系以及对高官的影响力。总而言之,拥有大众传媒能够起到重要的政治资源作用。1996 年以后,商业精英越来越坚决地承担起了新兴俄罗斯思想家的角色。

政治资本趋向活跃与新闻战(1997—1999)

改革年代,俄罗斯的国有电视既没能在与私营公司的分工中找到自己的定位,也没能接近公权广播电视的模式。不仅如此,这些年间,一种特殊的集中形式开始在俄罗斯确立:"政治的",或者说是"官僚的"集中形式,即由国家官员、行政机关领导人、州长、市长组成的"政权党",无论他们的政治倾向如何,都利用纳税人的钱或者受其控制的地方商业机构的钱创办、支持和补贴地区传媒。20 世纪 90 年代初以来,尽管每当在广播电视业发生重要变化之前都会展开辩论、研究各种选择、刊登重组计划并在报刊上和议会中对其进行讨论,但仍然没能制定出信息领域的公开的国家政策,也没能建立起对广播电视业的秩序进行监察的强力社会机构和有影响力的职业协会。

1996 年,银行家和商人联合起来,支持叶利钦再次当选总统,抵抗会令他们失去权力和资本的共产主义势力的再次威胁。选举过后,为了争夺尚未被私有化的剩余国家财产以及对政权机关的影响,他们分裂成了互相敌对的阵营。这一切使得大众传媒与其支持力量之间不可避免的竞争在俄罗斯具有了新闻战的怪诞形式。

1996 年,俄罗斯大众传媒上出现了"七大银行家集团"[①]和"经济政治局"的概念,确定了"寡头"这一专有名词。向千百万观众的头顶倾泻而来的是关于"银行家-寡头"(俄罗斯公共电视台、独立电视台)与自卫的"改革者"(全俄国家电视广播公司)对抗的大量黑材料。新闻宣传战都具有共同的脚本:始于损坏名声的黑材料外流及其在大众传媒上散布,止于政府和总统亲信的人事变动。新闻战

[①] 由俄罗斯金融界七位最具影响力的代表人物组成的小集团。1996 年,他们拥有的大众传媒组成了非正式联盟,尽管内部存在分歧,但都支持叶利钦赢得下一个总统任期。——译者注

伴随着切尔诺梅尔金、基里延科和普里马科夫政府的辞职告一段落。

1997年9月，在引发了公众闹剧的部分出售国有"通信投资"控股公司事件过后，叶利钦总统邀请六位大商人到克里姆林宫，要求他们停止彼此之间互相"泼脏水"，也停止向政府部长"泼脏水"。这样一来，1997年，叶利钦首次间接但公开地承认，俄罗斯重要传媒的编辑政策反映的是一系列集团的金融利益。

结果，遭受毁灭性打击的不只是银行家和政治家，还有俄罗斯国家自身。新闻职业在改革之初赢得的威望开始迅速下降。出现了"量身定制的宣传"和"政治预订"的概念。有影响的电视评论员抛开职业伦理的基本原则，毫不隐讳地表明，他们扮演的是某位寡头或者政治家的喉舌角色。

1996年选举的政治合理性埋葬了20世纪90年代关于"独立报刊"的浪漫主义理想，1997年的私有化战争、1998年的危机以及后来必然出现的广告市场的崩溃极大增强了电视的政治化，而它则使政治媒体化了。根据分析者目前的估计，1995至1998年，大众传媒50%的预算属于政治性的。

对于1994至1999年这一时期，完全可以运用行为主义政治学家的公式加以解释。该公式表述为："政治舞台就是权力市场"。这就意味着，"控制所有权的人一定会努力把美元变成选民的票数，把自己的所有权变成政治权力。把生意变成权力家族的独裁者"。这些话是美国人很早以前讲的，并非针对俄罗斯。然而，俄罗斯当代历史的最初五年——从1994年到1999年——直观地印证了政治民主的萌芽如何在政权的积极参与下转变为寡头制，而政权自身如何变成了重要的经济资源。

国家趋向活跃(1999—2000)

这个新阶段早在1998年组建统一的生产技术集团"全俄国家电视广播公司"以及后来成立大众传媒部时就开始形成了。国家仿佛是想通过建立全俄国家电视广播公司这一庞然大物的方式来暗示，它有意逐渐转变为分散的电视业的有效所有者，理顺电视业与通信业的关系，更积极地在运营许可证问题上有所作为。新倡议的领军人物同样是不久之前的"寡头"米哈伊尔·列辛,因此,人们只会把这些创举视为对市场的再次瓜分和不正当竞争。

一方面,作为市场的支持者,列辛部长表示:"十年间我们没有形成传媒市场。在我们这里没有出售股票,也没有出售企业。在我们这里它们没有消亡。没有一家大众传媒破产。"另一方面,1999年初开始显现出不同于以往的另外一条政治路线——为了巩固国家体制,从组织上和财政上加强了国家电视体系。议会和总统选举临近。而在1996年时曾经团结一致的别列佐夫斯基集团和古辛斯基集团此次则成了两个对立的阵营。别列佐夫斯基把赌注押在普京身上,而古辛斯基却反对"继承人"。结果又是一轮破坏性很大的新闻战。1999年年底至2000年年初发生的居民楼爆炸、第二次车臣战争和巴比茨基事件使得"国家宣传"、"民族思想"、"我们的——不是我们的"等概念重新回到了信息空间。

普京赢得总统选举后,电视市场的格局又发生了重大变化。

"寡头"时代的终结(2000—2001)

2001年春天发生的、以更换主要所有者和管理层收场的独立电视台事件可以被视为俄罗斯电视产业发展过程中最猛烈、最革命的十年的终点。

从施压行动的规模、次数和丰富性来看,与古辛斯基的"桥-媒体"斗争的历史堪称独一无二。这场斗争持续了两年,从1999年春天到2001年春天。克里姆林宫和检察院、联邦安全局、法院的执行者只谈及"桥-媒体"事件的经济方面的内幕,而古辛斯基及其辩护人则坚称调查存在政治意图。真相从来都是居于中间位置。而且,假如古辛斯基像1996年那样与政权机关达成了共识,这一事件将会怎样发展就不得而知了。古辛斯基没有这么做,于是就有人提醒他,他从半国有性质的俄罗斯天然气工业股份公司占了多少便宜。最后,就连在这场"经营主体"纠纷中代表"俄气传媒"的阿尔弗雷德·科赫也承认,"桥-媒体"事件中存在政治成分。

2000年秋天,在争夺古辛斯基传媒帝国的决定性战役前夕,弗拉基米尔·普京总统的顾问格列布·帕夫洛夫斯基宣布"民主共和国大众传媒的覆灭与寡头时代的终结"。政治技术专家的这个句子以夸大的形式表达了叶利钦卸任后大众信息领域所发生的变化的本质。2001年春天,上一个时代两位主要的传媒寡头已经不在国内，此后两年间，他们被逐渐但坚决地挤到了政治和传媒的边缘。

围绕"桥-媒体"和"寡头覆灭"展开的战争长达两年，令人筋疲力尽。这场战争造成了几个后果。随着"独立电视台党"被击溃，对于许多公民而言，无论他们对古辛斯基的态度如何，"现实的民主反对派"和"言论自由"的理想都已经彻底失去了现实意义。

反对独立电视台的行动带来的结果是，地区电视公司面对地方行政压力的"抵抗力"有所下降。例如，一些私有者甚至同意在七个联邦区总统代表的支持下成立"地区电视台"的主张。

从意识形态的观点来看，新的、强大的、公司式国家（其定义在不同的大众传媒当中各不相同）的理想是在建设性对话和与政权合作的口号之下在电视行业里得到体现的。对话、合作、信任是这一阶段信息领域的新特征。它们完全不同于以前无政府主义的、具有挑衅性的十年。

国内重新更换了管理精英：职业官僚取代了野心勃勃的寡头，前者在过去十年里获得了升迁。"驯服"过于独立的商业领域也是按照同样的模式进行的：为了国家利益，借助审判、检查和搜查的手段从管理层当中清除管理者或者所有者。新的管理精英逐渐使国家在不信任"不守规矩的"的商业媒体的同时，认识到干涉信息过程的必要性。

4.1.2 2002 至 2003 年：政权的现代化、国家官僚制度的强化与电视的产业前景

"媒体应当知道自己的位置"。这个并不复杂的句子表达了弗拉基米尔·普京时代政权机关对待大众传媒的态度。在全国市场上，所有的闹剧和丑闻都被弱化了。

俄罗斯公共电视台既没成为公共电视台，也没成为私营电视台，它保留了"混合所有制"的幌子，在形式上它又变成了国家第一频道。2003 年，出于保障安全和保护公民道德、健康和权利的目的，"俄罗斯公共电视台"开放式股份公司（"第一频道"）与军事和国防公司一同被列入了 56 个战略性股份公司的名单。

鲍里斯·别列佐夫斯基实际上从1995年起就被允许租用主要的国有频道。别列佐夫斯基被迫放弃对俄罗斯公共电视台的控制这一事实再次证明，俄罗斯公共电视台的半国有形式只是一个神话。在何种条件下以何种方式把形式上与别列佐夫斯基的机构有关的股份转让给了其他的私有者？哪些银行目前隶属于"俄罗斯公共电视台-银行财团"？传奇的"拉斯特拉科姆2002"责任有限公司或"埃别尔链接2002"责任有限公司是何方神圣？它们背后的操纵者是何人？为何恰恰是这些公司获得了俄罗斯和欧洲最大的电视公司49%的股份？没有任何投标，没有任何关于销售和记录在案的交易的报道，除了传言和未经证实的信息：5 000万美元的"补偿款"由鲍里斯·别列佐夫斯基以前的合作伙伴罗曼·阿布拉莫维奇支付，阿布拉莫维奇控制的机构仍是"第一频道"私营股份的合法持有者。已经连续五年无人要求重新归于国家和新兴精英所有的第一频道偿还早在1998年便以股票抵押的方式(现在弄清楚了，这是为了在市场崩溃的情况下抵挡住独立电视台的激烈竞争，包括政治竞争)发行的1亿美元债务。国家作为主要股东尽责地支付这笔贷款的利息。

在有意识地成为强大的国有频道之后，"俄罗斯"频道表明了其在电视领域的地位——主要的国家宣传者。在经济方面，全俄国家电视广播公司仍然是个怪物，因为它在得到财政预算(广播、地区的国家电视广播公司、为少于20万居民的城市支付第二个频道信号的费用)的同时，也是市场的一份子，依靠广告挣钱。然而，在另一个方面，正是"俄罗斯"频道在2003年时宣称有意拒绝财政预算，只靠广告生存，广告收入也用于资助没有广告的"文化"频道。正是该频道播放了俄语版的"欧洲新闻"，成为这家欧洲广播集团的组成部分及其最大的股东之一(拥有16%的股份)，未来还打算在俄罗斯开办新闻频道。正是它坚决推行主题化的专业频道("文化"、"体育")。2005年，它宣称有意为儿童和青少年开办频道。

围绕第六频道展开的斗争如同石蕊试纸一般，使新的管理精英对隶属于"失宠的"寡头的大型非国有传媒的态度表露无遗。2002年3月，第六频道的招标(2003年被认定为不合法)为一系列政治经济活动画上了句号：小股东"卢克"非国有退休基金会提起诉讼(2003年1月被撤销)，依照法院的裁决关闭第六频道

（该裁决一年后被撤销），"独立电视台加密电视"按照协议播出,第六频道招标,保留莫斯科独立电视广播公司的许可证,继续在法院打官司,在重量级政治人物沃尔斯基和普里马科夫的监管之下建立记者与商人的"非商业性合作组织"。不过,所有这些活动都有法院、联邦招标委员会以及新闻出版、广播电视和大众传媒部的决定"保护"。

2002年3月,在第六频道招标前夕,新闻出版、广播电视和大众传媒部部长米哈伊尔·列辛在接受"自由"广播电台的采访时承认,最近两年,私营媒体力量减弱。这个表态证明,获得了全俄国有频道和由国家控制的频道等强大信息资源的政权和国家官僚机构"被重新武装起来了"。

不过,与此同时,新闻出版、广播电视和大众传媒部的部长还发表了几个具有历史意义的声明,表示国家有意削减自身在传媒市场上的存在,以及在俄罗斯创建公共广播电视的必要性。这似乎是过去十年中该级别的官员第一次谈到"解除政权的信息武装"的实际任务。不过,"公共"的概念暂时不会超出列辛所谓的"牵强的公共电视"的范畴。由俄罗斯记者联盟发起并于2002年秋天提交杜马讨论的关于公共电视的法律没有得到执政精英和政府监护人的支持。这不足为奇。大众传媒领域的国家垄断者对公共电视不感兴趣。广告市场在增长,但和从前一样,仍然没有实际的大所有者,国家垄断者"依照协议"把自身的权利转交给其他的垄断机构。

信息-政治集团的拆分（例如"光谱"电视台）完全符合这一新路线的精神。各种私营传媒应当为数众多（例如,在广播这种大众传媒的商业领域其比例超过80%）[①],但其影响力不应超过由国家控制的媒体。

弗拉基米尔·古辛斯基把自己剩下的"桥-媒体"的股票出售给了"俄气传媒",2002年夏天此事被外界所知。古辛斯基这个姓氏再也不会出现在俄罗斯大众传媒所有者之列了。"俄气传媒"获得了对前"桥-媒体"集团26家公司完全

---

① 1997年至2002年,俄罗斯当局向电视广播公司发放了超过6000份运营许可证。根据新闻出版、广播电视和大众传媒部的数据,截至2003年1月,俄罗斯共有大约3200家电视广播公司。从所有权来看,约有1000家是独立于国家的。

而彻底的控制，其中包括独立电视台、"独立电视台加密电视"、"莫斯科回声"广播电台、THT电视台。长达两年的诉讼终于结束了，这一过程伴随着搜查、逮捕、几个记者团队的私人恩怨、审判和众多闹剧。

对于"俄气传媒"而言，购买古辛斯基的股份并赎回自己的债务是一笔划算的买卖。这使"俄气传媒"规避"非建设性的股东"，并且使其能够延期偿还资金。如果俄罗斯天然气工业股份公司能像2001年时许诺的那样规避非专业的传媒资产，那么上述情况能加强其自身在谈判中的立场。

当然，2002年年底的情况是，天然气垄断者近期并不打算从自己的新资产中脱身。俄罗斯天然气工业股份公司与被金融分析者称为"伪国家银行"的"欧洲金融"银行之间未正式达成的交易只是一种掩饰："新精英"并不急于放弃古辛斯基以前的资产（"俄气传媒"51%的股份，其中包括独立电视台归俄罗斯天然气工业股份公司，49%归"欧洲金融"银行，后者在这场交易中是股票的名义持有者）。在对待其他传媒资产的态度上，俄罗斯天然气工业股份公司的战略仍然模糊不清："普罗米修斯-卫星电视协会"电视网①不复存在，然而，近20家电视公司和电视演播室仍是天然气公司的下属部门，它们并未变成商业企业，仍然保留奇怪的名称，即所谓的"管道电视"。

鲍里斯·约尔丹入主独立电视台时，对他不怀好意的人以及竞争对手都称其为"掠夺者"，但他们还是对这位悄悄以划算的条件与古辛斯基达成协议的商人给予了公正的评价。他保留了独立电视台的频道，尽管该频道并不被看好，但它还是从艰难的状态回升到了相当具有竞争力的水平，并且没有变成政权机关公开的喉舌。诚然，这一切并未帮助约尔丹本人保住在传媒业界的地位，反而在某种意义上对他构成了妨碍。这位美国金融家过早地把自己当成了主人，尽管他充其量只是一个受雇的管理者，被请来完成不甚正当的工作。2003年1月，只用了6天，俄罗斯天然气工业股份公司领导层便与约尔丹先生分道扬镳，解除了合同并支付了解约金（根据媒体的报道，金额为1300万美元）。

---

① 该电视网是1998年1月由卫星电视协会股份公司和普罗米修斯电视广播公司合并成立的。——译者注

2002年发生了几个极其重要的事件。非政治性的娱乐频道CTC电视网（美国"Story First①"公司与俄罗斯的"阿尔法"集团的产物）首次不再依靠补助维持运作，开始自负盈亏，财务报告和国际审计人员的鉴定均对此有证实。2004年，作为俄罗斯的首批经理人之一，CTC的总经理亚历山大·罗德尼亚斯基被西方商业界首肯，并被任命为"Story First"传播公司的领导人，在东欧掌管40余家广播台和电视台。这在后苏联空间尚属首次。

2000年年中，大众传媒业界的俄美对话使得整个产业得以"舒展筋骨"。在一些业界人士与普京和布什总统会面后，对话平稳地转变成了全俄会议。政权机关鼓励对话，业界也没有表示反对。此次会议10年来第一次汇集了全国的800位大众传媒领导者。他们似乎认真地谈到了国家从市场上撤离以及改革的必要性等问题②，并拟定了建议书。苏联时期的"行业"一词被"产业"所取代。成立了产业委员会，大型出版社、电视公司和广播电台的领导者最终都加入了该委员会。政府方面坚决地督促和加快自我组织的复杂进程。新的《大众传媒法》呼之欲出。

此时突然发生了"东北风"③恐怖事件。经理人退到了幕后，记者们重新登上前台。《大众传媒法》和《反恐怖主义法》或将被修订。由诸多竞争对手组成的传媒业界战栗不安。他们联合起来战战兢兢地请求"否决"。总统给媒体发放了赦罪符。不过，当着媒体领导者的面，总统还是敲打了记者。

奇怪的是，"东北风"这出悲剧大大加快了制定新的《大众传媒法》的工作进程，否则要对其进行彻底修订会复杂得多。由新闻出版、广播电视和大众传媒部

---

① 故事为先（英文）。——译者注

② "国家应该严格控制自己在市场上的行为，不再担当主要角色。我们认为，'一家报纸、一家新闻通讯社、一个电视频道、一家广播电台'的模式是最能接受的。不过，国家希望放弃其大部分传媒资产的想法并不意味着立刻进行恐慌性的甩卖。我们应该把其作为循序渐进、深思熟虑的一个过程来组织。在这一过程中，展开自由航程的并非国有破冰船，而是小型帆船。出售后者还可能为预算带来资金。"（摘自2002年6月19日M.列辛在"大众传媒产业改革方向"全俄研讨会上的讲话。

③ 指2002年10月23日晚车臣武装分子在莫斯科杜布罗夫卡剧院劫持人质的事件。事发时该剧院正在上演音乐剧《东北风》。——译者注

核心层倡议并得到国家杜马产业委员会(该委员会的工作同样受到新闻出版、广播电视和大众传媒部的支持和监管)支持的新的《大众传媒法》获得了以总统名义提交的权利。这个匆匆而就、完全市场化的文件实际上没有反对者。就连十年前旧版法律的草拟者、参与过完善文件文本的人(他们对文件并无好感)以及就教堂和教堂前台阶上的小商小贩问题展开过激烈辩论的人都没有反对。

2002年年底的时候已经清楚,在俄罗斯,爱好自由者有了新面孔。他们是四十岁上下、野心勃勃的经理,这些人还没有成为所有者,但有经验、关系、影响力以及统治愿望。首都的情况就是如此。在地方上,除了个别人以外,都是胆怯的小所有者,他们为数不多,主要是地方上有权的省长或市长,他们早就掌握并管理着现在所说的"信息资源",并对其进行重新分配。

面临变化

2003年头几个月的事件非常清晰地显示出了信息市场上的新趋势。市场正在形成新时尚——"政治冷漠"。在内容层面上是关于 infotament[①] 和收视率万能的辩论,在行业层面上是关于所有者、经理人和记者相互关系的辩论,在政治层面上是关于"压缩"大众传媒领域批评性言论的危险性的辩论以及国家宣传的增强(首先是在电视行业)。因此,在大众传媒领域的发展过程中,商业逻辑之所以开始占据主导地位,不只是因为"娱乐形式"更有利可图,而且是因为它们更安全[②]。这样的商业逻辑与国家在大众传媒领域的扩张共存。

在2003至2004年的政治活动中,这么多年以来首次打出口号:"没意思,但不肮脏"。这一口号是2003年由联邦电视频道的一位领导人提出来的。就连2004年夏天的"尤科斯闹剧"以及之后的逮捕、羁押和对股东的审判都没有在原

---

① 由英语单词 information 和 entertainment 组合而成的词,意为"信息娱乐化"。——译者注

② 新闻出版与大众传媒署署长米哈伊尔·谢斯拉文斯基指出了一种平稳趋势:2003年竞标时,莫斯科频道网络的地方合作者拒绝"在诸如'莫斯科回声'等拥有强势信息资源的媒体参与的情况下创办节目。因为只要一出现包含很多新闻和新闻分析内容的广播,该地就会产生问题。州长及其副手就会找上门来,接着市长也会来。州长会说:'不准让市长进来。'然后总统全权代表的第一副手也会来,还有各大寡头,等等。当然,这样干活很困难,大家就以尽量不抵抗的方式干活。"(2004年3月22日,"自由"广播电台"看电视"节目)。

则上改变信息实施方案。"俄罗斯人的俄罗斯"和"夺取与共享"的口号得到了巧妙的支持,必要时也被加以弱化。在这个意义上电视又一次证明了自身的有效性。杜马选举前两周,"第一频道"终止了大规模的持续造势活动("祖国"运动的一位领导人周日一天之内就会在三个节目中出现——早间、午间和晚间);总统竞选期间禁止格拉兹耶夫出现在国家级电视频道包括新闻在内的节目中(规定的免费辩论不在此列)——假如上述事件没有发生,由格拉兹耶夫领导的名为"祖国"的"克里姆林宫项目"将会非常成功,前途也将难以估量。

杜马选举和总统选举前的活动印证了另一位举足轻重的电视领导人的表述——"我们支持民主,但不实践它"。"行政资源"的概念最终形成,在从商业行为到信息活动的所有领域之内,这一概念的所指都只有一个:与有影响力的国家机构的联系和对法律的无耻利用。侵占别人的生意已经成了经济发展的一种形式,与此相类似,选举前的电视活动如同所有政治活动一样,成了对斗争的模仿。

2003年12月的杜马选举期间,所有政党都或多或少地被国家级电视频道报道过。关注竞选活动进程的欧洲安全与合作组织的分析人士对俄罗斯4个国家级电视频道("第一频道"、"俄罗斯"电视台、独立电视台、"电视中心")、12家报纸和12家地区电视公司进行了跟踪调查和分析。结果表明,仅在中央电视台的新闻节目当中(不包括电视辩论),35%至38%的时间播放的是关于总统的消息,11%至13%的时间播放的是联邦政府的活动,11%至17%的时间分给了统一俄罗斯党,11%至13%的时间讲的是共产党(主要是带有否定意味的负面报道)。各频道2%至12%不等的时间分给其他政党,例如,"雅博卢"党、右翼力量联盟、俄罗斯自由民主党、人民党、退休者党。在时间分配上,包括在报道各政党"正面"与"负面"消息的关系上,Ren-TB显得比较均衡,尽管新闻当中有关右翼力量联盟的消息(达到20%)无疑显示出了该电视台的偏向。主要频道展开的密集信息攻势(统一俄罗斯党的领袖与部长和官员一道每天都出现在屏幕上,足迹遍布从体育场到孤儿院等重要的社会场所)显然造成了附带的后果,该后果与"习惯"效应相关。12%的电视观众认为"政权党"在电视辩论中表现得最好,尽管统一俄罗斯党并未参加电视辩论。

2004年的总统竞选活动就更无聊、更可预见了。在总统候选人的问题上,国有频道说不清自身发挥的作用：要么是简单地"向公民通报"有关国家现任领导人的情况——用差不多半个小时的时间播放候选人普京与支持者会面，要么是展现"斗争最活跃的时刻"——当分给某些愤怒的边缘候选人几分钟时间用以直播其与选民会面的时候就抛出这种解释。中央选举委员会禁止在伦敦的候选人①参加免费的电视辩论。此事的原因不在于雷布金，而在于中央选举委员会。在后者看来，新技术的运用"会创造出对其他候选人而言不公平的条件，因为所有注意力都会集中在通过电视桥连线发言的人身上"。按照这一古怪的逻辑，在"消息"节目中直播普京与选民见面，然后又进行录播和重播，这跟与伦敦连线相比吸引了更多的注意力。然而，中央选举委员会工作小组没有发现电视转播有任何违规之处。选举前一天，所有宣传活动都被禁止了，东正教大牧首在国有电视频道上呼吁"齐心协力参与投票"，最高穆夫提②和拉比③对其号召都有回应，而现任总统本人在探望了运动员之后又给了电视台一次投票结束前在新闻中展示自己的机会。不过，此时已经没人在意有无违规。

2003年年底至2004年年初，尤其是在 TBC④ 关张和"体育"频道在第六频道播出之后，从内容方面来看，电视业彻底分成了"国家宣传型"和"娱乐型"。"信息娱乐化"与"政治娱乐化"证明，电视超市除了克隆"大众产品"（什么产品并不重要，无论是《克里姆林宫新闻》、《满座》还是《哈哈镜》）之外，生产不出任何东西。广告卖得相当好。

诚然，对于电视广告霸权，社会的不满在持续增长（对社会舆论的调查以及

---

① 指2004年俄罗斯总统选举的候选人伊万·雷布金。2004年2月上旬，伊万·雷布金神秘失踪数日，事后他宣称自己在乌克兰基辅遭人绑架。为了保证人身安全，雷布金决定前往伦敦继续展开参选活动。3月5日，雷布金向俄罗斯中央选举委员会递交申请，表示自愿取消总统候选人资格。根据有关规定，中央选举委员会在收到雷布金书面申请后24小时内做出了取消其总统候选人资格的决定。——译者注
② 伊斯兰教教职称谓。——译者注
③ 犹太教内负责执行教规、教律和主持宗教仪式的人。——译者注
④ 缩略语 TBC 意为"电视系统"（俄文）。——译者注

广播电台关于公共广播与用户付费问题的讨论节目可以证明这一点)①。

强大的寡头帝国已经"半解体",被总统恩准的新的媒体集团业已形成,最终,市场化进程展现出表面的"政治冷漠"。这一切都说明电视产业正处于新变革的边缘:主要不是政治上的变革——没人可斗,也没事可斗了,而是经济上的变革。2004年政府改组与内阁辞职一方面让得宠之人能在总统竞选活动的冲刺阶段左右"日程",另一方面使精英的更替合法化,也让变革的感觉更近了②。

2000年,政治学家格列布·巴甫洛夫斯基这样描述列辛:"在俄罗斯,一个好部长如果在知识分子那里得不到子弹,也一定要得到制度的看家狗和自由的压制者的称号。这就像资质证书一样。列辛是绝对符合新政权任务的人,也是远离机关愚蠢做派的人。"

列辛大刀阔斧地展开工作,无愧于"扼杀自由之人"的称号,尽管作为市场的支持者,他常与国家官员产生矛盾。"寡头时代"即将终结,列辛不再为改组后的政权机关所需要。积习难改的国家官僚机器总是把自己的公职人员当中过于出色的人"嚼烂"并"吐出来"。列辛不愿与权力受限的事实妥协。当初,在他的领导下成立了新闻出版、广播电视和大众传媒部。尽管他显然希望通过撤销自己一手打造的部委亲自划上历史的句号,但预期的结果并未得到。新的政治时代需要其他类型的部长——不为身处肆意民主、新闻战和原始资本积累的时代的人们的缺点和优点所累。对于列辛的离开,许多人幸灾乐祸,也有一些人如释重负。不过,尽管存在市场的失误和对独立电视台、第六频道、TBC的"清理",但正是列辛在位时形成了电视频道频率分配的竞争体系(首先是在各个地区),传媒的数量增加了1.5倍,而传媒界试图把自身视为产业。诚然,这个产业的声音还没来得及壮大。

这样一来,强力部门出身的新官僚在关键的国家职位上彻底替换了"资产阶

---

① 例如,在2004年3月22日"莫斯科回声"广播电台的节目中,71%打进电话的听众表示愿意每月支付200卢布,收看一家没有广告的全国性社会政治频道的节目。
② 新闻出版、广播电视和大众传媒部部长米哈伊尔·列辛离职很说明问题。在某种意义上,他代表着1998年至2004年的发展阶段。他付出了不少努力"重新装备"政权机关和国家官僚制度,它们都获得了强大的信息资源——由国家控制的全俄电视频道。

级分子"及其走廊议员,用"公职人员"①巩固了自身地位(例如,莫斯科音乐学院院长、音乐理论家 A. 索科洛夫领导过合并后的文化和大众传播部,芭蕾舞蹈学院院长、特工机关出身的 Л. 纳季罗夫是其接替者)。

在新合并的文化和大众传播部里还出现了一位"监管人"。与 Л. 纳季罗夫一样,许可证监察局的新任领导鲍里斯·博亚尔斯科夫也来自彼得堡。

跟纳季罗夫的个人履历一样,在博亚尔斯科夫的官方履历当中也有几年的空白,这通常说明其在国家安全机构任职。下面这个事实也能证明其与特工机关有关系:根据《生意人报》的材料,几年前博亚尔斯科夫曾是中央银行安全局领导人的候选者。2004 年,时任"欧洲金融"银行副总裁的鲍里斯·博亚尔斯科夫负责投资计划,其中包括对印刷业和大众传媒业的投资,他被委任管理传媒市场最重要的一个领域——广播电视许可证的审批发放。根据媒体的信息,这一任命是所谓的彼得堡强力部门人员小组提出的,而决定则是克里姆林宫做出的。

有意思的是,在下达这个任命的前一周,"欧洲金融"银行把其拥有的"彼得堡"电视广播公司股票的份额提高到了 25.6%,以保障自己具有否决权②。该开放式股份公司股票的主要部分(23.3%)是"欧洲金融"银行 2003 年 8 月从列宁格勒州政府获得的。州长选举前夕,该公司的领导人被地方的全俄国家电视广播公司经理人取代,频道已经转归联邦控制。当时,彼得堡的媒体中间流传着一

---

① 由国防部使用出售武器所得的非预算资金创办的新的爱国主义频道"红星"已经获得了在莫斯科的播出权。该频道主编伊万·杰米多夫对频道未来的工作政策是这样说的:我深信,在苏联解体后的十年间,资产阶级这个"第三等级"在国内实现了对生活的"订制"。这种现象在政治、经济、思想和传媒领域都有发生。近几年的情形很清楚:这个等级在争夺人民智慧的竞争中并未取得胜利。现如今显而易见的是,"公职人员"这个"第二等级"(亦即国家官员、教师、医生以及所有担任公职的人)正在推销其对我们生活的看法。这种思想体系对于俄罗斯而言是传统的(详见:Ивану Демидову дали армейскую «Звезду» // Известия. 20 марта)。

② 根据《俄罗斯公司法》,持股超过 25% 即在公司董事会拥有否决权。——译者注

个消息：鲍里斯·博亚尔斯科夫将是在公司董事会里代表"欧洲金融"银行利益的人之一。

在宣布与"俄气传媒"的交易过后，"欧洲金融"银行郑重宣告了"媒体利益"。诚然，两年间，与"俄气传媒"的交易一直处于酝酿阶段。迄今尚不清楚，"俄气传媒"对俄罗斯天然气工业股份公司的 6 亿美元债务已经或者将以何种方式、用什么资金进行重组？曾经属于古辛斯基所有、后来转归俄罗斯天然气工业股份公司的"信息帝国"是否得到了"欧洲金融"银行许诺的 1 亿美元投资？

顺便一提，2002 年夏天宣布交易时，谈判的一位参加者对于该笔交易的说法相当确定："必须遵令转交"。"欧洲金融"银行的领导层至今也从未解释自己在传媒市场上的战略和投资动机（"欧洲金融"银行持有塔斯经济新闻社的股票，而且，根据未经证实的消息，它还持有 20 或 30 种传媒资产）。一直到最近，"欧洲金融"银行都像是"联邦总统的一位监管人"，它将执行此功能，直到实际投资者需要其传媒资产为止。

4.1.3　2004 至 2005 年：从"被管理的"到"被审查的"电视政策

2004 年 9 月，在与西方专家和政治学家会面时，普京总统说了一句话："政权就像男人，应当去尝试，而媒体就像女人，应当推辞。"一年后，2005 年夏天时，推辞几乎都没有了，至少在电视上没有了。所有直播的辩论节目都被取消了。预先录制的节目全面地回归电视，与 20 年前一样。独立电视台"被清理"——曾经的新闻巨头几乎什么都没留下。而作为严肃的市场参与者，该频道也不再指望业界前三甲的地位。在电视公司里出现了"黑名单"：适合与不适合的政治家、商人、政治学家的名字——虽未明文规定，但都心知肚明。别斯兰惨剧[①]遭遇信息遏制（国有频道不急于在强攻开始后就进行直播，人质的数字被处理过）。尤科斯事件、乌克兰的政权更替、社会福利的货币化——所有这些事件都有宣传攻

[①] 当代俄罗斯最严重的恐怖主义袭击事件之一。2004 年 9 月 1 日上午，一伙头戴面罩、身份不明的武装分子突然闯入俄罗斯南部北奥塞梯共和国别斯兰市第一中学，将刚参加完新学期开学典礼的大部分学生、家长和教师赶进学校体育馆，劫为人质。俄罗斯军方包围了学校，试图解救被围困人员。事件于 9 月 3 日结束，326 名人质死亡。——译者注

势和专门策划。"自己的-别人的"、"我们的-非我们的"、"敌人-朋友"、"叛徒-爱国者"——这是 2004 至 2005 年国家级电视台明确规定和灌输的思想公式。

新的选举周期前夕，快到 2000 年时进行了传媒资产的重组——印刷媒体市场上比较积极，电视市场上没那么积极。

名为"欧洲金融"的秘密收购者积极性减低：承诺在 2004 年夏天前成立的集团并未成立，与"俄气传媒"的交易也未达成。不过，哪家银行会成为"传媒所有权的储存者"并不重要——是"欧洲金融"银行还是"天然气工业银行"；重要的是机制。如今，大型传媒资产——首先是电视传媒——的奉公守法的所有者都是指定的，如果允许外资参股，那么只能在获得政权机关许可的情况下。2005 年 6 月，在普京总统与有影响力的美国商人会面时，媒体巨头罗伯特·默多克表现出了对俄罗斯电视的兴趣。他询问俄罗斯当局是否打算对传媒资产实施私有化。普京回答说，对全俄国家电视广播公司不准备进行私有化，至于俄罗斯统一电力系统股份公司（Ren-TB 的股份属于该集团）和俄罗斯天然气工业股份公司的传媒资产，则有这样的计划。

2005 年，国有的爱国主义频道"红星"积极向各个地区推进。记者们推测，新频道纯粹是为了宣传目的而成立的。国防部人事与教育工作负责人尼古拉·潘科夫将军对此予以了驳斥。"所有的信息都是宣传"，《生意人报》援引将军的话。频道的创建者拒绝了公开的非市场做法，也就是说，没有出现按照国防部长的指示运作的指令化的全俄电视网。不过，联邦竞标委员会发放许可证的时候，旨在"培养公民的爱国主义情操、爱国情感、对光荣历史的骄傲感和对国家未来的信心并且树立俄罗斯军队正面形象"的频道获得了支持，支持它的是地方的商业和政权代表。有别于正在播出的其他电视网，"红星"频道是以其倡导的理念参加竞标的，前两轮过后，该频道及其合作伙伴就获得了在俄罗斯六个大城市播出的可能性。

2005 年夏天，社会-东正教频道"救赎"开播。该频道是根据伊万·杰米多夫的倡议并在他的直接参与下创办的，此人的名字不久前还与"红星"频道联系在一起。尽管完成的都是社会功能——启蒙、教导、教育，正如创办人保证的那样，"救赎"将是利用"东正教企业家"的资金进行运作的商业项目。"救赎"是卫星频道，其 40% 的节目与东正教有关。

新的英语频道 *Russia Today TV*① 致力于改善俄罗斯在西方社会的形象。以俄新社为基础创办该频道的决定是 2005 年 5 月做出的，负责这个项目的是总统新闻秘书阿列克谢·格罗莫夫和总统顾问米哈伊尔·列辛。

至于与政治无关的传媒资产，其成就则应完全被放在市场范畴之内衡量。2005 年，世界最大的广告公司之一的 WPP② 获得了"视频国际"集团公司的股票份额。电视制片人的出现使得俄罗斯电视剧和电影的市场与质量均得到了飞速发展。好莱坞对由康斯坦丁·恩斯特担任制片的电影《守夜人》产生了兴趣，而"第一频道"史无前例地为影片做了宣传。真人秀《宅邸-2》（由 THT 频道出品）是俄罗斯电视史上第一个被索尼公司买下的节目，莫斯科国家杜马的议员以该节目缺乏道德感为由要求关掉它。第一家俄罗斯传媒公司"漫步者"把自己的股票挂到了外国的交易所。其资本估值为 1.535 亿美元，而"漫步者传媒集团"依靠出售 26% 的股份赚得 4 000 万美元。"CTC 媒体"控股公司的成功令人印象深刻。2005 年，在购买莫斯科 M1③ 频道后，它又以"家庭"频道为名吸纳了一个"个人价值观"频道（该电视网覆盖 300 个城市和居民点的 63 家播出机构，观众超过 4 000 万人）。

俄罗斯最大的两个卫星电视系统"独立电视台加密电视"和"宇宙电视"提供包括 40 余个外国和本国频道的节目包。2004 年，不到 800 万的俄罗斯家庭使用付费电视（约占拥有电视家庭的 12%）。从用户支付费用的角度来看，目前俄罗斯付费电视市场还很小，但在以每年 25% 至 60% 的速度扩大，因此，它也正在成为对投资者而言越来越有吸引力的项目。

很明显，21 世纪的头 5 年，俄罗斯的电视市场上有几个趋势正在以令人吃惊的方式得以确立。一方面，所有的联邦频道都转归国家直接控制，确立了对信息-政治广播进行管理的极权模式，信息流被彻底控制，为数不多的辩论节目的

---

① "今日俄罗斯"电视频道（英文）。——译者注
② 缩略语 WPP 意为"电线与塑料产品"（英语），其前身为生产购物车的公司。——译者注
③ 莫斯科第一电视频道（俄文）。——译者注

话题和参加者都是事先商量好的,另一方面,竞争在加剧,受众在自然地分流,新的电视节目在涌现,电视传播的新的技术手段在发展。

完全可以说,电视频道被彻底地按照内容分成了综合频道("第一频道"、"俄罗斯"电视台、独立电视台、CTC、THT、Ren-TB、"电视中心"、ДТВ-Viasat①)和专题频道("文化"、第三频道、"布古鲁斯兰"市政电视台、音乐电视、第七频道、"欧洲新闻"、"漫步者电视网"、"体育"、"家庭"等)。跟世界上其他的地方一样,专题频道的观众份额一直在增长②。

显然,电视对观众的需求有反应。另一个问题是,是否所有的专题频道都能成为商业项目?无论是"红星"频道还是"救赎"频道目前都还没有这种信心。2000年夏天,全俄国家电视广播公司总经理奥列格·多布罗杰耶夫再次坚定地表达了成立以"消息"节目为基础的新闻频道以及儿童和青少年频道的愿望。

所以,现在有一个非常尖锐的问题——传媒市场上将展开怎样的进程?

传媒资产是否将有新的所有者?毋庸置疑。不过,与时代风尚一致,这些所有者未必愿意被公开。

受众对没有广告的、不同于国有频道的另类电视的需求虽然还未得到充分的研究,但已经能够明显被感觉得到。这一需求会被加以考虑吗?可能会。2004年3月底,几家报纸援引克里姆林宫的消息来源称,好像有过一个把某一国有频道改组成独立的公共电视的方案。这并非偶然。2005年,关于公共电视的辩论一直在各级持续展开。俄罗斯代表团团长在斯特拉斯堡回应欧洲委员会议会(2005年会议)关于俄罗斯的反对派没有在电视上表达自己观点的可能性

---

① ДТВ一词由该频道首任总经理纳塔利娅·达里娅洛娃(Наталья Дарьялова)的姓氏首字母和意为"电视"的缩略语 TB 组成,Viasat 是一家欧洲直播卫星电视运营商的名称。——译者注

② 根据全俄社会奥论研究中心的数据,2005年2月,就"俄罗斯观众需要什么频道"的问题公民的回答如下:专业频道——21%、儿童娱乐频道——28%、教育频道——16%、新闻信息频道(类似于 CNN)——13%、国产和外国经典电影频道——12%、"益智节目"频道——11%、娱乐频道(脱口秀、讽刺节目、幽默节目)——10%、军事爱国频道——9%、科普节目频道——8%、电视剧频道——7%、艺术节目频道——7%、宗教节目频道——4%、时尚生活频道——4%、商品和服务频道——3%。

的指责时，对"创办独立电视广播集团公司的想法"表示了赞同，他确认，"将会制定关于把国有传媒转变为公共传媒的联邦法律草案"。尽管这一转变未必会在2008年之前发生。

国家是否有意减少自己在市场上的存在，例如，将国有集团公司"全俄国家电视广播公司"的一部分企业股份化？近期不会。2004年3月4日，联邦国家企业全俄国家电视广播公司成了100%持股的开放式股份公司，而所有属于全俄国家电视广播公司的公司——各地区的国家电视广播公司、"文化"频道、各家广播电台——则变成了开放式股份公司"全俄国家电视广播公司"的分公司，但这或许只是未来私有化复杂而漫长的过程的开始。尽管传媒行业的"权力机构"几经权衡，全俄国家电视广播公司的奥列格·多布罗杰耶夫最终表示坚决反对将公司股份化，以避免重复"私有化初期"的错误，避免把地方的国家电视广播公司交给"地方的财经大亨，有时简直就是交给匪徒"。

最大的广告公司"视频国际"会被从广告市场上排挤出去吗？很有可能。

显然，立法方面将会发生某些变化。发放广播电视许可证的原则可能会改变。

传媒领域从一方面来讲相当开放，但从另一方面来讲又相当封闭。相比之下，其他经济领域的交易规模要大得多、复杂得多，但奇怪的是，也要透明得多。在传媒业界，尽管有如此之多的丑闻和闹剧，但还是不公布财务报告、所有者信息以及收购和吞并的消息。因此，很难知道市场上究竟正在发生什么。

传媒领域近期将如何发展，这恰恰决定了俄罗斯是实现现代化，还是所宣称的现代化只会是对变化的仿效。

＊ ＊ ＊

在过去的10至12年间，"言论自由的理想"极大地贬值，在经历了最近五年的动荡之后，产业内部开始议论说，如果没有财务独立性，编辑的独立性是不可能存在的。这是一方面。另一方面，产业的方式——亦即商业和市场的方式——从本质上限制了关于电视的内容、使命及其社会责任的话题。

目前，市场上至少存在三大区块：强大的国有区块——"第一频道"、全俄国家电视广播公司、独立电视台以及由省长和市长创办和资助的地区频道。第二大区块是为数众多的、颇受欢迎但影响力小得多的私营集团和电视广播公司。混合所有制的电视公司可以被视为市场的第三大区块，也就是余下的过渡和混合部分，它们很像20世纪90年代中期的一种主要的公司结构：公司股份一部分属于国家，一部分属于私人所有者。换句话说，电视似乎是作为商业而存在，但仍然缺乏明确的游戏规则。没有行业发展战略，没有前景预测，没有评估地区市场和电视广播公司价值的标准化体系，整个传媒业界是不透明的，至今也没弄清楚所有者、出版人、创办人的地位。

当代世界，任何一个经济发达国家都没有"纯粹的"电视产业模式。大多数国家的商业电视都与公共电视共存。在为数不多的国家里，公共电视以纯粹的方式存在，财政上依靠的是用户付费，近年来也开始允许赞助和广告。法国、德国和波兰的公共频道倾向于混合的资金来源；在英国，关于这个问题的辩论没有停止过；西班牙和葡萄牙的公共电视完全靠广告维持，在美国，公共电视接受赞助的份额也在增加。

显然，在俄罗斯形成的正是混合的电视模式，唯一的区别在于，暂时还不清楚国家是否需要公共电视，如果答案是肯定的，那么谁将会是创建公共电视的发起者？如果出现公共电视，它的资金来源如何？

很明显，现如今地区电视无疑对社会产生了巨大的影响。其中的一个原因是，各地出现了诸多主要由年轻的电视工作者组成的阶层，无论是国家机构还是"寡头"都没有致力于把它转变成团体。而这类团体以自己的节目形成了地区受众，使其感受到民主，也使政权机关的官僚阶层民主化，使后者习惯于与媒体的新关系，此外，它们树立了文明经商的榜样。

因此，2004年，在"奥斯坦基诺"楼前举行反对新闻检查的2 000人集会和在全俄国家电视广播公司楼前进行抗议之前，依靠"地方势力"而不断壮大、已拥有134名成员的俄罗斯电视研究院在颁发十周年奖项前夕发表了一份宣言草案，其中特别提道：

"《言论自由》、《红箭》和《日前》节目的报道进入了俄罗斯电视奖的决选。可是，上述节目在电视屏幕上已经不复存在。显然，做出取消这些节目的决定并非是因为它们不受欢迎。此类决定并非电视从业人员做出的，而是政权机关以及完全受控于政权机关的人做出的。这些事件是政权机构针对俄罗斯电视和其他媒体有计划推行的政策的延续。

我们严格遵守已经签署的《反恐怖主义公约》之规定,我们遵守俄罗斯联邦的法律,竭力服从国际新闻业的规定。但同时我们认为并愿意明确声明:限制公民的信息权、限制言论自由对于我们的社会而言是不可接受的。"

36人签署了该宣言。

在经历了革命性的变革之后,俄罗斯的电视体系仍然处于过渡状态,电视业的自由、所有制和社会责任问题依旧尖锐。

第2节 当代广播业的特点(Л. Д. 博洛托娃)

20世纪与21世纪之交,广播这种最古老的电子传媒仍然无所不在,颇受听众欢迎。在俄罗斯当代传媒结构中,广播占据着重要的地位。这首先可以从社会调查中得到证实。比如,一天之内,只有约3.5个小时的时间电视观众的人数是超过广播听众的,在其余时间,广播对于大多数人而言都是主要的信息来源,而对于22%的人来说,广播是唯一的信息来源[①]。

新世纪之初,俄罗斯政治、经济、社会和其他改革导致整个大众传媒体系发生了深刻的变化,出现了多种所有制形式(从国有到私营)、许多新的传播方向和行业形式,引入了与迈入信息社会相关的新技术。

与国有广播电台一样,商业、私营和其他广播电台也在飞速发展。它们的成立使得广播业呈现出了新的状况。在极短的历史时段内(6至8年间)形成的非国有广播意味着广播业被国家垄断的终结和电子传媒市场的形成。

4.2.1 俄罗斯广播业的结构(从所有制的角度)

市场条件下形成的俄罗斯广播业结构与所有制类型相一致,由几个独立的部分组成。广播领域最大的所有者是国家。*国有广播近年来经历了深刻变化。*

---

① Broadcasting. 2003. No 4 (32).

其主要阶段之一便是"俄国广播电台"得以创办（1990年12月），它与"俄罗斯"电视台共同组成了全俄国家电视广播公司。"俄国广播电台"是昼夜播出的主要国有广播频道，它既通过有线广播播出，也在中波、长波以及超短波等波段播出。

1995年以前，与之同时存在的还有另外一家俄罗斯电视广播公司——"奥斯坦基诺"，"第一广播"、"灯塔"、"青春"和"俄耳浦斯"均隶属于它。"奥斯坦基诺"公司改组后，上述所有频道都在1995年获得了在全俄罗斯播出的地位。结果，所有的国有广播电台都回到了同一个起点。

然而，改组并未奏效，首先是因为旧的广播机构存在保守主义。长期以来，广播一直是国内宣传和新闻政策的主宰者。在很多业界人士的意识当中，"不可改变"的感觉根深蒂固，此外，他们对广播需要进行严肃变革的必要性也缺乏认识。除了这个重要的心理因素之外，客观情况也起到了一定的作用——国家对电子传媒拨款不足，对广播不关心，忽视了以下事实：多年以来，俄罗斯人形成了收听广播节目的特殊文化，受众对广播产生了固定的兴趣。最后，对于国有广播及其与政权的关系缺乏明确的观点也是一个原因，直到不久前仍然如此。

1997年8月，《关于完善俄罗斯联邦广播业结构》的总统令颁布，"第一广播"失去了国有地位，通过股份化变成了非国有广播，更名为"第一广播-文化"。国有广播电台"灯塔"和"青春"组成了统一的广播机构。

1998年，国有广播明显呈现出了垄断化和集中化的趋势。根据1998年5月8日俄罗斯联邦总统令以及政府《关于组建统一的国有电子大众媒体生产-技术集团》的决议，在全俄国家电视广播公司的基础上成立了统一的国家视听传媒集团，包括全俄国家电视广播公司（"俄罗斯"电视台、"文化"电视频道、"俄国广播电台"）、与"青春"广播电台合并后的"灯塔"广播电台、技术部门、全俄国家电视广播公司的子企业——89个地区级的国家电视广播公司、国有公司在地方的分公司——110个地区级的广播电视转播中心。这样一来，统一的国有电视广播体系得到了恢复。当然，1998—1999年的金融、经济和政治危机不可能不对国有广播的状况产生影响。财政拨款急剧减少，统一广播体的形成过程复杂而矛盾。尽管如此，国有广播的领域仍然得到了扩展。2005年，"文化"广播电台开播。

2004至2005年,全俄国家电视广播公司开始进行大幅改组,加强了公司的集中化,主要的电视和广播频道变成了全俄国家电视广播公司的分支机构,地区国家电视广播公司的播出时间减少了。

与国有广播相关的还有属于政权机构的广播电台:州长和市长控制的广播电台以及归市政府所有的广播电台。市政府所有的广播电台命运相当复杂,当局很少或者完全不给它们拨款,所以节目水平低、技术陈旧、播出时间有限。市政府所有的广播电台正在逐渐被其他形式的广播电台排挤出去[1]。

属于非商业机构以及其他机构的广播电台为数不多,宗教广播电台就属于这一类,它们是俄罗斯广播体系不可分割的一部分,包括"拉多涅日"、"索菲亚"、"恩赐(莫斯科)"、"彼得之城"(圣彼得堡)、"阿列夫"、"天堂"等。

最后,商业广播电台实力强大,并且在不断地巩固自身地位,尽管面临财政上的困难和激烈的竞争。非国有广播的发展非常迅猛,它们首先瞄准的是最有前途的超短波-调频波段。1990年莫斯科只有3家非国有广播电台,1991年有10家,而1993年则有20家[2]。与此同时,一批广播电台消失了(如SNC、"威望"广播电台等),同时也出现了新的广播电台。

20世纪80年代末至90年代初,超短波波段(俄罗斯的标准)开始热闹起来,因为国产的收听设备是用于接收这一波段的。但是,随着市场越来越多地被西方和日本技术所充斥,调频波段开始被利用起来,而且最成功的广播电台("俄罗斯广播电台"、"欧洲+"、"极限"、"交通广播电台"、"莫斯科回声")在两个波段都有频率。俄罗斯目前共有3 000家广播电台[3],其中大部分是商业电台。造成商业广播活跃发展的决定性因素是经济改革与私人资本的出现。

在广播市场发展的第一阶段,外国企业家——主要是法国和美国企业家——也参与了广播电台的创建。但是,从全国范围来看,它们参与的份额不大。曾经有3家俄法广播电台接连成立:"欧洲+"、"思乡"、"音乐广播"。其中

---

[1] www.internew.ras.media

[2] Беляев С., Коробицын В., Радиостанции России. Государственное и независимое вещание. М., 1995. С. 4.

[3] www.comcon-2.com

的翘楚无疑是"欧洲+",它能够专业化地满足受众的需求。俄美广播电台"极限"是最早在俄罗斯出现的有外国企业家参与创建的广播电台之一。相当受欢迎的"七座山丘①上的第七广播电台"也是俄美合作的个案。借助于美国投资以及其他投资,成立了一些地方商业广播电台,例如"现代人广播电台"(圣彼得堡)、"波罗的海+"(加里宁格勒)。

莫斯科目前约有30家非国有广播电台,它们在超短波-调频波段播出,圣彼得堡约有20家商业广播电台。20世纪90年代初,商业广播电台几乎众口一词地宣称不存在竞争,各家广播电台之间是互补的关系②。但是到了20世纪90年代末,广播市场彻底分化了,实际上所有广播电台——无论是国有广播电台,还是非国有广播电台——都感受到了激烈的竞争。争夺频率、播出质量(而这与技术设备问题相关:转向数字设备、运用电脑采集信息并进行剪辑、利用卫星通信和卫星广播等)、广告、信息及其及时传播的斗争越来越激烈,争夺听众和传媒所有制的斗争同样尖锐。这一切决定了莫斯科和其他许多大城市广播市场的状况。

商业广播领域最重要的现象之一是出现了资本和传媒资源集中的趋势,形成了强大的广播集团。首都有6个大型集团,但是外界对其结构、资金、所有者方面的信息知之甚少。对于研究者和专家而言,俄罗斯传媒公司的活动缺乏"透明度"仍是一个暂未得到解决的重要问题。

1996年成立了第一个目前已经不复存在的多媒体集团"桥-媒体",它囊括了大众传媒活动的全部领域,其中也包括广播。该集团本可被归于西方大型集团之列,但其最初的定位就是政治冲突,而经济、金融和法律方面的困难使得该集团全部的生产和播出部门都被转给了新的所有者"俄气传媒"(包括"莫斯科回声"广播电台、"商业广播电台"、"开放广播电台"、"体育调频"广播电台、器乐广播电台、"圣彼得堡回声"广播电台)。这样一来,"俄气传媒"成了最具影响力的

---

① 莫斯科城是依托七座地势较高的山丘逐渐形成和发展起来的。——译者注
② Беляев С., Коробицын В., Радиостанции России. Государственное и независимое вещание. М., 1995. С. 4.

广播电台所有者之一。

封闭式股份公司"俄罗斯传媒集团"是最大型的广播集团，2001年，它因创办全俄广播网"俄罗斯广播电台"被授予俄罗斯联邦政府科学技术奖。该集团包括在商业电台中排名靠前的"俄罗斯广播电台"、"蒙特卡罗"广播电台、"动感调频"、"流行音乐调频"、"极限"、"俄罗斯广播电台-2"以及新闻通讯社"俄国新闻社"。

"欧洲＋"集团的结构与"俄罗斯传媒集团"类似。除了第一个商业广播电台"欧洲＋"以外，该集团还包括"怀旧调频"，2001年，后者获得了国家级专业大奖"波波夫奖"的"最佳广播电台"奖项。

"汽车广播-人民品牌"、"迪斯科"和"能量"广播电台隶属于"职业传媒"新闻出版集团。

News Corporation① 包括流行音乐广播电台"我们的广播电台"和"Best② 调频"，以及"超级制作"联合企业。该公司展现了对待商业的西方式卓越态度、成熟的管理模式以及对俄罗斯市场而言相对透明的结构。

ARNOLD PRIZE GROUP③ 多媒体公司包括音乐广播电台"爵士广播"、"经典广播"和"我们的警察时光"。

分析广播结构时还有一个重要指标——广播电台的排行榜。当然，这个指标是变化的，尽管如此，它仍然能够反映听众对于某个广播电台的态度，亦即某个广播电台在听众心目中受欢迎的程度。借助这个指标可以弄清之所以流行的原因并开展正确的预测。

近年来对俄罗斯广播电台的跟踪调查表明，在受欢迎程度上，稳居前列的4个广播电台是："俄国广播电台"、"俄罗斯广播电台"、"灯塔"和"欧洲＋"。

---

① 新闻集团（英文）。——译者注
② 最佳（英文）。——译者注
③ 阿诺尔德一流集团（英文）。——译者注

根据社会调查机构 KOMKOH-2[①] 的资料，从日均听众数量来看，在莫斯科最流行的广播电台是："俄国广播电台"（19.7％）、"俄罗斯广播电台"（14.7％）、"灯塔"（13.9％）、"欧洲＋"（11.4％）、"交通广播电台"（9.6％）、"香颂"（9.4％）、"怀旧调频"（8.4％）、"莫斯科回声"（8.0％）[②]。在商业广播电台当中，"俄罗斯广播电台"实际上从一开播就已连续几年占据第一的位置。

无论是国有广播电台还是商业广播电台都很关注听众的流动和自身的排名。如果出现听众流出，就会及时采取措施：引进新节目、邀请著名的制作人和主持人、更换记者团队、增加娱乐和游戏节目。

4.2.2 广播市场的发展趋势

广播网（它们是在地方拥有分支机构、覆盖面广的主要广播电台）的发展是已经在广播市场上形成的一种趋势。在国有广播电台当中，广播网络首先是"俄国广播电台"和"灯塔"广播电台，它们几乎覆盖全国。在商业广播电台中，广播网络包括最庞大的"俄罗斯广播电台"（它面向俄罗斯和国外 950 个城市播出，其中包括有大量俄国人居住的 6 个美国城市）、"欧洲＋"（面向 300 个俄罗斯城市）、"我们的广播电台"（面向 130 个城市）。大型的广播网络还有"莫斯科回声"（面向俄罗斯和国外 70 个城市）、"香颂"（面向 37 个城市）。"银雨"、"交通广播电台"以及其他的广播电台也在不断扩大自身的网络。所有集团和排名靠前的广播电台都遵循不断扩展影响范围的战略。

几乎所有的广播网都是由莫斯科的传媒集团组建的，只有为数不多的广播网上的一些主要电台设在圣彼得堡，包括"旋律"广播电台和"现代人广播电台"网。

广播市场发展的另一个重要现象是，20 世纪和 21 世纪之交，在激烈的竞争中诞生了一批新的广播电台，而一些老的广播电台则消失了。例如，传媒业巨头

---

① 缩略语 KOMKOH-2 意为"科学成就监测委员会"（俄语），与意为"与外星文明接触委员会"的缩略语 KOMKOH 均为俄罗斯科幻小说作家斯特鲁加茨基兄弟作品中的机构名称。——译者注

② www.comcon-2.com

"俄罗斯传媒集团"通过"俄罗斯广播电台-2"扩展了自身结构。出局的有"希望"、"思乡"、"101广播电台"、"威望"广播电台等。与此同时,涌现出了许多新的广播电台:"Love Radio①"、"香颂"、"我们的警察时光"、"迪斯科"、"阿森纳"(由"莫斯科回声"广播电台创办)、"能量"、"NEXT广播电台"等。大型传媒集团吞并小电台的过程是广播业发展的典型现象。

在波及国有和非国有广播领域的*集中化过程*中形成了一些独特的半国有半商业组织。国家政权机构参与的股份公司(混合所有制形式)也在各个地区创办起来的。

地方广播市场

各地区的商业广播电台可以分为三种类型。在地区层面设有广播网的分支机构——莫斯科广播电台的转播站,还有少量的彼得堡广播电台的转播站。莫斯科和彼得堡的广播电台为从卫星接收主要广播网的节目买单,并为地方制作的节目提供1.5小时至6小时的播出时间。正如封闭式股份公司"俄罗斯传媒集团"总经理谢尔盖·科热夫尼科夫所证实的那样:"依靠自己的条件制作节目需要花费多得多的财力,而从'俄罗斯广播电台'或者'欧洲+'购买,广播电台不用担心播出费用和购买节目的花费——最多20%,这是非常划算的买卖。"②

还有另外一条途径——地区制作人投奔广播网或者创办真正意义上的分支机构。"俄罗斯广播电台"使用的便是此类扩展传媒集团的方案。

第三种类型——独立的地方商业调频广播电台。从不多的资金和少量的技术起步,许多的地区电台在广播界站稳了脚跟,巩固了与听众的联系。

世界经验表明,与广播网的听众相比,地方的商业(或私人)广播听众更多。但是,俄罗斯的地区广播尚未达到这样的水平。由于客观的原因(财政、技术、人员、与政权机构的关系、首都广播电台的竞争),地方广播市场严重落后于莫斯科广播市场。尽管如此,各地区仍有成功的、受欢迎的广播电台。例如,符拉迪沃

---

① 爱的广播(英文)。——译者注

② Индустрия российских СМИ: Материалы для дискуссии. (Взгляды, мнения, рекомендации). М., 2002. С. 131.

斯托克的VBC广播电台、在汉特－曼西地区13个城市播出的秋明"红军"广播电台、定位为"我们城市的广播"的新西伯利亚"排行榜"广播电台。上述广播电台的节目建立在听众熟悉的地方内容的基础之上，电台财政状况良好，拥有专业的广播记者。类似情形在拥有发达传媒结构的叶卡捷琳堡、车里雅宾斯克、鄂木斯克、下诺夫戈罗德、萨马拉、秋明、克拉斯诺雅尔斯克等城市也很典型。各地组建广播集团的进程非常活跃，例如，叶卡捷琳堡传媒巨头H.格拉霍夫的集团，克拉斯诺雅尔斯克的4个广播集团。

竞争促使广播电台形成自己的个性、风格和播出形象。能够找到自己独特风格的广播电台就会受到听众一直的喜爱。

4.2.3 广播电台的类型

从听众覆盖面来看，无论是国有的还是非国有的广播电台都可以按照下列方式分类：

1. *全俄或联邦级别的广播电台*，全国居民或者大部分居民都可以接收和收听它们的节目。包括：

- *国有广播电台*："俄国广播电台"——在有线广播的第一频道和全国广播网中播出，听众覆盖面占据第一位。根据国家社会心理研究所的资料，41％的男性和49％的女性收听它；"灯塔"广播电台——在有线广播的第二频道和全国广播网中播出，听众覆盖面占据第三位，包括26％的男性和25％的女性收听它的节目。
- *商业广播电台*："俄罗斯广播电台"——29％的男性和25％的女性收听它的节目，稳固占据第二位；排名第四的是"欧洲＋"广播电台——25％的男性和21％的女性收听它的节目。

2. *地区广播电台*，面向地区（共和国、边疆区、州）和国内的大城市广播。

3. *地方广播电台*，覆盖不大的城市、镇、居民点和农村地区的有限听众。

目前业已形成的俄罗斯广播结构的特点也包括按其*内容-主题定位*、所提供信息的性质、功能特点、信息接收者所划分的类型。

在各类广播电台当中应当区分出(1) 综合性广播电台；(2) 新闻广播电台；

(3) 音乐广播电台、新闻音乐广播电台和音乐娱乐广播电台，具体情况如下：

1. *综合性或普遍性广播电台*，其节目内容广泛，包括新闻、分析、社会政治、科普、艺术、音乐、教育、娱乐等，面向所有听众，包括青年和儿童听众。

首先是"俄国广播电台"——俄罗斯广播业一直以来的领军者，占据排行榜前列，深受听众信任。"俄国广播电台"的节目在全国都能收听得到。它是综合性电台，设有面向各类人群的各种题材和体裁的节目。它有真正意义上的新闻和新闻分析类节目：社会政治节目《第一人称》（Н. 别赫京娜）、В. 乌什卡诺夫的脱口秀《受欢迎的人》、《新闻俱乐部》、《一周世界》等。

听众喜欢的节目包括《家庭学院》、《健康》、关于当代俄罗斯人的节目《20 世纪：人·事件·思想——俄罗斯的宝贵资源》、《儿童岛》、音乐娱乐节目、教育节目《字母表》。"俄国广播电台"保留了俄罗斯广播业最优秀的东西：文化和音乐的成分、传统的演出类节目。"俄国广播电台"播出的内容中既有古典音乐（Л. 阿扎尔赫的《大众歌剧》系列），也有当代文学-音乐作品的典范、广播剧院的剧目以及表演性的朗诵。"俄国广播电台"制作的系列节目曾荣获广播业界全国奖"广播迷-2002"中的"年度广播事件"奖项。

2. *新闻广播电台*是一个特殊的领域。这类广播电台的节目主体是密集的新闻、及时的评论、采访、报道、述评。

广播业界的宿将、24 小时播出的新闻广播电台"灯塔"就是一个例子。现在的"灯塔"广播电台联合了三个频道。第一，1964 年 8 月开播的传统的联邦广播电台"灯塔"（它作为唯一一家 40 年没有改变名称和呼号旋律的广播电台被载入了吉尼斯世界纪录）。"灯塔"广播电台提供大量的信息，每 30 分钟播出一次新闻，一昼夜可以收听到 55 条独家的有声材料、报道，对政治家、学者、各个领域专家的采访。"灯塔"在各地和国外拥有庞大的记者站网络，所以能够发布独家消息，并进行及时的评论。

国有"灯塔"广播电台的主要方向是报道政府、国家杜马和各部门的决定。在分析节目当中，Ю. 谢苗诺夫的《人民与政权》特别受欢迎。直播过程中听众可以向高官提问。Э. 索罗金的《今日世界》节目、В. 别季亚耶夫有关卫国战争中不为人知的事件的节目也引起了人们很大的兴趣。在认真研究了广播市场之后，

"灯塔"变更了节目时间表,开设了包括音乐节目在内的新节目。

"灯塔"在最受欢迎的广播电台排行榜中稳居第二、三位,拥有广大听众——根据社会调查,它们是1 600万38至55岁的人。

第二个频道——"青春"广播电台,其节目面向15至25岁的年轻人。它设有新闻节目、早间互动节目《起床秀》、系列节目《"青春"反对毒品》、有关国内各地年轻人生活的《"青春"鲜活报道》。

第三,新的专业新闻广播电台——2000年4月26日在莫斯科的调频波段开播的"灯塔-24"。该广播电台是专为30至45岁的活跃人群开设的,他们对最新消息感兴趣,包括政治新闻、经济新闻以及来自国内各地和国外的独家最新信息。

商业广播电台"莫斯科回声"一直以来都是新闻广播的领袖,其节目最重视即时新闻与分析。尤为突出的是早间新闻节目、综合性的新闻节目《回声》、简明新闻、报刊综述、体育节目、经济新闻,等等,也有分类新闻节目《回声经济》、《回声网络》、《车辆通行》、《媒体信息》等。严肃的分析节目、辩论、脱口秀以及游戏也是"莫斯科回声"节目的重要部分。

20世纪末,"莫斯科回声"实际上是商业广播电台中唯一的一家真正意义上的新闻台,它牢牢奠定了自己的地位,其理念是在最短的时间段内提供最多的不仅及时而且具有前瞻性的准确资讯。

"莫斯科回声"的分析节目之所以突出,不仅是因为它所讨论的是大众所关心的问题,而且还因为它们能够有机地与新闻节目融为一体,能以政治家、社会活动家、新闻记者等专业人士的鲜活对话吸引人们参与讨论。听众能够参与节目、在直播中表达自己的看法或者发短信给编辑部、参加互动投票,这一切使得《反弹》、《为您量身定制》、《直截了当》、《事件本质》、《反击》等节目的社会政治类讨论独具吸引力。在"莫斯科回声"广播电台可以收听到对各国最重要的政治活动家的采访。

互动性是"莫斯科回声"广播电台节目最重要的品质。它是第一家找到以一种有效的并且在不断被完善的方式与听众对话的广播电台。该电台总编A. 韦涅季克托夫及其副手C. 本托曼的节目《没有中间人》和《反弹》是无可争议的领军节目。

3.同时还可以划分出音乐广播电台、新闻音乐广播电台、音乐娱乐广播电台。

20世纪90年代初,商业广播的先行者是各种类型的青年音乐广播电台。借助于SNC广播电台和"欧洲+"的成功经验,音乐广播电台开拓了音乐广播这个新领域。此前,整个音乐文化在苏联时期都处于国有广播电台节目的范围之外,受到排挤和禁止。现在,音乐广播电台挖掘出了20世纪80年代欧洲和美国的流行歌曲——节奏布鲁斯、说唱乐、重金属音乐等,以及本国非正规乐队和表演者的音乐作品。

在西方广播的音乐形式(按照体裁和主题特征编排节目所形成的类型)当中,特别受俄罗斯听众欢迎的包括 AC(*Adult Contemporary*[①])——舒缓轻柔的音乐、热播歌曲——时下和不久前流行的歌曲、CHR(*Contemporary Hit Radio*[②])——90年代的流行音乐、传统的摇滚乐、EHR(*European Hit Radio*[③])、怀旧音乐等。

应当特别关注音乐广播电台"俄罗斯广播电台"。自1995年8月开播之后,它便迅速跻身商业广播的领军者行列。"俄罗斯广播电台"现象的实质在于它是俄罗斯第一家体现新原则的广播电台——它只用俄语播放音乐作品。电台人员的专业性、高质量的音响效果以及"精神音乐"(俄罗斯过去和现在的音乐)——这一切都为"俄罗斯广播电台"几乎转瞬即来的成功提供了保障。同时,追逐排名对广播电台而言并非总是有益,该台就有趣味明显不高的节目。

"俄罗斯广播电台"的节目政策对于其他商业广播电台也产生了影响,以至于它们也走上了部分或者完全重新定位于俄罗斯音乐的道路。可以说,如今我们能够在"香颂"、"我们的广播电台"、"交通广播电台"、"我们的警察时光"等电台中听到大行其道的俄语歌曲。

[①] 成人时代(英文)。——译者注
[②] 当代流行音乐(英文)。——译者注
[③] 欧洲流行音乐(英文)。——译者注

商业音乐广播电台的特点在于它很少具有某种纯粹的形式。至今还未鲜明地表现出专业化。例如，"欧洲＋"大量（接近70％的播出时间）播放CHR，其他时间则播放AC形式的音乐、20世纪60年代至80年代的西方怀旧音乐。

大多数广播电台都在自己的节目中糅合了各种形式，这种现象的原因在于，它们争夺的是同样的受众——25至40岁的听众，社会表现积极、受过教育、有支付能力的居民阶层，广告客户对他们怀有特别的兴趣。

大多数音乐广播电台的受众是相互交叉的，这不足为奇，因为每家音乐台都致力于成为受欢迎的广播电台，都想争夺广大听众，获得广告。在这种情况下，可以观察到一种负面趋势：克隆业已存在的形式或者部分地克隆这些形式①。

莫斯科的调频波段尚无力创办只满足小众音乐需求的广播电台：俄罗斯的首都——更何况是各个地区——与伦敦还相差甚远，在伦敦，按照获利能力排名，名列第二的是转播交响乐的调频广播电台。

应当特别注意所谓的"专业"广播电台。"香颂"（邻家小调、露营歌曲、都市爱情歌曲）、"我们的警察时光"、"Love Radio"都是很好的例子，它们占据消费市场的空位，并在目前拥有很高的收听率。

4.2.4 新趋势

高端信息技术的引进为改善广播质量、尝试创办新节目和清晰的音效设计开辟了广阔的前景。不仅大型商业广播电台，就连国有的"俄国广播电台"和"灯塔"广播电台都完全转向了数字广播。然而，装备了新技术的广播电台与仍在使用老的模拟设备的广播电台之间存在严重的脱节。

新闻节目在全世界范围内变得越来越普遍。世界经验证明，音乐广播的时代已趋于结束，因为听众对其已经厌烦了。广播新闻将成为最有需求的节目。

的确，近来新闻广播的范围在扩大。国有广播电台当中，除了传统的"灯塔"

---

① Конева Е.Л., Тенденции современного коммерческого радиовещания. Выступление на конференции «Журналистика-2002».

广播电台之外，"灯塔-24"也很成功。商业广播领域也出现了新的广播电台。

首先就是"俄罗斯广播电台-2"，它把自己定位为新闻-谈话电台（将逐渐向这种形式转变），希望能与新闻广播公认的领袖"莫斯科回声"广播电台展开竞争。另外一个例子是，"三套车"广播电台向新闻广播转型。众所周知，"新闻-谈话"形式的节目收回成本的时间较长（不少于三年），只有诸如"俄罗斯传媒集团"这样的大型集团而才可能实施此类大项目。这些重大变化的原因在于：电视新闻少并且单调、而商业广播（"莫斯科回声"广播电台除外）中娱乐新闻又占据主导地位。但是，也不能不注意到与即将到来的 2007 至 2008 年选举有关的潜在的政治实用主义动机在其中的作用。

广播电台转型成了显著的重要趋势，这种趋势有时也很危险。著名的广播记者 C. 科尔尊在"新闻在线"广播电台进行的有趣试验就是如此。该台被设计成了独具特色的文摘式电台，其基础是创办各种类型的节目——从纯粹的音乐节目到纯粹的新闻节目——所需的模块。将来，节目可由消费者自己完成，例如，通过个人移动电话就可以做到。在西方已经有这种广播电台存在。然而，出于经济方面的考量，2003 年 3 月，这个俄罗斯新闻广播电台中最独特的方案夭折了。"新闻在线"先是转型成了最初被称为"广播在线"的音乐-谈话广播电台，后来又改名为"迪斯科"。"体育调频"广播电台不断改变办台理念；"成年人广播电台"也经历了多次转型：先是变成了音乐台"三套车"，现在又成了新闻频道。

"开放广播电台"的排名虽然不靠前，但却相当稳定，它变成了"流行音乐"广播电台。显然，在大多数情况下投资经营者都会把赌注下在与新闻台相比花费少得多的音乐台上面，这是其一；其二，广播电台所有者仍然寄希望于大众消费者和广告商。

近年来形成的俄罗斯广播体系并非是静止不动的。俄罗斯市场正处于活跃的变化当中。目前，莫斯科 75% 的居民收听广播，这一比例比 1994 年高出了 15%[①]。而且，听众数量增加主要是依赖于无线广播。有线广播的份额在首都

---

① www.comcon-2.com

和全国范围内都下降了一半①。听众的增加与汽车数量的增加相关。大约35％的听众通过便携式收音机收听广播,通过台式收音机收听广播的听众占24％,在汽车里收听广播的听众为23％,21％的听众通过只有三套节目的无线广播电台收听②。一天当中有数个传统的黄金时段:7点至10点,12点至16点30分,18点至19点30分。男性在一天之内收听2至5家广播电台,女性通常收听2家广播电台。"俄罗斯与世界-监测"公司在76个城市和农村居民点对1500余名18岁及以上的人士进行的跟踪调查显示,听众的喜好如下:音乐——31％、新闻——18％、体育——12％、国内外政治——11％、俄罗斯经济——9％、广播剧——8％③。

1997至2003年,许多莫斯科的广播电台和其他城市的调频广播电台开始在互联网上进行实时播出和录播。它们包括"俄国广播电台"、"灯塔"广播电台、"俄罗斯广播电台"、"银雨"广播电台、"莫斯科回声"广播电台等,圣彼得堡的"北方之都"广播电台、"现代人"广播电台、"波罗的海"广播电台、"旋律"广播电台、"俄罗斯之声"广播电台(对外广播)。在互联网上播出是一个重要现象,因为电脑是专业人士的工作必需品,广播电台在互联网上播出不仅可以增加自己的听众,还能为其在工作日全天获得必要而及时的资讯提供可能。2000年年初,已有63％的多媒体电脑用户通过互联网收听广播④。

* * *

总之,俄罗斯的广播发展没有止步。广播在俄罗斯大众传媒体制中仍然发挥着最重要的、有时甚至是关键性的作用。广播历来是人们主要的信息来源,尤其是在莫斯科、圣彼得堡之外的其他地区。因此,它具有重要的集成功能。社会调查显示,俄罗斯各州中心城市94.8％的居民收听广播。其中77％的被调查者

---

① Индустрия российских СМИ: Материалы для дискуссии. (Взгляды, мнения, рекомендации). М., 2002. С. 19.

② Broadcasting, 2003. No 5 (33).

③ 同上。

④ 300 лет российской газете. От печатного станка к электронным медиа: Сборник материалов Международного конгресса. М., 2002. С. 271.

对广播内容表示满意。人们在家、汽车、乡间别墅和办公室里收听广播。大多数被调查的广播听众(33.7%)喜欢收听超短波-调频波段,25.3%的人更喜欢收听中波。较之于俄罗斯中部地区,首都的调频广播更为流行①。

对于当代俄罗斯广播结构的分析使我们可以归纳出一系列重要的发展趋势。

◆ 在具有充分的频道选择的前提下形成了听众对广播节目和广播电台的稳固兴趣。
◆ 不同的广播电台都吸引并团结了一批听众。
◆ 随着信息来源的不断扩大和新技术的运用,新闻广播的发展获得了新的动力,其及时性、可靠性、动态性得以增长。
◆ 脱口秀类型的谈话节目继续发展。
◆ 广播向娱乐类、游戏类节目的方向发展,这一点尤为明显,这在很大程度上不只是出于吸引听众的愿望,更是因为要与电视竞争。
◆ 当代广播的主角是主持人(DJ②、记者、娱乐和消遣节目主持人),因此,他们的职业素质和个性相当重要。
◆ 广播节目的互动性成为常态。听众不仅积极地选择频道,还作为节目的参加者直接参与其创建过程。
◆ 节目的设计有所变化,形式多样:从明确、严格的播出时间表到自由的系列节目。
◆ 几乎所有广播电台都在互联网上实现了实时播出。
◆ 21世纪的广播越发经常地向俄罗斯和外国广播的优秀传统回归。这涉及广播的所有方向——新闻节目、政论节目,教育和娱乐节目。

20世纪与21世纪之交,全国(联邦)、地区和地方的频道体系已经形成,这些频道在听众覆盖面、所有制类型、播出方向和形式、新技术的运用、影响范围等方面各不相同。

---

① Broadcasting. 2003. No 5 (33).
② 音乐节目主持人(英文)。——译者注

与此同时，竞争十分严酷，大众传媒（包括电子传媒）市场的商业化加剧，市场违法现象频发，行业、经济和政治利益相互碰撞，在这样的条件下，广播还在继续发展。

第3节 网络媒体（M. M. 卢金娜）

20世纪末期的标志之一是信息传播技术前所未有地飞跃发展，这是自听觉信号和视觉信号的传播渠道出现后的第三次飞跃。继广播和电视之后，人类发明了基于数字方式的数据传输计算机网络技术，从而形成了信息流传播的新环境。对信息传输的新渠道进行组织的方式最早在美国出现时，是出于军事和科学目的，后来它被称为互联网①，成了席卷全球的大众合作与交往的平台，也成了无须考虑距离和边界的信息产品的全球传播手段。但是，有别于主要功能是生产和传播大众信息的广播和电视，互联网是更广义上的传播环境，它包括除大众传播之外的群体和个体交往形式。

互联网的出现从根本上改变了世界、国家和地区范围内整个大众传媒体制的形态，互联网上的新媒对原有大众传媒体制形成补充。新媒体也出现在了俄罗斯的传媒市场上。

4.3.1 俄文网的受众与网络媒体的用户

为了理解俄罗斯互联网传媒市场的特点，我们首先分析其受众以及后者信息行为的特点。

互联网的受众原则上不受国界限制，也就是说，它没有对于媒体而言习以为常的数量、地理和国家民族的标志。从理论上来说，在具有比较发达的通信服务（包括电话）市场的地区，居民都可以享受网络服务。然而，在现实生活中，由于基础设施不发达以及一系列经济和技术因素，在俄罗斯，能接入互联网的公民数

---

① 世界范围内的电脑互联网络系统，它连接进行信息自由交换的国家、地区和地方电脑网络。

量从俄文网存在之初就非常有限。

俄文网受众的数量呈现出指数级的增长。据地区互联网技术社会中心对互联网服务提供商进行的调查,1996 至 1997 年,有 60 余万俄罗斯人使用互联网的各种服务。社会调查公司 КОМКОН-2 在调查互联网受众的基础上对相关数据进行了估算,1998 年 1 月初,俄罗斯的互联网用户为 84 万人。根据该公司的数据,俄罗斯互联网用户的增长相当迅速:一个月后用户就超过了 100 万人,半年后用户数量达到 140 万人,而到了 1999 年 9 月初则达到了 170 万人。根据"漫步者"网站的统计,2003 年春天,俄文网每月的常用用户已达 800 万人。"漫步者"网站预测,到同年秋天,月用户数将接近 900 万人。

为了形成网络媒体受众数量特征的概念,应当注意昼夜指标,也就是最固定的受众,还要注意,哪些人一昼夜至少使用一次互联网。这一访问强度可与其他传媒类型(报刊、广播、电视)的使用强度进行对比。"社会舆论"基金会估算,2002 年秋天,一昼夜受众为 210 万人,2003 年秋天为 300 万人,而 2005 年冬天已达 520 万人。

"漫步者"前 100 名排行榜把"大众传媒/定期出版物"视为访问率最高的网络资源类别之一:它"消化"俄文网 25% 的昼夜受众和 13% 至 15% 的昼夜流量。但如果考虑到,2005 年初,俄文网最大的昼夜用户数为 520 万人①,而其中只有一半是俄罗斯人,那么,现在谈论俄罗斯网络用户的大众性还为时过早。

不过,据专家估算,在突发灾难事件期间,例如,恐怖袭击或者军事冲突开始时,"大众传媒/定期出版物"类的受众平均增长 30% 至 40%,超过 100 万人。例如,在美国遭遇恐怖袭击(2001 年 9 月 11 日及此后一周)和"东北风"事件(2002 年 10 月 23 日至 25 日)时,俄文网受众的积极性急剧增强,而且他们主要更多地访问新闻资源(报纸、新闻通讯社、电视和广播网站),结果俄文网大众传媒的昼夜流量从 15% 增长到 36%,翻了一番②。上述数据证明俄文网此类信息消费增

---

① Интернет в России // Россия в Интернете. Фонд «Общественное мнение». www.fom.ru
② 互联网技术地区公共中心正在着手实施新项目,旨在开发对俄罗斯互联网进行分析和跟踪调查的方法。http://www.rocit.ru/inform/index.php3? path= methodics

长的潜力,使研究者能够规划正在成长的新兴网络媒体市场。

俄罗斯普通网络用户的特征证明新媒体具有市场前景。社会学家勾勒出的俄罗斯网络用户的社会-人口肖像:网络用户的主体是 16 至 34 岁的年轻人(整体而言,比传统媒体的受众年轻)。受过不完全或完全的高等教育,是大学生、专业水平较高的专家或者中层管理人员(一般来说供职于商业机构)。与金融、科学、大众传媒与广告、教育、国家管理等技术含量较高的行业相关。其收入高出平均水平,多数人有私家车,使用移动通讯服务。根据多家社会和传媒调查机构的研究结果,一半以上的俄文网用户是男性(各家机构得出的数字在 53% 至 60% 之间),不过,女性网络用户的比例正在不断增大。

尽管网络用户的主体是首都、大型工业城市和科学中心的居民,但从 20 世纪 90 年代末开始,随着基础设施领域现代化进程的推进和通信市场的发展,在各省和地区中心呈现出了互联网接入量的增长。互联网越出了莫斯科和圣彼得堡的范围,如今,其服务几乎涵盖俄罗斯的所有地区。

俄文网用户的信息行为有以下特点。大多数用户是白天在工作地点或教室上网,不以个人或家庭经费支付服务(团体用户)。也有不少人更愿意借助个人电脑上网(自然人)。上述两种用户的比例近来趋于稳定,团体用户较多,自然人用户相对较少(二者比例 2002 年分别为 65% 与 35%)。与此相关,工作日的用户数量明显超过星期日,因为许多公职人员是在其工作地点上网。有三个上网高峰:所谓的办公时间、工作日开始和结束时(团体用户)、夜间(自然人,由于上网费用更便宜)。当另外一个受众群体——来自地球各个角落的讲俄语的民众——登录俄罗斯网站时,第三个上网高峰就会变得突出①。

作为对比:在美国,网络用户的增长主要依靠普通的美国人,他们的受教育程度并不高,收入也不高。普通美国人的兴趣意味着互联网是大众信息来源,是大众文化和社会广大阶层生活的必要部分。与俄罗斯人不同,美国人主要在家里上网,在线的平均时间为 5 个小时,主要的活动方式是收发电子邮件、浏览新

---

① Российский Интернет 2001 - 2002 г. Справка РОЦИТ. http://www.rocit.ru/infom/index.php3? path= reference2001

闻、寻找与兴趣爱好相关的信息以及电子购物。

4.3.2 网络媒体的出现

大众传媒在俄文网——互联网的俄罗斯部分——出现的阶段（1993—1998），主要包括各种爱好者和个人推出的不少内容，例如，"帕罗沃佐夫新闻"、"晚间互联网"等，它们把自己定位为大众传媒（杂志、通报、报纸），但由于种种原因，却不能被归入职业的传媒机构之列。它们由发烧友独立完成，卓有远见地想要在互联网上确立自己的地位。带有明确媒体任务的"真正"传媒并没有那么多，它们大多是传统媒体，主要是纸质媒体（如《教师报》、《消息报》等）的电子版。那一阶段，网络媒体尚未被传统的纸质和印刷媒体应用，因此，除了为数不多的网络用户，几乎没人了解它们。

对 1996 年总统选举结果的在线转播是一次重要的信息举措，它让传媒产品的生产者和消费者认识到互联网是新兴的信息渠道。此次在线转播是在国家新闻中心的服务器上进行的，该中心是第一批在互联网上生产和传播社会政治消息的新闻通讯社之一。但它的用户也不到 5 000 人，而且大部分用户来自国外。

访问人数更少的是互联网上的第一批广播网站，它们借助于免费的 Real Audio 服务器为不到 25 个听众提供服务。

1997 年夏天，情况开始发生变化。当时，俄罗斯传媒业出现了一个名为"高效政治基金会"的新玩家，此后，它在众多最早的大型网络媒体的创办过程中扮演了决定性的角色。当时，高效政治基金会同时推出了两个项目——《俄罗斯杂志》和基金会的主服务器，在后者的网页上刊登了由著名政治学家格列布·帕夫洛夫斯基所领导的这个组织的纲领。在《俄罗斯杂志》内部创办了 Полит.Ру[①]，自我定位为每日出版的政治新闻出版物，后来，它已经将此名称注册成了域名。专家把 Полит.Ру 称为"俄罗斯网络新闻业的鼻祖"，它的确是第一家以独家政

---

① 政治网（俄文）。——译者注

治新闻吸引了不少受众的网络出版物①。

然而,传媒业的新领域直到1998年8月的金融危机时才大声宣告了自己的存在。危机引发了大众对最新财经信息的空前需求,而从存在的第一天起,俄罗斯网络新闻通讯社"俄罗斯商业咨询"就占据了这个位置。对于该组织,就连网络用户都知之甚少,更何况广大民众。但它却开始在线发布迅速变化的汇率。任何一种大众信息渠道——甚至是广播——均无法在"信息资源可获得性"和更新速度方面与网络竞争。"俄罗斯商业咨询"公司的信息战略——尤其是免费开放服务器的决定——使得访问人数从一天2 000人增加到了2.2万人,接近一家日报的发行量。

1999年2月底,互联网上出现了Газета.Ру的试验版(创办者是高效政治基金会),它把自己定位为网络报纸。从1999年3月1日起,它开始在网络上定期出版,并在短短数月之内就占据了俄罗斯互联网排行榜的领先地位。由于更换投资人,编辑部引进了一个职业记者团队,该团队的主编有着纸媒从业经历,经验丰富。此后,Газета.Ру的地位更加巩固了。普遍认为,从这时起,专业的网络新闻业便奠定了开端。

危机过后,由于相对廉价和独特的信息传播方式,网络出版物成了具有吸引力的投资项目。1999年,除了网络媒体市场上的主要参与者高效政治基金会创办了一系列新的出版物(Лента.Ру、Вести.Ру②、СМИ.Ру③、Страна.Ру)之外,市场上还出现了其他的大投资者,例如,尤科斯(Газета.Ру)、桥-媒体(НТВ.Ру④、"最"网络媒体)。"俄罗斯商业咨询"集团公司与美国的一家俄语报纸合作,创办了日报 Утро.Ру⑤。专家认为,该出版物与"俄罗斯商业咨询"公司其他项目的整合使其发展无忧,而在大量资金流入互联网的高潮时创办的其他出版

---

① Лукина М. М., СМИ в домене Ру: Хроника, цифры, типы // Вестн. МГУ. Сер. Журналистика. 2001. No 6.

② 消息网(俄文)。——译者注

③ 传媒网(俄文)。——译者注

④ 独立电视台网(俄文)。——译者注

⑤ 早晨网(俄文)。——译者注

物（Русский Deadline[①]、Новости экономики и политики[②]、Обозрение. Ру[③]），都不超过一年就因缺乏竞争力而关张了[④]。

1999 至 2001 年，网络上出现了更多在形式、专业和定位上都各不相同的互联网出版物。遗憾的是，不可能统计出它们的确切数目，因为各种网络导航和媒体监测机构提供的统计数据各不相同，分类标准也互不吻合。不过，有一点是显然的：某些拥有一定类型化特征的网络资源可以作为大众传媒的组成部分被纳入其中。同时，互联网出版物无疑具有一系列能把自身划入大众传媒特殊类别的专门特征。

4.3.3　网络媒体的系统特征与专门特征

网络媒体在以下一系列内在组织与功能-内容特征方面与传统的大众媒体重合：

◆ 向不受限的距离传输和传播信息的技术间接性；
◆ 信息发布的经常性（固定的周期性）；
◆ 对于任何有意愿获得信息者的接收信息的开放性（可获得性）；
◆ 在由接收者选择的空间里（家、工作单位、途中）获取信息的可能性；
◆ 个人接收信息的可能性和与编辑部交换信息的参与性；
◆ 组织的制度化方式和职业化的劳动分工；
◆ 传播功能与社会化功能；
◆ 所传播信息的性质——普遍的、有实际意义的，等等。[⑤]

同时，"新"媒体又具有这些特征的变异形式，例如，不固定的周期性、潜在的不受限制的发行量、传播的普遍性和不受地域限制性、所传播信息的特有性（高

---

① 俄罗斯底线（俄文、英文）。——译者注
② 经济和政治新闻（俄文）。——译者注
③ 评论网（俄文）。——译者注
④ Интернет для журналиста // Медиасоюз. М., 2001. С. 17.
⑤ Фомичева И. Д., Сущностные свойства массовой коммуникации (к вопросу об определении статуса новых информационных технологий) // Журналистика в 2000 г.: Реалии и прогнозы развития: Тез. науч.-практ. конф. М., 2001. Ч. 5.

度的时效性和不受限制的规模）、消费者与生产者在信息互动层面的巨大可能性，等等。

然而，具有类属的常态特征及其变异形式尚不足以成为把某些媒体划分为传媒体系单独类别的理由，划分的基础是网络媒体的下列独特性：其*超文本性和多媒体性*，以及交互式消费信息产品的可能性。

通过互联网渠道传播的文本的超文本特质是依托网络技术获得的，这让人们不仅可以像在纸上一样线性地阅读文本，而且可以借助内部和外部的链接更加深入地浏览它，毫无疑问，这不仅扩大了传媒产品生产者传播信息的可能性，也扩大了传媒产品消费者获得信息的可能性。以超文本的方式链接各种信息来源，给生产者提供了提升信息质量的独特可能性——信息的丰富性和可信性，给消费者提供了使用其他的消息来源和独立参与事实诠释的可能性。

多媒体的潜力，亦即除文本之外同时对声响、视觉和其他符号系统的运用，暂时还没被所有的俄罗斯媒体网站所重视；在技术层面，由于信息传输渠道的处理能力较弱，上述系统还没被完全掌握。尽管文本、声响与画面的结合正在从根本上改变已有的关于信息性质及其可能的接受效果的概念。多媒体技术给大众传媒带来的融合过程不可能不对记者职业活动的性质产生影响。

传播的互动性被认为是网络媒体的第三个特征，而互联网本身是与其终端使用者建立联系的独特渠道。它不仅为少数人提供快速反应的可能性，而且也为相当多的大众提供快速反应的可能性。在实践过程中，网络媒体的编辑部运用各种约定俗成的网络交往方式——电子邮件、论坛、排行榜、投票，等等。这无疑扩大了大众传媒的沟通范围——从自说自话、编辑部与个别受众代表的对话到论坛，到了论坛阶段，便可以在传播进程的所有参加者之间就被提上议程的事件展开多方面的讨论。

4.3.4 俄罗斯网络媒体的分类

由于俄罗斯网络媒体市场不发达，对它的研究也不充分，所以根据2005年的情况讨论该领域的明确类型还为时过早。不过可以有把握地说，按照一系列类型特征能够划分出几组新媒体。

通常是按照与线下媒体的关系来分析网络媒体的结构,在此过程中,两类起源不同的媒体被当成基础。一类是在传统大众传媒进化的基础上出现的,例如,《消息报》《莫斯科新闻报》《论据与事实报》等,它们以电子版的形式进入互联网。另一类是原创的网络版——从一开始就是基于网络技术出现的,并且只在互联网环境下继续运作,这个类型包括 Газета. Ру、Лента. Ру、"俄罗斯商业咨询网"等。

两类在互联网上运作的媒体之间的界线对其类型也会产生影响。第一类通常复制或发展其母版已经成型的类型模式。可以把它大致分为以下两个组别。

◆ *对传统媒体的复制*("克隆")。在互联网上它们占据大多数,就数量而言,它们很可能将会接近在俄罗斯注册的媒体的数量,因为如今任何一家有追求的印刷出版物、广播或者电视频道都不可能不在互联网上开设自己的代表机构。

◆ *经过变形的传统媒体的在线版*("混合体")。它们基于线下的原型,但并非直接复制后者,而是推行自身的信息政策,旨在占据新市场(引入新栏目、使用超文本、发挥互动性)。它们有不同于母版的运作方式(如《独立报》的电子版 www. ng. ru、"莫斯科回声"广播电台的网站 www. echo. msk. ru)。不过,就整体而言,此类媒体仍然处在原有的类型框架之内,这其中包括一些非常知名的媒体品牌。

第二类是在网络上出现的、没有线下原型的网络媒体。它们从零开始寻找自身的特色,在市场条件下形成了特有的营销战略。有别于第一类,它们在网络排行榜上占据领先地位,其中一些甚至对自身的商业目的毫不掩饰,并许诺在短期内实现自负盈亏。专家把这类网络出版物又划分为两个独立的组别[1]:

◆ *信息门户*——多功能网站,与不间断的信息流相呼应的是各种主题、体裁和服务(如 Страна. Ру);

◆ *电子报纸*,它们按照线下报纸的模式创办,具有一定的"出版"进度,分析性材料多于新闻材料(如 Газета. Ру)。

---

[1] Интернет для журналиста. С. 25.

俄文网的传媒领域还很年轻,正处于发展当中。大众传媒主要的类型特征似乎已经开始在该领域得以显现,并且以新的方式被了解。这些特征包括:受众的特点、主题方向、目标任务、出版时间、周期性等。

互联网的受众主要是在社会生活中比较活跃的人士以及商业人士,这个受众特点对在线出版物正在形成的类型产生影响。最为受众所需的是能够满足用户对于及时和可靠信息的需求的网络出版物。另外一个事实也影响此类出版物的受欢迎程度:"旧的"大众传媒已经无力满足"新的"受众对于信息即时性的需求。纸质传媒市场上呈现出周期性减弱、新闻类和消息类材料减少、朝分析材料转向的趋势。作为即时新闻的来源,电视和广播在大多数居民那里占据着优势地位,但对于"办公室"消费而言它们则不完全适宜——上网浏览最新消息更为简单。此外,网络媒体在及时性方面远远胜过报刊,并且完全能与广播和电视在更新周期方面展开竞争。

在互联网上,有关*出版周期性*的既有概念其实正在被淡化。每个编辑部都有自己更新新闻的节奏,实际上,技术上的界限并不存在——理想状态下,被更新的新闻可以随着事件的发展实时出现在电脑屏幕上。

与周期性一样,也应重新考量出版物的传播区域这一类型特征。在互联网上,关于距离和边界的概念实际上不起作用,信息是跨国界的。大多数网站——包括媒体网站——对全世界公民开放(只有需要订阅的除外)。有两个因素可能成为受众获取信息的障碍——无法上网和交流的语言。俄语网络媒体的潜在读者不仅包括俄罗斯公民,还包括外国讲俄语的人群。受众的"全球化"因素使得内容的特点及其更新节奏都应考虑到不同时区的用户活跃时间的差异。

信息通过全球计算机网络传播的特点使人们重新评价划分中央与地方报刊的标准。出版物的类型根据这个标准发生变化,该标准在网上也得到了保留。在网络当中,中央媒体与地区和地方媒体共存。但这只是在内容层面上——选择中央的或地方的信息及其主题。而中央和地方媒体的消费市场正在发生根本性的变化——重心向外部受众、来自其他地区的读者倾斜,这意味着内容侧重点的重新安排。可以说,互联网的各种可能性能够补偿去中央化和向地区化倾斜这两种趋势。

网络出版物选择各不相同的*信息战略*，包括在对待信息产品的独特性方面持不同态度。例如，复制（"克隆"）传统媒体的出版物使用的是线下的母版媒体采用过的文件和专栏。在组织层面，这意味着网络出版物没有在线工作的记者团队，而对新闻的收集和提供是按照线下媒体的旧原则进行的——无论是信息的传播和更新速度还是所使用的文体——更符合传统的报纸、广播和电视的要求。可以假设，此模式在使用由母版出版物的通讯员采集的独家信息方面是占优势的，但其信息按照线下媒体的周期进行更新，在时效性方面则处于劣势（一个典型的例子便是《莫斯科新闻》周报与其"克隆"产物 www.mn.ru）。

"克隆"传统媒体的出版物在信息模式方面的突出特点是，它们或与母版同时发布信息，或者略有延迟。而且，由于担心失去固定读者，先传统媒体后网络媒体的刊登顺序在编辑管理过程中通常是必须遵守的。在我们看来，这样的立场缺乏成效，因为根据各种社会调查的统计，网络媒体的受众与"旧的"印刷和电子媒体的受众并不重合。只有某些网络媒体编辑部例外，由于可以跳过某些技术环节（制版、印刷），它们能够节省时间，在线版反而比母版稍有提前。编辑管理人员对生产周期的这种组织类型持有另外一种态度：其目的在于获得新读者，同时不失去由于某种原因没能购买到当期报纸或者收听到广播的老读者、老听众。不过，无论在哪种情况下，母版及其在线版的内容都是相同的。

传统媒体的变形版（"混合体"）也有自己的方式。它们并不精确复制自己的母版，而是按照自定的时间和形式作为母版的在线版出版。《独立报》及其网站 www.ng.ru、"莫斯科回声"广播电台及其网站 www.echo.msk.ru 之间有何共同之处？

第一，材料适合在电脑屏幕上浏览（网站的创办者清楚，人们不会阅读长文本，标题应当醒目而简短）。

第二，网络技术的可能性被加以注意：信息量增加（此类出版物可以按照主题刊登编辑部掌握的所有材料；在线更新信息；发布能够扩展信息范围的超文本链接）。

第三，开发清晰而简单的导航系统，可根据"最少时间最多信息"的原则发挥作用。

第四，出版"混合版"的编辑部拥有独立的工作人员团队、独立的预算和与在线工作相适应的劳动组织。

网络媒体的内容模式在问题-主题的多样性与其狭窄的专业化之间保持平衡。所有在线阅读的主要媒体——"原创"网络媒体（如 Газета. Ру、Лента. Ру等）和综合类传统大众传媒的电子版均可归为综合主题的出版物。不过，网上也可以找到非常专业的出版物，它们面向具有特定兴趣的受众（如财经类、汽车类、体育类、宗教类等）。而且，主题涉及的专业可以是非常狭窄的（如寿司爱好者的网站，奇幻爱好者的网站，托尔金[①]追随者的网站等）。

网络技术能够不受限制地扩展出版物的结构，因此，业已形成的综合类大众传媒可以增加专栏，目标任务是与有特殊爱好的少数受众建立沟通，面向某个社会团体的成员以及兴趣爱好一致的人群等。因此，在"莫斯科回声"广播电台的电子版上可以找到面向爵士乐爱好者的单独网页，而在 Газета. Ру 上则有只提供金融消息的"洛克菲勒[②]"栏目。

在专业化出版物中可以观察到另外一种趋势。为了拥有更广泛的受众，此类出版物不断扩大自己的选题范围。例如，网络经济通讯社"俄罗斯商业咨询"就在其新闻菜单中加入了更为普遍的综合性主题。

互联网提供的与受众联系的广泛可能性对"新"媒体的类型特点有所补充。几乎所有的网络出版物都使用互动对话、讨论和论坛功能与读者定期交流。其形式多种多样：按兴趣组织的聊天室、就某一主题或某些文章展开的讨论、排行榜、投票。一些实施互动策略特别成功的传媒还创办虚拟的读者俱乐部，读者不仅与编辑部沟通，而且彼此交流。新媒体"自己的"固定读者——是对"旧"媒体发起的挑战最有价值的回应，信息市场的新领域正在经受这种竞争。

4.3.5 俄罗斯网络媒体的模式

从俄罗斯传媒产业新领域的发展经验中可以看出此类媒体的数种商业模

[①] 约翰·罗纳德·鲁埃尔·托尔金（1892—1973），英国语言学家、作家，奇幻小说《魔戒》三部曲的作者。——译者注

[②] 约翰·戴维森·洛克菲勒（1839—1937），美国实业家、慈善家。——译者注

式。目前，从现有例子中可以归纳出四种比较清晰的模式，不过，应当指出的是，还没有一种已经完全证明了自己。

第一种是 Газета.Ру 的商业模式，它公开宣布自身的*商业目的*。这是有别于其他网络媒体的独特的互联网出版物，它注重向用户提供的信息服务的质量，因为只有过硬的质量才能吸引广告商。出版物按照专业媒体企业的规律运作，提供独家信息并且注重其可靠性，而在时效性方面也优于"旧的"渠道。Газета.Ру 目前还只是一个投资项目，不过，主编弗拉季斯拉夫·博罗杜林表示，该出版物计划实现自负盈亏，而它未来的利润将取决于：当大型的世界品牌进入互联网领域以后，广告商将以何种速度发生质变。

*所谓的有影响力的传媒*持另外一种观点，这类媒体并不以商业传媒模式为目标，而是把新渠道视为传播必要信息的便利平台，借助它可以影响社会政治进程。这类媒体的鲜明代表是 Страна.Ру，它是作为政权活动的官方信息渠道以及巩固政权垂直体系的特殊工具而创办的。其主导思想是用从政权机关得到的第一手信息对抗互联网上流行的、把信息从一个网站复制到另一个网站的肆无忌惮的做法，不过，这一思想最终也成了定购者的公关项目，不再与新闻专业主义有任何关系。应当说，这种模式是没有生命力的，因此它很快就在传媒市场上失去了自己的地位。

如果按照访问量的排名评价出版物成功与否，那么，根据"漫步者"前 100 名排行榜的数据，完全可以把进入前三名的 Лента.Ру 视为成功的项目。但是如果评价信息的质量，由于还有其他标准——引用率、提及率、转载率，Лента.Ру 就明显输给了自己的竞争对手，因为它并不以提供独家信息为主，而是提供所谓的二次信息，也就是加工已经传播的信息，按照自己的方式对其进行包装并提供可能的其他链接。毫无疑问，该出版物拥有自己的读者，通常他们的时间极其有限，对于所消费产品的质量没有严格的要求。

各种模式当中看上去最具说服力的是"俄罗斯商业咨询"公司所走的道路。上文已经对其成功史有所描述，这与 1998 年金融危机时它成功选择的发展战略有关。目前，这个网站不仅在网络媒体市场上，而且在商业金融信息市场上均占据领先地位。"俄罗斯商业咨询"是一个多目标、多功能的互联网集团，它不仅向普通用户提供信息,而且也是面向各类客户的高品质商业决策的研究者和提供者,包括商对商和商对客的电子商务模式。"俄罗斯商业咨询网"是俄文网上为数不多的可以借助其进行交易所交易的终端之一。"俄罗斯商业咨询"的网络项目包括新闻服务器、网络出版物(包括网络报纸 Утро. Ру)、各种用户服务,而其商业上的成功主要是准确地把受众定位为商业精英层(虽然面很窄,但是有的放矢),这使它可以控制大部分的网络广告份额。按照"俄罗斯商业咨询"公司总经理 Ю. А. 罗文斯基所言,2003 年初,广告收入为 1 420 万美元,而资本估值为 8 600 万美元,这使得该集团可以扩展生意,投资新的大型传媒项目,包括线下的电视市场——"俄罗斯商业咨询-电视",占据全国商业新闻电视的一席之地。

4.3.6 俄文网传媒市场的发展趋势

正在形成的互联网传媒体系是俄罗斯信息市场发展最活跃的领域之一。毫无疑问,信息传播新渠道的一系列典型特征促成了上述现象的出现,例如,开放性和民主性(不受限制的接触、所有阶层的居民均可接触)、及时性和互动性(信息传输速度的提高和信息消费的对话性质),以及超文本性(更深入地扩展信息的可能性)和多媒体性(文本、音频和视频的组合)。国家的地理状况、其边界的长度和各地相距遥远的事实也不可能不对大众传媒新市场的发展前景产生影响。

妨碍这一体系发展的因素也是存在的。它们包括:通信渠道的品质较低、居民的支付能力较弱、支付系统不发达、地区的技术装备差、未得到充分发展的社会信息文化以及服务价格昂贵。最后一个因素在形成受众的信息行为模式方面最重要,这一点也得到了报刊市场的证明。使网络媒体的发展受阻的因素还包括该领域完全缺乏法律基础:不受法律保护的知识产权滋生了盗版,对个人资料的保护机制尚不发达。

尽管社会经济困难客观存在,但在俄罗斯,网络用户的动态增长势不可挡,这促进了在线信息消费需求的发展。俄文网传媒市场规模的扩大既表现在资源的数量上,也表现在访问人数以及流量上。"漫步者"前 100 名排行榜的数据间接地证明了这一点,资料显示,灾难时期,大众传媒的昼夜指标呈现出显著的增长。

专家证实,俄文网传媒产品的消费市场已经可以与俄罗斯报纸的发行量相提并论(尽管类似的比较不完全合适)。他们在对比国家居民(1.46亿人)与报纸总发行量(800万份)、俄罗斯网络用户数量(800万俄罗斯人)和大型网络媒体访问人数(每天10万人)的基础之上得出了上述结论。

俄罗斯报纸网络版的数量正在逐渐接近其线下纸质版的数量。同时,它们逐渐开始抛弃"克隆"政策,致力于打造自身的原创内容,这通常会大大扩展纸质版的内容。

电视广播公司也在互联网上活跃起来了。在这个方面,全俄国家电视广播公司特别典型,它积极利用自己的网站在互联网上传播音频和视频产品。不过,宽带尚未普及也是妨碍地区互联网广播、尤其是互联网电视发展的一个因素。

俄罗斯"旧"媒体的网络版市场暂时还未显现出明显的商业化趋势,无论如何,广告收入暂时还无法与线下媒体相提并论。但是,互联网广告总收入的发展变化显示了该行业的巨大潜力:从2001年起,它每年增长1倍,到2003年时已经达到了1 800万美元[1]。

在各种显著的世界性趋势当中,我们也可以谈一谈所谓的公民新闻(出自英语 civil journalism)和网络日志(weblog，blog)的迅猛发展。向所有愿意刊登自己的日志、留言、评论的人们提供服务的网络项目是互联网互动性最鲜明的体现,也是其民主潜力的实现途径。在俄罗斯,这一现象目前只在资深网民以及接收新鲜事物最快的一些用户当中得到了普及(最受欢迎的是"即时网志"www.livejournal.com)。然而,在西方,网络日志的发布逐渐开始对主流媒体产生影响。这一点尤其体现在出现危机的情况下,当记者难于接近信息或者他们承受巨大压力的时候。"公民新闻"的典型实例在伊拉克危机、东南亚海啸(目击者的视频比世界上所有的电视公司的影像都更直观和迅速)、后苏联地区所谓的"颜色革命"(关于安集延骚乱最早的消息就是从普通目击者以及偶然处于事件中心的记者那里获得的)中尤其明显。同时,应当注意新闻集团领导人、著名的媒体巨头罗伯特·默多克的声明,他在美国报纸编辑人协会的年会上预言了网络日志的宽广未来,并且注意到了在互联网时代成长起来的新受众——他们不希望

---

[1] Российский рекламный ежегодник. М., 2004. С. 119.

"新闻以不容争辩的真理的形式得以呈现",不希望"有人高高在上地指点他们什么重要、什么不重要"。默多克呼吁报刊记者重新审视自己的信息战略,停止"教训人",让报刊成为与读者的"交谈之地"。①

* * *

总之,网络媒体既具有大众传媒的所有典型特征,也具有独特的、唯它们所有的特征,后者使它们成为单独的一类。在不到 10 年的时间里,它们证明了自己作为俄罗斯传媒体制的一个组成部分的独立性。

俄罗斯的网络媒体:

- ◆ 有自己的社会拥趸,他们与"旧"传媒的受众存在明显区别(人数没有那么多,但更年轻、更独立、受教育程度更高);
- ◆ 在更新信息的速度和及时性方面拥有新的可能性;
- ◆ 对待固定周期性的态度更加灵活;
- ◆ 具有跨国界的传播范围,同时,在面对兴趣和地域分散的小型社会团体时又具有局部性;
- ◆ 关注信息的领域各不相同,这些领域既具有多样性,又具有服务于特定受众兴趣的高度专门化的特征;
- ◆ 具有为传媒产品的生产者和消费者提供独特可能性的超文本性;
- ◆ 具有多媒体的本质,亦即可以通过各种符号系统——口头、图表、声响、图片、视频、动画——传播信息;
- ◆ 在互动性方面是独一无二的,也就是说,在与消费者——既有个别代表,也包括受众整体——进行多层次信息交换方面是独一无二的。

第 4 节 新闻通讯社(Т. И. 弗罗洛娃)

起初,通讯社只为报纸和杂志提供时事和官方消息,而如今,其信息服务的范围明显扩大了。除了时下正在发生的事件和预报之外,今天的通讯社还为订

---

① The Future of Journalism: Yesterday's Papers // The Economist. 2005. April. 23-29. P. 59.

户提供参考性的分析材料和专业信息、召开新闻发布会、发表声明、组织活动、策划专门项目、参与新闻活动——一句话,尽量最大限度地利用它们拥有的信息。在通讯社的组织结构中常常包含作为特殊部门存在的电视广播公司、报纸杂志的编辑部、广告公司、公关部门。有影响力的大型通讯社提供数十种乃至上百种内容、出版周期和形式各异的信息产品,以供订阅。

新闻通讯社是一种专业化的企业(组织、部门、中心),其主要职能是搜集、加工和传播最新的即时信息:政治的、经济的、社会的、文化的信息。就自身活动的主要种类——与信息相关的专业活动——而言,通讯社是一种大众传媒。不过,它是一种特殊的大众传媒:其信息产品并不直接用于广泛的通报。

4.4.1 通讯社的类型特征

通讯社信息的消费者

通讯社信息的消费者是其他的大众传媒(报纸、杂志、电视台和广播的编辑部),它们获取信息是为了用于后续传播,或者作为"原料"用于制作自己的文本。另外一个消费者群体是各类商业机构,它们获取通讯社的信息是为了做出商业决定。通讯社信息的获得者(订户)也可以是政权机构和社会组织,以及希望定期获得感兴趣领域最新信息的个人。通讯社主要是生产新闻。通讯社的一切活动都是为了寻找和传播新信息。

新闻以信息产品的形式传递给消费者。

新闻

通讯社的主要体裁是新闻,从新闻流当中产生的时事消息是任何一家通讯社的主要产品。新闻是关于受众此前未知、但对其具有意义的事物的消息;新闻有时意味着客体状况的重要变化。在任何一种情况下新闻总是告知何时何地发生了何事。对于所有人来说,这个三 W 规则(what, when, where[①])从诞生之日起直至今天都不容置疑。

然而,新闻信息的重点并非总是已经发生的事情。恰当地强调重点、进行阐

---

① 何事、何时、何地(英文)。——译者注

释(有时它会掩盖事实本身)、用评价代替事实——这在不久前仍然是俄罗斯新闻界提供信息时非常普遍的做法。在世界通讯社的实际工作当中逐渐形成了一种特殊的语体,它与上述新闻信息的语体完全不同。这种特殊语体很快便在各地传播开来,甚至对报纸语体产生了一些影响。国际文传电讯社把它引入了俄罗斯新闻界的实践当中,如今,在某种程度上它已被视为通用语体,大多数新闻都具有类似的内部结构。

*提示语*是几个关键词的组合,新闻由此开始,它们能够最准确地描述情况,是新闻的独特标识;然后是*标题*,它是简短的单句,告知下面将会谈及什么内容;接下来这个部分是最主要的,它叫作*导语*,由几行组成,用标明日期和地点的*通讯社电头*开始,包括何时何地发生了事件,以及由何人报道。导语本身就包含已经发生的事件的重点信息,并且都会指出消息的来源。接着可能是*细节*,根据其重要性排列。在某些情况下也可能是新闻的来龙去脉、评论、引述。新闻信息以*背景*结束,亦即能使读者把事件置于其他一系列事件当中进行评价的参考性历史信息。通讯社与编辑部一样,实行"剪刀"原则:必要时,新闻从尾部开始删减,可能会一直删到标题——事件的重点仍然清楚。

如今,信息传播的节奏飞快,重要新闻常常(比如,可以在广播和电视新闻中碰到)不是以完整消息的形式加以传播,而是处于发展之中,根据新信息的获得情况一部分一部分地传播。第一条消息——特快简报——传到通讯社的通稿线路,也就是说,在事件刚刚发生之后立即发布新闻。只有几个词,但它们通报最重要的信息。几分钟后便是"紧急消息",其实就是提示语、标题和导语。接下来,随着细节的出现会产生"扩展版本",即确切消息,有时会修改或者取消已经发出的消息。所有这些消息按照信息形成的先后顺序被置于通稿线路中;一天结束时,重要的主题以"总结"的形式重复,即按照"倒金字塔"原则创建事件的修订版,按照重要性的大小排列重点和细节。

尽管生产新闻的方式是一致的,但是每家通讯社都有自己(并且是不变的!)对于文本的要求。例如,有的通讯社不允许出现以数字开头的标题,而有的通讯社则对带数字的标题表示欢迎;细节要么按照严格的顺序排列,要么随意排列,等等。不过,程式化的表达随处可见:这既能减轻通讯员撰写消息的工作,也便于接收者理解文本。其他体裁包括评论、综述、访谈、报道、政治肖像（主要是在主题性的通报和简报以及定制材料和其他分析类出版物当中），还有新闻索引、公司新闻、市场述评、动向（在经济新闻当中）。

信息产品

信息产品是特殊的大众信息流，与其他传媒一样，通讯社也通过自己的渠道传播它们。产品可以按照下列指标分类：

◆ 按照*主题*：社会新闻和专业新闻——政治新闻、经济新闻、体育新闻、国际新闻，等等；

◆ 按照*规模*：以消息或页码的数量计算，现在经常以千字节计算；

◆ 按照*周期性*：不间断出现的消息，每日、每周和每月发布的数量；

◆ 按照*传播方式*：通过电信渠道、卫星通信、电子网络以及电报、电话、邮局、邮差；

◆ 按照*形式*：以电子或印刷的形式——通稿线路、简报、通报，为广播电视节目提供的消息、图片和相片、多媒体产品等；

◆ 按照*风格和趋向*：面向各种具体的消费群体——全国和地区的大众传媒、电子报刊、政权机构、机关、商业组织等。

任何一家通讯社的信息产品的数量和特点都不是固定不变的。它们常常根据消费者的需求进行改变。专业分析和营销部门对信息产品进行研究，并确定信息政策的优先发展方向。

当代研究者把新闻通讯社的信息产品定义为定期更新的、按照一定标准选择的事实信息流，它根据接收者的需求划分出清晰的结构，并由通信渠道传输。信息流由独立的消息组成，它们是最小的意义单位，即记者的文本。消息文本具有一系列特征：有别于报纸杂志的"*通讯社*"特征；由信息产品自身的特点决定的*体裁特征*（新闻、评论、述评、访谈等）；还有在通讯社的实际工作中形成并塑造其创作风貌的*形象特征*。

通信

通信手段的迅猛发展对通讯社的活动产生最直接的影响。现在很难想象，最初，通讯社是把信鸽作为最可靠、最具时效的通信手段加以使用的，上世纪，在某个亚洲国家新开设的塔斯社代表处曾经还请求划拨资金购买骡子，以便加快传输速度。不过，更奇怪的是，不久前，还只有大型通讯社才有可能实时通报最重要的新闻，只有富裕的客户才有可能接收它们。在线技术一度曾是新生事物。现在已经不能想象，有什么能够代替在事件发生的当下获取信息。不过，有必要记住，为了把信息尽可能快地传送给消费者，通讯社走过了一条并不轻松的道路。这一问题的尖锐性推动了科学研究，通常正是通讯社首先尝试科技成果：光学电报（使用信号的视觉通信系统）、电报（通过电线或无线电技术传播的电子信号——直到20世纪末，新闻通讯社都被称为电报社，这并非偶然）。电报实际上也决定了新闻工作的技术。通讯社的通讯员通过电报或者电话把消息发送出去；通讯社对其进行加工并发往报纸杂志的编辑部，在那里设有能够独立从通讯社接收消息的电传打字机；后来出现了电传的多渠道双向通信。电报通信为新闻业服务了将近100年！

电子通信手段的发展始于20世纪70年代至80年代，不过，真正的革命发生于90年代。今天，全球性的传播网络从根本上改变了对获取和传输信息方式的认识，也改变了新闻工作的技术——毫不夸张地说，我们的认识以及我们生活的世界都发生了改变。今天，主要通讯社的记者们（当然不只是他们）都被个人设备全副武装起来了，此类设备能从事件的发生地传输消息，使记者们可以专注于消息本身。通讯社使用所有可能的通信方式，不断完善加工程序（当代技术环节中的这一工序经常缺失）、传输方式、消费者获得信息的形式。当代传播技术简化了通讯社的生产过程，使新闻的传输速度最快化——几分钟、几秒钟。

如今，报纸记者的工作地点都会配备与一家或几家通讯社保持连接的电脑，由此记者可以实时地不断获取关于刚刚发生的或即将发生的事件的消息。信息不间断地传输，每一分钟都在更新——记者无须离开办公地点就可以追踪它们。国家级的新闻通讯社都设有动态跟踪系统，向记者的工作地点传送重要事件的进程。如今，获取信息的主要方法和形式是互联网（通讯社的服务器）、推送渠道、"无线文本"系统、电子分发、以印刷或电子形式（软盘和光盘）通过通讯社的信使传输、寻呼机分发；迄今为止，传统的邮局分发和投递仍然保留着，包括传真和电话。当然，并非所有这些形式在俄罗斯都很普及，但重要的是，主要方向已经确定。在全天候接触新闻已经成为通则的时代，新闻通讯社的作用增强了。它们成了整个大众传媒体系的中心。对信息服务的需求有改变，最主要的是，对其质量的要求有改变。

世界级通讯社

上文已经指出，通讯社处于信息市场的中心，这既是由于它与其他大众传媒相比具有独特的功能，也是特别因为近年来信息技术的"爆炸"所致。所谓的世界级通讯社首先响应这一挑战。几家最大的跨国集团控制着世界的新闻生产和传播，决定信息市场的行情，在技术设备的使用方面居于领先地位。它们几乎都脱胎于一个半世纪之前出现的包括法国哈瓦斯通讯社在内的第一批新闻机构。如今，位居世界级通讯社之列的包括路透社（英国）、法新社（法国）、美联社（美国）和俄通社-塔斯社（俄罗斯）。其他有影响力的通讯社包括：合众国际社（美国）、德新社（德国）、埃菲社（西班牙）、安莎社（意大利）、共同社（日本）、国际文传电讯社（俄罗斯）。

世界级通讯社的主要特点是活动的全球性质，搜集、加工和传播信息的快速性、对技术创新的迅速反应、无处不在的记者和广泛的代表处构成的网络、巨大的资金可能性。这些特点保证其竞争力，使得国家级和地区级机构几乎无法企及。在全世界拥有自己的通信卫星和天线的通讯社有时也被称为世界级通讯社，这使得它们能够在世界范围内收集和传播新闻。

实际上，最近二三十年，正是世界级的新闻机构决定着整个信息市场的主要发展方向，而在这个市场上发生了全球性的变化。在世界级通讯社之间，根据信息消费者的类型进行了市场划分，正因如此，其活动模式从整体上发生了改变。美联社、法新社、俄通社-塔斯社等的第一要务是为其他媒体生产产品；路透社、道琼斯通讯社、彭博社、俄罗斯的国际文传电讯社把财经机构视为自己的主要消费者。这样的划分首先影响到了其信息产品的性质和类型、获取和传输信息的技术的使用、与客户的关系。如今，在国家的信息体系中也能明显观察到以客户为旨向的现象。如果说不久前通讯社的竞争力首先是由其传输信息的时效性决定的，那么现在，在传输产品的速度方面达到顶点的电子技术也可能让出自身的领先地位——如今更重要的是"用户界面"，亦即客户在使用产品过程中获得最大限度的便利。"空缺位置"仍具意义：无论找到竞争对手所没有的信息有多么困难，事实上这样的可能性仍未穷尽。

4.4.2 俄罗斯新闻通讯社的历史

俄罗斯最早的通讯社出现于19世纪下半叶，当时，19世纪60年代的"伟大改革"过后，工业、贸易、农业生产开始蓬勃发展。流通金额迅速增加，俄罗斯经济卷入资本主义世界体系，需要了解有关世界市场状况以及政治形势的及时而可靠的信息。当时，报刊不经过外交部的新闻审查就无法直接获得政治方面的电报。而在1866年，经由最高当局的许可成立了国家的信息部门——俄罗斯电讯社。以从国外获得的、经过新闻审查的电报为基础编制简报，每天通过电报向订户发送二、三次。很快，俄罗斯电讯社开始收集国内信息并通过德国沃尔夫通讯社向国外传播。19世纪70年代至80年代存在的还有国际电讯社和北方电讯社。

沃尔夫通讯社对从俄罗斯发出的新闻进行"保护"并非出于俄罗斯自愿，不符合俄罗斯的国家利益。所以决定创办独立的俄罗斯通讯社，提议和决定都是由俄罗斯政权机关做出的，因为它认识到有必要及时地向世界发布俄罗斯需要的信息。俄罗斯需要政治形象，而迅猛发展的俄罗斯资本需要世界市场。于是成立了第一家独立的俄罗斯通讯社——圣彼得堡电讯社：使用国家的资金，受到政府的监管。一般认为，其诞生之日是1904年9月1日。顺便提一句，后来成为世界级通讯社的机构诞生时的情形各不相同：有的是私人发起（哈瓦斯、路透社），有的是按照公司协议（美联社），有的是国家的决定（塔斯社、合众国际社、法新社），但是，政府从未对通讯社的命运漠然视之，世界级的新闻机构被恰如其分地认为是国家财产。

俄罗斯新闻通讯社下一阶段的历史始于1917年十月革命，当时，彼得格勒电讯社（从1914年起叫作这个名称）与电报局、火车站、桥梁和其他传媒一道被夺取了下来。短时间内，首都和地方的所有新闻机构以及国外的通讯点都被合并成了统一的新闻机构——俄罗斯电讯社，其活动受到严格的监管。该通讯社得到直接指示：播发什么、传播什么信息。报纸和杂志也必须刊登这些材料。

后来，苏联新闻通讯社的活动经历过多次变革，名称也有所改变（从 1925 年起叫作苏联电讯社，即塔斯社；名称一共更改过 4 次）。长期以来，塔斯社一直是官方信息的唯一来源。其活动处于政权机关的严格监管之下，总体上它服从于宣传任务。

1961 年，赫鲁晓夫"解冻"时期，一些社会组织在苏联新闻局的基础上又创办了一家新闻通讯社：新闻社，就地位而言，它是非国有的，但也被严格监管。新闻社专门向外国订户传播信息，是独特的"社会主义之窗"。塔斯社的职责则是传播即时的新闻信息。此时，塔斯社已经成了世界上最大的通讯社，其通讯员积累了不少职业经验。新闻社则把更多注意力投向了访谈、报道、特写，出版了大量通报。20 世纪 90 年代初之前，上述通讯社自然一直都是垄断者。

20 世纪 90 年代初的信息"热潮"也波及了新闻通讯社。新创办的通讯社首先是不同于国家新闻机构的其他选择。新的通讯社从零开始，承受了巨大的技术和财政困难，但它们受到了欢迎，赢得了"即时信息和评论的可靠来源"的美誉，此类信息和评论都无法通过官方渠道传播。微不足道的状况有时就决定了新通讯社的命运。例如，1989 年，莫斯科一共只有 80 部传真机，国际文传电讯社掌握了这些传真机的清单，并拥有唯一一部能够同时发送多条传真消息的机器，这使通讯社占据了有利的地位，尽管它在形成期也经历了几个危急时刻。而塔斯社和新闻社的垄断地位很快就被打破了：一旦通讯社开始考虑信息市场的实际需要，对其信息产品的需求就有所增加。

相互之间的激烈竞争促进了通讯社网络的良好发展及其产品质量的提高。通讯社只能依靠自身的经营活动获得资金，它们极力扩大订户范围。新闻通讯社利用纯粹的市场机制（包括消费需求）在经济上变得独立起来，并因此保证了执行信息政策的独立性。

目前，俄罗斯共有大约 1 000 家自称为新闻通讯社的机构。它们相互之间的竞争对于主要的发展方向和自身活动的完善都有影响。

发展的方向首先包括：

◆ 通过研发和掌握传输信息的新型技术手段以及各个技术环节——从使用获取原始信息并对其进行文本加工的先进方法到以最便捷的方式把它提

供给接受者，提高消息的及时性；
- *寻找信息定位*，准确了解受众，在主题、受众、技术和其他特征方面进一步专门化；
- *最大限度地考虑消费者的需求和兴趣*——强化营销研究、加强通讯社内部的专家分析机构、不断更新信息产品和信息"打包"原则；从整体上对产品实行多种经营；
- 依托职业技能的提升和技术创新提高*消息的准确性和可靠性*；在为客户提供定制的独家产品的高强度工作的同时，掌握新闻工作的世界标准。

从前的垄断者也必须符合市场要求。塔斯社和新闻社经受住了市场的考验。它们以及国际文传电讯社是俄罗斯信息市场上最大的且能决定行情的通讯社。

4.4.3 新闻通讯社体系

世界新闻市场上的总体发展趋势在俄罗斯也得到了体现。近年来，俄罗斯也出现了按照信息的优先消费者（大众传媒或者商业机构）原则划分范围的趋势。新闻（更确切地说，它后续被使用的性质）的最终消费者决定整条技术链。

综合考虑各种特征，可以区分出以下的新闻通讯社类型：
- *国家的*——大型的全俄通讯社，生产主题多样的信息（俄通社-塔斯社、国际文传电讯社、俄新社）；
- *专业的*；
- *地区的*；
- *网络的*。

需要对最后一类进行说明。最初的新闻通讯社是作为出版机构出现的；正如今天常说的，它们以纸质形式传播自己的产品。随着电报和电传打字机的出现，产生了"线路"的概念，最初它所指的是该词的字面意义——用于接收消息的纸卷。这个概念在通讯社的实际工作中使用至今，目前仍在主要产品的名称当中出现。所谓的"网络通讯社"是与最初的网络媒体同时出现的，它们与传统媒体的不同之处在于它们仅存在（亦即生产新闻产品并传播它）于网络之中，并且没有"纸质"的对应物;"网络"新闻具有一系列优势,它们形成了自己的文本特点。

不过,传统的新闻通讯社很快也开始在类似的条件下工作了,首先是因为计算机网络和新的信息技术的快速传播。它们也实时地传播自己的产品,除了在某些场合保留纸质版本以外,它们还拥有自己的网站、服务器、数据库,等等。如今,传统的通讯社与网络通讯社之间的实际差别已不如早前那么大。所以,在接下来的叙述当中我们可以不用说明通讯社是"网络的"还是有其他起源。在新闻通讯社的活动与只在互联网运行的*新闻门户*的活动之间存在某些共同的东西:这些机构通常按照主题特征收集信息,它们设有不断更新的新闻部门。但是,它们的时效性不如通讯社,更新的周期对于它们而言没有那么重要;此外,它们还有其他功能。

国家通讯社

属于大型全俄国家新闻通讯社的包括:俄通社-塔斯社、国际文传电讯社、俄新社。

俄罗斯新闻电讯社(俄通社-塔斯社的名称是从 1992 年开始使用的)。目前,按照联合国教科文组织的分类,俄通社-塔斯社是最大型的世界级通讯社之一。它保留了自身的中央级国家通讯社的地位,并且具有新的特点,后者与信息政策的变化以及引进新的电脑和通信技术相关。以前只有小部分特权人物才能获得的信息,现在各种传媒的受众以及俄罗斯国内外的许多机构和私人都能获得。

俄通社-塔斯社向其订户提供广泛的信息服务,它由通讯社数个部门的活动加以保证:

◆ 新闻部,包括专门收集各个领域最新消息的专题部门;
◆ 独立运作的分社,它们生产国际、经济和体育新闻;
◆ 就可能性和信息储备而言都是独一无二的咨询部门和摄影部门、广告中心和商业中心,还有其他部门,包括从事传播和向订户输送产品的技术部门。

跟其他的综合通讯社一样,俄通社-塔斯社的主要活动方向是*生产即时的事*

件信息。其主要信息产品"通稿新闻线路(1)"24小时实时播发俄罗斯国内外发生的所有值得注意的事件。各个部门的消息进入主要新闻线路。全国以及大型的地区报纸和电视公司、通讯社、外国驻俄罗斯使领馆接收通稿新闻线路(1)。在通稿新闻线路(1)播发的信息的基础上,主要信息产品的生产部门实时生产并播发其他的事件信息产品,它们面向对特定主题的材料有需求的订户。这些产品的新闻配置、规模、周期、消费者群体、传送方式都不同,订阅价格自然也就不同。提供新闻的这种"交叉"方式可以更充分、更全面地满足消费者的需求。因此,向订户提供的产品组合也在不断变化,俄通社-塔斯社每一份新的年度目录必定包含带有"new"[①]、"exclusive"[②]标记的产品。

"通稿新闻线路(2)"只发布俄罗斯的重要事件以及国外对它们的反应。它面向州、共和国、边疆区、城市报纸和电视广播公司,以及独联体和波罗的海国家的大众传媒。

"塔斯社-信号"面向电子传媒,向其提供为每一期新闻节目快速组合成新闻单元的可能性。"塔斯社-信号"也面向大型报纸,它们的编辑可以在版面上制作相关栏目并且了解哪些新闻很快将会以更详尽的方式被通讯社播发出来。

"塔斯社-特快"提供最"热"的俄罗斯和外国新闻,它是"通稿新闻线路(1)"的"浓缩版"。消息随着主题的发展和补充信息的出现不断更新。这一产品面向地区事件信息包的接收者,他们只对热点新闻感兴趣。

"俄罗斯政权机构的新闻"、"独联体和波罗的海国家"、"商业新闻"、"精神世界"、"违法犯罪简讯"提供相关领域的最新新闻,也是24小时实时播发,面向特定的目标受众。

通讯社其他比较大的活动方向包括生产和传播信息包。它一天或一周之内在固定时间播发一次或几次,是数个面向不同消费者群体的专门性质的信息包(专辑)。

"塔斯社-预告"是关于未来一天事件的简短通告,包括"历史上的这一

[①] 新(英文)。——译者注
[②] 独家(英文)。——译者注

天"——列举主要的具有重要意义的日期、"广播电视日志"——为广播和电视制作的俄罗斯国内外的短新闻,"莫斯科报纸"——该信息包含《消息报》、《俄罗斯报》和《俄罗斯新闻报》最值得关注的材料(与各报编辑部共同制作,在报纸出版日的前夕播发)。

其他的信息包囊括各种版本的新闻汇总,它们面向固定的消费者:其中的一些面向外国代表处,另外的一些面向政权机构和政党,还有一些面向行政机关。除了最重要的新闻,它们还补充该受众群体可能感兴趣的消息。

针对性以及由其决定的主题选择性是地区事件新闻节目的基础。它们的重点是本地事件,包含各条通稿新闻线路所缺乏的来自各地的详细信息。通讯社有数个这样的节目:《东部》、《乌拉尔》、《南部》、《中心》。它们与主题包和"塔斯社-特快"结合,能够充分满足地区传媒对时事信息的需求。此外,俄通社-塔斯社在俄罗斯一些城市的地区中心和分部也制作专门的信息包。

"塔斯社-信使"是知识信息单元。此类信息的主题包("万花筒"、"医学"、"星座"、"名人新闻"、"军队与侦察"、"国内流行音乐排行榜"等)通常每周播发一次,建立在通稿新闻线路和"五大洲新闻"线路的基础上,并补充外国通讯员采写的消息,可以更充分地满足人们对不同知识领域的兴趣。

国际、经济和体育方面的专门信息由俄通社-塔斯社下属的专业通讯社提供,它们也通过两种方式独立传播:对最重大、最有时效性的消息进行实时传播,然后以信息包和单元的形式在固定的时间传播。

除了即时信息以外,俄通社-塔斯社还以电子和印刷形式发布简报、通报、指南,提供广告和公关服务,与路透社一道制作电子新闻栏,提供电讯服务;俄通社-塔斯社拥有大量的图片档案和高效的新闻摄影部。

通过对俄通社-塔斯社的信息产品和服务所进行的简要概览就能看出,通讯社——尤其是大型综合通讯社——活动的范围远远超出了即时通报事件的范围,尽管这是其活动的主要领域。

国际文传电讯社创办于1989年,它目前是前苏联地区最大的非国有信息集团,由大约20家独立公司组成。国际文传电讯社最初面向的首先是外国的外交官、专家、记者,他们缺乏有关苏联的可靠信息。一开始,该通讯社依靠信息的选择性和反官方性站稳了脚跟。不过，接下来通讯社的活动开始由信息的高质量和及时性、对最新技术手段的运用、对新事物的不断探索所决定。正是国际文传电讯社首先研究世界级通讯社的经验，并将公认的标准运用到实践当中。

国际文传电讯社是一家封闭式股份公司。收入主要来源于对其信息产品的订阅。通讯社拥有子企业"国际文传电讯社-美洲"、"国际文传电讯社-欧洲"、"国际文传电讯社-德国"，它们在国外直接（不通过中间商）传播关于俄罗斯生活的信息。国际文传电讯社在日本的信息经销商是共同社。国际文传电讯社还有运作良好的专门新闻部门——财经信息社、石油信息社和许多其他通讯社，其产品的主要消费者是银行、金融和工业公司、各种商业组织。为了巩固自己在市场上的地位，国际文传电讯社还创办了在各个地区和独联体国家运作的单独的通讯社，它们在地方新闻市场上占据了领先地位，包括"国际文传电讯社-欧亚"（乌拉尔、西伯利亚、远东）、"国际文传电讯社-乌克兰"和"国际文传电讯社-西部"（白俄罗斯）。

国际文传电讯社的主要信息产品是政治新闻线路"国际文传电讯社-新闻"，它既实时传送，也以单元的形式在固定的时间播发。在许多国家都能够接收它，它也被认为是在报道独联体国家发生的事件方面做得最好的。国际文传电讯社在俄罗斯新闻的引用排行榜上稳居第一，在俄罗斯，它覆盖了大约三分之一的新闻市场。其他的每日出版物还包括："总统通报"——来自独联体和波罗的海国家最高国家机构的信息（重要事件、对高层人员的独家采访、政治肖像、专家预测、排行榜），"国际文传电讯社-商业"——"热点的"商业信息、调节经济关系的法规、纲要、述评、统计材料，"国际文传电讯社-石油"——国内提供油气集团状况每日信息（价格、石油开采和加工的指标、出口统计等）的唯一一家出版物，"国际文传电讯社-金融"——面向银行家、金融家和交易员的独一无二的每日出版物，"外交全景"——提供关于对外政治活动的信息。

国际文传电讯社也推出周和月的信息出版物，主要是经济方面的，包括述评、分析信息、专家评价、独创的访谈和定制的报道。合作出版物也引起了人们的兴趣："杜马述评"（与议会两院的新闻处合作）、"光谱"（与"社会舆论"基金会合作，刊登社会调查的排名和结果）。

俄罗斯"新闻"通讯社（俄新社）是在新闻社的基础上于1992年组建的国有新闻-分析通讯社。每天用俄语、欧洲的主要语言和阿拉伯语播发具有现实意义的社会政治、经济、科学、金融信息。俄新社是综合性的全俄通讯社。其主要产品是新闻-分析线路"热线"，共两个版本。"特快-信息"进行实时发布，包括"预告"——关于未来一天事件的信息，指明地点和时间，"每日主要事件"——计划在"热线"中通报的全天最为重要的事件和主题的清单，"早间邮件"——当日最重要事件的简短预告以及午夜过后收到的新闻，"每日新闻"——为广播和电视制作的俄罗斯和国外主要新闻专辑，"独家"——就最具现实意义的问题对国务、政治和社会活动家的采访，"万花筒"——非政治新闻、奇闻轶事以及俄罗斯和外国生活的趣闻。摘要版根据"特快-信息"中的新闻制作，每天出版4个单元。

通讯社还推出其他的新闻线路："莫斯科"、"俄罗斯外交新闻"、"俄罗斯经济新闻"、"外汇特快线路"、"西伯利亚信使"、"名人新闻"、"占卜预测"、"未知领域"。

通报是俄新社的名片，是从新闻社继承的遗产。当然，其性质和数量现在都发生了根本性的改变。通报通过邮局以传统的印刷方式以及电子邮箱、互联网和其他方式传播。通报当中最著名的包括"俄罗斯当局"、"俄罗斯地区"、"俄罗斯的私有化"、"投资者指南"、"阿拉伯简报"等。通讯社以前主要面向外国订户，现在它大幅改革了自身的活动，开发了新的领域，并且尽力保留这一定位。一部分通报用外语出版。

俄新社还出版《俄罗斯》和《同路人》杂志。通讯社有自己的新闻机构："电视新闻"公司——它为"俄罗斯"电视台制作电视节目、广播电台"俄新社-广播"、"图片新闻"公司。通讯社的政治俱乐部广为人知，它为重要的国务活动家、社会活动家以及商界代表举办新闻发布会。通讯社还创办了从事营销研究、广告、展览保障、印刷服务、外语翻译以及提供独家材料和背景材料（针对俄罗斯和国际生活中最重要事件的专门出版物）的相关机构。

尽管从自身主要活动的类型——收集和传播即时的事件信息——来看，大型新闻通讯社名副其实，但实际上它们是真正的传媒集团。这些公司按照最大限度地满足客户需求的原则工作，它们囊括了新闻工作的所有种类和形式。

如果对主要的信息产品，即三家主要通讯社播发的即时事件信息进行一番比较，那么很容易就能发现，它们在内容方面存在许多共同点，但是差异也很明显，包括提供新闻的形式、播发它们的方式、组合、"包装"（也就是"打包"的特点）、针对性，还有丰富性和及时性。

经济通讯社

市场关系的发展催生了对财经信息日益增长的巨大需求，对专门通讯社的需求也应运而生。经济、商业、金融信息通讯社以及综合通讯社的相关机构的发展最为活跃。此类通讯社的发展特性直观地体现了上述经济类新闻机构的世界性总体趋势。其产品的主要消费者是银行、投资公司、代理机构。经济新闻通讯社是市场的直接参与者，同时也仍然是专业新闻活动的一个领域。它们的主要目的是在严酷的竞争条件下获取最大的利润。

所有这一切都大大改变了此类通讯社生产的信息产品的性质，它们不仅提供"成品"（不像其他通讯社一样提供后续在其他大众传媒中使用的"原料"），而且还开发嵌入到信息产品中的电脑程序。此类程序对新闻信息进行分析，使订户能够迅速做出经济决定，亦即创造新产品。大型新闻通讯社的终端安置在交易所平台，它们已经成了市场基础设施最重要的部分。新闻信息运用的这个特性使通讯社与自己的客户建立起稳固的联系，创建与经济伙伴的共同体，始终留意为经济伙伴提供最方便的使用可能性，以便扩大共同利润。市场上的经济新闻通讯社相当多，我们仅仅提及最具影响力的几个。

"俄罗斯商业咨询"是俄罗斯大众传媒和信息技术领域的一家重要公司，创办于1992年；目前在为商业机构提供关于IT技术以及研发此类技术的信息市场上占据领先地位。公司的服务器24小时播发即时新闻。"俄罗斯商业咨询"公司提供最丰富的财经资料。交互式的信息体系使得参与者可以自主地确定牌价。"俄罗斯商业咨询"公司使用的都是最先进的互联网技术，这使其在数年间一直都是俄罗斯互联网访问量最高的网站。"俄罗斯商业咨询"公司的主要产品有："RBC news"①、"俄罗斯商业咨询证券交易新闻线路"、"通稿新闻线路"、"交

---

① 俄罗斯商业咨询新闻（英文）。——译者注

易所牌价"等。

"AK&M"创办于1990年,起初它是一家编制商业计划和债券发行招标书的公司。近年来它已成长为了具有全国规模的大型通讯社。该社的发展和形成期恰好是俄罗斯国内形成基金市场基础的年份,在这种情形之下,"AK&M"提供了独特的信息服务——关于发行机构的信息。如今,通讯社独一无二的数据库"AK&M-LIST"广为人知,它还有其他产品:"AK&M 在线新闻"、名为"俄罗斯经济行业:生产、金融、有价证券"的简报、各种数据库、排行榜、分析研究。

"金融营销"专门为在金融市场工作的专业人士提供信息。每日出版印刷简报"金融营销"和"交易所外市场",以及信息单元"外汇门户"和"基金门户"。一个颇具特色的细节是:各种服务项目和大量信息总是附有固定为客户服务的营销人员所做的详尽评论。

其他的大型经济新闻通讯社包括:塔斯经济新闻社、银行间金融之家新闻中心、"奥列安达"通讯社;一部分通讯社专注于市场的某个领域:"广义货币传媒"是第一家关注个人理财和零售金融服务市场的通讯社,"传媒联盟"是为小企业提供信息的通讯社,"信息和新闻的综合诠释体系"提供关于公司事件的信息与新闻,"金融监督-新闻"提供关于审计机构和强力部门的信息,"论据与事实"是提供关于燃料市场的新闻的网络门户,等等。

社会文化通讯社

专门搜集和传播文化及社会新闻的通讯社显然要少得多。这是因为在大多数通讯社的形成阶段,传媒都被严重地政治化了,它们对社会领域及公民社会(所谓的第三类部门①)的状况的关注要少得多。所有制的划分以及随之而来的政治阴谋也把资源和利益引向了其他地方。社会文化新闻自身的性质也有一定关系——其时效性和事件性较少,多半算是"软新闻"领域。公平地说,用新闻体裁提供社会信息的可能性不大。不过,社会需要关于自身的消息;在调查当中常常发现,报刊以及社会自身恰恰最缺乏社会信息。

所有这一切都能解释为什么此类通讯社比经济通讯社更少。一个有意思的

---

① 自我管理的、私人的、非营利的职业组织。——译者注

细节是：一般而言，权威经济通讯社的产品都比较昂贵或者非常昂贵——商业组织购买信息并在其基础上获取新的利润；社会通讯社的产品则可能完全是免费的，记者们不得不付出不少的努力，寻找保障并推进自身活动的可能性。换言之，获得商业利润不是他们的主要任务。他们的主要任务在于：信息支持、推进社会和文化自觉、公民教育、团结社会。此类通讯社信息的消费者是大众传媒（包括电子传媒）、政权机关、社会组织。

社会信息通讯社、俄罗斯联邦生态新闻通讯社、俄罗斯社会经济信息通讯社、"人权新闻"通讯社、"人文技术新闻"通讯社、文化信息通讯社、"文化"通讯社、新闻门户网站"文化"等的活动经验引起了人们特殊的兴趣。每一家通讯社所掌握的材料都有独到之处，尽管它们的商业可能性和物质基础明显逊色于经济通讯社。但即使在这种条件下，记者们仍然试图吸引人们关注社会上发生的事情以及人们的智力、创作和社会潜能的状况。

*社会信息通讯社*是信息市场社会文化领域不容置疑的领军者。它是一家独立通讯社，致力于推进公民的自主权。通讯社每日发布"有人情味的"新闻，涉及社会重要事件、非商业组织的活动、人们的命运。社会信息通讯社的新闻不包括政治和商业，没有丑闻和犯罪。它是1994年根据数家慈善基金会的倡议组建的，当时正值独立的社会组织在俄罗斯刚刚开始积蓄力量的时期，社会信息通讯社对它们的形成产生了显著的影响。如今，仅已注册的非商业组织的数量就已经超过了50万个。社会信息通讯社的发展卓有成效，它在俄罗斯的几十个城市拥有规模宏大的通讯员网络。该通讯社传播的新闻免费开放，它对信息进行实时更新，并且提供各种形式的浏览：可自由选择的栏目、标题以超链接的方式导向消息的完整文本、过往文件的查阅。

社会信息通讯社的主要产品有："每日新闻"（主题为：人权、社会保护、慈善、妇女运动、儿童与青年、生态、卫生保健、科学与教育、大众传媒、地方自治）、专门的每周专辑、每月的主要新闻述评；预告和通知；针对某些社会问题的信息分析简报。通讯社记者的职业积极性和公民积极性体现在各个方面：为新闻记者和非商业组织举办新闻发布会、圆桌会议、发布会、展览和竞赛，为与社会相关的各种项目和行动提供信息保障。社会信息通讯社开展工作时注意到这一领域未被占领,而它又具有重要的社会意义,该通讯社有望获得国家级通讯社的地位。

按照主题特征可以将通讯社分成几类。其活动与报道传媒状况相关的有:"What's news?"①、WPS②、政治新闻通讯社、"望远镜";其活动与传播高技术领域新闻信息相关的有:地区社会组织"互联网技术中心"、"算法传媒"。

作为划分通讯社基础的不仅可以是主题特征,也可以是其他特征:传播范围、信息来源和获取方式、印刷品传输的机制和方式,等等。

地区通讯社

这类专门在地区搜集信息、并为地区搜集信息的通讯社各自的情形并不相同。这也包括几家专门为地区生产信息的首都通讯社。

"地球仪"是俄罗斯第一家专门服务于地区报刊的通讯社,该通讯社创办时,地区报刊急需对自身的生存和发展而言必要的新信息。每周的信息汇编"地球仪-地区"是莫斯科记者专门为地区报刊准备的,包括专文、报道、访谈、分析性述评,主题多样。通讯社为地区记者和编辑组织教学课程,开设地区进修班、实施专门项目,推动地区报纸之间的信息交换。

"中亚新闻"通讯社发布关于俄罗斯国内外事件的社会政治信息,重点报道发生在中亚、高加索地区和近东的事件。

"俄罗斯波罗的海"通讯社的报道定位在俄罗斯的欧洲部分和北欧国家,它把在上述地区形成统一的信息空间作为自身的首要任务。在内容方面,"俄罗斯波罗的海"通讯社把重点放在国际政治与经济合作、俄罗斯政权结构的形成和国家建设、发展民主、中央与地区的相互关系这些主题上面。

在各州中心(最近以来也包括各地区中心),莫斯科通讯社的分支机构、得到地方政权机关官方支持的信息中心以及独立的通讯社处于激烈的竞争之中。它们既为地方传媒也为首都通讯社提供新闻信息。目前在大城市中设有 20 至 25 家通讯社和新闻办事处,它们定位于各种类型的订户和各种主题的信息。与中央通讯社一样,在地区通讯社中占主导地位的是传播广告-商业信息的通讯社。

---

① 有何新闻?(英文)。——译者注
② 缩略语 WPS 意为"报纸讲什么"(英文)。——译者注

在不大的城市里通讯社的数量也在增长。然而，所有这些机构都不能满足首都的传媒集团对"来自边远地区"的信息的需求——或许是因为对后者的需求一直不高，所以信息量很少。对于全俄报刊以及大都市的居民而言，俄罗斯这么一个大国的生活实际上还鲜为人知。人们形成了一种印象：似乎那里没有发生任何事情。然而，信息机构消除这种危险误解的过程却极其缓慢。

* * *

我们分析了俄罗斯主要的新闻通讯社的活动。目前在俄罗斯有上百家相互竞争、不断更新自身产品的其他通讯社，其中最"成熟的"不过才存在了 12 年到 13 年，但它们能够敏锐地捕捉世界新闻市场发展的最新趋势。并非所有的新兴通讯社都能在市场上站稳脚跟，不过，应当承认，在通往信息社会的道路上，俄罗斯新闻通讯社起到了显著的作用。